# 明 世 宗 传

卜 键 著

人 民 出 版 社

明世宗肃皇帝朱厚熜像

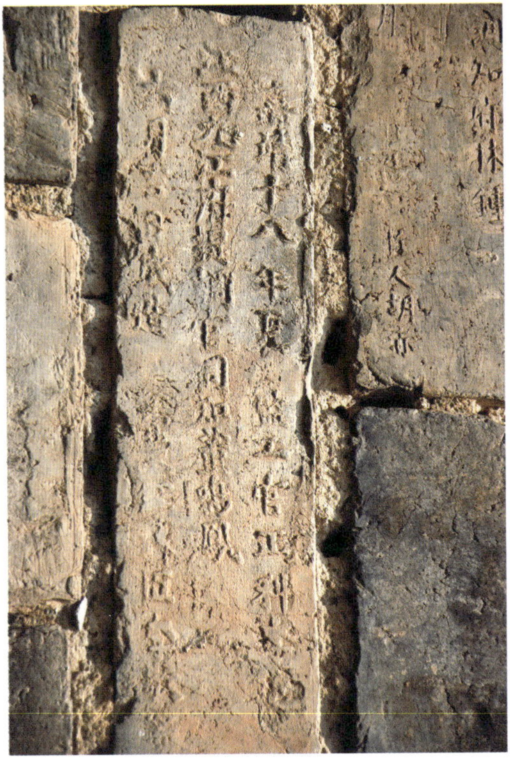

明显陵外垣城砖，产地、监工官及工匠名字清晰可见。

明显陵内明塘

**范氏一品夫人墓功德碑**

范氏为朱厚熜乳母，其子陆炳在嘉靖朝一直大受宠信。

**元祐宫（湖北省钟祥市）**

兴王朱祐杬与该寺纯一道人交善，后亦自号纯一。嘉靖十八年明世宗南巡承天，敕建该宫，称“朕念斯地，庆源所自……惟玄元之佑是依是赖”。

**明永陵世宗肃皇帝墓碑**

该碑底座体现出道家特征，分为五级，图案为寿山、福海、祥云等。

**章圣皇太后宝　皇帝奉天之宝（双面玺）**

现藏故宫博物院，檀香木质，四面方形玺。为明世宗之母章圣皇太后原玺，易代后清人以另面改镌满汉文“皇帝奉天之宝”。

章圣皇太后宝玺文

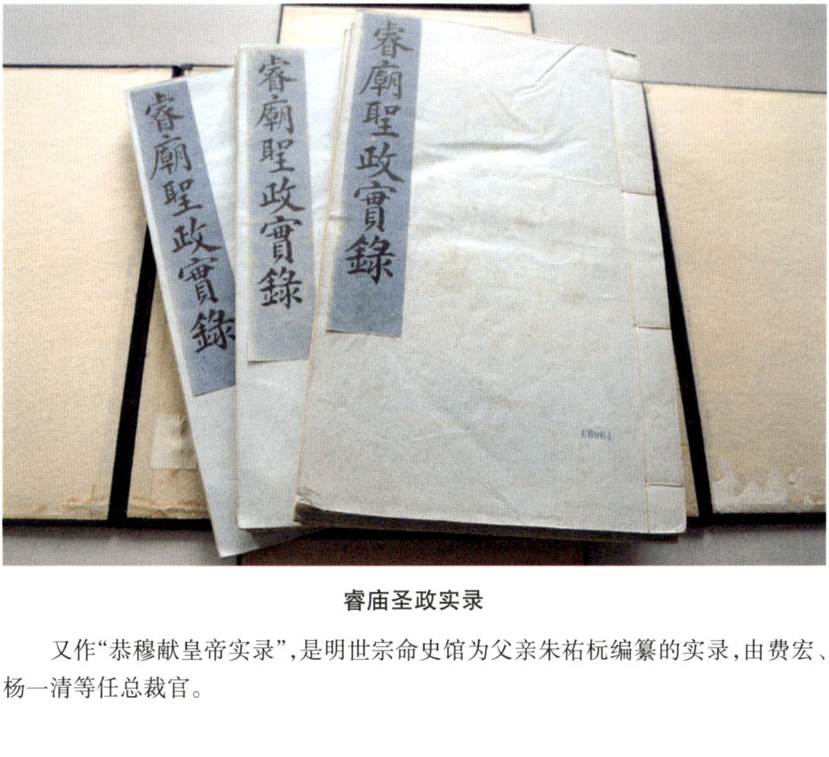


睿庙圣政实录

又作“恭穆献皇帝实录”，是明世宗命史馆为父亲朱祐杬编纂的实录，由费宏、杨一清等任总裁官。

**敕建仙源宫展视望日思君相**

《赐号太和先生相赞》之十三。该书为邵元节八十寿辰时，内府司礼监经厂雕板印行，各图下有大臣撰写的赞语，卷首有内阁大学士顾鼎臣“奉敕更润”的引文。现存国家图书馆。

**钦命召鹤相**

《赐号太和先生相赞》之六。

先天一气混元教主紫微真仙秘传玄奥

紫极真仙之宝

以上两旧玺皆存故宫博物院，为前明旧物，当即明世宗修醮事玄时所用。

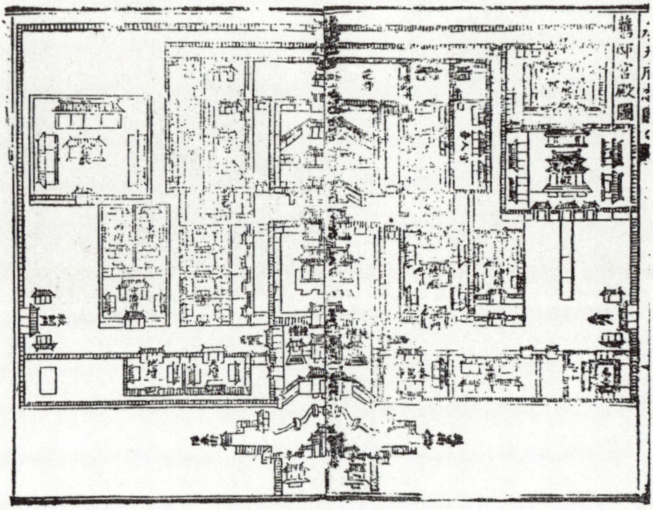


明兴藩旧邸宫殿图

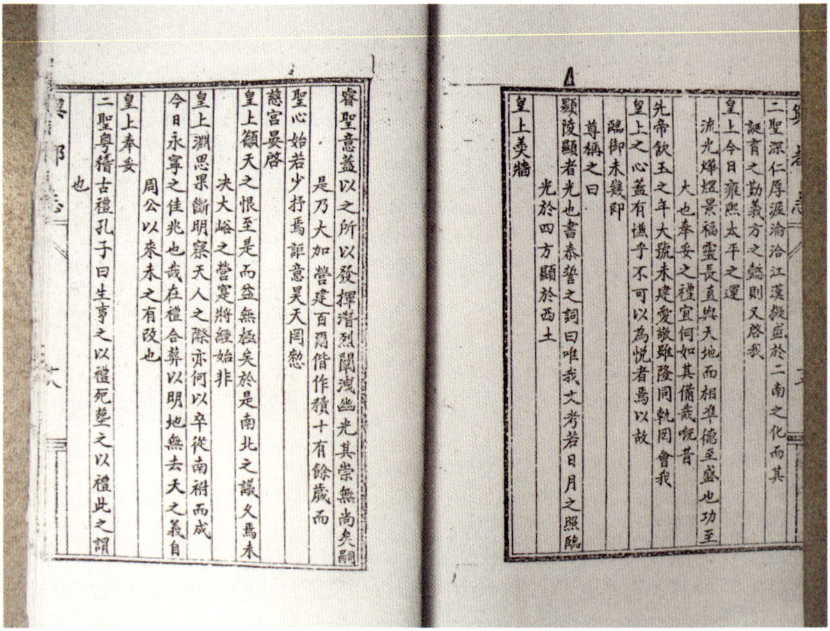

二聖深仁厚澤淪洽江漢擬盛於二南之化而其
誕育之勤義方之懿則又啓我
皇上今日雍熙太平之運
流光燁燿景福靈長直與天地而相準德至盛也功至
大也奉安之禮宜何如其備哉曉昔
先帝欽玉之年大號未建愛敬躋隆罔軌罔會我
皇上之心蓋有憮乎不可以為悅者焉以故
臨御未幾即
尊稱之曰
顯陵顯者光也書泰誓之詞曰唯我文考若日月之照臨
光於四方顯於西土
皇上羨牆

睿聖意蓋以之所以發揮潛烈闡淺幽光其崇無尚矣嗣
是乃大加營建百爾偕作積十有餘歲而
聖心始若少抒焉詎意昊天罔愬
慈宮晏駕
皇上顧天之恨至是而益無極矣於是南北之議久焉未
決大峪之營寔將經始非
皇上淵思果斷明察天人之際亦何以卒從南祔而成
今日永寧之佳兆也哉在禮合葬以明地無去天之義自
周公以來未之有改也
皇上奉安
二聖學稽古禮孔子曰生事之以禮死葬之以禮此之謂
也

《兴都志》

# 目　　录

# 引言　家国牵羁

明世宗嘉靖皇帝朱厚熜的一生，虽说是复杂甚至驳杂的，又清晰地呈现为两个时期：在湖北安陆（后改名钟祥）兴王府的14年和在京师皇宫的45年多。

在遥远僻静的安陆，他先是兴王府世子，后来做了不到两个月的兴王；在精英汇聚、议论丛生的京师，他当了一两天的储君，接着便成为至高无上的帝王，是为嘉靖皇帝。

作为兴世子，朱厚熜接受的教育是为了继承王位，那是一个不大的、子息单弱的亲王府，是他曾经的家；而作为一个泱泱大国的皇帝，他原本没有什么准备，即位后很久也没能完全适应，却一直在履行应有的职责。惟在其内心深处，皇宫是一个充满阴谋和凶险之地，只有远方的兴邸，才是他真正的家，是他深心处永远温馨的所在。

一个帝王，能区别国事与家事么？怕亦难。即便他希望有所分别，那些朝廷大臣、深宫后妃、贴身宦侍也决不同意。在拣读史料时可看到：明世宗即位之初，君臣曾有过非常和谐、共谋改变的阶段，但很快就陷入继位继统、大宗小宗之类帝室家事，纠缠不休。彼此你来我往，既伤颜面，更伤感情，严重影响了朝政的走向，影响了整个官僚系统的运作和官员心态的养成。

世宗统治下的45年，是明王朝由持衡渐趋衰落的历史阶段。外忧内患，战乱频仍，大明帝国的躯壳开始千疮百孔，危机重重。不管怎样说，是他驾驶着这艘千疮百孔的民族之舟，较平稳地航行了将近半个世纪。其时南有沿海倭乱，北有蒙古俺答部的侵扰，内有逆藩和叛卒、天灾与人祸，大明帝国的巨轮却不仅没有倾覆沉没，且旗帜高张，劈波斩浪，作艰难而勇敢地航行。

也就是从嘉靖朝开始，古老的中国又一次走向文化繁兴，走向思想和思辨的活跃期，出现了一大批杰出人物和优秀作品。这种时代潮流的形成，世宗既有倡导引领之力，又有宽容和保护之功。

史籍中的世宗是多面的，记载着他的仁孝善良，也记载着他的暴虐；记载着他的果断刚毅，也记载着他对弊政的漠视牵延；记载着他毫不假贷贪酷之辈，也记载着他对权相佞臣的倚重；记载着他对所爱女子的缠绵情感，也记载着他乖张狠戾，予夺予取……

但更多的，笔者从记载中读到的是其萦绕一生的孤独和寂寥。每逢节日和其父母忌辰，世宗总要屏退众人，向父母灵位一人长跪，流泪默祷，神情之惨楚，让偷偷窥见的宫婢内侍为之感动。世宗有一颗孤寂凄苦的心，有许多难与他人言说的话语，只能向死去的父母倾吐。

不知从什么时候起，世宗厌倦了朝政，向斋祀和玄修中寻求生命的真谛。他曾提出把帝位传给儿子，自己去专事焚修，后被大臣们劝止。他虽丧失了治世的热情，却仍尽量履行着帝王应尽的责任，直到生命的终结。

家国，指家与国，亦指国家。对一般帝王来说，朕即天下，家亦国家。“家国虽殊道自均，须知主仆即君臣。”①而对于嘉靖皇帝，兴藩生活是抹不去的永恒记忆，他从来没有忘记那块土地和那些往事，那是他自己的家，更是他的精神家园。家国牵羁，六

---

① ［清］李渔：《奈何天·助边》。

趣牵缠，世宗的生命旅程因之错综芜杂，也因之增色减色，因之充满希望与失落，充满追求与幻灭，充满期待，也不乏惆怅。

世宗尝自拟一号，曰“天池钓叟”，[1]就中或凝集着他的精神向往和人生意趣。天池一词多义，其所指当是九天仙界之池。“玄圃珠为树，天池玉作砂”，[2]是他魂牵梦绕的地方。但贵为帝王，也有难圆之梦。仙界路渺，人间雾重，世宗应是带着遗憾、带着浓浓的幻灭感，告别人间的。

---

① ［明］沈德符：《万历野获编》卷二，列朝，帝后别号。

② ［唐］韩偓：《漫作》诗之一。

# 第一章　大宗与小宗

朱厚熜是朱元璋的七世孙，又是大明王朝第十一任皇帝。

从这里也可见出一点玄机，见出明朝皇位继承的残酷性。前此一百五十余年间，朱明王朝的皇位传承一波三折：既有摧垮建文帝的“靖难之役”，又有“土木之变”和英宗北狩，接下来是景泰帝抢班继位和七年后的“夺门之变”。至亲演为寇仇，君主化作流民或楚囚，刀光剑影，溅血伏尸，大宗与小宗也缘此易位，成为一幕幕不堪回首的往事。

一个王朝的兴盛衰颓，或不在于开国之君之肇建基业，而在于继任者能否传承光大，在于一个好的皇位继承制度。可遍观中外王朝之兴替，又哪里存在这样一个继位制呢！

一生英武苛察的洪武大帝，正大位后不断诛杀功臣、剪除异己，种种残暴与凶谬，或可从其保全爱子爱孙的帝位上找到根因。然他千算万算，就是没有算入自己的儿子，没有想到儿子会去抢孙子的宝座。农民出身的朱元璋，重视亲情且过分倚信亲情的朱元璋，若地下有灵，情何以堪？

出生于藩府、本身也做过几天藩王的朱厚熜，未争未抢就做了皇帝，史称“入继大统”。是天上掉馅饼，是因缘际会，还是冥冥中自有一种天意？这话可要从头说起。

## 第一节　宪宗的子嗣

朱厚熜曾做过短暂数月的藩王，他的父亲是藩王，而爷爷则是正宗的皇帝——大明成化皇帝朱见深，史称宪宗。明宪宗在位23年，被誉为太平天子，却经历了一个极不太平的童年。

### 一、经历过废弃的皇太子

朱见深为明英宗长子，刚出生即遭逢大变，父皇朱祁镇在土木堡兵败被虏，京师震恐。此事发生在正统十四年（1449）八月，奉孙太后懿旨，郕王朱祁钰监国，四日后册立三岁的小见深为皇太子。这是一种帝国危难时的应急体制：皇帝出了状况，只好让唯一的皇弟郕王权摄国事，以稳定大局；又怕别生枝节，紧接着便册立太子，作为制衡。孰料不到半个月，朱祁钰就即皇帝位，是为景泰帝。史籍不再用“皇太后命”等字样，想是这位监国皇叔羽翼渐丰，孙太后已然“命”他不得咧。

国不可一日无主，更不可将君主置于敌方刀剑之下。朱祁钰继位为帝，依靠于谦等大臣，稳定京师，整饬边防，多次击退瓦剌的攻袭；又遥尊英宗为太上皇，使之被用以敲竹杠的价值陡然下降，亦使以为奇货可居的瓦剌太师也先大大失望。这是一步险棋，也是一步活棋。不独给整个国家，也给羁縻敌营的朱祁镇带来活命机会。

祁钰称帝，见深为皇太子，是国家危难之际的应急举措，也是朝廷和内宫各种势力平衡的结果。宗法社会以嫡长子为大宗，余子为小宗，天子之位由嫡长子世袭。《仪礼·丧服》：

为人后者孰后？后大宗也。曷为后大宗？大宗者，尊之统也。

对这两兄弟而言，祁镇为大宗，且已南面称帝14年；祁钰则为小宗，正是皇帝哥哥即位后封他为亲王。此时英宗虽身陷北地，但仍活在世上，且有儿子在京，迫于宗法制和舆论的压力，祁钰只好仍遵奉孙太后诏令，以见深为皇太子。如果真的照此施行，若干年后景泰驾崩，见深继位，皇权重回大宗，既解脱了国家危难，又遵从了大明统绪，抚平了众人情结，也算是一段佳话。可权力常常有毒，皇位更甚，很少能见到已握皇柄后再自觉让出的先例。心胸狭窄的朱祁钰，也是如此。试从他的角度想想：自家已做了皇帝，却要立哥哥的儿子为皇太子，辛辛苦苦为他人打工，又怎么能甘心呢？

景泰元年（1450）秋，漂泊北地近一年的英宗被送回，朱祁钰给哥哥搞了个不当不正的迎接仪式，旋即将他禁锢于南内。景泰帝不仅丝毫没有让位的迹象，对上皇哥哥也实在不怎么样。祁镇被迫僻居南内，宫室凋敝，衣食匮乏，更兼厂卫环伺，日夜惶惶不安，小见深当也记忆深刻。景泰三年，祁钰有了自己的儿子，周围自有臣僚想方设法，谋立现任皇帝之子为皇太子，而将原太子见深废为沂王。可以想见，像他和父亲这种前天子、前皇太子的身份，其生存环境该有多么险恶！

登上帝位的朱祁钰，理所当然地由小宗变为大宗；问题在于京师还住着上皇朱祁镇——他那本来就是大宗的哥哥。这是一道宗法课题，也是让群臣乃至百姓心中不安的伦理和道德难题。废掉原太子见深，连景泰皇后都觉得过分，则其他人又会作何想？但朱祁钰早已铁心要将帝位坐到底，然后传给自己的儿子。所幸他还不够心狠手辣，自家又子嗣单弱，已立为太子的儿子竟也命悭病死，给了朝臣和内宦疑虑摇摆的可能，也给了祁镇父子生存和再起的空间。

就这样，朱见深在凶险危惧的状况下一天天长大。到他 10 岁时，英宗在南内复辟，重登大宝，见深又成了皇太子。之后自然是贵为储君，惠风和畅，又八年，顺利继位。

## 二、宫中悍妇万娘娘

帝王常也会有一些畸恋故事的。如宪宗朱见深与万贵妃，年龄非常悬殊，而始终恩爱不渝，亦可称畸恋，可称有情人也！惟这位万娘娘实在是负面评价太多，不管正史或是野史，对她的描述几乎都是恃宠骄横、悍恶残暴，交接大臣，聚拢奸宦，几乎在整个成化朝把持操控后宫，对宪宗子嗣曾造成严重伤害，也使这份特殊的帝妃之恋沾染散溢着邪气。

万贵妃四岁入宫，先是在孙太后宫中，长大后明眸皓齿、容色亮丽，更兼性情开朗，被调到东宫照看太子，略如《红楼梦》中保姆兼通房大丫头的角色。万氏语言明快，做事爽利，令小见深十分依恋。见深成长间渐知男女之事，而万氏风姿绰约，烈火干柴，又谁能把持得住？朱见深即位时刚刚 18 岁，而万氏已然 35 岁，一个是青年天子，一个是贴身熟女。万贵妃丰艳英挺，喜作武士装束，只要宪宗出行，她就会一身戎服，意气风发，骑马佩剑为前驱，把个宪宗看得眉飞色舞，心痒难搔。

若让宪宗选择皇后，恐怕是要选万氏的，而这件事却不由他说了算。宪宗即位不到两个月，圣母周太后即传旨遴选皇后，特特注明要选取“素有家法女子，年十五至十八者”，还要自己亲自把关。① 此一道圣谕明确把万氏排除在外。皇太后这样做，

---

① 沈德符：《万历野获编》卷三，宪宗废后：“天顺八年三月初八日，皇太后圣谕：‘皇帝婚期在迩，必得贤淑为配。先时已尝选择，尚虑有司遗忽，礼部具榜，晓谕京城内外大小官民之家素有家法女子、年十五至十八者，令其父母送来亲阅。’”

当然是希望儿子收心归正，宪宗却一如既往，对万氏一往情深。

后宫佳丽三千人。宪宗眼里虽没有别人，别人却把这一切看在眼里，自会有嫉恨与不平。即位约半年，宪宗遵母亲之命，册立吴氏为皇后。吴皇后在英宗时已选入东宫，也是颇有杀伐决断的个性，对万氏早已反感至极，一旦正位中宫，便断然行使家法，找茬打骂羞辱了万氏一顿。她还是太年轻气盛了，哪知皇帝对万氏的感情。宪宗得万氏哭诉，暴跳如雷，立刻下诏将吴氏废斥，距其册立刚刚一月也。此事未见皇上亲娘周太后说话，想是皇帝儿子发起怒来，老娘也无法阻止。受连带还有两个太监受罚，若非资深，怕是性命也难保。后来册立的王皇后，系与吴氏一同入东宫者，性情淑雅恬淡，与万氏相处不卑不亢，倒也能二十余年平安无事。

这件事，更确立了万氏在后宫的绝对权威。成化二年（1466）正月，万氏生皇第一子，宪宗大喜，遣使祭告山川，晋封其为贵妃。不料此皇子命薄，未满百日就病死，连命名都没来得及。此后万贵妃圣眷不衰，却再也没有生育，胸中一股霸蛮郁结之气，一变而为不愿别的女人怀上宪宗的孩子。《明史·后妃一》：

> 时万贵妃专宠而妒，后宫有娠者皆治使堕。柏贤妃生悼恭太子，亦为所害。

柏妃亦是最早选入东宫的三位女子之一。后来吴氏先为皇后，很快废居冷宫；王氏继立为皇后，恬淡处世，没有儿子；柏妃却在成化五年（1469）喜得一子，得名祐极，可见寄望甚高。可大臣请昭告天下，宪宗怕万贵妃伤心，竟不允许。两年后，祐极被立为皇太子，储位大定，未想到在五岁时又死去。史书多称太子死于万娘娘之手，虽没有详细记载致死的原因，大概不外乎用毒。对于如此一个恶妇，宫中尽人皆知，宪宗应该也心知肚明，却仍是一心爱宠，不加追究。

### 三、西内的密室

万贵妃可以专宠，却不能做到专房；可以派人到处打探、严密监视，对怀上龙种者痛下杀手，却也难免有漏网之鱼。首先逃过一劫或曰多劫的，便是宪宗的第三个儿子、后来的弘治皇帝朱祐樘。

朱祐樘出生于成化六年(1470)七月三日。当是时也，万娘娘把主要精力都用来盯住柏贤妃的儿子，朝思暮想，想结果掉当朝太子，独独没想到自家身边却出了问题。此事关涉弘治皇帝的身世，史籍记述不同，但都有着一种悲情，俨然一个明代版的“赵氏孤儿”故事。

弘治的生母纪氏，是广西贺县土官之女，成化中被官军俘获，年纪尚小，送入后宫习学礼仪和知识，长成后“授女史，警敏通文字，命守内藏”。[①] 内藏，指内库，是后宫比较清净隐蔽的地方。正是在这里，宪宗偶然看到纪氏，喜她年轻美貌、应对得体，一番临幸，纪氏居然就有了身孕。二人媾和的事被万贵妃得知，她很生气，又见纪氏腰腹渐渐宽大，便派婢女去查核处置。幸而此女有善心，瞒下不报，回说纪氏肚子里长了痞块。万氏令将其安置到安乐堂，但还不放心，多次令人以堕胎药服之。纪氏不敢不喝，只有千方百计假喝或喝后呕出，以保全腹中胎儿。也是未来的弘治帝命大，总算熬到降生。后来弘治帝头顶有寸许一块不生头发，可证母子当年生存之艰。

自来说宫中凶险，宦竖歹恶，可凡事大都有一种公论，宦官中亦不乏良善之辈。纪氏腹中婴儿呱呱坠地，又遇上有良知的

---

① 《明史》卷一一三，后妃一，孝穆纪太后。

门监张敏，瞒过万贵妃，将他藏于密室，精心喂养。这时宪宗废后吴氏居住西内，离安乐堂很近，得知此事后，常来照看哺育，小皇子就这样一天天长大。①

成化八年(1472)春，悼恭太子朱祐极终于被万贵妃害死。宪宗当然渴望子嗣，也隐约知道万氏所为，却为情所困，颇觉无奈。又三年，宪宗对镜感伤，叹息膝下无子，为他理发的张敏突然伏身于地，跪禀：万岁已有儿子。宪宗愕然，问儿子在哪里。张敏说：奴才说出这事便会死，万岁要为皇子做主啊。在一旁的太监怀恩这时也磕头不已，说：张敏说的是。皇子密养在西内，而今已六岁，奴才不敢告知圣上。宪宗大喜，即令驾幸西内，遣使迎接皇子。母子分别之际，纪氏泪如雨下，对儿子说：吾儿此去，娘怕是活不成了！儿看见穿黄袍有胡须的，就是你爹爹。

小皇子乘小辇，被领到宪宗跟前。可怜这个自出生就不敢剪发，不敢到外面玩的小男孩，单薄瘦弱，长发披地，跑着投入父亲怀中。宪宗抱起他，一遍遍看着，抚摸着他苍白的小脸，又悲又喜，泣下沾襟，连声说：是我的儿子！是我的儿子！长得像我。宪宗令怀恩去内阁宣示，群臣喜悦，紧接着颁诏天下。②

读此一段文字，眼前总飘动小祐樘苍白纤弱、长发及地的形象，心下恻然。为什么他长到六岁一直不剪发？《大明会典》卷四九《皇子命名仪》规定：皇子出生满三月，在命名的时候，才由"上择内夫人之敬慎者以奉皇子剪发"。躲在西内的小祐樘是一个秘密，是一个没有名字、没有名分的私生子，而他的母亲却

---

① 《明史》卷一一三，后妃一，宪宗废后吴氏传。

② 此为通常之说法，当出于时人于慎行《谷山笔麈》，《明史》卷一一三，"后妃一"中各处可互相印证。而《万历野获编》卷三"孝宗生母"条则引尹直《謇斋琐缀录》，称是宪宗将纪氏安置于安乐堂，生子后潜养它所。而万贵妃听说后，"遂具服进贺，厚赐纪氏母子"。当是另一种版本。

一直充满期待、也充满惊惧地等待儿子剪发命名的那一天。终于等到了！满怀歉疚的宪宗有意补偿纪氏，令人将她移居永寿宫，多次召见。朝廷内外一派喜气，只有万贵妃日夜哀怨，衔恨在心。

一个恶毒妇的恨意和能量，是万万不可低估的。数月后，纪氏暴死，太监张敏在惊惧之下竟也吞金而亡。小祐樘命运堪忧！众人皆忧，宪宗更忧。宪宗之母周太后住仁寿宫，对他说：把孩子交给我。遂担当起抚养保护之责，十分严谨周到。当年岁末，宪宗立祐樘为太子。万娘娘还不死心，利用一切机会妄图加害。一次召唤太子到她宫中，周太后行前叮嘱祐樘一定不要吃东西。见面之后，万氏让侍女端上点心，回称已饱，过会儿又让他喝汤，七岁的小祐樘竟老老实实说：不喝，怕汤里有毒。

万娘娘又恨又怕，抑郁而病。①

## 四、子女稠密

在一个小孩子那里遭遇挫败，万氏不免心灰意冷，对内宫的监视开始松懈，听说有人怀孕也懒得再去管，宪宗子女的出生进入了一个高峰期。

成化十二年(1476)七月二日，邵氏生出宪宗的第四个儿子朱祐杬，他就是明世宗的父亲，后来封兴王，世宗入继大统后追尊兴献帝、睿宗献皇帝。请注意：清人编纂的《明史》依据宪宗得子的顺序排列，以祐杬为第四子；而《明宪宗实录》或因其时朱祐樘已被立为皇太子，不再序列未名而殇或早夭的皇子，径称祐杬为“皇第二子”。② 宪宗很喜欢这个儿子，三个月后，晋封邵

---

① 《明史》卷一一三，后妃一，孝穆纪太后传。

② 《明宪宗实录》卷一五五，成化十二年秋七月壬寅。

氏为宸妃。

十四年十月,邵宸妃又生了皇第三子祐棆。没有见到万氏对邵氏母子施加损招的记述,似乎双方相处得还有几分近乎,想是万娘娘受高人指点,开始改换策略,在宫中搞一点结盟运动了。

除却当朝皇后王氏不知何种原因,一直没有诞育皇子外,其余嫔妃也颇有几位参与了生育大竞赛:

十五年正月,张氏生皇第四子祐槟。这位出生名门的女子真也好生了得,就在当年闰十月,竟又生出皇第五子祐樿,也是连生两子,与邵氏可称你追我赶。

还是嘉靖皇帝的亲祖母厉害,十七年六月,她又生产皇第六子祐枟。这当然不是谁想生就能生的事,其深受宪宗皇帝爱宠,自在不言中。①

同年十一月,姚氏生皇第七子祐楮。

十九年七月,王氏生皇第八子,两月后夭折。想来不会是死于万娘娘之手,实在没有这个必要了。

二十年九月,张氏又出业绩,产下皇第八子祐梈。前面的老八已死,这位新生儿于是乎名列第八。

这之后,杨氏生了皇第九子祐橓,潘氏生了皇第十子祐枢。而就在成化二十三年正月初十,万贵妃暴病而亡,杨氏又生了皇十一子祐楷。② 这是宪宗最小的儿子,后封申王,此时得子已不

---

① 或是万贵妃专宠所致,宪宗时后宫封号甚少,大约一后、一贵妃、数妃而已。柏贤妃为朱见深在东宫时三妃之一,其他两位都做到皇后,资历出身都非寻常可比;邵氏生祐杬不久即被册封为宸妃,应是特例,足证宪宗之眷注。邵氏之后,那些为宪宗生产男丁的女子,包括生了三个儿子的张氏,都长期得不到妃号。宪宗在其逝世前一个月,一次性封了九个妃子,同时封邵氏为贵妃。

② 以上宪宗各子出生年月和生母姓氏,均据《明宪宗实录》。

再令宪宗狂喜，而万氏的死却着实让他恸伤。①

自嘉靖皇帝的父亲朱祐杬开始，宪宗在10年之内得了11个儿子，另外还有5个女儿，真可说是子女稠密。除了王氏所生第八子早殇，其余都活了下来。

这也是一种反证。可推想先于祐杬出生的十余年间，有多少龙种胎死腹中，又有多少小生命被扼杀！这应是万娘娘及其亲信党羽的罪恶。可宫中从来都是暗潮涌腾，她所生的皇第一子，就一定是自然死亡吗？

## 第二节 一次流产的易储阴谋

在其他嫔妃忙于生产时，万氏必然是失意者。年近半百的她已经过了生育年龄，且自从儿子夭折，她怕就不能再生育了。但心高气傲的万娘娘绝不会闲着，周围的那些奸邪小人更是如此。她和他们心有不安，亦心有不甘，一个新的惊天阴谋开始酝酿出笼。

这个阴谋的核心是易储，并且把嘉靖之父祐杬牵扯在内，也就是意图以祐杬替代祐樘。

### 一、亏空巨大的金库

宪宗幼年遭逢大变，不知是否这个原因，说话时有些口吃，即所谓"天语微吃"、"玉音微吃"。② 由是，他不太愿意召见大臣，倒是很喜欢没事时在后宫走动，到各个库房转悠，看到漂亮

① 据实录，同日宪宗第五女亦病死。

② 沈德符：《万历野获编》卷一，君相异禀、召对。

宫女也聊上几句,聊得开心便当场“拿下”。纪氏和邵氏的一番遇合,应都是这样发生的。

至宪宗的最后几年,其对年过半百的万贵妃虽仍宠眷不衰,床笫之事应是没了,沟通便不像以往那样频繁。那帮围绕在万娘娘身边管事太监,如梁芳、韦兴、钱能、王敬等,则早已令宪宗厌烦。这些人每天进贡美珠珍宝以取悦万氏,然后争着去外地采办。宪宗碍于万氏情面,不好不准,心里又不免窝火。一次他视察大内金库,仔细一看,竟然发现累朝积蓄的黄金,有七窖已空空如也!宪宗很生气,对陪同太监梁芳和韦兴说:挥霍内库金银,都是你们两个干的!韦兴不敢说话,梁芳回称:这些钱花在建造显灵宫和各处寺庙上,为陛下祈万年之福。宪宗很不高兴,又有些无奈,指着二人一字一顿地说:我不给你们啰嗦,也不挑你毛病,自有后面的人与你们算总账!①

梁芳等人大是惶恐,联想到皇太子朱祐樘素来对他们心存戒备,越想越觉得前景堪忧,急去找万贵妃商量。万氏自下毒不得逞,对太子也是又气又怕。于是梁芳等想出一个主意,劝说宪宗易储。

## 二、老三老四之短长

宫中密谋易储的时间,当在成化二十一年(1485)春节前后。其时孝宗被册立为太子已然10年,而一经摇撼,仍有些岌岌可危。

明朝的皇位继承制,基本上沿袭前朝成例,是所谓“嫡长制”,即有嫡立嫡,无嫡立长。嫡者,皇后所出是也;长者,年龄最大者也。宪宗无嫡子,吴皇后旋立旋废,无生育;王皇后在成

① 《明史》卷三〇四,宦官一,梁芳传。

化间一直位居中宫,亦无所出。而长子则迭经改变:最先是万贵妃之子,为之告庙挂香、祭祀名山大川,结果是未名而殇;再是柏贤妃所生朱祐极,已然册立为太子,也是早夭;接下来是纪氏偷偷生下的朱祐樘,居然在西内潜伏,一出场便是五龄童,半年后被立为皇太子。

若说朱祐樘作为大明储君,也有不少令乃父遗憾之处:既非嫡出,又非长子,于宗法制上毫无优势可言,此其一也;先天不足,后天失调,从身体到形象都很一般,此其二也;自幼躲藏于密室,性格上趋于软弱,缺少皇子应有的自信,此其三也;母亲系俘获之蛮女,又早已去世,此其四也。有此四端,再加上万贵妃常常在御前议论,说坏话,将太子与祐杬放在一起分析比较,宪宗还真的动了心。

若说此时的祐樘与祐杬,是皇太子与一般皇子的关系,地位差别是巨大的。而实际上,二人皆非嫡出,皆非长子,也就是老三与老四之别。这个差别就不算大了。

如果太子祐樘不能继位,依次就轮到皇二子祐杬。二人还有一个很直观的差别,就是资质与形象,祐樘在这方面的劣势很明显。《明孝宗实录》卷一描绘朱祐樘形象:

> 隆准高颡,颀骨隆起,俨如龙形,寡言笑,慎举止,出于天性……

文字华丽且隐曲,却也分明是做胎儿时为诸毒侵害、幼年间营养不良的征候。《明史·后妃一》的记载显然更直白,其曰:“孝宗之生,顶寸许无发,或曰药所中也。”

而少年祐杬自幼营养良好,又受到系统的教育,长得清秀挺拔,惹人喜爱。《明宪宗实录》卷二九二在册封众皇子时,对他的题评显然与他人不同:

> 尔第二子祐杬天资奇伟,气禀清纯,特封尔为兴王……

又《明武宗实录》卷九九，亦称他：

> 自禀异常，神采秀发，甫髫龀端严颖悟，宪庙甚钟爱之，授以诗书，日千百言朗诵不遗。

此类册辞和祭文，看似大而化之，实则拟稿文臣调研周详、煞费苦心，多能反映出一些真实状况。平心而论，比起哥哥，祐杬才像是个帝国之君的样子。

祐杬的母亲邵宸妃，既得宪宗爱宠，与万贵妃相处当也比较亲近。梁、韦等人还设计了一个更绝的方案：将祐杬过继到万贵妃房下，然后再册立他为皇太子，将来继承皇位。

自来礼教宗法之条款，都有很大的解释性空间，这也是后来世宗朝“大礼议”歧见丛生、各执一端的原因。皇位继承的“嫡长制”，其第一个基点便是出身的贵贱，便是皇子生母的比较。宪宗皇后无子，祐杬生母邵氏早已位列妃班，以温婉知礼深得宪宗青睐，若再过继到皇上最宠信的皇贵妃万氏名下，其贵重便非都人（即宫女）之子祐樘可比。且这样一变，万氏未来无忧，深爱万氏的宪宗心中踏实，邵氏为了自己的儿子能做皇上，当然也不会反对。主要各方都满意，此计大妙！

### 三、泰山频震之警

惟此时东宫已册立有年，皇太子已在朝廷各庆典活动中频频出场，夙无错失，保傅宫僚多朝中大员，必当一力护持。再加上周太后自幼养育，与此孙感情殊深，想要废掉太子亦难！

在身边近侍中，当时的司礼太监怀恩因忠正耿直，素来最受宪宗倚信，地位也在梁、韦之上。宪宗在此事尚未交付礼部和内阁论议之先，与怀恩多次恳谈，希望能说服这位老奴，取得他的支持；也希望怀恩能利用自己的威望和影响力，在大臣中做做工作。未料怀恩闻知后坚决反对，以死相争，宪宗发怒，将他贬往凤阳守陵。①

就在宪宗圣意已决,想要断然行储位的废立之际,当年春节发生星变;夏四月,东岳泰山又连续发生地震。宪宗震惊,少不得一番求神问卜。占卜者说东岳连震,是东宫有变的不利迹象。一向敬畏上天的宪宗闻说,心中惶恐,再加上本来也有些不忍,便就此作罢,不再说起易储之事。②

万贵妃大是郁闷,脾气愈来愈坏,身体状况也越发不济。成化二十三年(1687)春,她在厉声斥责宫女时一口气上不来,竟然被痰憋死。宪宗得到消息,半天不语,后来长叹一声,说:"万侍长去了,我很快也该去了。"③他下旨为之辍朝七日,谥曰"恭肃端慎荣敬皇贵妃"。贵妃六字之谥始于万氏,但这么几个字,每一个都与骄横狠毒的万娘娘不沾边,怎么看也像是一种反讽。

尚在盛年的宪宗,竟也快速走向生命的尽头。当年七月十一日,祐杬被父亲册封为兴王,同日受封的还有他两个一母同胞弟弟,以及张氏所生两个异母弟。其中最小的是雍王祐枟,刚刚满六岁。④ 当月下旬,宪宗册封邵氏为贵妃,这是下万氏一级、列众妃之上的唯一贵妃,张氏等九人同日被册封为妃。这之后不到一个月,宪宗成化皇帝驾崩,大明进入弘治时代。

---

① 《明史》卷三〇四,宦官一,怀恩传:"宪宗末,惑万贵妃言,欲易太子,恩固争,帝不怿,斥居凤阳。"

② 《明史》卷三〇四,宦官一,梁芳传。

③ 见《万历野获编》卷三,"万贵妃"条。侍长:一种尊称,即宫中侍妾之长。同书卷四有"使长侍长",可参看。

④ 此事记载不同:《明宪宗实录》记载他与两弟还有两个异母弟弟在成化二十三年七月同日封王,而《明史诸王四》和其他一些记载则说兴王祐杬先封,令四王略后。

## 第三节　孝宗的宽与纵

孝宗弘治皇帝朱祐樘，是明中叶一位勤谨有为之君，也是一个善良仁厚且有些文弱的人。

祐樘即位以后，言官翻出前朝旧案，请削去万氏谥号，也有人提请逮治当年为圣母纪氏看病的太医，逮捕万氏亲属，拷问纪氏之死的真相，舆论汹汹，要有一次清算。弘治对母亲的悲惨遭遇极为感伤，千方百计去寻找母亲的亲属，以图报效一二，但他思来想去，最后还是决定不去违背先帝意愿，没有对万氏及家人作任何追究。①

从胎儿起就历尽凶险的孝宗成为天子，自然也就成为大宗。他即位时与乃父年岁仿佛，不同的是有着五个已封为亲王的弟弟，以及另五个等待封王的幼弟。孝宗待诸弟应说是甚好，对12岁的大弟弟兴王很亲切。能做到这一点实在不易！想朱祐樘做太子时风雨飘摇，而今终于登上大宝，前朝密事又怎会没人详告？他不会不知道那次易储阴谋，心中也不会毫无梗芥，却一直能够善待祐杬。

孝宗没有处理好的，是他的家事、大宗的内务事。这包括他

---

① 《明史》卷一一三，后妃一，恭肃贵妃万氏记载：孝宗自己不愿违背先帝之意，而《皇明通纪集要》则记载当时内阁几位大学士提出不应违背先帝的意愿，劝孝宗宽处此事，该书卷二三："时有县丞徐顼者上疏，请究皇妣薨逝之由，以复不共戴天之仇。当时诊视太医院使……俱宜逮治。下礼部议。礼部复本请拘万家亲戚内眷曾经出入宫闱者究问。万安、刘吉皆与万家通好，惧甚，私谓尹直曰：'我与万家久不往来。'尹直慰之曰：'此事只宜宽处。其兴大狱，株连蔓引，岂先帝之意哉！'安等喜曰：'此言是也。'乃拟旨，以为外面浮议已之。惟访求亲属之在广西者。"

对皇后张氏家人的滥封和宽纵，更主要的是他把这种宽纵延伸于子嗣——唯一的儿子朱厚照。

## 一、恩爱有两条边

孝宗继位两个月后，册封其在东宫时的太子妃张氏为皇后。他们应说是一对恩爱夫妻，是明代帝王，甚至历代中国帝王中都不多见的恩爱夫妻。在将近18年的岁月里，弘治皇帝几乎没有册封别的嫔妃，像一个普通人一样与张皇后长相厮守，直到生命的尽头。

惟因孝宗的帝王至尊，这样的恩爱便显得太过单径，太不正常，便引发臣子们一波又一波的上疏，劝他“册封二妃，广衍储嗣”，上言“慎选良家以充六宫，为宗庙长久计”，宗藩亦“请上博选良家女，以广胤嗣”，孝宗对之都没有反驳，也不去听从。祐樘自幼缺少母爱，是一个性格有些软弱的人，张皇后当是其产生爱恋的第一个女人，一下子便俘获了他的心，让他信任和依赖。

也因张皇后在宫中太过霸道，太过袒护娘家人，尤其是两个为非作歹的弟弟，从后宫到朝廷都不太认可她与皇上的“一夫一妻制”，对她的议论和传言当时就甚嚣尘上。

恩爱是一个美好的词儿，是一种美好的夫妻生活状态，但更多的时候只是一种表象。皇宫中当然也会有恩爱，但由于负载着太多的政治因素，内涵便不够纯正。这种伪恩爱常会有两条边：一是帝王的依赖，那种内心不够强大者的心理依赖；二是后妃的控制，宫中总有一些控制欲甚强的女子，也知道怎样在感情上拿捏君王。

不管怎样，孝宗与张皇后的这种状态被认为是不合适的，尤其是他们婚后最初几年没有子女，更让内外臣工忧心忡忡。“古者天子一娶十二女”，目的就是广种博收，为皇帝繁衍后代。

而孝宗不听群臣建议，一般认为是受了张皇后的蛊惑和控制。《万历野获编·谢韩二公论选妃》：

> 但据韩疏细味之，则是时中宫已擅宠，专以祈祷为求嗣法。上虽是鼎言，终不别广恩泽，盖为后所制也。

所谓以祈祷求嗣，即在宫中大建斋祀，烧香拜佛，求神问卜，以图生育。此举与乡里愚夫愚妇有何差异？偏是明代皇家最信这个，弘治皇帝对此充满信任和期待，也显示出足够的耐心。

俗谓“有其父必有其子”，血胤相传，性情禀赋总有一些相像之处。宪宗与万贵妃畸情纠缠，一生受其影响或曰控制；但他从未停息过册封嫔妃，也不断与其他妃子乃至宫女生儿育女。他的儿子孝宗亦如此，对张皇后真可说言听计从。万娘娘尽享皇上恩宠，却还不能做到专宠，更做不到专房，还要分一些雨露恩泽与别的女子，也不能不承受每一位皇子出世带来的刺激；张娘娘则真正是皇后娘娘，不仅一直专宠，差不多也要专房了。这就是臣下所指的“擅夕”，说白了也就是整夜整夜地霸占着皇上，不与他人分享。这能仅仅称作恩爱吗？弘治皇帝难道没有一点点“出轨”的念头吗？

弘治四年九月，张皇后生了第一个儿子，即正德皇帝朱厚照。孝宗龙颜大悦，昭告天下，那些操心皇上家事的臣子只好一起闭嘴。

## 二、两个混账小舅子

比较而言，张皇后却也不像万贵妃那么歹毒，她的不良记录，多与母家的贪婪有关，更多则是受两个弟弟的牵连。

张皇后的家乡在兴济，父亲张峦为太学生，毕竟读过些诗书，女儿大贵后虽封侯赠公，在世时倒还能礼贤下士。只是张皇后一心要报答父母，又是修府第，又是建家庙，“工作壮丽，数年始毕”，引得众人侧目。

更大的问题出在他两个儿子鹤龄、延龄身上。二人少年骤贵，在家有母亲金夫人一味宠惯，宫中则有当今皇后处处护持，给予出入宫禁的特殊许可，早早就对他俩封伯封侯，赐予无度，养成了两兄弟的骄狂恣横。永乐年间曾规定“王公仆从二十人，一品不过十二人”，二张府中聚集各种亡赖不法之徒，远过一二百人。《明史·外戚·张峦》：

鹤龄兄弟并骄肆，纵家奴夺民田庐，篡狱囚，数犯法。

谏官以此事上疏，孝宗命司礼太监萧敬前往调查核实，碍于皇后情面，拟以家奴顶罪。萧敬回宫复命，张皇后大怒，孝宗也只好装作生气，此事不了了之。事后他又把萧敬找来，赐予良多，好言抚慰。

历朝外戚甚多，孝宗不加约束，这些家族便越来越贪婪嚣张，“纵家人列肆通衢，邀截商货，都城内外，所在有之”。① 权豪势要的特征是横行无忌，想不碰撞在一起也难。二张很快就与太皇太后周氏的娘家人产生了冲突。先是张延龄与太子太保庆云侯周寿争田产，两边的家奴互相殴斗，两府也不断上疏辩争；接下来又是张鹤龄与周太后二弟、长宁伯周彧因经营爆发争端，“聚众相斗，都下震骇”。一边是皇后亲弟，一边是曾对自己有养育之恩的周太后之弟，让孝宗好生为难。

二张之混账，更恶劣的是倚仗姐姐之势，公然在皇宫中胡作非为。《万历野获编》卷六：

时寿宁侯张鹤龄、建昌侯张延龄以椒房被恩，出入禁中无恒度，文鼎心恶之。一日二张入内观灯，孝宗与饮，偶起如厕，除御冠于执事者，二张起，戏顶之。又延龄被酒奸污

① 《明史》卷三〇〇，外戚，周能传。

宫人，文鼎持大瓜幕外，将击之……①

太监中自有忠正义烈之士。如这位何文鼎，年轻时读书欲走科举之途，工诗赋，供事内廷后能以气节自励。他所执的"大瓜"，当是皇家仪仗之物，只不过由于张皇后近侍李广告密，延龄仓皇逃走。

次日，何文鼎上疏揭露此事，延龄通过姐姐之口反诬其陷害，孝宗将他发往锦衣卫拷打，要他说出主使者。文鼎说：有两人主使，你却拿他不得。再问是哪两人，答：一个是孔子，一个是孟子。张皇后大为震怒，令李广、李荣等严刑拷打，文鼎至死骂不绝口。时人有诗："外戚擅权天下有，内臣抗疏古今无。"孝宗一开始颇信皇后之说，后来知道文鼎之冤，觉得对不住他，特命以礼收葬，自己还亲自撰写了祭文。

孝宗对两个小舅子的为非作歹颇有耳闻，虽碍于皇后情面，不去究问，但也曾当面教训，"酒半，皇后、皇太子及鹤龄母金夫人起更衣，因出游览，帝独召鹤龄语，左右莫得闻，遥见鹤龄免冠首触地，自是稍敛迹"。② 然而有皇后姐姐撑腰，二张终不能改，也为他们在嘉靖朝被清算伏下祸根。

## 三、郑旺妖言

张皇后数年祷箴，终于在弘治四年（1491）九月喜得龙子。这件天大的好事，从记载上却颇有一些蹊跷：以皇室礼仪，皇子出生三日就应祭天告庙，③而据查《明孝宗实录》，朱厚照在九月二十四日诞生，竟不见任何祭告庆贺的举措，20 天后"以皇长子

---

① 《明史》卷三〇四，宦官一记载为鹤龄"复窥御帷"，或更可信。

② 《明史》卷三〇〇，外戚，张峦传。

③ 《大明会典》卷四九，皇子出生仪。

生颁诏天下”。且就在同一天，大学士刘吉公然发表看法，认为皇上令作赞语和改拟封号的做法不妥，孝宗也接纳了他的意见。

皇后生育皇第一子，这是皇上的渴望，也是内外臣工的渴望，是天大的喜事！为何反响如此平淡？

弘治五年，厚照被立为皇太子，一种浮言也开始在京师流传——太子不是中宫皇后所生！这就是当时传播甚广的“郑旺妖言”。

郑旺者，乃武城卫军余，即卫所中尚未取得正式军籍的军人也。他宣称自家女儿先入高通政府中，然后进入大内，在太皇太后周氏宫中，其实就是东宫太子的生母。此事不光郑旺一人嚷嚷，宫中内侍刘山（一说名刘林）亦主此说。孝宗闻之大怒，即命有司逮治。《万历野获编·郑旺妖言》引用了一份审讯记录：

> 郑旺招系坝上人，有女选入内，近闻生有皇子，见在太后宫。每来西华门内臣刘林探望往来，送时新瓜果入本宫，使人黄女儿递进，回有衣服等物。旺因夸耀乡人称为郑皇亲已二三年，被缉事衙门访获。说者以为有所受。奉旨：刘林便决了，黄女儿送浣衣局，郑氏已发落了，郑旺且监着。

这份审案记录如果当真，那可是疑点多多。郑旺有个叫金莲的女儿，这个女儿辗转进入太皇太后宫中，生了皇子，看来都像事实。其实这件事孝宗心里最明白，如果有人确实移花接木，大约他也是个同谋。我们看孝宗大怒，却也只是将郑氏发落，将郑旺关起来；若真的造谣造到皇上和皇后那里，怎么还会有命呢！

这件事闹得沸沸扬扬，远近轰传，且一直持续多年。及弘治驾崩，正德继位，郑旺被从刑部大狱放出，怕也非无意之举。次年秋,郑旺又开始上访。他的一个朋友王玺甚至闯入东安门,口口声声要奏"国母见幽之状"……此事宗藩尽知,兴王府自无例外。①

① 沈德符:《万历野获编》卷三,《郑旺妖言》条:"此谤实始于郑旺,一时皆信之,传入各藩。正德十四年,宁王宸濠反逆,移檄远近,中有'上以莒灭郑,太祖皇帝不血食'之语。"

# 第二章　遥远的兴藩

大明王朝实行皇子分封制。当年朱元璋马上得天下，以国为家，“封建诸子”，“以藩屏帝室”。① 兴王朱祐杬的藩国在湖广安陆州，名曰兴藩、兴邸、兴国，后来因乃子龙飞，又称钟祥、承天府、兴都。那是一个距离京师超出三千里的所在，②是他的王国，是一个巴掌大的地方，却是他儿子厚熜深心处的永恒家园。

## 第一节　步步远去的长王

如前所述，世宗的父亲朱祐杬曾被作为皇太子的替代人选，距权力顶端很近很近。而在宪宗逝后，祐杬经历的是一个逐渐边缘化过程：先离开皇宫，再离开京师，离开政治权力中心，也理所当然地离开了公众视野。

### 一、出府与大婚

根据《大明会典·王国礼二·之国》，皇子15岁就要“选婚，出居京邸”。弘治三年十月，虚龄15，实际刚过14周岁的兴

① 《明史》卷一一六，诸王传。

② 同治《钟祥县志》卷一，星野，“钟祥县……由县治达京师三千有一百二十有五里。”

王祐杬遵旨出府。[1] 出府，即皇子长大成人后离开皇宫，出居专为亲王在京师建造的府邸。史籍中没有记载其间细节，只说在第二天一众文武官员到他府上拜望行礼。他的生母邵贵妃与两个同母弟仍留在宫中，想惜别之际，母子兄弟间少不得涕泪涟涟。

永乐十五年（1417），成祖朱棣下旨建造10座王府，位置就在当时的东安门外迤南，即今天的王府井地区，号称十王府，亦曰诸王府。因为这里只是皇子赴藩前的暂住地，又叫作“诸王馆”。这些王府比邻而设，规制统一，通常有八百到一千间房屋。[2] 一般来说，亲王出宫就京邸，只是三四年的短期过渡，赴藩国后自然就要交回。朱祐杬在京邸居住了几乎整整四年，他在京畿有五百多顷地的庄田，每年还有约一千盐引的补贴，独立生活的小日子，也就这样滋滋润润地开张了。

次年正月，孝宗为大弟弟祐杬订亲，选择的王妃为中兵马司指挥蒋敩长女。弘治五年（1492）正月，兴王与蒋氏正式成婚。这是一次隆重的皇室大婚，也是孝宗登基以来第一次为弟弟主办婚礼。他给祐杬的贺仪很优厚，除开由朝廷负责全部花销、准备一应物事外，还一次性从淮安仪真余盐中划拨一万盐引，让兴王贴补用度。盐引是支领和运销食盐的凭证，也指盐包，那时可是最紧俏的官卖品。大弟弟开了个头，以后诸皇弟有样学样，也都有一万盐引。

以当时官价，一万盐引约折合一万二千两银子。孝宗为弟弟办婚事，仅按照皇家常例就有定亲礼、纳徵礼、发册礼、催妆礼、回门礼，还要有金器、银器、漆器等标准化王府用品，是一笔

---

① 《明孝宗实录》卷四四，弘治三年十月乙丑。

② 《明太宗实录》卷二三二，永乐十八年十二月癸亥。

巨大开销，又只能从内库直接拨给。细心的皇帝哥哥还想给弟弟一笔自由支配的款项，便从地方上打起主意。孝宗赐给兴王淮安余盐一万引，还需要兴王府派人发卖变现。祐杬派出办事内臣，唯恐他们到处敲诈勒索，先给足往返路费。尽管兴王已很是谨慎，还是有台谏官员专折上疏，指称二内侍各带四五个家人，又有王府军校二十余人，有的军校再带家人，如此浩浩荡荡，必然会“营求图利，乘机害人”。这哪里是去卖盐，简直就是一个大型官方旅游团。孝宗谕二内使最多可带家人军校八人，命巡按御史帮助办妥一切卖盐收银事务，解银来京。刚刚开府的兴王，还是缺少管理经验啊。

礼部在兴王婚前两个月就进呈了“兴王婚礼仪注”，钦天监择定大婚日期。大明亲王的婚礼堪称仪式繁复，有关兴王婚礼在实录中记载甚详，[①]有皇上祭告、宣制、发册，有新人醮戒、入拜、庙见，入拜又有太皇太后、皇太后，核心仍是皇上与皇后。其时蒋妃跟在兴王后面亦步亦趋，唯恐出错，视那高高在上的正宫皇后张氏如睹天颜，留下的印象，怕也是终身难忘。

而就在如此详细记叙的状况下，竟看不到有关邵贵妃的只言片语，她是兴王的生母，仪注中当然会有邵氏与儿子儿媳相见的环节，叙述时却也只能被忽略。

## 二、最后的封地——安陆

朱祐杬在京师的王府生活应该是愉悦的。府邸距皇宫不远，后于他仅仅两个月，他的弟弟岐王也出府，两人相距甚近，回宫看望母亲和小弟当也方便。他在这里迎娶王妃蒋氏，少男少

---

① 《明孝宗实录》卷五七，弘治四年十一月壬辰条，以两千多字的篇幅特别叙写这场婚礼。

女，小夫小妻，却一直恩恩爱爱，夫唱妇随。

弘治四年（1491）九月，孝宗命有司为祐杬兴建王府，先定的地方是河南卫辉，后来又改变为安陆州。①

为什么要改换呢?

在于兴王祐杬看不上卫辉这个地方。《兴都志》卷一：

> 帝以卫辉土瘠而民贫，且河岁为患，加之土工，则民益以困。十月，乃以安陆上请。

当兹时也，祐杬虚龄16岁，挑选王府封地、申述理由之类，大约主要由府中辅佐官员所为。兹事体大，关系到王爷以及一系列内外臣属的未来生计，自然群策群力。土瘠民贫是不愿意就封的原因，说出来的却是在这样地方建王府，会更加重民众负担。咦，说辞何等实在，又何其堂皇也!

建一个亲王府，可真是大不易。明代营建王府，始于洪武三年（1370）七月，明太祖下诏为诸子建造王府。由于他儿子众多，有司在为之选府邸时也是怪招迭出，因地制宜：秦王府直接占用陕西道台衙门，晋王府选取太原新城，燕王府堂而皇之搬进元朝旧皇宫，齐王府仅仅用一个县衙，楚王府、潭王府更绝，一个进占武昌灵应寺，另一个选用潭州玄妙观……这是最早的一批明代王府，封为亲王的多是朱元璋那些领兵打仗的成年儿子，但也有刚一岁的赵王杞和出生两个月的鲁王檀。工部拟议为各王府选址的同时，当有一整套的建府方案，太祖予以认可，大约其封地没有更好的地方了。②

从太祖皇帝开始，明代不断出台各项规定，渐渐形成一套详

---

① 安陆作为地名变换较多，颇易混淆，兹略述之：在历史上多数情况下，安陆为德安的附郭之县；元朝改称安陆府，明代始称安陆州，嘉靖间升格为承天府，又称兴都。兴府的具体所在是原安陆州长寿县，嘉靖时改名钟祥。

② 《涌幢小品》卷五，王府。

备的亲王府营建规制：

> 王城高二丈九尺，下阔六丈，上阔二丈，女墙五尺五寸；城河阔十五丈，深三丈；王宫前殿名“承运”，中曰“圆殿”，后曰“存心”，正殿基高六尺九寸，月台高五尺九寸；亲王宫城周围三里三百九步五寸，四城门，门庑及城门楼皆覆以青色琉璃瓦……①

一个王府，还要有家庙、社稷坛、山川坛、世子府、典膳所，要有大小门楼46座、墙门78处、水井16口……这是规定动作。至于那些不守规矩的王爷们，小动作多的是。新建一个亲王府邸，既需要大量经费，也需要相当长的时间，谈何容易！

而兴王祐杬已经出府成婚，也到了应该离京赴藩的年龄。他是朱祐樘最大的弟弟，即所谓“长王”，他不往藩国，其他的弟弟更谈不上。② 孝宗龙体素弱，膝下只有一个两三岁的小皇子，而京城有十余个生龙活虎的皇弟，能不赶快打发他们之藩？兴府中人揣摩圣意必急于让祐杬离京，而新建一座王府又急切难以竣工，于是提出换到安陆的已故梁庄王旧邸。疏上，孝宗很快批准。

作为王府所在地，安陆无法与西安、开封、太原等地相比，不仅地方僻远，也是一个灾害频频、不太吉利的所在。在兴王入主之前，这里曾是两任亲王的藩土，留下的却都是悲情故事——

永乐六年（1408），太祖第二十四子郢王朱栋就藩安陆的长寿县，称郢王府、郢邸。六年后朱栋病死，王妃为武定侯郭英的女儿，终日恸哭，觉得自己连儿子都没有，将来必然无依无靠。

---

① 《大明会典》卷一八一，工部一，亲王府制。

② 长王，即除皇太子外年龄最长、已册封为王的皇子。在宫中朝贺太子及中宫等仪节中，有带领诸王、代表致贺的特殊地位。

郭妃对着镜子自画一幅肖像,嘱宫人说:等我的四个女儿长大,让她们知道母亲的模样。遂悬梁自尽。①

宣德四年(1429),郢藩裁撤,郢王遗属和宫人被安置到南京,仁宗第九子梁王朱瞻垍就藩安陆。梁王一开始就不喜欢这个旧郢邸,住了八年后觉得忍无可忍,上疏英宗,陈说府邸地势低下潮湿,请求换一个干爽敞亮的地方。英宗回复说当地连年歉收,让他等收成好了再说,结果一等就再无音讯。正统六年(1441),梁王病死,也是没有儿子,梁藩被撤,这座王府又一次没了主人。②

长寿及其周边,当时是一个又远又穷的地方,恰恰符合明朝“财赋地不封,畿辅地不封”的封藩原则。在孝宗同意兴王移封三个月后,祐杬再上疏,以梁邸偏居西城,风水不好,请求在城之正中重建王府,弘治皇帝倒是好说话,遣内官监和工部如所请前往营建。

### 三、先卖盐,再要船

弘治七年(1494)九月十八日,是礼部为兴王选定的之国吉日。这之前,朱祐杬遵照设定的礼仪,到长陵、献陵等祖宗陵墓行礼,然后又到奉先殿行礼。他还想为母亲家做些事情,两个舅舅邵安、邵喜曾是锦衣卫百户,小小的职衔,且早已罢职在家,兴王在之国之先,请求孝宗让他们复职。孝宗不以为然,但还是勉强答应,注明“不为例”,没有驳大弟弟的情面。③

当日早朝之后,孝宗在奉天门接受兴王拜别,赐以果酒,祐

---

① 《明史》卷一一八,诸王三,郢靖王朱栋传。

② 《明史》卷一一九,诸王四,梁庄王瞻垍传。

③ 《明孝宗实录》卷九一,弘治七年八月戊寅。

杬立饮而尽，叩头辞出。行至门外台阶上，丹墀之下，直至午门外，他都停步回身，向伫立于奉天门的皇帝哥哥恭行叩头礼。而孝宗一直目送弟弟远去，至看不见才回宫。

明代亲王离开京师赴封地，因为随行护卫人员、携带物件甚多，一般由水路，在通州张家湾登船。先期，工部右侍郎和兵部郎中一人到通州整视舟车夫役，免出差错。而每当此际，亲王的属员往往诉求甚多，难以侍候。如旧例最多不过七百多只船，兴王分外提出请求，要用九百多艘，沿途使用夫役数万人。负责此事的兵部员外郎莫骢不敢答应，又不敢当面拒绝，便拖着不见。兴王很生气，立刻奏闻皇上，要治他的罪。弘治对大弟弟的要求，一一照准，①并让锦衣卫将莫骢逮办，事过后才放出。②

就是在张家湾码头，护卫严整，樯帆如林，亲王大船刚刚启动，兴王忽然想念起母亲邵贵妃，涕泗横流，立即上呈奏章，想将母亲带往封国奉养。这种做法有违常例，孝宗没有批准，祐杬只好忍痛南行。

兴王的赴国之行，先由大运河南下，在规定的几处地方略作停顿。祐杬举止大方，仪度俨然，约束随行军校甚严，体现了他端庄谨慎的个性：舟次临清，地方官为他准备了水戏，祐杬以天寒水冷，不宜劳民婉拒；至下邳，卫官送他一只当地良犬，祐杬不要；次维扬，他听说马快船水手克扣夫役，马上出令禁止；到金陵，祐杬前往拜谒明孝陵，“感慕凄怆，礼容祗肃”，令留都吏民感慨万千。船队由金陵入大江，一路岂能无惊涛骇浪，祐杬每执书一卷，仪态闲适，让从臣和侍卫敬佩不已。他的之国旅程也被

---

① 《明孝宗实录》卷九一，弘治七年八月戊寅。该处记载，祐杬弟岐王之国时，亦曾破格呈请。

② 《明孝宗实录》卷九三，弘治七年十月戊午。

点染了一些瑰丽色彩——

舟次龙江,有慈乌数万绕舟,至黄州复然,人以为瑞。①

所谓“慈乌”,即白胸脯的乌鸦,又名“仁鸟”。相传此鸟能反哺其母,故名。数万只慈乌绕舟翻飞,遮江蔽空,诚自然界一大奇景。究其原因,或是这个庞大船队吸引了乌鸦:时至深秋,乌鸦们觅食渐艰,望见约千艘大船迤逦而下,是否想从船上打些主意了?

亲王之国的阵势是浩大的。有仪仗、护卫、随行人员、迎接送行的当地官员,所至之处,更是百姓聚集观瞻。大家看到江上壮观的鸟阵,能不议论评说。唯此时厚熜尚未出生,若说慈乌之瑞,应是朱祐杬因子而贵,身后被追谥为睿宗献皇帝之兆了。

## 第二节　郢客歌阳春

因为后来成了嘉靖皇帝朱厚熜的龙飞之处,安陆的长寿——后称钟祥,便被描绘成一个注定要出真龙天子的地方。而实际上,它只是一处远离政治中心的僻远王府,是一个朴素安适的小地方。

那是他年轻父母的第二个家,是他们致力营造的一个永久家园;当然也是他们的王国,尽管只有几片薄田和一圈高墙。朱厚熜在这里出生和长大,在这里识字读书,在这里习学观察事物的能力,也在这里陶养和形成自己的个性。

### 一、请乞复请乞

朱祐杬和蒋氏在长寿住了下来,准备着生儿育女,准备生生

① 《明史》卷一一五,睿宗献皇帝传。

世世住下去。

亲王府的日常供给自有通例，大约亲王岁禄米一万石，每府岁给一千盐引；另有一部分庄田，少者几百顷，多者千余顷甚至更多，要看王爷自己的讨要本事，尤其是皇上待之如何。我们看《明实录》大量收录各地王爷不断的请求，要这要那，令有司不胜其烦，而皇上常也不能不给面子。究其原因，一则当然会有亲王们的欲壑难填，更多的怕还是用度不足。凡王府都扎着个大架子，礼仪周密，人口日繁，运转诚大不易也。而亲王对所在地又不具备行政和司法权力，只有向皇上呈请讨要。每个王府大约都有这方面的专才，负责提醒那些王爷，兴王府自不例外。

早在离京赴藩地之前，兴王府中僚佐就开始认真研究王府的经营，目光所及，一是郢王梁王留下来的香火田，二是府邸附近尚未明确归属的地块。弘治六年春，兴王向孝宗求恳，请将安陆州赤马野猪湖河泊所的课钞赐给兴王府。课钞，即税金。尚未赴藩地，就公然要求截用国家税金，实属过分，孝宗宽仁，诏允之。① 兴王要离开京师的10天前，孝宗令将郢梁二王的449顷香火田从带管的襄府要出，改属兴王府带管，又给了他一份大礼。

在封地居住两年多之后，兴王又向孝宗请求取消这些河泊所的建置，免设官吏，由王府直接管理。户部认为：设立河泊所的目的就在于适当课税，防止过取伤民；兴王所请，不仅仅损害民生，而且大伤国体，不宜允许。孝宗听从了户部的意见。②

湖广之地王府甚多，成为当地民众的一项沉重负担，也是地方政府一大麻烦。尤其这一时期，接连修建或整修三座王府，湖

---

① 《明孝宗实录》卷一二五，弘治十年五月丁卯。

② 《明孝宗实录》卷一四七，弘治四年正月丙申。

广守臣拿不出这么多银子，只好请求将广东官盐运到当地发卖。[①] 而亲王一旦进驻，便不断寻求扩拓庄田，申请直接管理，难免与地方发生摩擦。巡按御史王恩曾上疏，奏请各王府庄田应由有司统一征收送府，以免横征暴敛，孝宗御批允准。可谕旨下达后不久，兴王即上奏，讲了一大通本府庄田的特殊情况，还是希望自行征收。孝宗抹不开面子，只得同意对他网开一面。[②]

一年之后，应兴王之请，孝宗赐给他京山县近湖淤地 1352 顷。原地居住着一千七百多户人家，世代以为生计，民怨沸腾，也引起户部的强烈不满，尚书周京反复上奏，语多激切——

> 市井小民虽一物之微，夺彼与此，尚生忿争，况世守之业乎！且王府军校倚势侵凌，轻则逼迫逃移，重则激生他变……
>
> 近湖淤地，自朝廷视之甚轻，自民视之甚重。若尽属王府，则照亩收租，此九潦一收之地，何以能给？虎狼军校苦加追责，或怒不能供纳，必欲自佃，又将驱其人夺其产。今湖广襄阳安陆地方，流贼白昼劫掠，正与淤地相接，此等愚民既无常产，衣食所迫，亦未必肯为沟中之瘠也！

言简意警，切中时弊，预先勾画出晚明的流民造反图。又哪个时代没有诤臣循吏呢？可惜孝宗格于情面，还是坚持把这块地划归兴王府。孝宗当然能判定是非，其对户部的谕旨近乎求恳，说是自己已经答应了，别再说了。而三个月后，因发生地震和出现彗星，下诏修省，朝臣条陈 18 事，其中“处庄田”一款，又把兴王府分外奏乞近湖淤地之事点了出来。

请乞复请乞，请乞何其多？限于宗藩体制上的繁复苛细，亲

---

① 《明孝宗实录》卷九三，弘治七年十月甲申。

② 《明孝宗实录》卷一五九，弘治十三年二月癸巳。

王们唯一能做的只是向皇上陈情乞讨，别无良策。我们没有看到兴王那些请求田土的奏章，想其会写得言辞哀切，会诉说王府经费来源的不足和支出的庞大，会诉说那只是一些十年九涝的荒地，也会诉说自己的委屈与压力，令皇帝哥哥读后心生同情，不能不予。应该说明的是：田土的归属，课税的征收由谁负责，并不意味着农民负担的轻重之别；王府直管就一定会敛取无度吗？取消河泊所衙门不也是减少一道鬼门关吗？兴王府直管之后，事实上并没有出现搜刮无度、生民激变的情况，恰恰相反，地方民众对兴王的口碑很好。乾隆《钟祥县志》记载：某年大饥，兴王出钱粜米赈济，又在街巷道口设粥棚，救活很多饥民，他还派人收葬路边尸骨，竟然有数千人；又遇汉江暴涨，灾民漂流呼号，兴王派出府中军校驾船拯救，其后又出资出粮修堤四十余里，以杜绝水患。

对于王府庄田的佃户，兴王待之甚好。有人以天旱请求免租，他一经查实就免交；也有诉说没有耕牛种子，他也给以帮助。对那些离府邸较远的粮户，兴王许可以银折米，且以官方规定的最低价收取，绝不多收一点点。当时的巡抚都御史认为这种方式既简便，又廉洁，上奏朝廷，认为诸藩都应如此。

兴王被称为贤王，称为“宜膺遐服，楷范诸藩”。① 大约是不断听到良好反映，弘治十六年八月，孝宗将郢王府、梁王府遗留庄田、守墓人丁，以及清出来的起科地二十余顷，统统划拨给兴王府。这一次，再没见地方官和朝臣反对。

## 二、读书吟咏之乐

朱祐杬自幼喜爱读书。还在童年，他就因聪明颖悟深受父

---

① 《明武宗祭兴献王文》，见同治《钟祥县志·御制》。

皇宪宗钟爱，亲自为之讲授诗书，皆能够很快背诵，无所遗漏；以后无论是皇宫就学，还是出居京邸，他都勤学不倦。正因为其好学之名，孝宗在他之国时特赐给一批宫中秘藏的善本书，以示勉励。这可是其他皇弟没有的待遇。

王府是个读书的好地方。虽然明代亲王府中多打打杀杀、庸庸碌碌之辈，但也颇出了几位学者型人物，如精通词曲的宁王朱权，如亲自从事戏曲创作的朱有燉，如精擅音律的朱载堉……兴王祐杬是个循规蹈矩、以读书为乐的人。想他也知晓自己曾被谋立太子的旧案，为人处世便格外低调。

抵达封地，祐杬履行完一应仪节，首先去拜谒的便是孔庙。他在明伦堂听学官讲《易经》，认认真真听完，即以银币相酬谢，在场诸生也有馈赠。安陆孔庙门殿破败，祐杬出资修葺，一下子赢得了当地读书人的好感和尊敬。

兴王在府中大兴讲学之风。根据明朝宗藩规定，亲王也要"视朝"，但那只是做做样子，祐杬更在意的是退朝后的读书讲学。兴府的便殿几乎成了学堂，两位长史皆饱学之士，他们和伴读轮番进讲，祐杬与之切磋琢磨，务求透彻，一个话题常常讨论数日。亲王与侍臣之间，诗书应答，日子过得充实愉悦。

明代各王府多崇尚浮华与享乐，府中养着优人女乐（即戏班子），歌舞升平，甚者则主仆淫乱不成体统。有鉴于此，兴王不许在府中设女乐。其他藩王多喜欢大张宴席，铺张挥霍，兴王则除非公宴（如年节例行的庆贺活动、皇帝万岁节之类）外，府中不设大筵。他安静恬淡地待在自己的封地，以读书和写作打发日子。

安陆古属荆州，春秋战国时为楚地。屈原在《九歌》中形象地描写了楚地百姓迷信神鬼、崇尚巫术的风俗，这种习俗至明代并无大的改变。兴王时常研习医方，施药救民，对移风易俗起了一定作用。他还辑集出版了《医方选要》、《外科经验方》、《本草考异》、《食品便览》等医药生活类书籍，亲为序跋，以有益于世。其在《医方选要》序文中说：

> 人所自致之病，是方或可治之；若其病于冻馁，病于徭役，病于征输，病于锋镝之患而不能起者，则惟圣天子得贤宰执能相与消息调停，方可跻于仁寿之域焉。①

这是怎样清醒的社会认知？又是多么仁厚的民生吁求？若说兴王的解决方案还有些幼稚，则又能让一个亲王说什么呢？

兴邸的所在地为安陆州钟祥县，位于湖北中部，景物清华，历史遗迹和典故纪闻颇多。王府不远处有古阳春台旧址，春秋佳日，兴王常在侍从和仪卫拥簇下登台远眺，吟诵倡和，一抒胸襟。他曾写作《阳春台赋并序》，②兹略作引录：

> 或遭谗贼而弗已兮，欲回君意而自沉；或赋神女而匪诞兮，款规君于荒淫；或奔吴报楚而惨及黄垆兮，宁忠贞之不卒；或倚秦墙乞师兮，竟免宗国于颠蹶；或强谏惧兵兮，柔从君而自刖；或指方城而盟绥德兮，挫齐威之矜伐……

辞句中涉及的历史人物和事件，大都出自楚地，祐杬一一拈出，略加点评，转笔写自己的感受，再数说著名台阁曾发生的故事，表示要“屏宵人而弗迩兮，亲方正之贤良；惩台榭之荡心兮，息广厦而讲虞唐”。这是一篇相当不错的小赋，既抒发了祐杬的文人情怀，也是他作为亲王写给皇帝哥哥的思想汇报，有一种别样的时代真实感。

祐杬是一个温文尔雅的人，又是一个胸襟披洒、仗义疏财的人。他的《汉江赋并序》，同样写得娓娓道来，意境阔远，也同样

---

① 《明武宗实录》卷一七五，正德十四年六月己卯。

② 《承天大志》卷十九，宝谟记五。

没有忘记述及前代贤哲，同样要表达自己的责任和对皇上的忠心。当个亲王不容易啊！比较而言，他的小诗就要轻松多了，如《重阳》：

一上阳春菊正黄，凌虚歌兴动三湘。

陶情不用樽前酒，忽挹贤良笑语香。

又是在阳春台上，重九登高赏菊，与府中文字侍从之臣及当地名士诗文酬和，也算是一种诗意人生了。

就是在这里，兴王祐杬结识了退居家乡的户部尚书孙交，这是一位既有政治智慧和治国才华，又有做人底线和铮铮铁骨的大臣，因抵制武宗身边近倖罢归乡里。孙交当时已满60岁，而祐杬要年轻25岁，非常敬重这位长者，以至于将阳春台东边的一块地割让给他，让其扩大宅院。世宗即位后，王府管事太监奏称孙尚书侵占府地，世宗曰：此地是先皇所赐，我还敢夺回来吗？

实际上，那时还未改称钟祥的安陆，那里的郢、梁二王都无子而终的先例，对朱祐杬也是一种隐隐的压力。对比北方那些不断生儿育女的王爷，南方的亲王们就逊色多了，兴王府也如此。直到弘治十四年，兴王的第一个女儿才降生，生母为樊氏。两年后的夏月，正妃蒋氏终于生了第一个儿子，给寂寥的兴王府带来极大欢欣，可五日之后，得子之喜便化为殇子之痛。这时的祐杬和蒋氏结婚已经12年，年龄也差不多快30岁，好不容易有了个儿子，竟然这么快就离他们而去。

就在这一年，妃子王氏也生育了一个女儿。兴王膝下有两个小小女儿，也算一种安慰。然祸不单行，大女儿在第二年也一病而亡，年仅四岁。庞大的兴王府，迟迟不见世子即合法继承人出生，兀的不急煞人也！

## 三、两位嫡亲皇叔

鉴于历史教训，明代中叶，朝廷对藩王的防范之网越收越紧。藩王们分封在全国各地，号称王国，享有护卫和礼仪上的尊荣，却仅有小小的一圈王府，并不具有对当地土地的管辖权。他们虽名称“郑王”、“代王”等王号，也不许有任何干涉地方事务的举动。这便是所谓“分封而不赐土，列爵而不临民，食禄而不治事”，致使这些金枝玉叶、皇子皇孙“徒拥虚名，坐糜厚禄”。①藩王及其后裔多受过良好教育，又不准参加科举，不许入政府做官。有才略智勇而无法施展，贤德之士不免老死于富贵乡，狂妄之辈则密谋反叛，为祸一方。明代中叶的藩王叛乱，都多少有着这方面的因素。

最成功的藩王谋叛，当推明成祖。曾经的燕王朱棣以“清君侧”的名义起兵，一路杀向南京，夺了侄子建文帝的皇位，由小宗演为大宗，自此大明宝玺就到了他的子孙掌握中；短暂成功的是景泰帝，土木之变后，他由监国迅速转正，进而把瓦剌放回来的上皇哥哥软禁于冷宫，南面称尊七年有余。

不成功的叛藩，小打小闹的不算，兴兵造反的，明中叶就有三例：高煦之叛、寘鐇之叛、宸濠之叛，只因实力不够，起事不久便被扑灭，没有形成气候。②

藩王谋反更增加了朝廷的戒心，越到后来，针对王府的禁网越密。各地方抚按衙门都有监视王府举动之职责，就连王府中人要出城扫墓，也要经过有关部门的批准。至于藩王之间想串串门，走动一下，更为律条所严禁。③

---

① 见《明史》卷一二〇，诸王五。

② 见清谷应泰《明史纪事本末》卷二七、卷四四、卷四七。

③ 见《明史》卷一二〇，诸王五，曰：“防亲过峻，法制日增。出城省墓，请而后许，二王不得相见。”

历史上的情种真也多种多样，万贵妃死后，宪宗只活了半年时光，且多数时间郁郁寡欢。卧病中的成化皇帝向太子祐樘详细交待了国家和朝政的安排，也必然会想到宫中后妃、想到其他皇子和公主的未来。就在这期间，宪宗将祐杬及有四个年龄略大的儿子册封为王。

祐杬被封为兴王，两个一母同胞的弟弟祐棆封为岐王，祐枟封为雍王。是不是邵贵妃（还有其他两位儿子已大的妃子）在宪宗病榻前恳求的结果，今天已难以知晓，反正这之后月余成化皇帝就咽了气。

朱祐杬离京的次年春二月，祐棆前往自己的封地德安（即今湖北省安陆县）。我们知道，弘治帝本来要把祐杬封在德安，并于四年前开始为营建府邸，后因兴王请求，加以就藩之期不宜太拖，将兴王改封于安陆。此时想王府建成，便让岐王去了德安，住进本来为他哥哥建造的王宫。

德安离兴府所在的长寿很近。岐王之国时，还不满 17 周岁，不擅治理。离开京师之前，就有商人勾结岐府军卫，先在长芦等盐场收购私盐，意图由王府船队夹带往仪真高价出售。此事被巡按御史发现上奏，孝宗震怒，命沿河兵备等官严加盘查，一旦发觉，“连坐不贷”。① 好个岐王，真所谓开张就不吉。

弘治十二年（1499）秋八月，雍王祐枟辞阙赴藩国，时年 18 岁。兴王的这位小弟离京前也是要求多多：请求将自己的老丈人官升一级，②请求为表兄邵华换一个更好的位置，③请乞衡州

---

① 《明孝宗实录》卷九八，弘治八年三月丙戌。

② 《明孝宗实录》卷一五二，弘治十二年七月甲戌，“升锦衣卫指挥使吴玉为都指挥佥事，从雍王之国。玉女为王妃，从王请也。”

③ 引同前注，“命锦衣卫管象房事指挥使邵华本卫南镇抚司管事，不为例。华乃雍王母贵妃之兄子，从王请也。”

府的10处山场湖塘，要求兵部以哥哥兴王之例加派军校，孝宗一一答应。而对他希望裁革地方税课司、河泊所的请求，户部强烈反对，孝宗也认为太过分，御批“自今诸额办钱粮衙门，各王府不得请求，著为令”。① 可雍王并不罢休，“乞奏不已”，孝宗无奈，只好下旨在两处税收中拨一部分给雍王府。

雍王的封地本来定在保宁（今四川省阆中县），后改封衡州（今湖南省衡阳市）。这里地势低凹，湿气熏蒸，宫殿朽败得难以居住，王府中常常死人。朱祐枟请求移封山东东平州，廷臣认为重建王府，劳民伤财，建议将雍王移往四川叙州（在今宜宾市东北），弘治帝先已下诏批准，又因道远不许。雍王只好在朽湿的宫殿中住下来，终日战战兢兢。②

朱祐杬与两位亲弟弟同封在湖广省，尤其是与岐王，相距仅百余里，然格于“二王不相见”的藩王管理条例，兄弟却是无缘相会。兴王岂没有骨肉亲情，但王章森严，监视紧密，他没胆量也没办法去与兄弟团聚，只有常派人去看望他们，多加馈赠。

弘治十四年（1501）十月，岐王朱祐棆死，年仅24岁。身后无子，封国自然撤除。岐王之死是有些跷蹊的。他这么年轻，也没听说有什么病，怎么说死就死了？巡按御史王约上奏，称岐王曾奏承奉副高悦有罪，得旨令押赴京师，高悦脱逃，声言要赴京告状，岐王听说后精神紧张，每天抑郁不乐，竟然死去。王约要求查明真相。都察院负责审理，而护王柩还京的司礼监太监详细讲述了岐王得病始末，认为并没有异常。兴王也派人前往吊唁治丧，亦未提出重大隐情。两年后，此事不了了之。

正德二年（1507）二月，雍王祐枟也因病死去，同样年轻，留

---

① 《明孝宗实录》卷一三六，弘治十一年四月辛卯。

② 《明史》卷一一九，诸王四，雍王祐枟传。

下一段凄凉的遗言：

> 生长深宫，荷先帝抚育及今上恩遇，不幸至此，不能无恨！

此话传至京城，就连一贯嬉戏人生的武宗也闻之恻然。雍王也没有儿子，国除。

在湖广地面上本来有三个亲兄弟，现在又只剩下兴王一个。因为没有子嗣，两位弟弟的封藩都被撤除，灵柩回京安葬，妃子和宫眷回京安置。祐杬派员参与治丧和护灵，直至将弟弟的遗属送至京师，以此来化解心中的哀痛。

### 四、厚熜诞生与五彩祥云的传说

正德二年（1507）八月十日，朱厚熜终于在父母的殷殷企盼中降诞于世间。明朝的史籍自不免赋予这个日子以许多神秘色彩，说是厚熜出生这天，兴王宫中红光烛天，远近百姓惊异万分。又说这一年黄河清，王府所在的楚地出现五彩祥云。①

这是正史中所作的渲染，而当地老百姓间所流传的，则是一个很有意思的传奇故事：就在朱厚熜出生的这天正午，兴王伏几小睡，迷迷糊糊中见当地玄妙观中与自己相交甚笃的纯一道士进入宫门，醒来知是一梦。而就在此时宫人报喜，道是世子降诞。兴王笃信道教，认为其子是由纯一点化而生。后日世宗的崇道，竟是如此从娘胎中带来。

兴王夫妇苦盼得子，对其宠爱呵护之情自是无以复加。正德八年（1513）五月，厚熜年仅10岁的二姐善化长公主又病死，

---

① 《明世宗实录》卷一，正德十六年四月壬午记载：“诞圣之日，宫中红光烛天，远近惊异。其年黄河清，庆云见于翼轸者，楚分也。盖识者已知为受命之符矣。”

祐杬和蒋氏更是将所有的爱都倾集于他这棵独苗身上。小厚熜果也聪明颖悟，异于一般儿童。五岁时，兴王开始亲自教他背诗，用不了几遍，朱厚熜便可背诵。这使朱祐杬很兴奋，便给他讲述读书、写字的规矩和日常仪节，讲述民间的疾苦及耕作收获的艰难，小厚熜亦无不一一领会，牢记在心。这些对朱厚熜君临天下后的作为，都产生了影响。

兴王娴静儒雅，厌弃一般亲王那种声色犬马的淫靡生活，教子读书，便成为其生活中的一大乐趣。他在王府中为世子设置书馆，由讲官循序渐进地为厚熜讲学解礼。兴致高时，自己也亲上讲台，给儿子阐讲经义。在习读《孝经》时，朱厚熜曾向父亲问历代帝王“至德要道”的旨要，①兴王为他详细解说孝为“德之本”的道理，“身体发肤，受之父母，不敢毁伤，孝之始也。立身行道，扬名于后世，以显父母，孝之终也。”②朱厚熜静听父王串讲孔圣之语，神色凝重，童稚未褪的面容上若有感悟，使其父心中暗暗称奇。

当时张邦奇任湖广提学副使，是一位极有古儒者之风的督学官。邦奇孜孜以求，提倡儒家精神和道德文章，努力使自己成为青年学子的楷模。他常与诸生谈论历史和国家大事，每一交谈，必然是倾心相授，使学生能豁然开朗，故有“善教”之名。③

兴王闻知后，令世子厚熜前去应试。张邦奇为人温厚素雅，有仁者胸襟。明朝律条禁皇族科考，似此类考试也非提学分内之事，张邦奇久闻兴献王贤名，不愿拂其意，便作为个例处理，命人在府学特设两案，自己居北，让兴世子朱厚熜居南，当面考试。

---

① 《明世宗实录》卷一，正德十六年四月壬午。

② 《孝经》，开宗明义章第一。

③ ［明］焦竑：《国朝献征录》，卷四二，张尚书邦奇传。

他当然不知道自己在考试未来的皇帝，只是宽厚本性使他待兴世子很礼遇。

这是朱厚熜第一次进考场，当也是有明一百余年第一个王府世子进考场，只见他毫不畏怯，挥笔成文，考在优等。少年厚熜记住了这场特殊考试，同时也记住了主考官张邦奇的名字。若干年后，朱厚熜早已入继大统，君临天下，还念念不忘张邦奇当日之情。

厚熜在这样的环境中成长起来。他对父母极有孝心，对两位长史非常尊重；他喜欢读书，尤其对《孝经》反复阅读，不懂之处就向父亲请教，这也是祐杬的开心一刻；他显得知书达理，似乎较早就失去了孩童快活顽皮的天性，而是处处像一个小大人。每当祭祀典礼及进表笺、受诏书之类活动，这位兴世子表现得“进止凝重，周旋中礼，俨然有人君之度”，①令观者啧啧叹奇。

## 第三节　魏阙何由到

一般说来，散居各地的亲王生活是尊贵优越的，可有几个能忘记京师、忘记皇宫、忘记朝廷呢？《庄子·让王》：“身在江海之上，心存乎魏阙之下。”应说是这些王爷的心理写照，祐杬亦然。性情恬淡的他仍然关注朝廷：年节致贺进奉，平日疏章问安，国家有事则尽力贡献，他最惦念的是自己的母亲，多次呈请接母亲到王府孝养不被允许，只有多送些东西，以解孝思。

---

① 《明世宗实录》卷一，正德十六年四月壬午。

## 一、兴府两长史

兴王之国的弘治正德间，是明王朝又一个分封诸王的高峰期。宪宗见深颇有神通，广种博收，数年工夫便整出十余个皇子，长大后个个要出府、大婚、兴建府邸、之国、划分庄田……成为帝国财政的一项沉重负担。说来还应感谢万贵妃在早期的严防死守，否则，真不知要多出多少皇子来。

这一时期，王府在官场和民间渐渐声名狼藉，王府官员的配置规格大降，由洪武朝的高度重视到备受冷遇。府中公务一般由长史主持，而长史仅为五品官，不参加吏部的常规考绩，任满也就无由升迁。本来是终南捷径，现在成了一条死胡同，使很多有才干的人视为畏途。《明会要·职官十二》：

> 弘治三年，进士选长史者恣言怨詈，吏部黜之。然自是以后人薄长史，多不以进士选除。

新科进士通常要有一段时间试政，即实习期，才能实授；而一旦选为长史，就是亲王府行政首长，居然如此不满，王府职务在士林的印象可知矣。

或也正是由于这一闹，孝宗决定以高配方式为兴王选择僚佐：升翰林院检讨马政、刘良为兴府左右长史，中书舍人刘儆、冯经为正副审理。① 他们都是兴王等五王出阁读书时的讲读、伴读官，彼此熟悉，相处应是融洽的。但不知什么缘故，兴王尚在京邸时，四人一起被以"不职"的罪名罢斥。② 实录里有他们的任职，却不见因何被罢免，甚至也不见继任者的任命，有点儿奇怪！推想当是兴王府出了些状况，原因当与经济和经营有关，根

① 《明孝宗实录》卷十，弘治元年闰正月庚辰，同时也为岐王府选配了长史和审理。

② ［明］焦竑：《国朝献征录》卷一〇五，张公景明传。

据责任追究制，要坐罪长史等官，哥几个便被集体免职。这件事大约不太光彩，后来嘉靖间整理前朝实录，史官怕皇上见责，干脆就直接删去了。

继任的兴府二长史，仍是货真价实的两榜进士。左长史张景明，浙江山阴人，成化十六年举于乡，然蹭蹬十载，至弘治三年才中第三甲进士。他与袁宗皋被选为兴府左右长史，时人颇觉可惜，景明说：汉代贾谊、董仲舒都曾任王府职，也是闻名于世啊！兴王也觉得有些亏负二人，对他们说：你们当是当世明贤，理应大用，如今仅为王府辅臣，委屈你们了。他的亲切诚恳，让刚刚入府的几位很感动。

张景明入府的第二天，即上疏劝兴王正心谋学，以周公为榜样，祐杬嘉纳之。又献《为善最乐》诗，兴王赐予金帛。之国安陆，府中事无巨细，皆由景明主持，可称井井有条。兴王对他很是倚信，正德二年景明以丁忧回乡，祐杬奏明皇上，虚席以待。张景明也擅吟诵，乾隆《钟祥县志》卷十九收录其长篇七言古诗一首，有句——

生憎鬼物肆邪媚，下愍蒸民罹困蒙。
保釐家国赖申甫，贡修珍瑞祈恒嵩。
尔来疆域已嘉靖，怀抱悒郁谁我同？
登高望远欲输写，风涛万里时击舂……

襟抱与气节，对时政的忧虑与激愤，络绎于文字间。有意思的是，他的诗中居然用了“嘉靖”二字！后来兴府世子朱厚熜入继大统，对杨廷和等人拟的年号不满意，即以此二字为年号，是巧合吗？怕不是，正可见出张景明对其影响之深。

右长史袁宗皋，湖北石首人，与张景明同科进士。少有文名，中进士时年已三十有六，颇具胆识和治才。他为人刚直，执法严明，与景明配合默契，对王府侍卫和内使管束很严。遇到强取民财者，宗皋绝不宽贷，不仅令府中不良之辈忌惮，在地方上亦大有令誉。一次当地豪民因地界与兴府打官司，竟然聚众抗衡，当局谁也不敢过问，推举袁宗皋去处置。宗皋单骑前往，与之明勘界址，一场争端顿时化解。府中需要这样一位威猛正直的长史，兴王对宗皋非常信赖，称赞他为“厚内方外，正学笃行，盛德长者也”。①

二长史刚柔相济，又皆是品德纯正之士，成为兴王府的两位护法，祐杬何其幸也！

**二、慈父崩殂**

正德十四年（1519）夏六月，兴王祐杬以中暑卧床，未成想竟在十七日遽然辞世。好端端的兴王府，一贯安适祥和的兴王府，一下子陷入悲痛之中。祐杬“体貌英伟，声音洪重”，平时清心寡欲、注意养生，居然一病不起，令人感伤。然在宪宗诸子中，祐杬尚属长寿者，他的皇帝哥哥已逝去十好几年，两个一母同胞的亲弟弟也早已先后死去，活了44岁的兴王也算高龄王爷了。

作为一个亲王，朱祐杬被称为贤王，的确起到了安定一方、拱卫帝室的职责。他在藩国25年，既遇到洪水泛滥和亢旱绝收，也曾发生附近流民造反，都能积极应对，尽力而为之，体现了悲天悯人的情怀。而他也始终关心着国家大事：弘治十四年（1501）蒙古攻扰边境，祐杬派内官李荣赶往京师，献银两买马匹助军；正德五年（1510）四川骚乱，他又让府中典仗刘海送银子到郧襄，以助军需。王府资金有限，他每次拿出的都是一千两，但表明的是一种态度。以故皇上玺书褒谕，说是“其身虽在外，而心常任朝廷”。

---

① 《国朝献征录》卷十五，袁公宗皋神道碑。

还是在之国前夕，兴王上谢疏、兼向孝宗提出几项建议，第二条就是“豫教太子”，那时的朱厚照仅虚龄四岁，大约溺爱顽劣之名已传至宫外。这位侄子正德皇帝继登大位后，果然渐渐走向任性胡为，北南巡幸，亲近宵小。兴王每次听到武宗巡游的消息，都为之深深忧虑，及得到皇帝回銮之报才放心。他是一个谨慎的守本分的藩王，我们没见他上章谏阻，他知道那是没有用的。

兴王崩逝，记载说当地颇见异兆。那一年封地常常在晴空鸣雷，而祐杬逝世之前夜，西北方有大星陨落。武宗为这位皇长叔辍朝三日，遣武安侯郑刚前来祭奠，孝宗元配张太后、他的母亲邵贵妃都专门致祭。张太后自是例行之事，而邵贵妃则悲痛可知。

没有王爷的王府就像失去了魂灵，显得庞大而冷清。兴王府的主人只剩下孤儿寡母，年不满 12 周岁的朱厚熜，由读书少年变为藩国之长，在母亲鼓励支持下，开始适应新的角色。按明朝制度，亲王去世，王世子应服孝三年。朱厚熜以世子身份监理国事，而两位长史更是尽心辅佐，主动担当。张景明总摄府中事，处理得井井有条，加上还有一个袁宗皋，无人敢胡作非为。

## 三、“白头一梦”兴世子

安陆属古荆州地。唐元和六年(811)暮春，大诗人元稹过荆州，与几位好友意外相逢，欣喜之余，共话时事，诗文相酬和，写下“魏阙何由到，荆州且共依”之句。以之形容为父守制期间的厚熜和府臣，形容他们在正德末年的复杂心情，或别有一种确当。

此时正值武宗皇帝不守成宪，变本加厉地折腾，朝廷内外人心浮动，流言四起。江西与湖北毗邻，宁王宸濠起事，举国震惊，兴藩当属于接近震中。宁王檄文中“太祖皇帝不血食”之说，不可能不传入兴府；在宸濠被俘后武宗仍执意南下亲征，令人将叛众纵之鄱湖，自己再去抓获的荒唐举措，不可能不传入兴府；武宗返回京师后在祭祀时大咳血，然后卧病淹缠的消息，不可能不传入兴府……

举国关注着京师和朝廷，兴府世子和王臣应说有着比别处都多的关切。是啊，武宗至今无一个根芽儿，按照皇家继承的顺序，该是兴王的长子咧！

朝中有识之士，也包括一些窥测之辈，开始把目光投向遥远的兴藩。而兴府自也不乏有见识者，如张景明、袁宗皋，却只是安安静静地待在府中，不联络不打探，以静待动。就在这个关键时刻，张景明病了，那可是真病，不得已提出辞职，厚熜极力慰留，赞誉他“忠厚清真”。深受感动的景明留了下来，很快病情加重，辞世前无限依恋，说：死何足恨，但嗣君幼冲，不得终辅之，以酬先王厚德耳。

王府长史以下官员与亲王，也属君臣，只是这种关系与皇帝和大臣大不同，更多地要靠感情维系。兴王府君臣和睦，与兴王、王妃对臣僚侍从的尊重分不开，父母的态度和做法也直接影响了世子朱厚熜。这时厚熜的心智已然成熟，尽心守孝，专心读书，府上事倚信辅导诸臣。他尽力不去讲说朝廷那些事，也尽量不去想，有些念头便在梦中出现。同治《钟祥县志·杂识》：

> 世宗在藩邸，钱定侍读，一日忽问曰：“昨夜梦发白，当作何兆？”定曰：“王上添白，其吉可知！”

二人心照不宣，却也能传递出兴府上上下下的微妙心态。说得太直白即大逆不道，不说又心中憋闷，只好这般打打哑谜。

# 第三章 空位期

转眼到了正德十六年(1521)春节,这是明武宗在人世的最后一个春节,其在沉闷抑郁的氛围中开始,并由此蔓延到整个春天。

生性酷爱嬉闹折腾的武宗皇帝,此时淹缠卧病,再闹不出新鲜花样了。自半年前他在清江浦戏水时翻船,连冻带吓,加之淫纵过度带来的身体亏虚,遂龙体不适。强支着回到京师,举行了盛大的献俘仪式:宁王叛乱中的俘虏及从逆家属数千人被绑缚串连,列于辇道之侧,背插书有姓名的白纸标牌;已死的叛逆则悬首长竿,上挂白布飘带。十里御街,远望一片惨白,哭声不断,时人认为大非吉兆。①

果然,武宗在四天后的郊祀中突然大吐血,并自此卧床不起,病情一日日沉重。武宗亲信、执掌禁兵和扈驾边卒的提督江彬打算占据皇城,拥立与之关系密切的代王。江彬内结党羽,外通边镇,又整日围绕在武宗身边,深得其宠信。一旦江彬矫诏捏旨,号令天下,则真伪莫辨,纷争四起,大明帝国形势危急矣!

---

① [明]沈德符:《万历野获编》卷一,列朝,白服之忌。

## 第一节　又一次秘不发丧

所幸，此时有一个能够团结协作的内阁，内阁中有一位精强练达的首辅。首辅杨廷和为皇帝安危忧虑，为社稷存亡忧虑，有条不紊地实施着安定天下的计划——定国本。依据大明玉牒，廷和选中了皇位的继承人，并取得了武宗之母张太后的全力支持。这位被选中者就是当时的兴藩世子、后来的嘉靖皇帝朱厚熜，庙号世宗。

### 一、豹房的黄昏

自南京返回，明武宗朱厚照仍住进他所喜爱的豹房。然此番归来，这位往日总是精力无限的青年皇帝显得极为萎靡倦怠，面对那班明艳亮丽的西域回回伎乐，竟也打不起精神。

在郊祀活动中大咳血后，张太后和辅弼大臣都希望武宗还居乾清宫，由太医院御医诊疗保养。武宗却固执地住在西内的豹房。他太喜欢这个地方了，在这里觉得自由舒展，在大内则感到压抑郁闷；他那么年轻，意识不到淫纵已大大缩短了自己的生命，以为略加调养，还能出去寻开心。

现实无情，病势凶猛。昔日欢蹦乱跳的皇帝长卧病榻，丝毫不见好转迹象。寝宫中弥漫的不再是欢歌笑语，而是药釜中散溢的刺鼻气味。那些亲信，那班被命名为“豹房祗候”的近侍，也从这郁烈药气中感受到末日的临近，死神似乎正满面狞恶地走向当今圣上，也走向他们。

豹房巍峨，穆然耸立于冬月的残照中，失却了往日的笙簧喧嚣，失却了往日的灯辉璀璨，失却了舞伎的倩影和歌女的轻喉，唯有那皇帝的宠物——由二百四十名勇士伺候的文豹，仍没有失却一贯的自信，不时发出几声沉闷的嘶吼。

豹房是明武宗在宫禁中建造的淫乐场所，位于西华门内太液池之畔。武宗在太监钱宁、乐人臧贤等人诱引下，沉溺于声色游宴，因大内中毕竟有太后与皇后，时加劝止，多有不便，就起意在西苑营造别宫，以纵声色。

不久，一座宫殿在西苑拔地而起，主体建筑高达数层，黄瓦映日，飞檐挑月，极是宏丽。宫殿与两厢由复道相连，是一间又一间无数的密室，回环勾连，皆装饰奢华，各具胜景。钱宁等在这里盛设伎乐，又弄来许多春宫图、秘戏图和房中术方面的书籍，使武宗在此恣意嬉戏，感到兴味无穷。开始时武宗还是常常光顾，淫乐之后仍回大内，后来回回人于永及番僧进呈西域的“阴道秘术”，又告诉他说回回女子如何身体白皙温润，而且善解风情，远远胜过中国女子。武宗听得耳热心跳，急切想尝尝异域女子的味道。于永知都督吕佐（色目人）有擅长西域舞的回回女伎，便矫旨令其进献给武宗。吕佐怎敢违旨？12名美艳绝伦的回女被引入豹房，妙舞婆娑，美目流盼，武宗身置风流锦阵中，再不想回大内上朝听政之事。

然此时，美人仍在，武宗却再也鼓不起阳刚之气，唯觉生命的力量在一丝丝向体外滑去。

近幸与内侍者流笼罩在极大的恐慌中，他们眼看着武宗皇帝绝无恢复健康的可能，更深知自己平日恶行多多，深知这一切在武宗身后都会遭到清算，他们仿佛已看到刽子手中沥血的鬼头刀……

大限即到，这班奸佞之徒当不会自甘灭亡，各种阴谋都在运作和筹划之中。提督江彬执掌威武团练营兼领调入京师的四镇边兵，此时也在私邸与亲信都督佥事神周、李琮等密议，欲迎取大同的代王入主朝廷。代王朱俊杖为太祖第十三子朱桂之后，该王府从立国始便多行为不端之辈，又不属于成祖一系，继位于理不通。加以江彬等均为赳赳武夫，根本不知道如何运作，亦不敢与内阁沟通，此议遂罢。

豹房中仍显得人迹稠密，但前来看望的内阁和礼部、翰林官员多于往日，而近幸如江彬、许泰之辈则渐渐稀少。忽喇喇大厦将倾，江彬等人正“各自寻找各自门”。

## 二、真真假假的遗言

明武宗在病榻上挨延了约三个月，至三月十三日夜，这位年轻皇帝更明确地感觉到了死神的迫近。

武宗的寝宫仍设在豹房，但由于皇上病重，灯烛惨淡，四围沉寂。江彬等一帮近幸由于连日困熬，已挺不住，回私宅歇息去了，寝宫中仅两名司礼监太监当值。武宗艰难地略抬起头，示意他们近前，准备纸笔，断断续续地留下了最后的话：

> 朕病至此，已不可救了。可将朕意传达太后：此后国事，当请太后宣谕阁臣，妥为商议便了；从前政事，都由朕一人所误，与你等无涉。①

武宗似乎已望见死神那扑刺刺的黑翅膀，他感到惶惑，亦想到了结。作为一代帝王，他岂不知自己死后一切都会遭到清算，那些旧日宠幸会万劫不复，抄家的抄家，杀头的杀头，然他还想保护这些人，独力承担起误国殃民的罪责。

游龙戏凤的武宗曾下令将谏阻南巡的朝臣廷杖至死，目睹那血腥场面，丝毫不为所动。但“人之将死，其言也善”，他试图用最后一缕善念，来保护自己视为心腹的江彬之流。

---

① 杨廷和：《视草余录》。

古今中外历史上，凡皇上驾崩、先帝遗言，多有可疑可议之处。史籍称当值太监记下这段话，又急忙报告内里，等司礼监等管事太监们闻讯赶到，武宗已然驾崩。豹房中回荡着高高低低、真真假假的哭声。武宗的这段遗言，曾被怀疑为太监伪造。直到清代，乾隆皇帝还在《御批历代通鉴辑览》中表示质疑，认为不能够都看作实录。

明武宗朱厚照应是明代帝王中最不循规蹈矩、最能折腾的一个。他把皇帝的职责全然丢弃到一边，却又秉九五之尊，尽神州之大，实施着一个不肖子的人生嬉戏，最终在豹房了其一生。这段最后遗言的前半部分反映了他濒死时的心态，有悔恨，亦有怅惘，是较为可信的。唯最末两句明显为近幸和内侍开脱罪责，或是出于这些非常接近武宗的近幸之手。

明武宗宾天，帝国的权力出现真空。这位荒唐天子三宫六院，又有什么刘娘娘、王满堂、回回妓乐，偏没有留一点骨血。皇太后张氏和内阁首辅杨廷和计议，恐怕提督团营的江彬趁机作乱，决定秘不发丧。

秘不发丧，在中国封建社会的王朝更替中屡屡发生，大都是政局不稳、权力移交未定情势下的不得已之举。杨廷和与内阁成员们的共识已经形成，即逮捕江彬及其党羽，扑灭动乱的火星。

## 三、诱捕江彬

武宗驾崩时，江彬恰好不在其身边。

江彬，宣府（今河北省宣化）人。他行伍出身，勇狠狡险。初任蔚州卫指挥佥事，奉调拱卫京师，在一次交战时身中三箭，其中一箭贯穿面部，箭镞从耳后冒出，江彬拔箭再战，呼喊进击，令敌方惊惧溃逃。武宗闻知后，召他至京晋见，抚摸其面上箭痕，大加称赞。①

自此，江彬就留在京师。武宗少年气盛，喜欢谈论武事，而这正是江彬的长项。他常与武宗讲说兵法，再加上亲身经历的战场厮杀，绘声绘色，细节生动。武宗大喜，擢升他为都指挥佥事，准其出入豹房，后来竟发展到同睡一室。锦衣卫提督钱宁见江彬骤然受宠，心怀不满，常在武宗面前说一些贬损的话，作用也不大。一次畋猎中，一只猛虎骤然扑向武宗，他一边格斗，一边急呼钱宁，而钱宁惊惶退缩，不敢向前。千钧一发之际，江彬从侧旁冲出，力杀猛虎。有此一番经历，武宗更喜欢江彬。

当时京军沿成化之制，分为十二团营，人数众多，但平日缺乏操练，更缺少实战经验。江彬来自边防前线，也深知京军之弊，对武宗说边军骁勇强悍远胜京军，应互调操练。武宗以为有理，不顾大臣反对，命调辽东、宣府、大同、延绥四镇精兵入京师，号称"外四家"。后来，江彬被赐为国姓，升任十二团营提督，封平虏伯，羽翼丰满，位高权重，不可一世。他由诱导武宗出宫微行，逐渐而至巡幸宣府、大同，又由大同渡黄河至绥德、西安，一路嬉游玩乐，历数千里。所到之处抢掠美女，饮酒作乐，武宗极为开心，举国朝野则为之深深忧虑。

正德十四年(1519)春，武宗刚从宣府还京师未久，又提出要南巡。廷臣百余人伏阙哭谏，江彬故意激武宗发怒，将哭谏者下狱廷杖，惨死杖下者至11人。尤其惨烈的是金吾卫指挥张英，他赤裸上身，挟两布袋土，在跸道上哭谏，尔后拔刀自刎，血流满地。人问其用布袋装土想干什么，答曰："恐怕玷污了朝廷，洒土掩盖血迹而已。"张英自刎未绝，仍被锦衣卫关押拷打，死于狱中。

---

① 《明史》卷三〇七，佞倖，江彬传。

武宗终是受到震撼和感染，不再提南巡之事，使江彬等人很沮丧。六月，宁王宸濠造反，江彬欲邀不世功，极力鼓动皇上南征。武宗决意南行，下旨敢有谏者处极刑。未想到王守仁很快就擒获宸濠，要至京师献俘。捷报传来，武宗下诏令王守仁原地待命，仍率大军浩浩荡荡向南进发。就是这次南巡，将武宗送至生命的终端，令张太后咬牙切齿，也令正直之士对江彬的痛恨无以复加。

杨廷和把逮捕江彬作为安定时局的急务。他首先征得了张太后的全力支持，又秘密结交司礼太监韦彬、锦衣卫提督张永等人，密谋定计，要捉拿江彬及一干人等。

江彬也很警觉，他命亲信党徒高度戒备，昼夜不得解甲，以防不测。其亲信神周、李琮皆为威武团练营提督，劝他乘机作乱，不成则外逃漠北，江彬犹疑未决。

恰好坤宁宫要安兽吻，杨廷和以太后旨意，宣江彬与工部尚书李鐩入祭。江彬不知是计，身着礼服而来，事情结束后，张永留江彬、李鐩用饭，突然宣皇太后懿旨收捕江彬。久经战阵的江彬反应极快，匆忙向西安门奔去，见大门紧闭，又奔向北安门。守门者对他说："有旨留提督。"江彬气急败坏地说：现在哪里还会有圣旨！以手推守门的军士，被军士一拥而前，将他擒获。

不久，神周、李琮及江彬诸子都被绑至。李琮骂道：你这奴才，如果听我等所言，岂会为他人擒获！江彬本来有一部很威武的胡须，这时几乎被门军拔净，下颔渗血，面色狼狈，听到此语，只有废然一声长叹。①

---

① 《明史》卷三〇七，佞幸，江彬传。

## 第二节　首辅秘选的新君

武宗无嗣而崩，而其父孝宗子嗣单薄，仅养成武宗一脉，继承大位的人，便只能从近支藩王中来选择。定策兴藩世子朱厚熜为皇位继承人，是首辅杨廷和与张太后深思熟虑后的选择，更是伦序当立。

后来朱厚熜与杨廷和君臣反目，对张太后亦无太多感戴之心，人或谓其寡恩义，实则世宗明白，以皇家玉牒，他是第一顺位的继承人。

### 一、破格继承王位

一个王朝的兴盛衰微，常也由皇子的多寡体现出来。开国皇帝朱元璋，百战艰辛，倒也没有妨碍传宗接代，光儿子就有 26 个，且成活率极高。[①] 在太祖后诸帝中，宪宗也算得上子嗣繁盛，虽经万贵妃明拦暗害，他还是先后有了 14 个儿子，长成 11 子。可他的儿子便没了老爹的本事，其中就有 6 个亲王因无子撤藩，剩下的也总共没给他带来几个孙子。

弘治皇帝只有武宗一子，而武宗无子，大宗中便无继统之人。依次为小宗之长、第二子兴王朱祐杬一支。祐杬位列诸王第一，号称“长王”，在京时每逢国家典仪，都是他率诸王行礼，身份与弟弟们便有些不同。大行皇帝绝嗣，有关诸公最先想到的继统者应是兴世子，以大明的皇室玉牒论列，朱厚熜理所当然

---

① 据《明史》诸王传，仅有第九子、第二十六子早殇，其余均长大成人，开府封国。

为第一顺位的帝位继承人。杨廷和和张太后选中他，也是基于两方面考量：一是厚熜与朱厚照血缘最近，适合于继位的要求；二是其年仅 15 虚龄，也易于以后调教和掌控。

此时祐杬已病逝一年多，其子厚熜以世子身份监理国事。武宗对这位弟弟很是优待，给予“养赡米三千石”，超出常例甚多。① 明朝制度，亲王薨逝，王世子要先请敕管理府事，亦即监国，待三年服满才许请求承继封爵。正德四年特特强调：“不得服内陈乞。”②或许是杨廷和诸人预计在先，为铺平朱厚熜入京继位之路，在武宗死前五天，曾以皇帝的名义颁发一项特别诏令，说是应兴王妃蒋氏、即后来的章圣皇太后之请，命朱厚熜缩短为其父服丧的时间，承袭兴王之位。③

应蒋氏之请的说法，应当不会有假。这件事发生在武宗病危期间，其批复更显得不寻常。不仅仅是杨廷和和内阁，张太后及宫内大珰已对兴藩高度重视，极尽优惠。而厚熜之母、当时的兴国太妃，为了儿子的未来，也是迫不及待，敢于提出请求。

## 二、写入遗诏

大局攸关，职事攸关，杨廷和成为最早得知皇帝晏驾的人之一。三月十四日凌晨，当值太监传达了武宗皇帝的最后谕示及死讯时，杨廷和便动手起草遗诏（其中的主要内容当是熟思已

---

① 《明武宗实录》卷一九七，正德十六年三月辛酉，“旧例亲王薨子未封者，止给养赡米二百……此皆上特恩也”。

② 《大明会典》卷五五，礼部·王国礼一·封爵。

③ 《明武宗实录》卷一九七，正德十六年三月，“……辛酉，先是今追尊恭穆献皇帝之薨也，上命今上皇帝以嗣子暂管府事，仍给养赡米三千石。至是章圣皇太后奏岁时庆贺祭祀，嗣子以常服行礼非便，请预袭封为王。诏复许之。旧例：亲王薨子未封者，止给养赡米二百，袭封必俟释服。此皆上特恩也。”

久)，转托司礼太监将诏草呈慈寿皇太后张氏批准。遗诏中最要紧的，便是指定兴王朱厚熜为嗣君。

张太后深得弘治皇帝宠眷，一门暴贵。然则孝宗驾崩太早，继位的武宗对圣母皇太后显然不怎么样，而且越到后来越是恣意胡为。是否受"郑旺妖言"的影响？总之不太有母子情深的样子。武宗病死，史籍中也不见张太后有太多的悲痛。但这位入宫后就恃宠专擅的皇太后，自然要想到漫漫的将来：如册立的新君能听命于己，则晚年可保，尊隆犹在；而朱厚熜年仅十几岁，寓居于偏远的藩国，恰是傀儡皇帝的绝佳人选，遂大力支持杨廷和之议。

对于继位人选，内阁中并无异议，朝中大臣大都赞同，却也有人不满。杨廷和等人拟议已定，几位内阁大员等候张太后批复之际，吏部尚书王琼气呼呼排门而入，厉声质问："继位之事难道是小事，竟然不先听听我等九卿的意见？"各位大学士都不予理睬。王琼向来与武宗近幸走得有些近，举止傲横，他的到来大约不是要反对，而是要参与，要争一个拥戴之功，见无人呼应，只能沮丧地离去。

朱厚熜的继位，先以武宗遗诏的方式下达：

> 朕疾弥留，储嗣未建。朕皇考亲弟兴献王长子厚熜年已长成，贤明仁孝，伦序当立。已遵奉祖训"兄终弟及"之文，告于宗庙，请于慈寿皇太后，即日遣官迎取来京，嗣皇帝位。奉祀宗庙，君临天下。①

与此同时，张太后颁布懿旨，晓谕群臣：

> 皇帝浸疾弥留，已迎取兴献王长子厚熜来京，嗣皇帝

① 《明武宗实录》卷一九七，正德十六年三月丙寅。

位。一应事务，俱待嗣君至日处分。[1]

可以看得出来，这是一份很友善的懿旨，也最清晰地明确了朱厚熜继位的合法性。然不管是武宗遗诏还是张太后懿旨，都不称厚熜为兴王，而说是“兴献王长子厚熜”，文臣笔墨，原也伏脉多多。

这份以武宗名义颁发的遗诏，实出自杨廷和之手。所谓“有孤先帝付托”，为武宗的嬉戏人生涂抹上一层淡淡的愧悔之色，而下面笔锋转折，便写到“继统得人，宗社生民有赖”，写到即将继位的新君朱厚熜，尤其是着重写了他得以继统的宗法依据，这便是《皇明祖训》中“兄终弟及”的条款。

### 三、遗诏的漏洞

然杨廷和引此，无疑是冒着一些危险的。因为《皇明祖训》在这一则分明写道：

> 凡朝廷无皇子，必兄终弟及。须立嫡母所生者。庶母所生，虽长不得立。若奸臣弃嫡立庶，庶者必当守分勿动，遣信报嫡之当立者，务以嫡临君位。朝廷应即斩奸臣。[2]

这段话最明确不过地说明了“兄终弟及”的宗法内涵：其一，必须是同母所生兄弟；其二，异母兄弟或堂兄弟不在此列，不得嗣位。

根据这一标准，朱厚熜显然是不合法的。他只是武宗的堂兄弟，而其父祐杬与孝宗虽属亲兄弟，却又系妃子所生，属于祖训所明禁嗣位者。杨廷和鉴于形势严峻，不得已而用断章取义的办法，打出“兄终弟及”的旗号，果然镇住了那些读书不多的

---

① 《明武宗实录》卷一九七，正德十六年三月丙寅。

② 《皇明祖训》第七章，法律。

太监和武臣。

但杨廷和却深知此事的软肋。他当然不愿担当“奸臣”的罪名，更不愿遭受违乱《祖训》的砍头之厄。老于吏事、洞察物情的杨廷和自有一种解决的途径：以朱厚熜过继给孝宗皇帝，则张太后仍为太后，武宗便成为皇兄，朱厚熜成为亲弟弟，兄终弟及，于是乎名正言顺，堂堂皇皇。至于兴王那里也仅仅一个儿子，厚熜过继到孝宗位下，兴王岂不绝了后？杨廷和等人也想出办法，将益王第二子过继给祐杬，袭封兴王。

麻烦是麻烦了一些，但看起来不错。杨廷和的这一方案，肯定先呈请张太后谕允，也肯定与各方神圣反复计议，得到了普遍认可。至于那位未来的皇帝会怎样看，杨廷和未及多想，大约也觉得不必去多想。自己千思百虑，甚至冒掉脑袋之险为其谋得宝座，这小皇帝将来只能感激，永远感激，还能怎样呢？

杨廷和错了。

精明练达的当朝首辅杨廷和，在谋立新帝的一开始便陷入思维错格。他忽视了最不应该忽视的，就是未来天子朱厚熜的个性，忽视了那个少年藩王的坚毅和执拗。

正因为这种不应有的忽视，因这种“门生天子”的倨傲，杨廷和伏下了一条日后获罪的引线。

## 第三节　辞母入朝

武宗驾崩的次日，朝廷百事扰攘，皇宫内外笼罩在一种恓惶氛围中。迎接新天子的队伍却急急上道，碎踏晨露，赶往兴邸所在的安陆州。

## 一、迎驾的队伍

奉迎新君的班子,显然是复杂政治形势下各派力量的组合体,各方面的大员都不愿错过这一新旧更替的关键环节,千方百计挤进或安插亲信进入迎驾班子。杨廷和作为首辅,此时当然不能丢开一切往安陆,他在组建这一班子上煞费苦心,却也不能尽如己意。迎驾的主要人员还是在争执较力中迅速确定了,其中有:

司礼监太监谷大用、魏彬、张锦,内阁大学士梁储,定国公徐光祚,寿宁侯张鹤龄,驸马都尉崔元,礼部尚书毛澄……

这显然是一个高规格的迎驾班子,有显赫的皇亲国戚,有执政的阁僚部魁,更有仍极具势力的宦官首领。尤其具有深意的是:大行皇帝的母亲、慈寿皇太后张氏将自己的亲弟张鹤龄派去迎驾,一则显示张太后册立新帝之美意,二则让张鹤龄有拥立定策之功。未料想这位少年天子后来不听摆布,"恩将仇报",竟将张鹤龄兄弟先后下狱瘐毙,这是后话。

暮春三月,江南草长。迎驾的队伍肩负重任,哪有心思游赏山水?京师到安陆有水陆两途。兴王之国时由水路,虽有风波,但多数时间很舒适,只是要用一个月左右时光。陆路要近一些,也可以赶时间。迎驾诸公由陆路而行,一路逢驿换马,风尘仆仆,三千多里路程仅用了 12 天。三月二十六日晚,谷大用等到达安陆。众大员进驻驿馆,温汤沐浴,一则消解奔波之劳,恢复精神;二则计议商量,理清晋见新君的相关仪节。

湖广及安陆的地方官早获快报,齐整整在驿馆等候。钦差大员们洗去长途驱驰之尘,顿觉神采焕然,冠带鲜明,但个个面色凝重,话语稀少。晚宴已经摆好,因值武宗丧事,照例是不用酒的,众人默默吃过,议定有关细节,即同地方官告别。

大员们各回寝室,或在床上辗转反侧,或对孤灯一人静思,各怀心事，然所想所思，当都是明日与新君的第一次见面。

夜深了，窗外是一钩弦月，冷冷地照着这个陌生的世界，远处是纯德山黑魆魆的轮廓。馆驿的门悄无声息地开了，两个黑影闪出大门，前后瞻视一番，向兴王府方向快步走去。

## 二、深夜造访

兴王府内很安静。

朱厚熜还没有就寝，他也在与长史、近侍等讲说近日从京师传来的各种消息。朱厚熜刚刚继承了乃父的藩王之位，不久便传来武宗病逝的讣告，兴府中人不会不去作厚熜入继大统的假设。而今“王上添白”的吉兆果然就要应验，这位少年亲王竟要成为当朝之皇帝了！可设想那些个王府老臣、那些个当初跟随兴王离京的忠仆，也包括上上下下各色人等，该是怎样的感慨万千，该是怎样的期待与焦灼。

偷偷溜出驿馆的是司礼监掌印太监谷大用。这位在正德间名列“八虎”的大太监，显然有常人所不及的机心，私自走向兴王府大门，向守门军校说明身份，请求单独谒见王爷，并将遗诏之意先期转达。

王府护卫急忙传报，特大喜讯得到确认，朱厚熜及一干臣僚反而冷静下来，由目前想到更长远的将来。朱厚熜深知谷大用在正德年间为恶甚多，遭人痛恨，其求见无非是邀宠纳款，取悦新君。他以不宜私见为由断然拒绝与谷大用的会面，也给其留了一些面子，令王府长史袁宗皋代为款待。

次日，迎驾的大员们整顿冠带，要往兴王府谒见，然奉迎礼用何规格，又成为有争议的话题。有人建议用天子礼，认为遗诏中已定朱厚熜入继皇位，不宜再用亲王礼，此议得到不少人的赞同。礼部尚书毛澄认为不可，说如果现在就用天子礼仪，今后的正式登基仪式便无法加称，古今沿承的劝进、辞让之礼便被废弃，这是不应该的。① 参与商议的有兴王府官员，最后呈请朱厚熜决定。厚熜认为毛澄的意见说得有理，欣然依从，还特别赏赐他彩缎十四、白银千两。

灿灿春阳，煦煦和风，又是一个绚丽的春日。迎驾大员在锦衣校卫及地方官簇拥下来至兴王府前，朱厚熜率王府官吏和护卫官校在王府外迎候，同至府中承运殿，行谒见礼。奉迎使转上，开读遗诏。然后，朱厚熜升座，藩府及安陆文武官侍列两侧，诸臣进金符，朱厚熜亲自接受，诸臣再行谒见礼。整个仪式简短而庄重。尤其让迎驾诸大员惊异的是：这位未来之君不仅仪表堂皇，有九五龙飞之威；且行止持重，进退中规合矩，毫无偏远小国的局促之气。

兴王府，乃至整个安陆城都洋溢着一种节日般的欢快。迎立大员捧诏谕、金符而至，对于兴藩上下臣民，都不啻是巨大的福音。但这毕竟是在武宗大丧期间，而兴藩为先王祐杬亦服丧未满。在朱厚熜及长史等官的安排下，王府中人各尽其职，为朱厚熜进入京师准备行装，显得秩序井然。

### 三、难舍难分母与子

心情最复杂的应是兴府太妃蒋氏：儿子忽然就要变成当今皇帝，真是天外飞来的好事，平日里最多也就心里想想，现在竟然成了现实；然而京师难居，内廷凶险，皇位易变，对一个以外藩入继正统的皇帝来说，更是前途莫测。

蒋氏只有一个儿子，对儿子充满担心，也充满信心。

此时的朱厚熜虽然还不满 14 周岁，却以兴世子身份监国将

---

① 《明史》卷一九一，毛澄传。

近两年，很有决断，也精强明锐，压得住场子。天降大任，朱厚熜不惊不喜，与母亲蒋氏及长史袁宗皋计议周详，定下辞陵时间和行期，拟出兴藩随行赴京人员的名单，安顿好留守及对母亲的照料，一切都处理得有条不紊。

随朱厚熜入朝任事者，首先便是长史袁宗皋。此时张景明已逝，袁宗皋为兴邸老臣，年已 69 岁，老而弥忠，辅弼朱厚熜治理天下，更是职责所难辞，情分所难辞。

随同赴朝的还有一批王府内侍，如张佐、鲍忠、麦福、黄锦等，以备将来分掌大内各衙门。朱祐杬做皇子时即深知宦官为害之烈，开府后对内侍约束甚严，张佐等在任职时也都规规矩矩，恪尽职守为主子护理后院。弘治帝对太监失之宽疏，至武宗时更是放纵，使此辈恶名远扬。祐杬每对儿子讲起，指为国家大患，厚熜谨记在心，监国后从不宽贷。以是兴邸内侍皆懂得规矩，进入大内后亦基本谨慎安分。

兴藩狭小，人才毕竟有限。有袁宗皋参预朝事，张佐等掌内廷二十四衙门，已算勉为其难。筹划略定，朱厚熜便率众人到父亲陵前祭拜，辞别兴献王园寝。他在父亲陵寝长跪不起，泪流满面，令跟从与祭的诸大臣动容。

次日一早，朱厚熜将要离开安陆，离开母亲。他向母亲蒋氏辞别，呜咽成泣，涕泪横流。蒋氏以绢帕为厚熜擦去泪水，叮嘱道：儿啊，你此一去荷负重任，切记不要轻易说话。朱厚熜点头，哽咽着说：我一定记住母亲的教导。

兴献王妃是个性格刚强、有定见的女子，朱厚熜在性格上与乃母很有些相像之处。当下母子洒泪作别，朱厚熜等人在藩卫官校扈从下离开兴邸，带着母亲的希望和嘱咐，带着经国济民、泽被天下的朦胧愿望，也带着一颗警觉、敏感、易受伤害的心，向京师进发。

## 第四节　门的问题

京师已无天子，而进入新旧更替阶段的“空位期”。这在明朝历史上是极少的现象，也潜伏着种种危机。但在张太后和杨廷和等内阁诸臣主持下，国家机器仍依常规运行。桀骜不驯、密谋作乱的京营提督江彬被捉拿入狱，旋即打入死牢，其亲信党羽数人一并论死，带入京师的边卒也被遣散。就在迎驾队伍护卫新君加速赶行的时候，京师的动乱因素基本被清除。

### 一、礼部拟订的仪注

朱厚熜在迎驾诸官的陪侍下向京师进发。护驾的仪卫，既有谷大用、韦彬等率领的锦衣卫将士，也有袁宗皋、张佐等点选的兴藩校尉，旗帜高张，仪仗鲜明，所过处引人注目。

朱厚熜虽尚未正位大宝，但作为遗诏中宣示的皇位继承人，他已具有了新天子的身份。这消息迅速传遍宇内，从各藩藩王到沿途地方官，谁不愿乘此时向新天子表示忠心？朱厚熜对此早有准备，他特命从官骆安等人向部从人员传达令旨，严戒扰乱地方，经过之处辞谢诸王的供应和馈赠，不许地方官进献珍宝玩好，驻跸之处也不许过于奢华。令行禁止，车驾一路顺利，迅速开向京师。

迎立新天子的礼仪程序也在积极拟议中。实际上，在迎驾诸臣动身往安陆的当日，礼部已呈上新天子登基大典的礼仪状，略为：新天子由东安门进入皇宫，居住在文华殿；第二天，文武百官三上笺劝进，等新君令旨俞允后，再选择黄道吉日即皇帝位。①

继位礼仪是皇家第一重大的典礼，所谓登基大典是也。礼部仪制司郎中余才负责、员外郎杨应魁具体拟定，依照的是皇太子即位礼规格。在杨廷和及礼臣看来，这是天经地义、于礼有据的，不曾想到年少的朱厚熜会有什么异议。

张太后和阁臣们都低估了朱厚熜。在他们看来，朱厚熜不过是个乳臭未干的半大孩子，是个僻远小藩的王世子。入居大位，第一应该对张太后和定策诸臣感激不尽，第二应该处处照他们设计好的程序去做，并且在今后相当长的时间内言听计从，循规蹈矩。杨廷和、内阁大臣以及六部部僚都有一种历史使命感，要在最高权力的变更时期担荷重任，一新朝政。至于新天子，只是伦序当立，如能听话，也就是了。

他们对朱厚熜的了解显然不够。

## 二、意料之外的争执

四月二十一日，新天子的车驾到达京师西南的良乡，礼部大臣至此迎驾，呈上早已拟好的礼仪状。朱厚熜仔细将礼部具仪看了一遍，对侍立身边的袁宗皋说："遗诏以我嗣皇帝位，而不是嗣皇子位，如何用皇太子即位礼？"袁宗皋侧身答道曰："主上聪明仁孝，所见极是。"②朱厚熜对随行的礼部尚书毛澄甚有好感，命人将这份礼仪状持出，转给毛澄，命他再加斟酌。

毛澄不认为这份礼仪状有甚错处，但一路随行，已对这位即将登位新天子有几分了解，没有马上回奏。

---

① 《明史纪事本末》卷五〇，大礼仪。

② 《国朝献征录》卷十五，资善大夫礼部尚书兼文渊阁大学士赠太子太保谥荣襄袁公宗皋神道碑。

次日上午，车驾抵达京郊，止于行殿。大学士杨廷和率众臣出城迎驾，相见之后，始知朱厚熜对礼仪状不满，便解释说朱厚熜尚未即位，仍是藩王身份，应由东安门入居文华殿，从那里循礼登极……话未说完，袁宗皋便从旁高声质问：今上继序即皇帝之位，怎么能够再行藩王之礼呢？

杨廷和久闻袁宗皋清正耿介之名，但宗皋虽年长廷和 7 岁，中进士却晚了 12 年。杨廷和风姿俊美，沉静聪察，翰林出身，任内阁首辅多年，处置过许多朝中军政大事，甚有清望。而袁宗皋自当年随兴王朱祐杬之藩，足不出兴邸，唯管束属吏、辅佐藩王，声名资望如何与杨廷和相比？杨廷和瞧了瞧袁宗皋，微微一笑，不与理论，仍是婉言劝说朱厚熜依礼仪状行事。这下可惹恼了老袁，他挺身向前，指着杨廷和诸人正色厉声喝道：少要啰嗦，快打开大明正门，迎今上入登大宝！

杨廷和等人愣住了。再看看即将登大位的朱厚熜，其脸上现出少年人所不具有的坚毅和定见，他心头掠过一丝慌乱，一时也不知如何是好。良久，朱厚熜对杨廷和及一众阁部大员说：杨先生及各位苦心，吾已尽知。然礼仪乃国家大典，不容不得其正。可着礼部再加参详考议，吾暂驻此等待。

这番话更令迎驾的众官面面相觑。今天是礼部和钦天监选定的吉日，皇宫中早做好新天子登基的一切准备，他却要在这里住下来！想象中君臣相逢的欢愉祥和场面没有出现，遇到的竟是争执和意气相持，是阁臣与随驾入京的藩僚的冲突。

杨廷和毕竟在朝中历练多年，如何会自陷僵局？事情急如星火，廷和一面派员往宫中禀报张太后，一面不动声色地与朱厚熜和袁宗皋聊天，问候起居，转而谈起朝中发生的各种事情及所作处理。杨廷和神情谦慎，语调庄重，要言不烦，渐渐吸引了朱厚熜的注意力。

的确，国家正处于危机四伏的"空位期"，江彬、钱宁等人虽被逮治，然其爪牙尚有许多逍遥法外，伺机作乱，有的勾结蒙古，阴谋内侵。杨廷和语气渐渐沉重，朱厚熜以及袁宗皋的面色也渐渐严峻。他们从简洁的叙述中听出杨廷和等人的焦虑，这是为国家社稷的焦虑，是忠臣的焦虑。朱厚熜忽又觉得，那也正是自己应思虑的大事，开始时那种不快竟消解了许多。

但他仍不准备妥协。

### 三、郊殿劝进

杨廷和向朱厚熜解说政局大端的同时，在其示意下，礼部一要员紧急驰报张太后。张太后正在宫中等候嗣君到来，闻知此情，经与左右计议，改为请朱厚熜在行殿接受百官劝进之策，然后由大明门入皇城，即皇帝位。

劝进仪式立即在行殿举行，参加的有文武百官、军民、耆老等，魏国公徐鹏举领衔奉笺劝进，词曰：

> 大德受命，乃抚运以乘时；继统得人，斯光前而裕后。盖义望情地之攸属，故内外远近之同归。……奉《皇明祖训》之典，稽"兄终弟及"之文，佑启圣人，传授神器。敬惟殿下聪明天纵，仁孝性成，以宪宗皇帝之孙，绍孝宗皇帝之统，名正言顺，天与人归。温恭允协于重华，声光加于率土。是以合华夷而共戴，冠古今而无前也……①

朱厚熜自然要照例逊辞，曰："予抱痛方殷，嗣位之事岂忍遽闻，所请不允。"魏国公则率众人再上笺劝进，再次强调朱厚熜继位是"天与人归"，是"臣民之同情，国家之大计"，并说武宗在世时即有"天位当传之语"，言词更为恳切：

---

① 本节此处以下引文均见《明世宗实录》卷一，正德十六年四月壬寅。

伏望仰遵遗诏，勉抑哀情，念祖宗创造之隆，体先帝付托之重，勿事南向西向之再让，深惟一日二日之万几，早登宸极之尊，以慰群生之望……

朱厚熜的辞让亦更诚挚，曰："览启益增哀感，即位之事，岂忍言之？所请不允。"徐鹏举等第三次奉笺劝进，文词更显挚切，说理更为透彻，对朱厚熜"至德之让已上"的做法，也表达了应有的尊敬，恳请他即登大宝，"上以绍祖宗百五十年创业之基，下以开宇宙千亿万载太平之治。"

至此，朱厚熜便不再辞让，答曰："再三览启，具见卿等忠爱至意。宗社事重，不敢固拒，勉从所请。"群臣扬尘舞蹈，山呼万岁。

这就是礼部礼仪状的"劝进"一节，庄重而简短。臣下的恳请和厚熜的辞让、直至最后的俯允，包括所有环节，都如剧本般编定，由当事人去扮演。前一天被厚熜掷还的仪注就是如此，只不过改在郊殿，回避了门的问题。

至此，朱厚熜登临君位已经过一切法定的程序，受笺后便谕礼部，定于四月二十二日即皇帝位，命礼臣具仪来闻。礼部尚书毛澄即呈上即位仪注，拟定朱厚熜由大明门入宫，祗告天地、宗庙、社稷，穿孝服至大行皇帝灵柩前祭拜，再换上衮冕谒奉慈殿，然后至奉天殿即位。朱厚熜批准。

这场"入门"之争总算解决了。今人看来或许有些奇怪，在当时则有必争之理：东安门，乃藩王、臣子的出入之门；大明门，才是天子与皇后经由的地方。由东安门入，是一开始就把朱厚熜放在嗣位的皇子地位上，但朱厚熜与朱厚照却是堂兄弟的关系，如何能不争？张太后懿旨令朱厚熜在行殿受笺，然后入大明门，解决了矛盾，却没有原则的退让。朱厚熜与武宗朝旧臣的裂隙，于此已见端倪。

这是后来大礼之争的序曲么?

## 第五节　难产的即位诏

杨廷和与阁僚九卿大臣,大约没有想到会迎来这么一位倔强少年,从否弃皇太子即位礼,到不由东安门入宫,朱厚熜都显示出有主见与不妥协。这使得廷和等人更加谨慎,提前将即位诏书呈送审定,厚熜还真的审阅起来。诏书甚长,厚熜看得一丝不苟,时或与袁宗皋商量,有时还要派内侍向廷和等人询问,时光就这样快速流逝。

### 一、密写即位诏书

当日就是二十二日,正午时分,朱厚熜在百官陪侍下入城,由大明中门进入皇宫。谒见武宗几筵,拜谒张太后,遣官祭告宗庙社稷,做完所有这些,已是大半下午,等待登基大典的文武群臣早在奉天殿前广场上集结。

已是登基的良辰吉时。朱厚熜仍在华盖殿审阅诏册,周围的一切那么陌生,心中觉得有一些纷乱,但他很是集中精力于文字间。袁宗皋侍在一侧,兴邸随驾来的太监侍于外室,肃然不敢出一声。厚熜手持的是马上要颁布的即位诏书,是普天下臣民最关注的大事,也是新天子即位后第一份重要文献。

即位诏是杨廷和草拟的。

杨廷和久预机务,又继李东阳掌内阁事数年,对朝中弊政,对武宗身边的佞幸之徒,均洞察秋毫。面对武宗这样一个任性胡闹的皇帝,他只有处处补救,时时劝解,然要想使武宗改弦易辙,要想清除其身边的奸人,却是万万不能。现武宗已死,新君践位，正是除旧布新之机，怎能不借此时一扫积弊，振兴新政！因此，在迎驾诸官离京赴安陆后，杨廷和即开始拟写即位诏书，白日在朝处理各项紧要政事，夜晚则凝聚心智，尽力草诏。他深知内阁也很复杂，身边处处都有权贵的眼线，诏条内几项牵涉到弊政如太监典军、皇店之设、禁卫官校不法，以及豹房、番僧诸项，杨廷和为防泄露，均另行密写，藏于家中私室，可见关系重大。

一众大臣至京郊行殿迎驾后不久，杨廷和留下来陪侍朱厚熜，户部尚书兼内阁大学士蒋冕即先归阁中，整理誊录即位诏书。蒋冕先往杨廷和府中，取出先前拟就的秘密文稿，恭笔抄写清楚，进呈给朱厚熜，等厚熜御笔批定后，方可供登基大典时开读。

## 二、湘管沉重

朱厚熜手握四两湘管，却觉沉重难举。

时光在一分一秒地逝去，杨廷和与蒋冕、毛纪在直阁中等待，越等越心焦意乱。忽见文书房内侍来到，传旨令删去与宦官有关的几条。杨廷和据理力争，抗言说决不改易新诏，并表示俟新君即位后，马上就请求致仕休居。蒋冕、毛纪也都极力说明扫除宦官干政的迫切性，词意慷慨。杨廷和又问文书官：皇上初到，是谁在身旁进谗言，欲改动诏书？中书官知三阁老不会遵旨改诏，只得又把诏书拿回。

报时的鼓声终于响了，大典吉时即到，嗣君的御批仍未下。等待即位盛典的文武百官排列整齐，即位诏书却仍在朱厚熜手中。杨廷和、蒋冕、毛纪心急如焚，急往华盖殿后询问消息，可在玉阶上转了两圈，四围寂清，连一个人也找不见。只好再奔向奉天殿，见值殿太监，叫他速找文书官来。不一时司礼太监来到，对三位阁老说：快回去。万一误了事，我们会替您解释的。如果今日御批不下，明天再开读也可以。

杨廷和的情绪再难控制，高声说：自古人君即位，纵然在草野间也须下诏改元，以新天下之耳目。今日若无诏书，不知所改是何年号，人心惶惑。如有他变，谁来担当责任？廷和一腔忠直，措词激烈，司礼太监也有些惧怕，慌忙再去入奏。

朱厚熜亦在览诏苦思，心中犹豫不定。诏书中所列举的朝中弊端，有很多他是在藩邸时就知道的。宦官作乱，干挠军政，蛊惑圣听，毒害地方，朱厚熜也极为痛恨。只是积弊已久，奸人内外连手，盘根错节，就怕擒虎不成反被所伤啊！可革故鼎新，实为万民希望，杨廷和所拟诏中条款，条条切中宿弊，件件势在必行……

朱厚熜终于决定了：就这样，扫除不了这些奸党，自己的皇位又怎能安稳？待要挥笔，目光又停留在杨廷和新拟的年号上：绍治。一望而知为绍继弘治，不是分明要将自己纳入孝宗一系吗？朱厚熜当即用御笔点去，添加上“嘉靖”二字。

嘉靖，意为以美好的教化安定平服。语出《尚书·无逸》：“不敢荒宁，嘉靖殷邦。”蔡沈集传：“嘉，美；靖，安也。嘉靖者，礼乐教化，蔚然于安居乐业之中也。”以此为年号，寄寓着朱厚熜对朝政和谐、社会安定的美好期待和向往。他不会不记得自己视为父辈的左长史张景明的诗句，也不会不在来京途中与袁宗皋讨论新年号，嘉靖，是朱厚熜心中早已确定的年号。

看到御批改换的新年号“嘉靖”，杨廷和等一干大臣应有几分惭愧，二字明畅雅正，意蕴深厚，确实比原拟的要好很多。

经过御批的即位诏终于传出，改明年为嘉靖元年。当殿宣读，武宗朝积年弊政一并革除，满朝文武百官及京城百姓欢呼雀跃，喜泪交迸，对新天子充满了感戴，对未来充满希望。

明王朝进入了嘉靖时代。

# 第四章　新朝的新政

朱厚熜是穿了一套不大合身的衮冕登基的。

衮冕，古代帝王最郑重的冕服，由十二旒玄冕、十二章衮服构成，衮服再分为玄衣和黄裳。所谓黄裳，前三幅后四幅，类似当下时髦女子之裙。问题主要出在这儿，新帝龙衮之黄裳显得又肥又大，下沿几乎拖在地上。朱厚熜显得有些不满意，几次皱眉低头，看那擦着地面的裙边，又把责备的目光扫向旁边的司礼太监。

事关新天子登基大典，内廷各监局敢不用心？但由于时间仓促，又不知道新帝的衣服尺寸，只能估摸着去做。厚熜哪管这些，一瞥之下，自具帝王的威严和煞气，司礼太监心中一紧，赶紧低下头去。旁边的杨廷和见状也是一凛，但随即向前一步，进言道："此陛下垂衣裳而天下治。"[①]垂裳而治，典出《易经·系辞下》，意谓定衣服之制，示天下以礼。后用以称颂帝王无为而治。朱厚熜自幼读书甚多，亦通晓此典。唯杨廷和临事有急智，将袍褶垂地之窘解释为君位绵长之象，使得朱厚熜圣心大悦，脸上的阴云顿尔消散。

嘉靖新政的第一天，就是这般在君相融洽的氛围中开始，而这种融洽，靠的是杨廷和的一力维持。少年厚熜，这时候应称为皇上了，在其登基之始，就显现出性格的强急峻厉。

---

① 沈德符:《万历野获编》卷二，触忌。

## 第一节　即位一诏

比起大行皇帝遗诏，更为世人关注的是即位诏书。前朝弊政，可以由即位诏纠正；新帝及其辅臣的治国理念，亦可通过它宣示天下。

登基之际的朱厚熜，更关心的是稳定时局和革新朝政。由杨廷和、蒋冕等秘密撰成，再经他反复斟酌后始批准颁行的即位诏书，应是嘉靖朝实施新政的总纲。

### 一、内阁要变革

正德帝留下的是个烂摊子，却也留下了一个很不错的内阁。

当时的阁僚，如首辅杨廷和，如大学士梁储、蒋冕、毛纪，都是两榜进士，考在优等，接着又取中庶吉士，历翰林，入史馆，久居清要，以学问人品广受推戴。正是由于有这样一个内阁，才能顶住正德及近幸的折腾，而保持了基本稳定；正因为有这样一个内阁，才能在大位空缺的危急时刻控制政局，并迅速选定新君。此内阁也有一些小的龃龉，但大体是团结的，是以清正治国为核心的。

经过正德十余年的荒废贻误，朝政积弊甚多，到了不能不改革的地步了。廷和等人对此有着深入的了解，也有原来难以作为的隐痛和愧疚。内阁要改革！而且在空位期就已经开始：杨廷和以遗诏的名义，撤销威武营团练诸军，遣散入卫边兵，革除皇店及军门办事军校，罢遣各类贡使与僧徒，放归四方进献女子……新天子到达京师之时，原来闹哄哄的京师已清净多了。

而这还仅仅是弊政之皮毛，更多的、更深入的改革，则要等待新帝登基的大诏中颁布。时局未稳,杨廷和等在起草诏书时谨慎机密,甚至将诏草分别存放,生怕走漏。而世宗与他当时的主要谋士袁宗皋也觉涉及过多,恐激成祸变,迟迟不敢批定。毕竟此举关系重大,能影响到杨廷和等人的身家性命,也会冲击到世宗的皇位。

京中有飞扬跋扈的统兵将帅,有无所不在的镇抚司、锦衣卫;宫内有侦伺于帝后之侧的宦官,有口含天宪的皇太后及其亲信;各地有心情复杂的亲王、郡王,有心怀怨望的饥民;九边有呼啸来去的蒙骑,有懦弱怯战的疲兵……尤其让人忧虑的是:所有这些往往又勾连回环,盘根错节,倡和呼应,牵一发而全局皆动。

尽管如此,杨廷和等还是下了决心:与其长痛,不如短痛,快刀斩乱麻,借新帝即位诏书,对这一切积年沉疴做一个清算,做一个了断!

朱厚熜也下了决心。他曾想删去或缓行几则,曾想先不动宫内各监局,以免激成事变,但见内阁大臣等决心已定,遂也慨然批准,令颁行天下。

这篇即位诏书长约八千字,在开篇略叙继承祖宗大业和大行皇帝托付,"革故鼎新","与民更始"之意,后即转入具体内容,所列"合行事宜"共 80 条,正德甚至成弘间弊政几乎巨细无遗,都在扫除之列。新君与老臣达成共识,要开创一个全新的国家格局。

### 二、广开言路

任何时代都不乏阿谀逢迎之辈,也不缺少敢于犯颜直谏的忠耿之臣。近幸诱惑怂恿武宗四出巡幸,直臣则奋身谏阻,不惜以一死进言。即位诏最先一项是重开言路,为正德间因上疏言事得罪的官员恢复名誉和职务。

诏书第二款，所有在正德间“因忠直谏诤及守正被害、去任、降调、升改、充军为民”及“言事忤旨自陈致仕养病”的官员，死忠者谕祭荫叙，贬窜者起复或升用。

第三款则特为正德十四年谏止巡游的文武官员而设，在这次抗谏中有12名官员被杖责致死，诏书称：“被打死者情尤可悯，各遣赠谕祭，仍荫一子入监读书。”那些降调和充军者均被起取复职。这一条给谏官和翰林带来了极大安慰和鼓舞，同时也传递了一个错误的信息。三年后的“左顺门事件”中，官员们以跪门抗议世宗的议礼之举，新皇帝则如武宗一样，施以杖棒和绳索木枷，笞死和充军者都远超过前者。

第十一款，饬令科道官对“朝廷政事得失、天下军民利病”“直言无隐”，要求他们及时弹劾不法官员。

第六十八款，允许有关衙门对因刘瑾、钱宁、江彬带来的弊政议奏裁革。

第七十八款是从组织上保证言路畅通，宣布科道官若有缺员，应及时从进士中考选奏补。

第七十九款更其扩大，宣称允许所有的人畅所欲言，参与讨论国家大事。

由此可知，广开言路成为诏书的重要内容，世宗的即位诏在开头和最后，都反复强调这一问题，以期开明之治的到来。

### 三、整顿政府机构及军队

正德弊政给国家机器的运作带来极大困难，即位诏把重建和改组作为治理的两把板斧，而整顿的重点，又以帝国军队的建设为先。

诏书第九款，“两京五府见任掌印、佥书、管事公、侯、伯、都督及都指挥，六部等衙门见任文职四品以上官并各处巡抚官，俱听自陈,去留取自上裁。”即让所有文武高级官员都写出一份述职报告,再由皇帝裁决留用与否。

第四十款是专为正德十二年(1517)的大同、应州之战而设,武宗亲率大军与入侵的蒙古小王子部作战,击溃敌军后大肆渲染,升赏甚滥。诏令重新审核,革除冒称军功者。紧接下来的第四十一款,亦是令兵部查革各种巧立名目冒功的军人。

正德间因奸巧欺蒙,获武宗赐“朱”姓者甚多,有的竟立为“义子”,成为朝廷中一大赘瘤。即位诏第四十三款将之一律革除,严令这些人返回原籍,不许在京居住。

第四十四款,令在京谋事的军职人员自请调外卫任职,以免其在京城生事作乱。

### 四、整肃宦官与裁革冗员

明朝开国皇帝朱元璋起于垅亩,对宦官乱政有着清醒认识,约束甚严。此辈活动于内廷,日常接近最高统治者和权势阶层,且人数众多,贤愚丛杂,能伸能屈,永乐之后在宫中渐成气候,正德间更造成大量政治灾难。惩治不法宦官和整顿内府机构中的种种积弊,也是即位诏的重点,详后专节论述。

裁革冗员则非常具体,堪称嘉靖新政中的最大举措。经杨廷和等会同吏部、兵部详细核查呈报,世宗降旨批准,一举革除军政冒滥人员17万多人,很大地缓解了朝廷的负担,详后专节讨论。

即位诏书涉及面甚广,所有朝政要务如赋税、盐法、漕运、刑狱、官制、军卫诸项,均有详细论列,剔弊兴利,革故鼎新,给苦难深重的黎民百姓带来了希望和生机。

## 第二节 “想出一张杀人榜”

登基的第二天，朱厚熜（应称“嘉靖皇帝”或“世宗”了）听从礼部尚书毛澄建议，定于本月二十七日于西角门视事，百官行奉慰礼。而就在当日，上位仅一天的世宗便批复了兵科左给事中齐之鸾的奏疏，该疏无非是为新帝出主意，提请不要像先帝受小人引诱云云，新皇上命科道举劾奸党。

新帝认真阅处疏章的态度，极大地鼓舞了科道众官，也带给杨廷和等人极大安慰。

### 一、君臣相欢的日子

即位诏书颁示天下，臣民拥戴，朝野欢呼，感激出涕、喜极落泪者不计其数。

杨廷和见新天子全部照依自己所拟之条款，也备受鼓舞，再不提乞休告退之事，而是打点精神，忙于新政的实施。蒋冕、毛纪等大臣都尽力辅政，早至晚归。新君与老臣十分亲切融洽。

即位第三日，又是一个艳阳天。世宗召杨廷和、蒋冕、毛纪与已任吏部侍郎兼翰林学士的袁宗皋在文华殿相见，以谢杨廷和三人定策之功。廷和曰：

> 陛下顺天应人，为天下臣民之主。初至行宫，雨泽随降；一登宝位，天日开明。可征宗社万年之庆。伏愿敬天法祖，修德爱民，任贤纳谏，讲学勤政，永建太平之业。①

其中既有向君主言事时必配的马屁经，如下雨称“雨泽随降”、

① 焦竑：《国朝献征录》卷十五，杨公廷和行状。

晴天谓"天日开明"之类；又有切直的进言，甚至带点儿教导的意味。蒋、毛二人也说了些类似的话。世宗待三人甚是恭敬，倾听中不停点头，道：先生们说的是。召见后，世宗又亲赐酒馔，君臣尽欢而散。

以下一段时间是世宗与廷和诸人的"蜜月期"。君臣常在文华殿等处相见，见则皇上必赐座赐茶，或赐酒馔，赐金币银章，甚至赐予美貌女子。世宗很注意倾听几位大臣的意见，言必称先生，待之诚恳礼貌。这一切，都使杨廷和、蒋冕等感激奋发，更加虔心政事，以思报效。

## 二、裁员政策的实施

内阁和六部的官员都忙于落实即位诏中提到的条款。如裁革冒滥冗员，自成化以来，朝中机构臃肿，军队无赖之徒掺杂，成为朝廷巨大的财政负担，至此时更是到了不解决不可的地步。据《国朝献征录》卷十五记载：

> 自成化以来，朝廷所病者冗官冗食之费，臣下建议，未能裁省。……正德中冒滥尤甚，十六年四月以前，在京官军、旗校、勇士、军匠人等食粮之数共三十七万二千七百余名，一岁支米三百九十八万八千八百余石。岁运四百万石之数，除海运三十五万石外，虽尽数至京，亦不能支。

兵无粮则饥，饥兵则乱，各种兵变在地方已屡有发生。杨廷和作为首辅，深为此种状况忧虑，决心借世宗即位的诏书作一个了断，因列为首要条款。即位诏书第八款：

> 自正德元年以来诸色人等传升、乞升大小官职尽行裁革，吏、礼、兵、工四部各将查革过传升、乞升文武僧道匠艺官员名数类奏查考。

传升，指由中官传旨任命；乞升，指经乞恩而由圣上任用。二者又称“传奉”，即指不由吏部铨选，而由皇帝以中旨直接任命官吏的做法。朝中正直之士对由幸门而入的“传奉官”深恶痛绝，杨廷和汰删冗员，首先由此开刀，大得人心。

即位诏的这一条款得到了很好的执行。《明会要》卷四十九：“世宗即位，尽斥先朝传奉官三百余人。”其对由此路径获得僧职的人更为严厉，第七十四款：“正德元年以来传升、乞升法王、佛子、国师、禅师等项，礼部尽行查革，各牢固枷钉，押发两广烟瘴地面卫、分充军，遇赦不宥。”这些在正德间出入内府、游走权门、上下其手的僧道者辈，如今身荷长枷，被押向荒远边卫了。

裁革冗官冗员的重点是锦衣卫、五军都督府和边镇。第十九款：

> 自正德年来两京各卫所容令无籍之徒冒籍投充，并新添旗军、校尉、勇士、力士、军匠，并内府各监局招收军匠等役，办纳官钱，私役占用，不下八九万余，岁支钱粮百万余石，以至京储亏耗，岁用不继……诏书一出，但系正德年间冒籍投充并新添及私自顶补、额外招收等项人役，并有名无人该卫所官按月支粮包办月钱者，即便各回原卫原籍随任当差，该卫所即将名伍开除，回报户部……

语气极为严厉，称如有犯者将充军遥远严寒的铁岭卫，永不赦回。

第二十款裁革上直卫亲军中冗员，指令腾骧左、右卫，武骧左、右卫勇士员额依弘治间定数，多余者一律革除。

相当一个时期以来，军中奏带之风甚盛。所谓“奏带”，即在边疆任镇守官者，经奏请皇上恩准，随身携带亲从数人往军中效力。这种情况在正德间冒滥已极，“或一人而数处，或一时而两三处，报功或并功”，以欺瞒有司，提升私人。诏书第三十九款命将不合法者尽行除革，并命将革退之人造册报户部和兵部，以备查考。对那些冒称锦衣卫官家人,并因此升官旗者,则限其三个月内自首,予以免罪查革的处理。

第四十六款专对锦衣卫司卤簿直驾者所设,他们利用职权和接近皇帝的便利,奏讨投托,大量引进私人,名曰“跟用”,实则为其谋私营求,令锦衣卫查明一律革退。

第五十九款令查革军队各营冒滥书办,及边疆地区多年无用的“通事”(即翻译)。

即位诏书的这些条款,在皇帝和阁臣督令下得到凌厉贯彻。据《明史·世宗一》,诏书颁布的第三个月亦即正德十六年六月,“革锦衣卫冒滥军校三万余人,”七月,再“革锦衣卫所及监、局、寺、厂、司、库、旗校、军士、匠役投充新设者凡十四万八千余人”。仅此一项,国家每年就节省军粮一百五十余万石。

裁革冗员,是嘉靖皇帝即位时一项影响深远的改革措施,给政坛带来了一股清新之风。

## 三、暗杀杨廷和

首辅杨廷和立朝威严,勇于任事,由此深得世宗信重。大学士梁储虽是迎驾勋臣,但不甚跟从,遭廷和算计,世宗亦任其辞官离去。这之后内阁更是通体一心,共图改革。被裁革的人失去了权势和饭碗,对主议此事的杨廷和恨之入骨,甚至编成童谣来骂他:

终日想,想出一张杀人榜。①

兵部和锦衣卫裁员的榜示,砸了许多人的饭碗,在他们看来真是一张杀人榜。这些人中多亡命无赖之辈,密谋杀掉杨廷和,以阻止这项新政的贯彻,以解心头之恨。

---

① 焦竑:《国朝献征录》卷十五,杨公廷和行状。

暗杀的地点选在杨廷和上朝的路上。古代朝廷制度，官员在拂晓前开始赴朝早参，天子于日出时视朝。而世宗登基之初，勤于政事，往往在黎明前即行视朝，太监点燃巨烛，世宗在烛光中登上宝座，接见群臣。缘此，朝官们赴朝的时间又要大大提前，常在黑暗中便匆匆上道，官阶高者有轿马侍候，官阶低者则一仆提灯，冲风冒雪，是以做官也多有苦恼处。

杨廷和以清慎勤勉为信条，每次早朝，他总是提前到达，与内阁同僚在阁房小晤数语，以免朝仪时出现差错。这日凌晨，杨廷和坐二人小轿中，正整顿冠裳，清理思路，急急赶往午门。轿前两名仆人提着纱灯，街衢静悄，雾气弥漫，突然从路旁跃出几名持刀大汉，以黑纱蒙面，大喝：叫杨阁老下来！我等有话说。仆人手无寸铁，轿夫两股战战，几乎要掷轿而逃。杨廷和心知此事与政局相关，命停下轿子，掀簾而出，从容问有何事。蒙面大汉被杨廷和的正气所慑，略有些迟疑。正在这时，上朝的大批官员陆续赶来，歹徒见况不妙，转身逃逸。

世宗闻知此事，即命兵部拨官军 100 名，作为杨廷和上朝的护卫，名曰“随朝军”。自此，杨廷和每次上朝，都由特选出来的健卒组成护卫方阵，将杨廷和坐的轿子围于中间，喝道前进。世宗对杨廷和的倚信和爱敬、对裁革冗员的决心，都由此可见。

## 第三节　整肃宦官

如果说宦官的干政坏政，在正德时已成为一大公害，成为一个王朝的历史疤痕，则嘉靖朝对内侍约束甚严，惩治起来毫不容情，是一个监寺收敛的时期。

## 一、惩治宦官干政

宦官为祸朝廷,在历史上真不胜枚举。

明朝立国,太祖朱元璋即专对宦官定出许多禁律,并特在宫门竖立铁牌,上铸“内臣不得干预政事,犯者斩”字样,极大地震慑了那些不法内侍。后朝廷规制渐宏,对宦侍的需求量也就增大,内监二十四衙门的格局已形成,员额也与年递增。朝代更替,禁条渐弛,初时惴惴的太监们也渐渐舒展,朝中开始出现欺蔽天子、挟制大臣的权宦:正统时的王振,天顺时的曹吉祥,成化时的汪直,正德时的刘瑾,都曾在朝廷中呼朋引类,擅权乱政,为害甚烈。

刘瑾在正德五年被凌迟处死,然“八虎”之中如谷大用、张永、韦彬等仍在,且勾结牵连,掌握有很大权力。即位诏书中首先从裁革其爪牙、削弱其事权入手。诏书第十款,准许内府各衙门掌事官具本请归,实际便是针对谷大用等前朝权宦,让他们自请退养。

第十七款,令司礼监查照弘治初年之例,将京师管仓场、马房、皇庄及皇城各门、京城九门的“正德年间额外多添内臣”悉数取回。

第十八款,命正德间新添各边镇任分守、守备及派往各地取佛、买办、织造、烧造的内臣回京,并将正德元年后寅缘升为镇守或副总兵者降回原职。

明朝中叶,由于太监权势日增,成为饥民求生和奸徒钻营的一条终南捷径,私自净身者越来越多。即位诏针对这一社会弊政,第三十二款严禁各王府容留无名内使和私自净身人等,第三十六款则命锦衣卫访拿潜住在京的“私自净身人”,并宣称今后敢犯者一律处斩刑。

第三十五款,命司礼监“照依弘治以前员数”,删革内府各监局官员、内使，多余者以本等职事听用，不法者发南京孝陵卫充军。

诏书还对限制宦官定出种种具体规则和措施：如第六十款命工部会同司礼监定出内宦享有年例的员额；第六十一款命两京各监局核查新添器物如龙船、战车、神像之类；第六十二款命核查内府建造，宫内添盖的新宅、佛寺、神庙、总督府、神武营、香房、酒店之类，外间营造的镇国府、总督府、老儿院、玄明宫、教坊司、新宅、石经山祠庙店房等项，悉命核查清楚，或拆除，或改用，或变卖；第六十三款命内官监遣散泊集于通州张家湾的各项例外船只；第六十四款命在荆州、杭州、芜湖三处监造粮船的太监回京。

即位诏中专为整肃宦官而设的条款有十三项之多，累朝放纵宦官之弊，几乎被割除无遗。诏书颁布日，朝野欢呼，奸宦缩颈，朝中正直之士大为振作。

## 二、对恶宦的大清算

正德间那些为害宫廷的大宦官开始得到清算。司礼监掌印太监韦彬虽有迎立之功，因与江彬有姻亲，亦惴惴不安，上疏请求免去其弟韦英的伯爵头衔，并自陈辞职闲住。给事中杨秉义等上疏称韦彬“附和刘瑾，结姻江彬，宜置极典”，①世宗命将其逮治。御史王钧又劾奏韦彬与江彬“内外盘据”，还有太监张忠、于经、刘祥等人，“宜亟赐并处，以明法纪，以清奸党”。② 世宗终是顾念韦彬的迎驾之功，仅令其闲住而已。

朝臣也没忘记司礼监太监谷大用，其亦正德间“八虎”之

① 又作“魏彬”，见《明史》卷三〇四，宦官一，魏彬传。

② 《明世宗实录》卷一，正德十六年四月壬午乙巳。

一,刘瑾乱朝时,他提督西厂,威焰熏天。正德六年刘六、刘七造反,谷大用总督军务,其兄谷大宽、弟谷大亮都封为伯爵。世宗立,给事中阎闳上疏论劾谷大用,世宗念其迎立之功,降为奉御,命居南京,次月又将其发往康陵,为武宗守墓。嘉靖十年,谷大用终被下令抄家。

至于提督十二团营兼管神机营的张永,情况则较为复杂。张永虽为“八虎”之一,但在铲除刘瑾中实建首功。正德末年,又是他支持杨廷和捕治江彬,在空位期间督九门防变。世宗新立,御史萧淮弹劾谷大用等权宦,牵涉到张永,诏令其闲住,后再降为孝陵奉御。嘉靖八年,大学士杨一清称张永在鼎革之际功劳甚大,不可泯灭。世宗深以为然,起用他掌御用监,后提督团营。

对于那些在正德间颇有恶名的一般太监,世宗便没有这些顾虑。出入豹房,纳权招贿的“三张”(御马太监张忠、司礼太监张雄、提督东厂张锐)被逮问或充军;作恶多端的吴经、刘公、刘祥、邱得、许全、颜大经、孙和诸宦,即命都察院逮治拷问,分别罪责轻重处治。

践政之初,世宗对犯法违制的太监处置极严,不假宽贷。六月间,对与江彬有关连的太监陈贵、牛广、张奎、浦智作出程度不同的处置。七月,再下令将与宁王叛乱有牵连的太监毕真、卢明、商忠、秦用等处死。世宗惩治奸宦,还有一个传播甚广的笑话。宫中有一身材高大、曾得正德宠眷的太监于喜,世宗知其罪恶颇多,一日问他:你是姓于吗?回答是;又问是俞,还是余?于喜见主子和蔼,放松下来,笑嘻嘻对曰:奴婢之姓,为干字跷脚者是也。未曾想皇上勃然变色,厉声呵斥:“于为干字踢脚,汝敢为谩语侮我!”①本来说的是“跷脚”,有些儿玩笑,却被改为“踢

① 沈德符:《万历野获编》卷五,内监,二中贵命相。

脚”，便成为犯上之罪，当场褫去蟒玉，入监治罪。这还是轻的。有一位叫侯章的太监私蓄使女，世宗得知，立命将其处决。史谓“世宗初政，如剑铓出匣”，信然！

### 三、内廷大换血

古时有“一朝天子一朝臣”之说，作为“内臣”的太监，其命运更是随帝王的兴替而转折变幻。先朝亲信大太监多被处治驱赶，而与此同时，随世宗从兴邸入京的原兴献王府内侍，开始渐渐在各要害衙门掌握事权。张佐为司礼监掌印太监，黄锦为司礼太监、提督东厂，鲍忠、麦福也都分掌要职，这些太监在兴邸时受过极严格的管束，又系从龙入京，与世宗利害相关，故都能恪尽职守，谨慎从事。由他们掌管的嘉靖时期内廷，虽也时有太监弄权招贿的事情发生，然从未出现过权倾人主的大珰巨恶。《明史·宦官一》谓：

> 世宗习见正德时宦侍之祸，即位后御近侍甚严，有罪挞之至死，或陈尸示戒。张佐、鲍忠、麦福、黄锦辈，虽由兴邸旧人掌司礼监，督东厂，然皆谨饬不敢大肆。帝又尽撤天下镇守内臣及典京营仓场者，终四十余年不复设，故内臣之势，惟嘉靖朝少杀云。

所论甚是。

撤除天下镇守太监及典京营仓场内臣，世宗显然较为谨慎，采取了分两步走的方针。先是在即位诏书中命令取回添设的分守、守备内臣，而后延迟至嘉靖八年（1529），始颁诏裁革镇守太监，分省递撤，经两年多才算撤完。此系后话。

## 第四节　清理皇庄与庄田

率天之下，莫非皇土。可明朝统治者竟还无厌足地追求或曰掠夺田土，希望有更多的直属皇室的土地，似乎这样才心里踏实。皇庄和庄田，是明朝中期以来的痼疾之一，是明朝帝王的贪婪和小家子气的一种家族性特征。

### 一、大明王朝的小家子气

明太祖朱元璋即皇帝位的第二年，开始在故乡凤阳为父母修建皇陵。他想在碑上写下父母的悲惨命运，写下自己早年经历的人生苦难，又唯恐翰林词臣谀笔美化，便亲自拟出提要，命侍讲学士危素撰碑文。危素为元朝老臣，他撰的皇陵碑文，自不敢不对新帝家世加以粉饰，明太祖很不称意。10年后的洪武十一年(1378)夏四月，朱元璋亲自撰文，备述父兄所受之苦：父母先后死于灾年，兄长又死，地主竟连块坟地也不给，“既不得与葬地，邻里惆怅”，“殡无棺椁，被体恶裳。浮掩三尺，奠何肴浆？”①

昔日父母亡而无一抔黄土可以落葬，而今足践大宝，拥有天下，但对土地的渴望似乎植根于朱元璋灵魂中，融化于朱明皇族的血脉中。立国之初，朱元璋为表彰和激励跟随自己出生入死、打下江山的勋臣，常颁旨赐公侯丞相以下田园土地，“多者百顷”，称为庄田。对封为亲王的皇子则赐庄田更多，一般都在千顷左右。后来发现勋臣家中仆役多有“倚势扞禁”之事，遂收回

---

① ［明］郎瑛：《七修类稿》卷七，国事类，皇陵碑(又)。

赐田,仍给岁禄。①

仁宣间,请乞之风渐盛,大臣们亦乘机对没官庄舍下手。至英宗时,因诸王、外戚、太监纷纷占夺官田私田,引发争论,颁诏"禁夺民田及奏请畿内地"。御马监太监刘顺使家人捐进蓟州草场,开"进献"之先例。所谓进献,是指京畿一带多有拖欠税粮而逃往他乡者,其田荒芜,奸利之徒乘机献给皇帝近幸,置为皇家庄田即皇庄。

皇庄之名的出现是在明宪宗时。"宪宗即位,以没入曹吉祥地为宫中庄田,皇庄之名由此始。其后庄田遍郡县。"②给事中齐庄曾上言,指出皇庄之弊,且称:"天子以四海为家,何必置立庄田,与贫民较利。"③但宪宗根本听不进去。

弘治帝显然是较为明智的,看了户部尚书李敏等对皇庄扰政害民的疏本,即传旨戒饬庄户,后又罢仁寿宫庄等,并依户部尚书周经之奏,将违制献地的太监赵瑄打入诏狱。然这位弘治皇帝性情仁厚,对诸弟的乞请无有不从,而会昌、建昌、庆云三位侯爵争夺田土,孝宗也是多与庄田,一一将他们打发满意。武宗即位刚一个月,便建了七处皇庄,后增至三十余处,诸王和外戚越分求请及强占民田者,更是难以计算。

这就是摆在刚即位的嘉靖皇帝面前的又一重大问题。

## 二、东安皇庄事件

世宗即位诏虽未把"皇庄"列为朝政亟待改革的要务,却明确地对前朝幸臣江彬、钱宁等人及刘瑾原侵占的玄明宫地土作

---

① 《明史》卷七七,食货一,庄田。

② 《明史》卷七七,食货一,庄田。

③ 《明史》卷七七,食货一,庄田。

出处理，从而揭开了清理田庄的序曲。

即位诏书第二十三款："近来抄没犯人庄田园圃，户部委官从公查勘，如有倚恃权势侵夺霸占者，审证明白，归还本主管业；若系原有及两平置买，价值无亏者，照依时价变卖银两，送太仓银库交收备边；若地亩数多，离京五十里之外者，行令该管州县招人佃种，照例起科。"这是指钱宁、江彬等前朝近幸抢占的庄田，诏令退还原主或交所在州县。第二十四款，亦是下令将原抄没刘瑾的玄明宫地土退还原主。至于皇庄，诏书中没有涉及。

然皇庄和庄田，已到了非治理不可的境地。"为民厉者，莫如皇庄及诸王、勋戚、中官庄田为甚。"①皇庄和庄田不独侵害百姓，还严重影响到国家财政，损害朝廷形象，养奸滋事，弊非一端。正德十六年五月，给事中底蕴在奏状中列举了"投献"和庄田之害，户部复奏，呈请"行各守臣查核没官田土外，但系近年投献置为皇庄者，给还本主，仍照原额征税"。② 世宗批令照拟实施。

六月间，朝臣们对皇庄和庄田的抨击更为猛烈和具体。十五日，御史范永銮上言，指出皇庄之设与权宦擅政、奸民乘隙相关：

> 往者刘瑾、钱宁、江彬相继擅权，奸民乘隙，多将军民屯种地土诬捏荒闲及官田名色投献，立为皇庄，因而蚕食侵占，靡有界限。旧租正额外多方掊克，苛暴万状，畿内八郡咸被其害……③

---

① 《明史》卷七七，食货一，庄田。

② 《明世宗实录》卷二，正德十六年五月己卯。

③ 《明世宗实录》卷三，正德十六年六月乙未。

所谓“投献”，与进献略同，是指将田产托在皇室、王府或权豪势要之名下，以减轻赋税徭役。用投献的土地建立的皇庄或庄田，往往由宫中太监或其亲属管理，又假借其权势向四外扩张，强夺豪取，甚至欺凌地方官府。由于皇庄多为军民屯种之地，百姓受到的剥削便无疑多了一层，税上加租，雪上添霜，只好弃田逃亡。范永銮认为应派户部官员查核实情，“系民者归民，系官者归官”，“绘图造册，缴部备照，永杜后奸”。① 世宗批令各有关部门阅处。

世宗即位诏中退还侵占民田的条款，及后来对相关奏疏的批复，仿佛使饱受侵害的百姓看到一缕阳光，开始为自己的合法权益而抗争，向有司奏诉冤情，揭露那些作恶多端的皇庄管事太监。六月二十四日，顺天府东安县等地百姓纷纷向巡按御史孙孟和“奏诉太监张锐、刘权、张忠、赵林及锦衣千户谷良等强占田地，吓骗财物，霸住房屋，准折妻女及减价抑买等情”。孙孟和即行查访，获得这些太监违法作恶的实证，修疏上奏。孙孟和在谏垣已历练有年，显然深晓疏言之窍，他说这样的一件“民事”本不该“上干天听”，只是恐怕如不加解决，其他地方“闻风效尤，长健讼之风，为陵替之渐”。② 他请求世宗敕令都察院在京畿地区做一次普查，对所有在京的皇亲、内臣、功臣、锦衣卫都督、各部大臣的园林田产，一律详加清理。除了公平置买的仍予以保留外，其余的不管是否奏请御批，只要发现有侵夺百姓的情况，均要退归原主。

孙孟和在疏中没有言及皇庄，其所指更多的是皇亲、内臣等侵占的庄田，并说明这样做是为了“息讼端，召和气”。这是世

---

① 《明世宗实录》卷三，正德十六年六月乙未。

② 《明世宗实录》卷三，正德十六年六月甲辰。

宗很爱听的话，他即令都察院议闻。不久，张锐、张忠等辈皆被逮治。

这件事无疑鼓舞了久被皇庄困扰的京畿地方官。三天后，顺天府通州知州刘绎上疏，请求将皇庄所占田地全部交与当地军民耕种，按规定收缴赋税，并将管理皇庄的太监永远裁革。通州境内庄田甚多，这位刘知州深知其弊，故其心情更显得急切。他当然也知道此事的阻力，说如不能一步就实施彻底的裁革方案，则可先召回管庄内臣，命户部派员专管。至于勋戚田庄，刘绎则请求派官清理，系"旧额颁赐"者照章收租银，系"包占夺买等项"则责令退还。世宗览奏，亦下所司议闻。

### 三、请乞风与请禁潮

世宗对皇庄和庄田之弊有了初步的认识，但即便贵为天子，也有解不开的人情扣，也禁不住蝇头微利的诱惑。

请禁之声虽然响亮，请乞之风却并未完全止息。近幸太监王竑、贾友等因职事之便，向世宗陈说皇庄的种种益处，劝他不要退还玄明宫等，世宗听后觉得有理，连连点头。内廷一时盛传皇庄要保留的消息，使群宦欣欣然面有得色。与此同时，张太后的弟弟寿宁侯张鹤龄、毅皇后（即武宗皇后夏氏）之兄庆阳伯夏臣，仍在毫无忌惮地收受投献土地为庄田。而世宗祖母邵太后之弟、锦衣卫指挥使邵喜亦奏讨庄田，让世宗好生为难。

八月六日，工科给事中田赋弹劾寿宁侯张鹤龄及庆阳伯夏臣，罪名是受献庄田和占据僧寺，认为应降诏切责并逮治其党徒。二人系太后、夏皇后至亲，世宗未便批复。

五日后，户部右侍郎秦金等因邵喜乞请庄田事上疏，认为邵喜系皇亲国戚，不愁没有富贵，却乘机牟利，违犯国家禁令，奏讨庄田，实在有损贵戚形象，并干扰清查庄田的进行，建议世宗予以惩处，以戒仿效①。世宗肯定了秦金等的疏议，却宽宥了邵喜，他也知道自己的这位舅老爷实在并不富裕。

遇到要动真格的时候，世宗又拘于人情，有些手软，让锐意改革的大臣们心中焦灼。这时，保留皇庄和玄明宫的消息，也从内廷传至外间，闹得人心惶惑。十四日，工部左侍郎赵璜等上疏，说听到传言即位诏书中退还玄明宫地土条款已改，惊骇万分，必是太监王竚等辈以皇庄之说蛊惑圣听。赵璜等指出这种随便更改即位诏中条款的做法有极大危害，“一庄之利甚微，而皇言所系甚大”，②请求世宗仍令依诏书中条款施行，并提出实施方案。世宗在批复中同意了他们的意见。

十六日，户部左侍郎秦金等再上疏，称近日传言“奉内旨各宫置皇庄及差管各庄官校”，不胜惊疑。疏章中说：管理皇庄的大小太监和收租的宫校都是城狐社鼠，侵凌和欺压百姓，夺取民田民产，几乎是无恶不作。皇庄之利多归于这些贪狡之辈，而民苦怨生，怨恨的却是朝廷，故此是朝政的一大弊端。秦金认为：以皇帝万乘之尊而与农夫分田，以皇宫之贵而与小民争利，绝非盛世之事。他请求派科道和户部官各一员，分别到京畿之地的皇庄查勘，凡属正德以后额外侵占者，一律还给原主，并将管庄人员尽数召回。③

世宗终于认识到皇庄问题的严重性，对户部、工部及科道官的疏章予以肯定，对秦金疏章作了重要批示：

> 畿内根本重地，祖宗朝屡有优恤禁约。迩来奸猾妄将

---

① 《明世宗实录》卷五，正德十六年八月庚寅。

② 《明世宗实录》卷五，正德十六年八月癸巳。

③ 《明世宗实录》卷五，正德十六年八月庚寅。

军民田土设谋投献，管庄人等因而乘机侵占，朕在藩邸已知其弊。览奏深用恻然，其即如所议行之①。

此诏一出，皇上清理皇庄和庄田的决心也就公诸世间。当年十月，世宗钦差御史樊继祖等人清查各皇庄田土数额，凡系正德元年以后冒名投献或侵夺的，一律发给原主，该征收的租税由户部核收。②

这是重要的一步。因清查中不断遇到阻力，不久又派兵科给事中夏言主其事。

## 四、夏言的《勘报皇庄疏》

夏言显然是一位干员。他性格警敏，文笔清畅，成为科道官后更是亢直敢言，以经济天下为己任。世宗继位，夏言很快上言，请皇帝每日临朝后，御文华殿阅章疏，遇事先下内阁议而后行，以从根本上杜绝君臣隔阻、奸人乘机矫旨欺诈的弊病，振刷朝纲。世宗愉快地接受了他的意见，并派他与御史郑本公等查核亲军及京卫冗员，清查后一举裁革 3200 人，对整饬京卫起了很好的作用。

接受委派后，夏言等对京畿地区顺天八府的皇庄做了一次彻底的调查，历时一年零三个月，写成了著名的《勘报皇庄疏》，呈给世宗。疏中首先将皇庄出现和滋蔓，扰害百姓的历史作一番梳理，详细开载各皇庄建立的时间、地点、名称、规模，尔后指出：

然皇庄既立，则有管理之太监，有奏带之旗校，有跟随之名下，每处都至三四十人。其初管庄人员出入及装运租

① 《明世宗实录》卷五，正德十六年八月乙未。

② 《明世宗实录》卷七，正德十六年十月辛卯。

税，俱是自备车辆夫马，不干有司。正德元年以来，权奸用事，朝政大坏，于是有符验之请，关文之给；经过州县，有廪饩之供，有车辆之取，有夫马之索；其分外生事，巧取财物，又有语言不能尽者。……其甚不靖者，则起盖房屋，则搭架桥梁，则擅立关隘，则出给票贴，则私刻关防。凡民间撑驾舟车、牧放牛马、采捕鱼虾螺蚌莞蒲之利，靡不括取……①

如此折腾扰民，带给宫廷的利益又是什么呢？疏中指出：这种由皇庄带来的实利竟是微乎其微，“输之宫闱者曾无什之一二，而私人囊橐者盖不啻什八九矣。”由是，恶名由宫廷承担，实利则入太监与奸人之手。

该疏以“见闻之真”，痛陈皇庄带来的现实危害及灾难性前景：“小民脂膏吮削无余，由是人民逃窜而户口消耗，里分减并而粮差愈难，卒致辇毂之下生理寡遂，闾阎之间贫苦到骨。向使此弊不革，将见数十年后人民离散，土地日蹙，盗贼蠡起，奸雄借口，不知朝廷何以为国？”夏言把皇庄的危害提升到乱政亡国的高度，希冀引起皇上的关注。

夏言极具文采，其疏文不仅深中皇庄之弊，且剖析精微，摹写世情，倾诉百姓饥寒流徙之苦，刻画权宦巧夺豪取之状，均足动人。疏文还对皇庄一名大加挞伐：

且“皇”一字，加于帝后之上，为至尊莫大之称。今奸佞之徒，假之以侵夺民田，则名其庄田曰“皇庄”；假之以罔求市利，则名其店曰“皇店”；又有其甚者，假以阻攘盐法，则以所贩之盐名为皇盐。即此三言，足以传笑天下，贻讥后世……②

---

① 《明经世文编》卷二〇二，夏文愍公文集一，勘报皇庄疏。

② 《明经世文编》卷二〇二，夏文愍公文集一，勘报皇庄疏。

夏言等同时也提出了解决方案，即将近城皇庄改为各宫亲蚕厂、公桑园，其余改为官地，年租由户部收交各宫充用。这个方案，亦在很大程度上照顾了皇家的利益。

核查皇庄的同时，夏言等还对京畿庄田的侵占情况进行清理，写成《查勘功臣田土疏》一并进呈。疏中对勋戚、内官侵夺和乞请庄田的现象深表忧虑："国家万万年无疆之绪，皇亲驸马日见增加，彼此援例，争相希恩，必欲各满其愿，虽割尽畿甸之田有所不及，是岂可不为国家久远虑哉！"是的，皇亲贵戚繁衍日多，欲壑难填，而国家疆土有限，可供耕种的土地更有限，以有限之土地，填无尽之欲求，又如何可以久远？

两疏之后都附有"勘报文册"，将一应数据开列明白。户部奉旨复议，认为亲蚕厂、公桑园应在城中选闲隙地土而设，其他如改称官田、岁收入贡，均照夏言等建议。至于勋戚及在外王府庄田，则现有管业不动，今后严禁收受侵夺。世宗诏可。

这样，武宗时乘乱而起的"皇庄热"得到了遏制。户部在尚书孙交、侍郎秦金和赵璜带领下，开始对皇庄及庄田进行认真清查和回收退民，各宫庄田数额都被重新核定，编造新册上呈帝览。而世宗从心底还是认定这些土地属于皇室，故一旦发觉新册与旧额不符，便怒冲冲质问孙交为何顷亩数减少。孙交说投献时往往虚报，今奉旨核查，则把虚数去掉，世宗这才"意少解"。①

### 五、刹不住的请乞风

而索求奏请之风终是难以尽刹，前朝皇帝的亲属可以禁令处之，当今天子的姻戚则不可。嘉靖三年（1524）六月，陈皇后

① 《明史》卷一九四，孙交传。

之父泰和伯陈万言乞请“武清、东安二县地各千余顷”，世宗命户部会议。户部提出这些地上原系未央宫庄田，不应给予，世宗即令查两县地中与宫田无关者划给。户部还要以勘查推搪，谁知皇帝急欲满足自己的老丈人，亟命速派员勘地。户部无奈，只得划给数处地土计七百五十余顷。保定巡抚刘麟等上言劝止，世宗不听。①

世宗更不会忘记自己母亲的亲属。嘉靖三年九月，他颁旨赐给蒋太后之弟玉田伯蒋轮庄田 90 顷，又给另一位舅父蒋寿庄田 43 顷。为了不显得那么偏袒，敕旨中同时赐给锦衣卫指挥文荣和张揖庄田各三十余顷②。鉴于陈万言乞请庄田一事的教训，户部唯照旨执行，没敢再提出异议。孰料这种赏赐只能是刺激皇亲国戚们的贪欲，不数月后，蒋轮又乞请已故宜兴大长公主的庄田千顷。宜兴大长公主为英宗之女，于正德九年(1514)故去。言官和户部都认为蒋轮所请不当，世宗也好生为难。但为了不让母亲伤心，他还是特许把该庄田的一半割与舅舅，并下诏令今后不许再妄争“先朝给赐戚畹田土”。

### 六、“民失常产，何以为民”

清理皇庄和庄田之事，就是这般艰难曲折、时见反复地向前推进。人情之网，就连皇帝也无以逃脱。然大臣们始终不懈地为扫除皇庄和限制庄田而抗争，世宗也始终体察朝臣的良苦用心，予以一贯地支持。嘉靖六年(1527)，朝中议礼派获得重用，内阁及六部大换班，但清理庄田的政策却并未改变。大学士杨一清于该年十一月上疏论及庄田，称说在京畿地区八府的田土

---

① 《明世宗实录》卷四〇，嘉靖三年六月丁巳。

② 《明世宗实录》卷四三，嘉靖三年九月戊辰。

多被内府各监局以及皇亲贵戚、权豪势要之家讨要,有的做草场,有的做皇庄,当地百姓失去田产,老实懦弱者淹煎待毙,躁烈粗豪者则啸聚为盗寇。他请求世宗再不要接受请乞之章,“凡势豪请乞,绝勿复许,小民控诉,亟赐审断”,①说如此才能给京畿百姓一条生路。

世宗认真看了这篇疏文,文中凄凉之词使他心胸郁闷,天下百姓都是自己的子民,都要仰领自己的恩惠啊!他曾生活在藩府,看到很多处于水火中的饥民,看到饥民们乞求的目光,看到满街的饿殍……他提笔在杨一清疏后作出长篇御批:

> 卿等所言,深合朕意。近者八府军民征粮地土多为奸人投献,势众朦胧请乞,侵夺捶挞,逼取地租。虽时有勘断,终不明白。民失常产,何以为民?京畿如此,在外可知。今宜令户部推侍郎及科道官有风裁者各一人领敕往勘,不问皇亲势要,凡系泛滥请乞及额外多占、侵夺民业曾经奏诉者,查册勘还。

不光京畿地区,不光皇庄,世宗还提到外省,提到王府、勋旧甚至僧寺的侵占,命一体核查解决:

> 外省令御史按行,诸王府及功臣家唯祖宗钦赐有籍可据则已,凡近年请乞及多馀侵占者,皆还军民。各处势要亦有指军民世业为抛荒,及乘在官田土之闲废而猎有之,皆宜处置。僧寺之业佃租本轻,多为官豪违例典卖,倚势兼并,田连阡陌,科取重租,甚者僧舍佛庐并为己有,亦宜改正,事竣具上其籍。②

这是世宗对皇庄和庄田问题最强硬、最明确的一份御批。“民

① 《明世宗实录》卷八二,嘉靖六年十一月甲午。

② 《明世宗实录》卷八二,嘉靖六年十一月甲午。

失常产,何以为民”?他以此自问,又以此质问那些贪婪无止的皇亲国戚。他对解决皇庄积弊提出一揽子解决方案,责成户部负责此事,并要求领敕勘察的官员不得“畏避权势,保私蔽公”。至此,清理庄田终于得到最高统治者的强有力支持,呈现出新的局面。

### 七、审结要案

世宗登基,前朝要案堆积如山,如宁王朱宸濠叛逆案、钱宁勾结逆党案、江彬案、写亦虎仙案,都引起朝野间普遍关注,要求有一个清算。

刑部的机器在高速运转。当年五月,钱宁一案审清:钱宁在正德间以左都督掌锦衣卫事,所有禁内建豹房、新寺,与武宗聚声乐,诱其微行之事,多为钱宁所作。钱宁又与宁王宸濠私相往还,鼓动宸濠多次进金银玩好,又阴谋召宸濠的儿子到太庙司香,以图入嗣为皇子,种种不法,恶迹昭彰。江彬与钱宁生仇隙后,借宸濠谋反事发,下钱宁于狱。至此,江彬被逮,加上钱宁平日很注意结交士大夫,朝内外受其恩者甚多,都趁机为钱宁遮掩减罪。世宗在兴邸时即声闻钱宁恶名,杨廷和又力排众议,拟旨将钱宁之罪公之于世。五月下旬,钱宁伏诛,其养子钱杰、钱靖等11人同日弃市。

六月,诛江彬。其死党威武团练营都督李琮、神周,其子江勋、江杰、江鳌、江熙俱斩首,有关部门把行刑场面绘成处决图,榜示天下。江彬的亲信许泰(威武副将军、安边伯)亦下狱论死,后由贵近说情,减免死罪戍边。

在即位诏内,还有特别一款:

> 回夷写亦虎仙,交通土鲁番兴兵搆乱,搅扰地方,以致哈密累世受害,罪恶深重。曾经科道、镇巡官勘问明白,既

而夤缘脱免。锦衣卫还拿送法司，查照原议，开奏定夺。①这也是事关重大，杨廷和在草诏时密写别藏的一条。写亦虎仙时年65岁，原系哈密卫都督，辅佐土番酋长脱脱的同宗子陕巴（继封忠顺王）。写亦虎仙阴谋夺取王位，多次勾结番将作乱，逼得陕巴带印逃走，擅自扶立真帖木儿为王。沙州镇巡官诱捕真帖木儿，仍将陕巴送回哈密复位，陕巴病故后又立其子并牙即为王。他见事不可为，便至甘肃地方，以进贡方式获取赏赐，盗取军资，做起买卖来，很快就家资巨富。偏这位写亦虎仙极不安分，又开始勾引满速儿等部侵掠甘州和肃州，幸镇巡官侦知，奏知朝廷，差都御史彭泽统兵到甘州驻扎，令已抢占了哈密城的满速儿献还金印，送并牙即归国。正德十一年（1516）十一月，速坛满速儿在写亦虎仙煽动下，率兵推倒嘉峪关南的边墙，攻掠肃州。写亦虎仙造铜铁炮等兵器，以为内应。所幸肃州兵备副使陈九畴早有讯息密加防范，及时捉获其徒众高彦名、毛见等，才得无事。满速儿骑兵攻破乱骨堆、中截、大庄等堡，杀死掌堡军将，见肃州无计攻破，只好撤兵。临行前恨写亦虎仙反复挑拨，派人向肃州镇巡官投递番书，说："这个歹事，是写亦虎仙弄的，如今我每和了罢。"②

写亦虎仙被捉拿归案，问成谋叛之罪，该当立行斩决。岂知他神通广大，在监牢仍能派人上下使动，广行贿赂。果然，兵部以招情不明为由，将写亦虎仙等提解到京，经法司与锦衣卫会审，隐去叛逆罪名，仅判徒两年半，送工部运灰。他又用金珠等物交结钱宁，设法钻入武宗近幸之列，巧为蛊惑，竟被赐姓朱，一变而为锦衣卫指挥使，随武宗南征，耀武扬威，其儿子、女婿也都

---

① 《国朝典故》卷一〇九，后鉴录下。

② 《国朝典故》卷一〇九，后鉴录下。

成为武宗近侍。

世宗即位的当日，锦衣卫钦奉诏书，往会同馆将写亦虎仙拿送刑部审问。他的部从亲党分别外逃，在肃州边境被捉获，其在肃州的妻妾家人也一并擒拿归案。六月，刑部题请将写亦虎仙以谋反罪斩处。

一时间，正德间积累未决的大案要案均得到了重新审理，奸邪心惊胆战，民心振奋，嘉靖天子成为万民景仰的圣皇。

# 第五章　议礼之争

嘉靖朝的开局是可喜的。即位诏书宣示天下，往年冤案和积弊得到纠正，朝政一新，万民仰望。正当君臣克谐共谋国是之际，却因议礼之争走向岔道，殊为可惜。至数十年后的万历间，国事已多不堪，兵部尚书孙矿说到此事，叹曰：

> 以杨石斋之宏达，际肃皇之明圣，使议礼时稍低回其间，则丕熙必迈于成弘，于社稷不亦康乎？①

有很深的感慨惋惜，也很有一些道理。石斋即廷和，肃皇指世宗，对二人孙矿都颇为认可，却也把闹翻的主要责任归于杨廷和，认为其过于亢直生硬，让事情失去了回旋余地。

## 第一节　“父母可移易乎”

初入皇宫的世宗，是少年天子，又像一个勤奋好学的小学生，对杨廷和等大臣很是敬重，在政事上几乎是言听计从。由是也更激发了内阁诸公和朝中重臣的儒家情怀，他们忠贞国事，扫荡群奸，常常不避险恶，畅所欲言。却也不时把目光越过禁苑高墙，去关注和议论皇帝的家事。小皇帝自藩国入京践祚，他们想当然地搞出一个“乾坤大挪移”方案：即厚熜称孝宗为皇父、张

---

① 《国榷》卷五三。

太后为皇母，而呼亲生父母为皇叔父叔母；又让厚熜之叔益王第二子入主兴藩，为他的父母另行选配一个儿子。

## 一、目盲的老祖母

朱厚熜在六军护卫、众臣簇拥下进入宫城。因为他是由外藩入继大统，礼臣们拟了一个与以往不尽相同的登基仪，先素服谒祭武宗灵座，再往奉先殿、奉慈殿祭告，往张太后、武宗皇后处行礼，之后是审定即位诏文稿，最后才是接受百官朝贺等一整套仪节……

皇宫深深，对第一次进宫的朱厚熜来说是陌生的。这是父亲出生的地方，是父亲无数次对他谈起的地方，父子交谈时当然不会想到眼下的情形，但他那种深切美好的童年记忆，每每令小厚熜艳羡向往。世宗在皇宫中并非全无一个亲人，父亲的亲娘、他的亲祖母，此时尚在世间。血缘情笃，入主大内后，他即前往拜见祖母。

祖母姓邵，浙江昌化人，幼年家贫，被其父邵林卖给杭州镇守太监，后被携带入宫。邵氏在皇宫渐渐长成，容貌秀丽，知书达礼。她被宪宗临幸还有一个风花雪月的故事，说是邵氏居于后宫别院，无缘接近君王，常写诗词以解闷怀，某晚在月下低吟：

> 宫漏沉沉滴绛河，绣鞋无奈怯春罗。曾将旧恨题红叶，惹得新愁上翠蛾。雨过玉阶秋气冷，风摇金锁夜声多。几年不见君王面，咫尺蓬莱奈若何！①

诗平平，倒也自寓一段真情实感，不知果然是邵氏所作否？此类宫怨诗自古多有，亦每每能打动帝王。据说恰好宪宗从此处经过，闻听好奇，进而见一美妙女子立于清辉之下，怦然心动，后面

---

① 《涌幢小品》卷五，母后奉迎。

发生的事也就不言而喻了。

如前所述，邵氏为宪宗生育了三个皇子，深受恩宠，先封为宸妃，再进封为贵妃。除了万氏为皇贵妃之外，她是成化朝唯一的贵妃。光阴荏苒，岁月空掷。宪宗逝后，先经过弘治皇帝在朝的18年，又经过正德皇帝统治的16年，邵贵妃经历的是一次次生离死别：三个儿子一个接着一个出宫和赴藩，限于皇朝制度皇妃不得跟随任何皇子，只身留在宫中；三个皇子又先后病逝，她也无法前往儿子的封国，只得遥洒一把把苦泪。三个儿子两个无后，只老大祐杬留下一子，又在遥远的湖广安陆。

这位前朝贵妃自幼贫寒颠簸，也练就一种顽强的生命力，至乃孙入继大位，她仍活着。史籍中没有记载她经历的悲苦与孤寂，只说在朱厚熜见到她之前，邵贵妃双目已盲，被安置于浣衣局。浣衣局不在大内，为抄没和犯罪女子服役洗衣处，亦是安置宫中失宠嫔妃的地方。年老的邵贵妃被弃居此处，其遭遇可以想见。

朱厚熜登上皇位，内府衙门当然不敢再漠视这位鬓发萧骚、双目失明的前朝妃子。她被迎入皇宫大内，重治宫宇，服御饮膳、侍从宫女也齐齐整整，光鲜雅洁。然在三十余年中尝尽冷暖的老贵妃之最大心愿，是想见见自己的孙子。《明史·后妃一·孝惠邵太后》：

> 世宗入继大统，妃已老，目眚矣，喜孙为皇帝，摸世宗身，自顶至踵。

朱厚熜是邵氏在世上唯一的血胤。昔日其孙远在楚地，思念而无法相见；而今孙子竟成为当朝皇帝，来在目前，却又因目盲无法一见。她只有摸，用那双枯干颤抖的手，从头至脚，再由脚到头，一遍遍摸去，悲喜交汇，泪流满面。

朱厚熜至此亦泣不成声。他当然会想起自己的父亲，想起父亲有母而不能奉养的苦情，决心好好照料祖母，再不让她受一点冷落。

即位后不久，世宗便尊祖母为皇太后。嘉靖元年上尊号为寿安皇太后。厚熜生母蒋氏抵京后，与婆母同居后宫，相处欢洽，恪尽奉养之道。朱厚熜还有两位因撤藩回京的寡居婶娘，这时也都如枯木逢春，当也会常来宫中相聚。邵太后历尽苍凉，意外地获得一个安适尊荣的晚年，获得一种家的温暖。

世宗似乎急于报答祖母的爱，急于替父亲尽孝。自己的大婚，他希望祖母主持，礼臣以为不合礼仪，内阁辅臣也加以劝阻，只得勉强作罢。他厚待祖母的亲族，钦命邵太后之弟邵喜为锦衣卫指挥使，嘉靖改元，又封其为昌化伯，赏赐甚多。他命将抄没钱宁的房屋赏给祖母另一个弟弟邵茂，工部上议少留一些，言官认为不妥，其一概不听。而世宗还要替祖母尽孝，命在杭州为邵贵妃之父修造坟茔，极其壮丽，以致被称为“邵王坟”。

或是曾受了太多年岁的凄清，邵太后对安适尊荣反而无福消受。嘉靖元年十一月，亦即在嫡孙称帝的一年半之后，寿安皇太后撒手尘寰，遗容上带着安详与满足。

世宗对祖母的去世甚为痛伤，在其小殓、大殓、发丧等日，均衰服哭临，举哀行祭礼。在他强硬要求下，礼部为寿安皇太后具拟的丧礼仪注极其隆重。尽管杨廷和等阁部大臣提出反对意见，世宗全然不理，钦定将祖母入葬茂陵地宫，称为宪宗皇后。他以手中的权力，为祖母争得了一个身后的名分。

同时，他也为自己争一脉正统。

## 二、迎接母亲

嘉靖皇帝更是一位孝情浓重的儿子。即位的第三天，大政初定，诸事繁忙，朱厚熜在召见阁臣时，就提出要迎取仍在湖北的母亲来京。他专为此事写了一道谕旨，措辞真挚谦煦，曰："朕继入大统，虽未敢顾私恩，然母妃远在藩府，朕心实在恋慕。可即写敕奉迎，并宫眷内外员役咸取来京。"①思母之情，一往而深。却也未曾越线，只称娘老子为"母妃"。

阁臣们自也不敢怠慢，当即议定由司礼监太监秦文、内官监太监邵恩等捧笺前往安陆奉迎，又派工部、兵部各一名郎中负责沿途交通、供应及安全。奉迎笺显然出于礼臣之手，写得孝思深笃，情文并茂，又恪守其所认定的礼法。文中称"本生"、"母妃殿下"，称"先王"、"旧邸"，都暗寓着先事言明、免得日后纠缠的伏线。世宗当然不会没有看到这份文件，并未表示异议。

四月二十七日，亦即奉迎使团离京的第三天，世宗御西角门视朝，敕谕礼部召集文武群臣定议武宗尊谥，同时命为父亲兴献王拟封号以闻。议武宗徽称，自然是官样文章；拟兴献王封号，则是嘉靖皇帝衷心关切之事。

这是议礼的序曲，就这样以较为舒缓平和的节奏开始，愈演愈烈，终酿成君臣失和、帝相反目的局面，酿成嘉靖朝最大也最为惨烈的政治悲剧。

### 三、礼部的挪移继嗣法

礼部尚书毛澄是迎驾大员之一，正直与愚忠集于一身，只不过作为前朝老臣，其忠心多在孝宗和武宗那里。安陆迎驾时，他颇得厚熜敬重，不光当时多赏金币，后来还特别赏给一美婢，以示眷宠。毛澄接到皇帝命议兴献王封号的谕旨，赶紧去请示首辅杨廷和。

杨廷和很认真地对待这件事。通过新帝即位前的入门之

---

① 《明世宗实录》卷一，正德十六年四月丙午。

争，他已经领教少年天子的定见和执拗，知道他决非武宗那样的恣意玩闹、毫无原则之辈。这次皇上的母亲晋京，于礼法上颇有两难之处，廷和也加倍小心。但在他与多数阁僚、部魁看来，维护弘治、正德的正统帝系是天经地义之事，也是他们这些前朝旧臣的道义所在、职责所在。经过一番考证工夫，杨廷和拿出汉定陶王、宋濮王继嗣的历史文献，让毛澄参酌拟照，告诉他说：此篇为据，异议者即奸谀当诛！①

古人行事，素重历史先例，杨廷和在这一问题上更如此。他显然是把汉定陶王、宋濮王继嗣之事，当成了一项可供师法的坚实历史依据。所谓汉定陶王故事，兹简括为：汉成帝因无子，在绥和元年下诏立定陶恭王之子刘欣为皇太子，是为后来的汉哀帝，而别立楚孝王孙刘景为定陶王，以承恭王祀。而宋濮王事，则指宋仁宗年老无嗣，诏册濮安懿王赵允让第十三子宗实为皇子，赐名曙，是为宋英宗。

当时杨廷和在朝野声望极高，此议一出，遂成定论。五月七日，毛澄会同公卿台谏等朝中大吏六十余人上议：

> 汉成帝立定陶王为嗣，而以楚王孙后定陶，承恭王祀，师丹以为得礼。今上入继大统，宜以益王子崇仁主后兴国。其崇号则袭宋英故事，以孝宗为考，兴献王及妃为皇叔父母。祭告上笺称侄，署名。而令崇仁主考兴献王，叔益王。②

说明白了，这项集议就是让世宗改称父母为叔婶，而称孝宗为父，张太后为母。又从益王那里为兴献王拉来一位继承人，让他认兴献王为父，而呼亲生父亲益王为叔。至于皇帝生身父母的

---

① 《明史纪事本末》卷五〇，大礼议。

② 《明史纪事本末》卷五〇，大礼议。

尊号,礼臣似乎也早有考虑,议曰:

> 然其所生之义至尊至大,宜别立殊称……改称兴献王为皇叔父兴献大王,兴献王妃为皇叔母兴献王妃。皇上俱自称侄皇帝。

客观论列,这也是一个割裂亲情、违悖常理的设计。阁老和礼臣们为了延续弘治帝那本已断了线的血脉,竟如此挖空心思,先让兴王的儿子变成侄子,又让兴王的侄子来当儿子,文件看似振振有辞,实际则乱七八糟。礼臣很为这一弯弯绕的设计自得,认为是万世不易之法。

世宗天性至孝,当然不能接受这种安排,在奏议后愤然批曰:

> 父母可移易乎?其再议!

他的质问出自孝思,发自真性情,纯正挚切。阁部大臣却不为所动,认为这样做“天理人情,庶两无失”。毛澄又率六十余人上疏,坚持原议。

君臣之间、新君与老臣之间那种短暂的和谐就这样出现裂隙,开始了一次漫长的政治角力。这也是孤君与众臣之间的对抗。世宗身边本来还有袁宗皋,即位当日擢升其任吏部左侍郎,大约想让他先占住关键岗位,后来觉得礼部更要紧,升为礼部尚书兼文渊阁大学士。老袁的立场当然没问题,问题在于他对礼法并非专攻,怎比得了一班习礼终生的礼部老臣?加之年迈老病,呼应无人,议礼之舟继续向世宗所不希望的方向航驶。

世宗在朝野也不是没有支持者。时新科进士张璁在同乡礼部侍郎王瓒府中叙谈,议及此事,张璁说:“皇上入继大统,并非为皇子,与汉哀帝、宋英宗的情况不同。”王瓒很同意他的看法,在集议时当众提出。杨廷和大为反感,令科道官寻找了一些王瓒的过失,把他调任南京礼部侍郎,而以侍读学士汪俊接替他的位置。①

## 四、君威难立

世宗强烈感觉到内阁和礼部提案对其帝王权威的冒犯,时势使然,也只能将不满存贮心底,让其慢慢发酵。大臣联合抗旨,他颇感无奈,只好加紧组织人事上的调整。先是起用名声甚著的前朝老臣费宏入内阁,至此又以彭泽为兵部尚书兼左都御史、孙交为户部尚书、林俊为工部尚书,亟命这些已然退隐的前朝名宦来京赴职。

从龙入京的兴藩旧人,也纷纷加恩升官:

> 升藩邸纪善所纪善易辉太仆寺少卿,审理副蔡亨光禄寺少卿,伴读赵铭太常寺寺丞,叶迁芳及教授陈庠俱光禄寺寺丞,典簿徐明良酝署署正,典宝正文志仁太仆寺寺丞,良医正周文采太医院院使……②

对那些原兴邸书办、仪卫官校之辈虽无显封,然令其各在锦衣卫、镇抚司占据位置,为新帝之爪牙。

世宗与首辅杨廷和之间开始出现裂罅。他深知廷和为群臣领袖,礼部会议尊号,实则是秉杨廷和之意行事。但世宗也不愿把关系搞僵,多次下手敕褒奖杨廷和等定策之功,亦曾数次召见杨廷和等,诉说自己复杂矛盾的心情,希望他们能代为谋划,以尽孝思。可世宗愈是这样,杨廷和等愈以为肩负道义,不肯顺从皇帝的意旨。

为推尊自己的父母,世宗曾差遣近侍前往毛澄府中传谕。这位太监系兴邸旧人,来到堂上,忽然向毛澄跪下,磕头不起。

---

① 《明史纪事本末》卷五〇,大礼议。

② 《明世宗实录》卷二,正德十六年五月己巳。

毛澄很惊骇,急向前挡扶,这才使之起身。太监对毛澄说:要我向毛公跪拜,是皇上之意。皇上言:谁没有父母,如何使我不能对父母尽孝情?所以来请求毛公改议。说着从包中拿出一些金锭,送给毛澄。

这个意外举动,使素有廉洁清正之名的毛澄觉得大受侮辱,他拒绝了皇上的恩赐,慷慨对来人说:老臣狂悖衰迈,但不能败坏礼法典制。只有求退,不参与议礼而已。太监无奈,只好讪讪而退。毛澄即上疏求去,一连五六疏,世宗总是劝慰挽留。这一篇文字不多,把毛澄的形象写得风襟飒然。似此皇上向臣子行贿求情的例子,在封建时代的记载中怕并不甚多,且又是素性倔强的世宗皇帝,而世宗还碰了个大大的硬钉子。[①] 毛澄坚持原则,决不退让的态度让人钦敬,然其维护的却是干涉他人家政(且是皇帝家政)的事,所作所为,多少有点读书人的人来疯。

世宗深感孤处无援,君威难立。杨廷和、毛澄等也深感到他们在朝野士大夫中的巨大精神支持。双方都无意退让。世宗命臣下博考典籍中议礼之例,以寻求一个更妥帖允当的说法。护法诸臣则从史书中摘录更有力的根据以图说服皇上。还是杨廷和,又找出舜和汉光武帝刘秀不追崇自己父亲的史证。而毛澄则邀集了更多的大臣上议,进一步阐述:武宗遗诏让世宗继位,有为父之道,只是因为辈分相同,不可称为嗣子。而世宗继嗣,称孝宗为父,是不容疑议的。至于兴献王与皇上虽有生养大恩,但断不可再称其为父。随同疏章,毛澄等还抄录魏明帝诏文一份呈上。世宗只有把疏章扣压下来,不作批复,是所谓"留中"。

议礼陷入了僵局。

面对内阁及六部大臣咄咄逼人的气势,世宗采取的是守势,

① 《明史》卷一九一,毛澄传。

少年天子对继嗣的宗法依据还不甚明白，对礼臣舞动的典则和史例也颇觉敬畏忌惮，但让他称自己的父母为叔婶，却是无论如何也接受不了的。

世宗以章疏留中，较软弱地表示着自己的不满。

## 第二节　观政进士发声

杨廷和等人做的有些过了。饱读诗书的他虽也不乏权变，在继嗣与继统上却极为简单生硬。新朝百废待兴，廷和不把精力集中于国家军政大事，而是统率群臣逼小皇帝就范。以杨廷和的首辅之尊，以他们高扬的宗法礼教大旗，在朝廷内外一呼百应，形成一股排山倒海气势。可仍有人发出不同的声音，第一人为观政进士张璁。

观政，又称试政，明制新科进士在实授官职前要先经历一个时期的观摩学习阶段，一般为三年，称为观政进士，示以资历尚浅，一般没有说话的份儿。可这位张璁偏要发声，受到打压后仍然要发声。

### 一、萧御史的预言

正德十六年(1511)五月五日，礼部尚书毛澄请求世宗举行廷试。诏可。[①] 这是一场本应在一年前举行的廷试。明朝制度："子、午、卯、酉年乡试，辰、戌、丑、未年会试。"[②]由于武宗南巡，在正德十五年二月即会试取中的350名举人，竟然拖了一年

---

① 《明世宗实录》卷二，正德十六年五月丙辰。

② 《明史》卷七〇，选举二。

零三个月，才由继位的世宗主持殿廷试策。

殿试在五月十五日如期举行，因正值大行皇帝丧期，礼部所上仪注将喜庆色彩一概抹去。世宗具缞服临西角门，门外排列着身穿青衣的举子和素服侍立的文武百官，举子们行五拜三叩头礼。礼毕，世宗回文华殿，鸿胪官引贡士赴奉天殿前受卷答题。该科策试之题是关乎"慎初之道"，即所谓"自古人君临御天下，必慎厥初"，并提出鼎新革故、扫除积弊的迫切性与"慎初"的关系，要求考生"酌古准今，稽经订史"，发表意见，以辅佐维新之治。①

该科状元为杨维聪，而后来影响最大的，则是列名二甲的张璁，"六七年间，当国用事，权侔人主矣"，②被视为一种异数。

议礼的初期，杨廷和、毛澄等人控制着舆论，也左右着政局。世宗的暗示与请求无效之后，只有用不批准其议的办法拖延。但随着时光流逝，随着皇母蒋氏离京师越来越近，世宗的情绪便焦躁起来。而朝中开始也出现了另一种声音，即对礼部之议提出反驳。这一驳议由观政进士张璁发出，对护法派大臣，不啻是背后刺入的一刀。

张璁虽为新科进士，其年龄却已 47 岁。其先张璁在中举人后七赴会试，都是名落孙山。就在他心灰意懒，打算以举人谒选（亦做官之一途）时，擅长星相之术的御史萧鸣凤对他说：不忙如此。三年后你定能中进士，再过三年便会突然有大富贵。张璁将信将疑，还是决定再考一科，至正德十五年果然得中。③ 这种生命中的异数，古今中外似也多有例证。

---

① 《明世宗实录》卷二，正德十六年五月丙寅。

② 《明史》卷七〇，选举二。

③ 《万历野获编》卷七，内阁，星相。

## 二、不和谐的声音:《大礼疏》

一个年近半百的观政进士,在京师官场上要想露出头角,谈何容易。当时正值追崇大礼出现争议,张璁久试始博得一第,数十年困于场屋,埋首经籍,亦饱学之士。他对杨廷和等人的理论依据颇不以为然,对其压制不同意见、把礼部侍郎王瓒贬往南京的做法更是反感,于是拣阅古籍,熟思其事,毅然上《大礼疏》,曰:

> 孝子之至,莫大乎尊亲。尊亲之至,莫大乎以天下养。陛下嗣登大宝,即议追尊圣考以正其号、奉迎圣母以致其养,诚大孝也。廷议执汉定陶、宋濮王故事,谓为人后者为人子,不得顾私亲。夫天下岂有无父母之国哉?《记》曰:"礼非天降,非地出,人情而已。"

开篇数语,便由"大孝"入笔,由"人情"立论,指责他们的违反人性天然。尔后则直斥廷和等人的所谓依据,充满了荒唐乖谬:

> 汉哀帝、宋英宗固定陶、濮王子,然成帝、仁宗皆预立为嗣,养之宫中,其为人后之义甚明。故师丹、司马光之论行于彼一时则可。今武宗无嗣,大臣遵祖训,以陛下伦序当立而迎立之。遗诏直曰"兴献王长子",未尝著为人后之义。则陛下之兴,实所以承祖宗之统,与预立为嗣养之宫中者较然不同。议者谓孝庙德泽在人,不可无后。假令圣考尚存,嗣位今日,恐弟亦无后兄之义。

说的是道理,也是廷和等人的理论漏洞,是其漫引汉哀帝、宋英宗的比拟失误。试想,连辈分都错乱了,又如何仿效呢?张璁也提到即将来京的兴献王妃、当今圣上的母亲:

> 且迎养圣母,以母之亲也。称皇叔母,则当以君臣礼见,恐子无臣母之义。《礼》:"长子不得为人后。"圣考止生陛下一人,利天下而为人后,恐子无自绝其父母之义。故在

陛下谓入继祖后，而得不废其尊亲则可，谓为人后以自绝其亲则不可。夫统与嗣不同，非必父死子立也。汉文承惠帝后，则以弟继；宣帝承昭帝后，则以兄孙继。若必夺此父子之亲，建彼父子之号，然后谓之继统，则古有称高伯祖、皇伯考者，皆不得谓之统乎？臣窃谓今日之礼，宜别立圣考庙于京师，使得隆尊亲之孝，且使母以子贵，尊与父同，则圣考不失其为父，圣母不失其为母矣。①

这是议礼派所上第一份疏章，也是他们一直高举的理论旗帜。张璁以其人之矛攻其人之盾，首先从儒家所推崇的孝和尊亲谈起，说明礼法的核心是人情。而世宗登基后即议“追尊圣考”、“奉迎圣母”的做法正是本乎大孝之道，顺乎人情之理，理直气壮，并非违背礼教精神。

疏文接着分析世宗奉遗诏继位，与预立为皇嗣的汉哀帝、宋英宗不同。哀帝与英宗皆先期入宫，经过较长时期的养育，而世宗则是继承祖宗之统，直接登皇帝位。

至于护法礼臣所提出的不能让孝宗无后的问题，张璁也不以为然，反诘道：兴献王只生世宗一人，如硬要其嗣孝宗之统，不是“自绝其父母之义”吗？而皇帝对亲生母亲称皇叔母，见面时便应依君臣之礼，难道儿子可以以自己的母亲为臣吗？张璁还引证史实，驳斥了非皇嗣不能继统的说法，并提出应在京师为兴献王建庙和推崇圣母。

此疏一上，朝臣中开始形成议礼派（支持世宗尊崇所生的观念）和护法派（维护孝宗、武宗一系的宗法正统地位）的对立，也揭开了两派激烈论争的序幕。张璁有备而发，有据而发，尖锐地指出了护法派在理论上的偏执拘蔽，在人情上的悖谬乖张，并

① 《明史》卷一九六，张璁传。

以史实为根据，说明所谓汉定陶王和宋濮王都是先定为世子，养在宫中，尔后再继位为帝的，与世宗入继大统情况不同。议礼派的理论核心是“继统不继嗣”，认为世宗入继的是朱明王朝的皇统，而不是给孝宗当嗣子，这也切中了问题的要害所在。

## 三、文华殿召见

几经周折，突破层层阻挠，张璁的《大礼疏》还是摆在了世宗阅读章奏的几案上。时值酷暑，窖冰和凉扇也驱不尽扑入大内的热浪，世宗专心致志地诵读这封疏章，一遍又一遍，全不顾顺颊而下的细汗。侍立在侧的司礼监掌印太监张佐见状悄步向前，递上一块温帕。世宗从这位旧邸老内臣手中接过，擦一把脸，又继续阅读。

可以想象到世宗在读到这份疏章时的欣喜。与阁臣、礼臣对抗他并不怕，反正否决权在他手里，不合己意者就驳回，或留中不发。但他焦急的是如何说服大臣们和天下人，焦急的是如何在母亲至京前解决好追崇礼仪。张璁将史证和理论及时送来，世宗读着《大礼疏》，觉得句句在理，有议有据，情文并茂，不觉拍案叫绝，笑逐颜开，曰：“此论出，吾父子获全矣！”①

世宗命张佐将《大礼疏》送至内阁，降谕责备道：“此议实遵古训，据古礼，尔曹何得误朕？”②杨廷和等很惊讶，见疏议由一观政进士提出，又大是鄙夷，杨廷和对阁僚说：一个书生，怎么会懂得国体！

当天，世宗在文华殿召见杨廷和、蒋冕、毛纪三重臣，赐坐赐茶，很是亲切，交谈中语气诚恳地对他们说：“至亲莫若父母。”

---

① 《明史》卷一九六，张璁传。

② 《明史纪事本末》卷五〇，大礼议。

说话时，世宗泪光闪动，很动感情。杨廷和等亦默然相对，情绪受到感染。召见结束时，世宗以手敕一纸交杨廷和，略为：爱卿们说的话都很有见解，只是使朕受父母无极之恩，无法报答。今尊父为兴献皇帝，母为兴献皇后，祖母为康寿皇太后。

杨廷和等面无表情，静静接过敕旨，又静静退出文华殿，回内阁经一番商议，认为绝不能接受世宗的敕旨，便将手敕封还，表示不敢逢君顺旨。消息传出，给事中朱鸣阳、史于光等奋身上疏，驳斥张璁所提的统与嗣不同的说法，认为手敕中尊兴献王为帝之拟是听了张璁的蛊惑，请求将张璁斥罚。世宗将朱、史的疏章下礼部，令提出处理意见。毛澄等再上议，认为该疏“有见于天理人情之公断”，是不愿意让皇上在即位之初便陷入私情之中，又说张璁“上摇圣志，下起群疑”，①应受到警告性的诫谕。

世宗怎么会处置张璁？但此时也不便斥责这些大臣，憋了一肚子的气。

## 第三节　慈母来京风波

这边厢朝中争执未休，世宗要求的父母尊号迟迟未定；那边厢母亲的慈驾正在往京师进发，一日日靠近。世宗明显感到处处受制于人，又急又气。当时袁宗皋已病重，内阁与礼部无一个大臣相助，甚至也没有什么人可以商量诉说，无明火在小皇帝心中激荡冲撞。

---

① 《明史纪事本末》卷五〇，大礼议。

## 一、仪驾隆盛三千里

奉迎皇帝之母的仪驾显然极为隆盛。世宗日理万机之暇，时时想着迎接母亲的事，今日派工部治舟车，明日派兵部整护卫，又敕谕司礼太监秦文，“令以长行船数及夫役多寡，示所过有司如数为备”。①

如此可忙坏了所经地方的官长，圣谕中虽有“供应悉从俭约，勿生事扰民”之类虚文，可路过的是当今皇上的娘亲，谁敢怠慢！七月十八日，湖广左布政使周季风上言“圣母还京人船供亿之费皆不资”，而百姓经灾伤后困敝，不宜加敛，拟暂由官库银两支用，再慢慢用官府赃罚银两补上。世宗以为这样处理很得体，即行批复，并命将此件发至两直隶及山东有司，这些都是圣母来京的必经之路。

几乎同时，凤阳巡抚都御史臧凤的疏章也送达。他提的是不同意见：“顷者遣官迎圣母，有司传报用船四千艘、人夫四十万，濒河丁男数不能给。陛下方蠲租赋，与民休息，而动众劳民，恐非圣心所安。”②臧凤请求世宗降敕从俭，给地方政府一个较实际的数字。世宗也能做到从善如流，敕令“其船夫供应之数悉如湖广例行”，③并说已降谕饬戒奉迎内外官不得生事扰民。

至于俭约，自然是相对于四千舟船、四十万牵挽民夫而言。实际上圣母仪驾仍是盛设而来，有司礼监和锦衣卫，有兵部车驾司的仪仗与禁卫，有兴邸的随行仪卫和宫眷，有拱候已久、分段扈行的各地方官员将帅，赫赫扬扬，向京师一路进发。

---

① 《明世宗实录》卷四，正德十六年七月丁卯。

② 《明世宗实录》卷四，正德十六年七月丁卯。

③ 《明世宗实录》卷四，正德十六年七月丁卯。

## 二、难坏礼官的“奉迎仪”

皇母在洋洋盈耳的颂辞中向京师进发，心情愉悦，只是急着要见到爱子，每日催促赶行，不大去注意道上风光。而世宗在京师却仍为奉迎之事心下忙忙。他要为母亲设定一个隆重荣耀的迎接仪式，而礼部却仍未将奉迎礼仪拟就。

八月十二日，世宗以圣母将至，命礼部速上奉迎礼仪。① 毛澄等具仪：先派文武大臣各一员在通州境外奉迎，抵京之日，“母妃由崇文门入东安门”，②世宗在东华门迎候，文武百官在会同馆前东西排列为两行，等母妃乘辇过后再退。世宗对入门礼仪不满，对行文中“母妃”二字尤觉刺眼，掷回令“再议以闻”。

十四日，世宗以圣母将至，又命兵部、工部再差官员先行整治沿途供应。二十三日，敕令驸马都尉崔元、内阁大学士蒋冕出京奉迎圣母。而入门仪仍未定。礼部拟圣母由正阳左门进大明、承天、端门，再由午门之东王门入宫。王门，诸王出入之门。毛澄等人显然太过拘泥，把皇城之门当成礼法之大防，坚持不让当今皇上的老娘走正门。世宗当然不允，命他们再会多官议之。③

九月临近，秋意渐浓。母亲所乘之舟将抵达京郊潞河，世宗敕令“各抚按等官严督所属备车徒奉迎”。④ 此时入门之仪尚未议妥，世宗很着急，很恼怒，经与近臣商量，干脆直接降敕旨：

> 圣母远来，定从正阳门由中道行入，朝庙。其宫眷进朝阳、东华等门。⑤

---

① 《明世宗实录》卷五，正德十六年八月辛卯。

② 《明世宗实录》卷五，正德十六年八月辛卯。

③ 《明世宗实录》卷五，正德十六年八月壬午。

④ 《明世宗实录》卷六，正德十六年九月己酉。

⑤ 《明世宗实录》卷六，正德十六年九月丁巳。

这里应注意到皇上谕旨与礼部拟议在蒋氏称谓上的差别：世宗每称“圣母”，各地方官的疏章中亦多称圣母，而礼部则文必称“母妃”，坚执不变。

世宗的敕谕由司礼太监在内阁宣读，又携往礼部大堂宣示。众礼臣虽以为后妃无谒庙礼而为难，但皇上强行降旨，司礼监掌印太监强行实施，内阁大学士袁宗皋又兼礼部尚书，亲自运作，他人也很无奈。

世宗即位之初，可倚信的大臣唯袁宗皋。这位从兴邸随从来京的老臣兼老师真是一腔忠直，既能在世宗需要时挺身而出，与杨廷和等人相争论；又立朝清正，在世宗打击群小、整顿朝纲和宫禁时雷厉风行，决不姑息放纵。袁宗皋令世宗敬重信赖，唯有多加恩赏。世宗曾赏赐袁宗皋奴婢六人，皆极有姿色，其中一个竟是宗皋早年渴慕、醉思梦想的李白洲之妾。李妾因乃夫党从宸濠，抄没入官，被赏给袁宗皋为侍婢。高官美女，金宝玉食，世宗对袁宗皋爱之深却也毁之速，忘了其已年近七十。温柔乡是英雄冢，老袁很快病倒，卧病三个月后撒手尘寰。栋梁倾折，让世宗好是伤感，好是孤独。

## 三、圣母罢行与皇帝辞职

忙乱之间，圣母蒋氏的车驾到达通州。这位前兴献王妃的性格很是倔强好胜，闻知朝中定议，要世宗称孝宗皇帝为父，称丈夫与自己为皇叔父母，慈颜大变，质问前来迎接的礼臣：怎么能够以我的儿子去做别人的儿子？礼臣慌忙解释，引经据典，大调书袋子。蒋氏听不懂也不想去听，厉声责斥：你们这些人享高位厚禄，兴献王的尊称为何还未定？为何一定要拆散我们母子？①

---

① 《明史纪事本末》卷五〇，大礼议。

蒋氏命随从将凤辇停在通州，说啥也不进京师之门，任凭左右说好说歹，总之是不向前迈一步。

消息传进宫内。世宗天性纯孝，闻知后泪如雨飞，多少天来的心中积郁一发不可钤束。他亲至慈寿皇太后张氏宫中，表示要避位陪母亲归兴藩，一句话，不当这受气包皇帝了。

皇上要“辞职”的消息传出朝外，百官震恐，惶惶不安。这可不是一种闹着玩的事情。国不可一日无君，一旦世宗负气而去，内忧外患，大明帝国还不知成个什么样子。张太后忙下懿旨安慰，阁臣也小心谨慎，不再说什么激烈的言词。礼部又忙派大员去通州慰问皇上的老娘。世宗也略略冷静下来，十月初的一天，降谕杨廷和等人，曰：

> 朕受祖宗鸿业，为天下君长，父兴献王独生朕一人，既不得承绪，又不得徽称，朕于罔极之恩，何由得安？始终劳卿等委曲折中，俾朕得申孝情。①

谕旨中不再提避位归藩之事，语意也蕴涵求恳，对阁部大臣给足了面子。但杨廷和等人拘于礼法（即他们所理解的“礼之正者”），终不肯更改初议。

## 四、《大礼或问》

观政进士张璁仍在与杨廷和等阁老、重臣唱对台戏。礼部拟蒋氏入宫仪后，张璁即宣称：天子也必然有母亲，怎能让天子之母由旁门进入呢？古时候“妇三日庙见”，谁敢说妇人无谒庙礼？后来又写了一本《大礼或问》，辨析继统与继嗣的差异及尊崇墓庙之说，至为详备。

张璁的说法渐渐在朝中产生较多的影响，不少人开始冷静

---

① 《明史纪事本末》卷五〇，大礼议。

地思考议礼之事，对杨廷和诸人的理论产生了怀疑。吏部主事彭泽将《大礼或问》誊抄一份给内阁和礼部，劝他们改动初议。杨廷和、毛澄等不听，也不为转呈。这之后，张璁只好亲自到左顺门呈递。杨廷和派翰林院修撰杨维聪以同年之谊前往阻止，未想到《大礼或问》已呈入宫内。迫不得已，杨廷和才草诏下礼部，曰：

> 圣母慈寿皇太后懿旨，以朕缵承大统，本生父兴献王宜称兴献帝，母宜称兴献后，宪庙贵妃邵氏称皇太后。仰承慈命，不敢固违。①

阁臣自有生花妙笔，能把争持之局文饰为谦冲礼让之象。至此，世宗也见好即收，御笔批红。

主要问题解决了，世宗令礼部捧着太后法服到通州迎接皇母蒋氏。蒋氏觉得名分已正，当然不再坚持，欣然前来。十月四日，皇母蒋氏以皇太后驾仪，在五百名锦衣卫仪仗队的扈从下至京，由大明中门入宫，世宗在午门内迎候。母子相见，各有一番滋味在心头，由不得哽咽难语。

世宗见到慈母，极是兴奋。陪母亲谒拜奉先殿和奉慈殿，陪母亲去拜见祖母邵太后，情致欣欣，少年天性又回到身上。

### 五、播种仇恨

世宗陪着母亲蒋氏在紫禁城中行走，指指划划，讲这说那，母子都很开心。兴邸一帮旧臣见到蒋氏，年老者流泪出涕，年轻者欣喜飞迸，都显露出一派真情，亦让皇母感动。随蒋氏进京的兴藩人员与先期从龙进京的兴藩人员多为亲眷相连，拉家常，叙别离，更有说不完的话。

---

① 《明史纪事本末》卷五〇，大礼议。

但与孝宗元后、武宗之母慈寿皇太后的相见，却大令世宗母子难堪。张太后称尊已久，高坐不起，视蒋氏仍为王妃。对于她停留通州、逼上封号的做法，也很不满意。兴献后蒋氏虽靠儿子辛苦博得一“后”字，无奈“后”前无“皇”，自家也觉得有点儿假冒伪劣之嫌，膝盖儿一软，便行下礼去。这可不是蒋氏第一次跪向张太后了，当年她与兴王成婚与之藩，都曾专门到张皇后宫中行大礼，那时候如睹天颜，心中激动，哪会有一点点委屈。二十多年后再相见，自己儿子已然成了皇帝，虽有一跪，张太后也该起身劝阻。没成想这位老牌皇太后看着竟似有若无，漫漫一扬手，算是答了礼。世宗母子相会的欣悦，竟在这一扬手间被挥去大半。

张太后或有意为之，让这后宫的新贵知道点儿斤两；或非有意而为之，仅仅是习惯使然。但她显然没有意识到，自己播撒了一粒仇恨的种子。

世宗侍立一侧，只有唯唯赔笑，但其瘦弱的身躯却在龙袍内发抖。少年皇帝永远记下了这难堪一幕，他决意要洗雪母亲所受的羞辱……张氏一门之祸，就在这时埋下伏笔。

## 第四节　第一场宫火

兴献后蒋氏住进了大内的清宁宫，该宫原为皇太子所居，位于文华殿之后，世宗即位之初多在文华殿召见大臣议事，母亲住在皇宫东路偏后的清宁宫，颇便于晨昏看望。入门之仪的争执虽已成为历史，相信这母子俩都不会忘记。

### 一、南部冷曹中的反对派

议礼之争并未停息。张璁的支持者越来越多，朝臣铁板一块支持护法派的格局被打破。兵部主事霍韬上言批驳礼部的论点，同知马时中、国子监生何渊、巡检房浚也各自上疏，支持张璁。世宗看了这些疏章，更是为之心动。

十月甲午，因追崇礼议成，杨廷和等拟上慈寿皇太后及武宗皇后尊号。世宗希望为自己的祖母和父母一同上尊号，他向内阁提出，却再次遭到抵制。杨廷和把对议礼的倾向带入人事安排，动作快捷利落：巡抚云南副都御史何孟春上言兴献王不宜称皇考，即被升为吏部侍郎；礼科给事中熊浃上疏说皇上的父母当称帝后，马上外调为按察司佥事……手下无人，世宗也是无可奈何。

张璁的《大礼或问》被皇上批转礼部，当时闲居在家的前大学士杨一清读后称赞，写信给吏部尚书乔宇说：张生此论，即使圣人出也很难更改，恐怕最后还是应以此来做。乔宇是杨一清的门生，却听不进老师的话。

转眼到了岁末，当年取中的进士纷纷分配工作，张璁被任命为南京刑部主事。明朝开国时建都南京，后成祖朱棣移都北京，在南京仍保留了一套政府班子，形成了有两个六部的独特格局。真正的国家行政权力掌握在京师六部，留都的"南六部"便成了培养人才、安顿老迈或失职之臣的地方。张璁被分派在南六部，显然具有惩罚之意。当时张璁已由于议礼诸疏名闻朝野，很受人注目。礼部尚书掌詹事府事石珤悄悄对他说：谨慎等待，你的《大礼疏》最后会实行的。

杨廷和很清楚张璁在世宗心中的分量，却公然贬抑，毫无顾忌，确实也有些弄权了！他还让人转告张璁：你本不应任职于南六部，安静待着，不要再提什么大礼，以后还有你的机会。[①] 张

---

① 《明史纪事本末》卷五〇，大礼议。

璁心中郁愤，抱恨赴职而去。

## 二、为父母再加徽称

世宗不是一个很容易改变主见的人。他要为父母再加徽称，并决心推行到底。

十二月十一日，世宗下御札传谕礼臣，让礼部在兴献帝、后尊号上加“皇”字。杨廷和等认为对之已尊崇到极点，若再加“皇”字，便与弘治皇帝和张太后并立，实在不能接受。吏部尚书乔宇也上言说如此便分不清什么是正统，就会违背天理。世宗要的就是让父母与弘治帝后名分相当，但他已学会借用张太后名义说话，谕曰：

> 慈寿皇太后懿旨有谕：“今皇帝婚礼将行，其兴献帝宜加与皇号，母兴献皇太后。”朕不敢辞，尔群臣其承后命。①

说得斩钉截铁，不容置疑。杨廷和等阁臣见无法再争，便一起闹辞职，皇帝不准。礼部尚书毛澄，侍郎贾咏、汪俊等上言，力劝世宗放弃己意。世宗不听，仍说：应遵张太后懿旨，称兴献皇帝、兴献皇太后。给事中朱鸣阳等一百多人各自上疏，反对加称，并请求申斥张璁。世宗不听。

## 三、清宁后宫的火

嘉靖元年正月十一日，世宗郊祀刚回到宫内，清宁宫后面小房突然起火，风高火烈，几乎烧到清宁后殿。②

皇宫失火是常有的事，杨廷和、蒋冕、毛纪、费宏四阁老却以

---

① 《明史纪事本末》卷五〇，大礼议。

② 《明世宗实录》卷十，嘉靖元年正月己未：“清宁宫后三小宫灾。钦天监掌监事光禄寺少卿华湘言：“臣等去岁尝奏太白昼见，秋雷大，金木相犯，兹皆变之大于火者，伏望皇上祇严天戒，益修德政，以弭灾变。”

此为契机，激切上言，认为火灾与兴献帝后不当加称，触怒天意有关。给事中邓继曾引经据典，认为在五行中火主礼，后宫起火为“废礼之应”。有人更点出火灾偏偏在郊祀后发生，又偏偏发生于兴献后蒋氏所居的清宁宫，一定是由于议礼和加称引起的。

世宗受乃父影响，自幼即迷信天象灾异，真的相信是上遭天谴，非同小可，遂不敢再坚持己见。有些惊恐的蒋氏也不再让儿子坚持，只得听从杨廷和等人之议，称孝宗为皇考、慈寿皇太后为圣母，而将兴献帝和母后称为本生父母，不加“皇”字。

就这么一场小小宫火，使朝中护法派获胜。杨廷和、毛澄及许多朝臣都体会到与皇上抗争的喜悦，平添了几分自信。

至于这场宫火的怪诞和突兀之处，当时并没有人敢于公开评说。

## 第五节　改元后的第一个春天

嘉靖元年，是以清宁宫后殿一场不大不小的火灾开始的。在此之后，宫中没有出现更多的灾异。世宗的固执，连同他母亲蒋氏的固执，被这场天火烧得净尽，其退让揖敬又令阁臣及群僚鼓舞感戴，君臣关系一时大为修复，又显得融洽和谐。

### 一、敬事皇图大业

正月二十二日，世宗诏谕礼部为张太后、武宗夏皇后、祖母邵太后和蒋太后上尊号，皇母仅拟加尊号为“兴国太后”，较之张太后所加“昭圣慈寿”四字相去甚远，更无“皇”字，使礼臣松了口气。

二月初三日，是蒋太后的生日。世宗岂不想为母亲大大操办一下，然尊号未上，名分尚低，操办起来也无甚风光，因传敕免贺。礼臣也不断提醒世宗母子各种礼仪上的差别：八日上仪注吉期，称四宫一日行礼则皇上过于劳累，故以三月十日上张太后、夏皇后尊号，次日再上邵太后和蒋太后尊号。以辈分资历来讲，邵太后为宪庙贵妃，却总是要列于其孙辈夏氏之后，礼臣的宗法正统意识，就是如此。世宗平静地接受下来，未表示任何异议。

就在这个早春的二月，世宗在群臣簇拥下至南郊行籍田礼。依太祖之制，由四头身披青绢的牛拉犁，犁的长柄上再系以绢花，世宗扶犁在田间耕了三遭，以示劝农。又接见了一批由府县选来的农夫，每人赏大布一匹。唯随驾侍应的教坊司承应乐人嬉笑喧闹，事后被礼科给事中李锡言奏了一本，请今后先事排演，世宗认真接受了他的建议。

三月三日，礼部上兴献帝册文，并请求上册宝时不用乐，世宗同意。但在阅读册文后，他提出自己应称子，并传谕内阁。杨廷和率三阁老上言不宜称子，仍以原册文封进。过了三天，世宗又派司礼太监至内阁，传谕“兴献帝册文还宜称孝子”①。杨廷和等再上言，说明册文中“已见陛下是兴献帝亲子”，但现今皇帝继统孝宗，不宜再对本生父称孝子。世宗扣留此疏，未作批示。

这日，海西女真族都督派人进贡至京，贡物中有一只小豹子。世宗命有司退还，并令将辽东都指挥使宁宝等以“违例滥放”罚俸一月。

就在这月，世宗下旨查抄大能仁寺僧人齐瑞竹的财产，没收入官。玄明宫的佛像被推倒，刮下金屑竟达一千多两。齐瑞竹

---

① 《明世宗实录》卷十二，嘉靖元年三月辛亥。

在正德间蒙赐玉玺金印，赏了无数金珠锦缎，与武宗诸近侍通同作恶，民愤极大，至此得以清算。礼部郎中屠埙奉命张贴檄文，遍查京师中非法营建的寺庙，并统统拆毁，又将那些假充僧人的游食之徒赶出京师。

朝野鼓舞，人心大快，世宗处处都做得像个好皇帝。

三月十五日，世宗御奉天殿颁诏，尊上四宫（张太后、夏皇后、邵太后、蒋太后）尊号。诏书中对张太后备极推尊，称为“圣母”，赞扬她在武宗逝世后安定邦国，“功德并隆”。诏中称孝宗为“皇考孝宗皇帝”，称武宗为皇兄，称夏皇后为皇嫂。而对母亲则不再用“圣母”二字，代之以“本生母”，并说是奉圣母慈寿皇太后（即张太后）懿旨，上奉生母兴献王妃尊号曰兴国太后。看来，“为人后者为人子”的观念已被世宗接受，并宣示给国人使周知之。

## 二、“大礼事毕”

十日后，世宗以“大礼事毕”，大赏定策和迎立、随行有功诸臣。内阁大学士杨廷和、蒋冕、毛纪以首先定策，“忠义大节，功尤显著，俱进封伯爵”，“驸马都尉崔元进封侯爵”，“皇亲太傅寿宁伯张鹤龄加太师”，“礼部尚书毛澄加太子太傅”，[1]其后长长的封赏名单中，则多是迎立太监和从龙诸臣，皇祖母邵太后的弟弟、兴国太后蒋氏的弟弟也都获封伯爵或晋升。

杨廷和及内阁、礼部大臣显然很注重形象和节操，坚辞封爵和升赏，甚至声说如不允辞便解职归田，世宗始命改封爵为荫子，并不许再辞。

君相之间由争执到尊让。皇帝要给内阁大臣封爵、世袭，阁

---

① 《明世宗实录》卷十二，嘉靖元年三月壬申。

老则一遍遍逊谢固辞，说不该担此殊荣。皇上又说奖赏太轻，无法褒答各位的大功，阁臣则感激拜谢，称如接受了则内心不安。大家都不愿再多提议礼之事。

可这件事显然没有了结。

先是巡抚湖广都御史席书写成一本，支持张璁、霍韬的观点，进一步提出应颁诏定尊号，兴献帝应称“皇考兴献帝”，在大内立庙供祭祀；兴献后应称皇母某后，不应再加“兴献”二字。[1]吏部员外郎方献夫也草疏，提出应当“继统不继嗣”，对兴献帝则“称帝不称宗”，“称孝宗曰皇伯，称兴献帝曰皇考，别立庙祀之。”[2]这两本疏章由于多种原因，一开始都没能递到世宗面前。

大礼之事被世宗忘却了吗？当然没有。但三月二十五日颁示的诏书中却分明称“大礼事毕”，也就是说议礼已成为历史的往事。礼臣和宫中司礼监眼下的要务，是为皇帝采选皇后。

---

① 《明史》卷一九七，席书传。

② 《明史》卷一九六，方献夫传。

# 第六章　血溅左顺门

嘉靖元年的大明内廷是热闹的、多中心的。既有孝宗皇帝的皇后、两朝间尽享尊威的张太后，有武宗皇帝的遗孀、一向有些可怜的夏皇后，她们是老臣心目中当然的后宫领袖；又有兴献帝的亲娘、当今圣上的祖母邵太后，有世宗的母亲、如今被称作兴国太后的蒋太后，在老臣们看来颇有点儿不当不正。这就是所谓的“四宫”。

这一年，对于世宗和内阁诸臣，都算是一个安定祥和的年份。三四月间，为四宫加上尊号并诏告天下，议礼之事似乎已告一段落。然而不，许多人低估了世宗的孝心，也低估了他的固执和冷酷……

## 第一节　皇帝的大婚

大明内廷，以乾清宫为皇帝寝宫。世宗登基之时，乾清宫正在修复中，便临时入居于文华殿。

文华殿原为太子视事之所，时也作为皇帝便殿，位于午门内广场东侧，比其他殿宇规制稍减，用绿色琉璃瓦，极为清雅。这种安排当然不会是内官监等监局所为，应是秉张太后懿旨、由杨廷和主导。其中有靠近内阁，便与奏事召见之意，当也暗含其由外藩继嗣大统、先要经历一番皇太子生活的意思。

## 一、求治锐甚

践位之初的朱厚熜勤于朝政,“求治锐甚”。[1] 另一处记载亦说:“世宗初政,如剑芒出匣。”[2]

世宗很喜欢文华殿。他只知乾清宫在修复,哪里会想到有这许多道道,顺顺溜溜住了进来。他的母亲蒋氏来京后,就住在内廷东路的清宁宫,在文华殿后面不远的地方,母子相见甚是方便。

与皇兄厚照完全不同的是,厚熜不好声色珍玩,视朝之余暇,便端坐于文华便殿,或与辅弼大臣讲论书史国事,或读书练字,自得其乐。所有大臣及各地方、各军镇章奏,他都及时批阅,并与内阁大臣商酌裁处。对于那些批评时政,甚至批评自己的谏诤之臣,也很能做到择善从之。

世宗开始把目光聚焦于朝廷大政。年纪轻轻的朱厚熜很有一番振刷朝纲的雄心,在大臣辅弼下,采取了许多果断措施:革内臣,禁皇庄,尚节俭,放宫人,大至起用直臣,开放言路,裁减冗员,整顿军政……每一件都得到朝野舆论的支持,形成了“天下欣欣望治”[3]的大好局面。

## 二、文华殿的经筵

杨廷和显然很为少年天子的表现高兴,又疏请在武宗大丧结束后开设经筵。经筵,又称讲筵,即由学行纯正者为皇帝讲授经史和治乱之道。世宗愉快地接受了这一建议。

经筵设在文华殿,这也是当时世宗处理朝廷大政的主要场

---

① 《明史》卷一九四,乔宇传。

② 《万历野获编》卷六,内臣何泽。

③ 《明史》卷一九四,乔宇传。

所。其正南不远处、紧贴城墙的朴素院落，即是内阁大堂，又称文渊阁，与之毗邻的是内阁公署，则是两排低矮逼仄的浅屋。成化间大学士彭时曰："文渊阁在午门之东、文华殿南面砖城，凡十间。皆覆以黄瓦，西五间中揭'文渊阁'三大字牌匾，匾下置红柜，藏三朝实录副本。"①永乐以后的历朝大学士们，就在这样相对简陋的地方，协助皇帝办理政务。

首辅杨廷和及阁僚非常关注文华殿的经筵，关心少年皇帝的成长，也希望通过讲学，将朱厚熜引领到正确的治国轨道上。嘉靖初年的经筵，开始时每次都由内阁点题，交讲官分别撰写讲章，送回内阁审定后，敕房官手抄两份，再由讲官以朱笔点出句读进呈。两份讲稿，一份摆在御座，另一在讲案供讲。

经筵通常设在文华殿的川堂，御座设于仅三寸高的地平上，经筵官（所有参与经筵的官员之统称）分东西两列侍立，东班讲"四书"，西班讲经史。每讲一章，由翰林院选配的展书官出班至御案前，跪展讲章，二太监接过摊书，以金尺镇定，讲官跪拜后立于御案前开讲。天颜咫尺，诸官及内侍皆"屏息以从事"，一堂之中，但闻书声朗朗。

尚未见杨廷和为世宗讲课的记录，但他的儿子杨慎，则属于最早一批经筵讲官。杨慎为正德六年状元，素以学行闻知，曾为世宗讲《舜典》，借机言及时政，讽喻前朝奸宦张锐等以金银赎死之事。②

当年八月二日，兴藩老臣、礼部尚书兼文渊阁大学士袁宗皋进讲"坟典"，所谓坟典，又作"三坟五典"，远古帝王之书也，虽非信史，却不无治乱之道。宗皋举起大旨，辨其传承，侃侃而谈，

---

① 黄佐：《翰林记》卷二，彭文嫌公笔记。
② 《明史》卷一九二，杨慎传。

"明偲剀切,上注听,为之改容"。[①] 通过经筵,世宗对这位父执老臣的敬重又深一层,即命"钦赐公奴婢各六人",未想到一下子要了宗皋的老命。

有明诸帝中,嘉靖皇帝对经筵的态度是格外认真的,且持之甚久。翰林学士陆深曾作《经筵词》,前诗后文,夹叙夹议,记述当时经筵之盛况。如记经筵官准备讲章:

编排御览效精诚,白本高头手写成。
句读分明圈点罢,隔宵预进讲官名。

白本高头,高头讲章之谓也。文字上留较多空白,可供皇上批阅。如记等待圣驾:

金水河头白玉桥,上公宝带侍中貂。
逡巡小立瞻龙气,左顺门高御幄飘。

说的是早朝之后,参与经筵的各官先出,成一字队形,至内金水桥北恭候圣驾。左顺门,后被世宗改称会极门,是为皇帝上朝后赴经筵的必经之路,亦内阁大员办公出入之门。本章中所叙群臣的沥血抗争,就发生在这儿。再如其记进讲:

行出班东面照西,胪声高扬叩头齐。
参差进讲并肩立,轮着《周书》《孟子》题。[②]

是说当日所讲内容。陆深于嘉靖七年秋充经筵讲官,特别说明常例八月举行经筵,而世宗治学甚勤,当年七月下旬就已开讲。

### 三、由谁主持皇帝的大婚

改元之初,朱厚熜的婚事也进入紧锣密鼓的运作阶段。

在位皇帝的大婚,当然非同小可。先是在正德十六年岁末,

---

① 焦竑:《国朝献征录》卷十五。

② 《涌幢小品》卷二,经筵词。

宫中即开始筹办皇帝的婚事。转过年来的正月十五日，礼部领皇太后张氏懿旨，正式开始择选皇后的一整套程序。具体负责的是司礼监，其派内监分赴各地，在地方官配合下严格选求；经过半年多拣选，初取的女子赴宫简选，目测手验，摸乳嗅腋，问答考校，再令其优秀者入宫习礼；最后入选的几位，还要由皇太后考察评判，这才能定下来。层层筛选，大量删汰，可谓慎之又慎，被取中者诚大不易也！

大婚之事由张太后主持。从开始到最后，压根儿没有厚熜亲生之母蒋太后的事，这使世宗和母亲很是不平。但限于名分，又只好如此。世宗还想乘此机会搭载点私货，以慈寿皇太后懿旨的名义，说皇帝将举行婚礼，兴献帝后应加称皇号，当不起礼部及群臣的激烈反对，也只得作罢。

入宫简选的旨令亦由张太后发出。世宗曾提出由祖母寿安皇太后颁发懿旨，派司礼太监传谕内阁，希望能获得支持。杨廷和等极言不可，理由是去年宣谕礼部筹备大婚之事，今年春天派遣司礼监内官赴各地选秀女，都是由圣母昭圣慈寿皇太后（即张太后）颁发诰谕，朝廷百官和天下百姓都已知道，今日突然改由寿安皇太后传旨，从筹办事宜上属别生枝节，依礼教宗法则不由正途，又怎能昭示中外？①

一场皇帝大婚，搞得皇帝本人如牵线木偶。世宗心里别扭，虽没有再坚持，却留下了一片心理阴影。

皇帝的大婚在九月二十八日举行，选定的皇后陈氏为大名府元城县学诸生陈万言之女，虚龄年方 15 岁。史载：司礼监奉张太后旨为皇上选婚，钦天监官员称“大名有佳气”，遂在此地

---

① 《明世宗实录》卷十七，嘉靖元年八月丙子。

选秀女，得陈皇后。[1] 婚礼由成国公朱辅任奉迎正使，杨廷和、毛纪为副使，持节奉册宝，将陈氏迎至大内，是为嘉靖元后。她与世宗共同生活了七年，也曾有过一段恩爱时期，父亲陈万言及其家族都跟着沾濡皇恩，求乞无度。后陈氏因触怒世宗惊悸血崩，凄凉死去，情境甚惨。

## 四、祖母病逝

与不少人一样，世宗的祖母邵太后能承受孤凄，却无福消受突然降临的尊贵。就在世宗大婚的50天后，饱经沧桑的寿安皇太后邵氏安然病逝。

世宗很是悲伤，为祖母举行了隆重的丧礼。他本来是想代父行孝养，让曾经凄凉的老祖母在宫中静享尊荣与清福，不料天不加佑，邵太后遽然违弃，怎不痛惜交迸？

当其哀痛追念之时，世宗突然对一众大臣产生严重不满：祖母邵氏的辈分高于张太后，本应称太皇太后，可诸臣偏说出许多道理，让她居于张氏之后；自己的大婚，纵然母亲不宜出面，也可以请祖母主持，诸臣偏要一切听从张太后安排，把自家亲娘亲奶奶打靠后……

俗谚“一朝天子一朝臣”，自有大道理在焉。可说来容易，实施亦难。皇位的接续，通常是太子继位，东宫有一大帮师保侍从，自然成为新朝的基本行政班底，而其他臣僚从事其父到事其子，感情上也很顺畅。朱厚熜来自外藩，王府人才有限，不能不依靠内阁和朝中大臣。这些老臣久职前朝，首先考虑的是先帝统绪，习惯尊崇的是张太后、夏皇后，且引经据典，一呼百应，情绪敏感，措辞激烈，常常让世宗不痛快，一时却也无可奈何。

---

① 《明通鉴》卷五〇，世宗嘉靖元年。

至于内廷，情形则大不相同。武宗那些近幸由于作恶太多，陆续被关押剪除，宫中管事太监也多被牵扯，原兴藩内侍先入主司礼监、内官监和厂卫，逐渐也掌控了内府各监局。这些人当然是新帝的腹心，对邵太后和蒋太后自与张太后不同。所以说，邵氏的最后一年是安适尊贵的。

世宗命礼部为祖母再上徽称，命翰林院撰拟谥册，又命有司在茂陵（宪宗陵号）就近为邵太后选择葬地，兴工营建。杨廷和等人还要阻拦，纷纷以惊动宪宗神灵为谏，认为应葬于原勘橡子岭阴宅，并说一旦茂陵中"襟抱疏泄，利害所关不细"。[①] 世宗听说有些犹豫不决，但最终还是以亲情为重，决定将邵太后葬在茂陵玄宫之右。这是一个折衷方案。世宗没有去打开玄宫，把祖母葬在成化皇帝梓宫之侧，杨廷和及礼部官员也未便坚持，勉强遵从皇帝之意。

用手中的权力，世宗为祖母争得一份迟到的尊崇，也为自己争一脉正统。

## 第二节　科道之风

科道官又称言官、谏官，职司台谏和纠察，事权颇重。科，即六科给事中，职掌侍从、规谏、补阙、拾遗、稽察六部百司之事。六科的办事衙门在午门之外直房，昼夜值班，负责内外所上章疏。道，指都察院十三道监察御史，负责纠劾百官，在京刷卷监考，巡视京营和皇城；在外巡按地方，考察官吏。六科给事中共40人，十三道御史则110名，科道官员虽职阶不高，但专奏事之

---

① 《明世宗实录》卷二一，嘉靖元年十二月癸未。

权，为天子耳目，亦是快速升迁的一条捷径。

## 一、史道弹劾杨廷和

有明一代，科道官始终都是引人注目的。那建筑在午门外的不甚起眼的六科直房，始终在政治风浪的中心，常也直接搅动起各种风浪。

明代历来很注意拣选科道官，多由青年进士中选拔，而科道官亦多以清谨忠直自励。世宗对科道官员也极为重视，即位诏第十一款特别提到"给事中、御史职当言路，今后凡朝廷政事得失，天下军民利病，许直言无隐……"第七十八款又命健全科道建制，科道官遇有缺额，应即行从进士中考选补充。这些条款都使科道官大受鼓舞。

科道官的构成，在人员成分上又必然是复杂的。其锋芒所指，也往往因人因事而异。嘉靖元年十二月，兵科给事中史道升任山西按察司佥事。他显然不愿离开朝门清要，而认为这次"升迁"，是杨廷和有意整自己，便上疏辩解。史道称：自己在六科时曾指责杨廷和为前朝漏网元恶，正要草疏弹劾，被其觉察，始有调赴外任之举。疏中列举了杨廷和在前朝的种种罪名，并说：

> 先帝自称"威武大将军"，廷和未尝力争。今于兴献帝一"皇"字"考"字，乃欲以去就争之。实为欺罔！①

平心而论，这番话颇有些道理。武宗自称"威武大将军太师镇国公朱寿"，杨廷和虽与阁僚同上疏力谏，但一谏不听，即称病不出。此后梁储面对武宗近侍的利刃，拒不起草制书，吏部尚书陆完等百余官谏阻武宗南巡，血染跸道，杨廷和皆未参与。如今

---

① 《明世宗实录》卷二一，嘉靖元年十二月戊子。

世宗想称父亲为皇考，杨廷和便以辞职要挟，实在显得行为过当。

廷和即上疏自辩，并请求辞职。

世宗对杨廷和这位元勋老臣很是尊重，他即命鸿胪寺官前往慰谕，谕旨很长，细细叙论杨廷和的忠直和功绩，称他“勋望方隆，朝野称述”。又将史道以“挟私妄言”、“巧佞迎合”罪名打入诏狱。

兵部尚书彭泽与杨廷和素有交情，站出来为杨廷和鸣不平，并说史道素来行为不堪，这次以弹劾首辅邀名，不可不治。世宗对彭泽奏章亦作了长篇御批，且命科道官今后上书，“除大奸大恶机密重情之外，余皆从公会本具奏，不许挟私沽誉，报怨市恩，中伤善类”。① 杨廷和仍称病不出，不断上疏乞休。这使世宗很着急，一再降旨慰谕，宣称自己是“为天下留卿”，并再派吏部官到其府第看望，催促他赴内阁办事。

皇帝算是给足了面子，廷和也就见好便收，入阁理政。他的第一次上言便是请皇上宽恕史道，放其出狱，以便史道能够赡养其老母。这又使世宗好生感动，遣中使赐羊酒慰问。

## 二、科道难惹

世宗批复彭泽奏本中，对科道作出了一些限制，却恼翻了一帮年轻气盛的给事中和御史。他们不敢直接批评皇帝，便把怒气撒向三朝老臣彭泽身上，纷纷上奏，弹劾彭泽阻挠堵塞言路，坏祖宗之法。彭泽上疏辞职，世宗亦以好言挽留。就这样，尽管有一些风波，嘉靖元年还算在君臣相安的气氛中过去。虽然有些灾情和边事，但以神州之大，所在难免，明帝国从全局看仍是

① 《明世宗实录》卷二一，嘉靖元年十二月戊子。

一派祥和。

嘉靖二年(1523)一开始,便有蒙古小王子犯边,被总兵官杭雄在沙河堡击退。二月,命河南、山东镇巡官平定乱民。三月,蒙古俺答部侵扰大同。五月,西番亦卜剌部骚扰甘州、凉州等地。边警频传,烽烟相连。

这年一开始,世宗便被疾病缠绕,"百官赴左角门问安,司礼监官传旨,言:朕躬已安,大臣免问候,山东盗贼亟宜用心平定。"①病后世宗不顾身体虚弱,批复各地奏本,勘平内乱,督察边备,赈助灾荒,认真地履行着皇帝的职责。

科道官仍不放过彭泽。元月十日,给事中李学曾等、御史汪珊等各连章上疏,劾论彭泽阻言路。世宗听从吏部之议,收回原旨,令科道官言事如故。彭泽感觉有些难堪,又上疏乞休,世宗不允。

十四日,御史曹嘉上言,认为杨廷和等权柄太重,专擅朝纲,钳天下之口,史道之事便是证明。疏中还涉及彭泽,指责其为奸奏。对内阁其他成员虽未点名,语中亦间有涉及。

两日后,杨廷和再上疏乞休,同时带动了一场辞职风潮。内阁大学士蒋冕、毛纪因疏文连及,也上章乞休,兵部尚书彭泽再上疏乞休,礼部尚书毛澄、刑部尚书林俊亦各以年老为由乞休。一时辞职之章成堆,数日间辅臣无到阁办事者。

世宗对这种局面大是着急,不断遣内使及吏部和鸿胪寺官往各官府邸降谕慰留,敦请他们赴职,一遍又一遍。然廷和等人固执地称疾不出。世宗美言挽留,臣下却不给面子,心下也很恼火,但谕旨仍诚恳温和:

朕念卿不置,屡遣官宣谕早出,示推心委任之诚。乃俱

① 《明世宗实录》卷二二,嘉靖二年正月辛亥。

偃蹇高卧，如大义何？其亟出，勿烦再告。①

这边阁臣尚未结束“罢工”，而御史张衮言又上疏，认为史道虽“心迹诡秘”，杨廷和在前朝的表现也不无可讥之处，唯定策功大，又能拨乱反正，堪称“救时宰相”。即便有功如此，也不应反复辞官。至于辅臣们以杨廷和求去而联合求退，更属不该。②

六科十三道中当然也会有内阁的支持者。户科给事中郑一鹏上疏，对曹嘉奏本中内阁权太重的说法提出反议。御史陈讲亦称“内阁之位不可一日虚，其权不可一日假”，对阁僚称病后由中使拟票的现象，表示了忧虑。

曹嘉也不是好惹的。元月二十七日，他再上疏章，极论吏部尚书乔宇为奸邪。于是大臣的辞职队列中，又增加了乔宇。世宗又是好一番慰谕解劝，令出视部事。户部尚书孙交也提出辞官，他可是朱祐杬的当年好友，世宗更是不会同意。

对于所有的辞官疏文，世宗只批准了毛澄一份。这位四朝老臣久病乞休，世宗遣中使赐方药，优诏慰留，后见其病情确实很重，只得允准，命给驿乘传归，以示尊荣。毛澄卒于归乡途中，世宗敬其诤直，很是悼惜。

进入三月，两京科道官仍不断有人论杨廷和、彭泽等“不宜屡辩，伤大臣之体”。而给事中安磐，则指责品评大臣分为四等的做法。世宗在御批中亦说曹嘉“妄加评品，殊昧大体”。天平似乎向杨廷和一方更多地倾斜。户科右给事中毛玉请求斥逐曹嘉，“以为言官恣肆之戒”。世宗采纳了他的意见，命将曹嘉外调为昌邑知县，以示惩处。

不久，又有支持杨廷和的御史上言，称史道、曹嘉实受浙江

① 《明世宗实录》卷二二，嘉靖二年正月甲子。

② 《明世宗实录》卷二二，嘉靖二年正月乙丑。

按察佥事阎闳背后挑唆。世宗命将二人再贬远方，于是史道贬为兰州金县县丞，曹嘉贬为茂州判官，阎闳则为蒙自县县丞。又有给事中孟奇、御史胡效才等各上疏相救，剌剌不休，搞得世宗也很觉烦乱。

### 三、斋祀初起

谁想四月间，科道之风便刮向大内，吹向皇帝本身。所弹劾的焦点，是内侍崔文等人极力鼓动的斋醮。

皇宫之内，内宦近侍之辈也在对新帝施加着影响。与朝官的劝谏与抗诤不同，近侍太监靠的是对主子的顺从和体贴。其白天窥察，夜晚揣摩，朝斯夕斯，最容易知晓主子的情性习好，以便乘机行事。世宗体弱多病，又素信道教和方术，这时已搬入乾清宫，暖殿太监崔文等人便请求为皇上的健康祷祀，荐引术士，在皇上所居等处建醮，"连日夜不绝"。世宗在他们的诱引下，常亲往斋坛，虔诚祷祀，"又命内监十余人习经教于宫中，赏赉不赀"。①

世宗迷上了斋祀。

皇宫大内成了斋祀的场所，斋坛处处，幡旗飘飘，香烟袅袅，斋乐道情之曲更是日夜不息。世宗对朝政的关注明显减少了。

### 四、科道与宦官的较量

大内的斋乐声飘出宫墙，墙外的六科直房的给事中们闻乐思乱，忧心如焚。

四月二十二日，给事中张嵩上言三事，前两事均与皇帝有关。一是由世宗之病说起，认为应保重圣体，节制女色；一是指

---

① 《明史纪事本末》卷五二，世宗崇道教。

斥崔文以左道蛊惑圣上,“请火其书斥其人”。[1] 疏入报闻。世宗未加御批。

礼科张翀又会同六科给事中上疏,引成汤“以六事自责”之典,指陈近期弊政,对世宗倚信宦官、营建宫室、封赠奶母等进行批评,紧接着又上疏劾论崔文:“此由先朝罪人遗党若太监崔文辈,挟邪术为尝试计,愚弄陛下。”[2]这些疏章的言辞都不乏过激之处,世宗虽不采纳,亦不加罪。

给事中安磐也上疏抗谏,说崔文原为钟鼓厮役,“尝试陛下,欲行香则从之,欲登坛则从之,欲拜疏则又从之”,[3]不久便会诱导皇上游幸、土木、征伐诸事,应斩其首以绝后患。

世宗对崔文确有几分眷护。先是在嘉靖元年崔文家仆犯罪,已由刑部逮问,而世宗听崔文诉说情由,钦命转交锦衣卫镇抚司审理。刑科都给事中刘济率六科抗言,世宗不听。至此,科道弹劾崔文之章,世宗也多让其阅看。见礼科给事中刘最疏中有“太监崔文以斋醮蛊惑圣心,糜费内币”,崔文便请求令刘最查明花费内币之数,世宗即颁敕旨令予指实。

四月间,还发生了一件与议礼有关的事情:宦官蒋荣奉命掌管安陆兴献帝陵祭卫诸事,请定祭品乐舞的规格。礼部议用笾豆十二,不设乐,并说是凤阳诸陵的通例。世宗不允。御史黎贯、沈约,给事中底蕴等纷纷上言,请世宗依礼部之议,并为兴邸选宗室近属以主之。世宗不听,直接颁发特旨,命兴献帝家庙祭祀,“乐用八佾”。八佾,为古代天子专用的乐舞,指舞列纵横都是八人,共六十四人。世宗是必让其父享受到天子之祭,方才满

---

① 《明世宗实录》卷二五,嘉靖二年四月癸巳。

② 《明通鉴》卷五〇。

③ 《明史》卷一九二,安磐传。

意，对礼部四次集议全不理会。

群臣对兴献帝家庙用乐之事无可奈何，复又把注意力集中在宫中斋祀上。闰四月，首辅杨廷和忍不住也加入了劝谏之列，上疏言“慎始修德十二事”，首要者便是斋醮。吏部尚书乔宇亦偕九卿上言，称在九重宫阙之内，建立斋祀坛场，亵渎神明，烦劳皇上圣体，实在是大不可之事。世宗批曰：“览卿等所言，具见忠爱，朕已知之。”①给事中郑一鹏、御史张珩也上疏论此事不可为，皆令报闻。

同时，刑部尚书林俊亦不执行将崔文家仆移交镇抚司的敕旨，世宗很生气，责令其陈述理由。林俊慷慨上言，说由三法司审刑是明朝制度，镇抚司只管缉拿奸盗，且判罪还要由刑部。而崔文为前朝漏网之奸，又倡引左道，罪该诛灭，怎能由他来败坏朝廷一百多年所建立的纲纪呢？世宗敬惮林俊的正直敢言，不再追问。

都御史金献民等、六科给事中刘洛等、十三道御史王约等仍猛攻崔文和钦安殿斋祀，“前后章凡十四，署名者八十人”。② 这种交章奏劾的声势毕竟使世宗感觉到压力，不久后即敕旨：“天时饥馑，斋祀暂且停止。”③

斋祀停止了，可崔文并未受到严惩。且世宗心下觉得窝了口气，将礼科给事中刘最以“不谙事体，率意妄言”的罪名，外调为广德州判官。内侍宦官也把怒火集中到刘最身上，东厂太监芮景贤奏称刘最在赴任途中仍用礼科原衔，御史黄国用超出规格为其送行。世宗命将二人逮入诏狱，严加惩处。

---

① 《明通鉴》卷五〇。

② 《明通鉴》卷五〇。

③ 《明史纪事本末》卷五二，世宗崇道教。

对大臣和科道官的抗谏，世宗似乎越来越失去耐心。秋七月，他命工部在西安门外为皇后之父陈万言营第，工部以其地近大内，设计亦超出标准，建议裁减一半。世宗竟听信陈万言一面之辞，将责任推到营缮司郎中叶宽和员外郎翟璘头上，命将二人逮入诏狱。工部尚书赵璜引罪论救，不听。

这时，被放逐到南京冷曹的张璁并没有改变自己的观点。衙中无事，使他有更多的时间披阅古籍，讨论古礼。在这里他遇到了一位志同道合者——南刑部主事桂萼，二人经反复研讨论列，至此联名上书，请求世宗"速发明诏，称孝宗曰皇伯考，兴献帝曰皇考，……兴国太后曰圣母，武宗曰皇兄"，①并抄录席书、方献夫二疏作为附件，传递入京。

世宗读后如获至宝。

议礼风波，又告开始；议礼之祸，渐次显现且一步步变得惨烈。

## 第三节　朝中已无杨廷和

正德皇帝龙驭宾天时，留下一帮为非作歹的宦侍武弁，却也留下了一个较好的内阁。

说这个内阁较好，是因为其成员基本为老成练达、忠贞廉正之辈。当时的首辅杨廷和，阁臣梁储、蒋冕、毛纪，均是成化间进士，久负清望，以尚书衔入阁办事，进内阁多在五年之上。正是杨廷和内阁，在正德皇帝动辄离京、南北折腾时力撑危局于不倒；在武宗驾崩后又能先发制人，擒获江彬、钱宁等奸佞，稳定了

① 《明史纪事本末》卷五〇，大礼议。

朝政和国家。也是首辅杨廷和,首倡迎立世宗,起草遗诏,和张太后共成定策大举。而阁僚兼吏部尚书梁储亲往兴邸,奉迎朱厚熜入继大统。另一位大学士蒋冕则昼夜不眠,为新帝起草即位诏书。应该说这个内阁班子,既优秀又强干,对拥立世宗更功莫大焉。

然则,嘉靖皇帝从即位那一天起,更准确地说是之前几天开始,与杨廷和内阁就常处于矛盾状态。双方时有冲突,焦点多在有关皇位接续的各种仪节。

## 一、“老成接踵去”①

嘉靖改元之初,内阁和六部堂上官多为元老重臣,杨廷和是这班老臣的领袖。

世宗对杨廷和,应该说是又敬又恨。拟追崇礼时,杨廷和毫不妥协地与世宗相对抗,“先后封还御批者四,执奏议几三十疏”,②世宗既敬惮其耿介,又私恨其违抗。史道为泄私愤弹劾杨廷和,指责他在武宗自称威武大将军时不与之力争,在兴献帝称皇称考时却争个没完,实有欺罔之罪。曹嘉上言称杨廷和等专擅,说内阁权太重。世宗虽贬谪二人以示安抚,内心实在颇有同感。而廷和在受到弹劾后的撂挑子,大学士蒋冕、毛纪及六部尚书与之一并请退的集体行动,都让皇上深感不快。

世宗与杨廷和之间出现了一道深深的裂痕,宫内近幸之辈则处心积虑地要扩大这种精神和情感裂痕,乘机诉说“廷和恣无人臣礼”,使世宗“忽忽若有所恨”。③

---

① 《明史》卷二〇二,廖纪传。

② 《明史》卷一九〇,杨廷和传。

③ 《明通鉴》卷五〇。

与即位之初的百般延揽和起用正直老臣不同，世宗开始允许这些老臣告退。他明确地意识到这批人与杨廷和声气相通，意识到他们越来越难以驾驭，意识到请求归田也是其对抗皇权的一种法宝，便不再苦苦挽留。

二月，礼部尚书毛澄以老病致仕。

七月，刑部尚书林俊以年迈致仕。

八月，世宗进封张太后的弟弟寿宁侯张昌龄为昌国公，进封陈皇后之父陈万言为泰和伯，吏部尚书乔宇等上疏以为非制，世宗不听。

十月，户部尚书孙交、兵部尚书彭泽先后致仕。

对这些退仕老臣，世宗表现得优礼备至，林俊、孙交加太子太保，彭泽加少保，“写敕奖谕，给驿还乡”，①算是保留了君臣相交的始终之道。

## 二、添派织造太监事件

临近岁末，朝中风波又起。

先是礼科给事中章侨上言，称有传闻说镇守浙江太监梁瑶派人带着钱谋织造之职，请皇上下明诏裁革添设的内臣，以缓解民众的困乏。至十二月十四日，世宗果然颁敕，遣内府织染局太监两员，前往苏杭等五府提督织造事宜。工部复议，请“以上用袍服宣示花样，令镇巡、三司官如式织造”，而不需再派内臣提督。世宗不允。

即位诏中废弃的添派内臣条款，竟公然由皇帝颁敕恢复，杨廷和心下着急，遂上疏反对，他讲述直隶、浙江受灾后的苦境，

---

① 《明世宗实录》卷三二，嘉靖二年十月己未。

"百里之内,断绝炊烟,卖子鬻女,辄以斤计",[1]企图以此来感动皇帝,使其收回成命。世宗批称此举为历朝旧例,且已经差遣,催内阁快撰敕书实施。杨廷和等愤激之下,拒不奉诏。

杨廷和抗旨不遵,在朝臣中引起巨大反响。九卿大臣乔宇等、六科给事中解一贯等、十三道御史彭占祺等皆上疏抗谏。杨廷和也再次上疏,言辞更为激切:

> 今臣等言之不听,九卿言之不听,六科十三道言之不听,独二三邪佞之言听之不疑,陛下独能与二三邪佞之臣共治祖宗天下哉![2]

疏中批驳织造为累朝事例的说法,回顾了即位诏中罢镇守市舶太监的盛绩,并表示"实不敢撰写敕书以重误国殃民之罪"。

世宗览疏,又是一番抚慰,说此事已差官,在敕书中令其不要扰民生事也就是了。杨廷和仍不写敕书。世宗只好请次辅蒋冕撰敕,蒋冕亦推搪不写,世宗责备他违拗拖延,蒋冕上疏谢罪,却不从命。

君相之间又形成僵持之局。杨廷和不遵命写敕,蒋冕亦不奉命,世宗很愤怒,又很无奈,只好命司礼监催促写敕。科道官和各部主事又纷纷上谏,希望皇上"信任大臣,停止织造"。世宗只是报闻,诫谕中官受遣者不要纵肆,并不去制止宦官的差派。杨廷和失望已极,求去之心更加坚定。

嘉靖三年(1524)正月,桂萼《正大礼疏》上达御前。世宗览疏大喜,手批道:"此礼关系天理纲常,便会文武群臣集前后章奏尊称,合兴典礼以闻"。[3]

---

① 《明世宗实录》卷三四,嘉靖二年十二月庚戌。

② 《明世宗实录》卷三四,嘉靖二年十二月庚戌。

③ 《明世宗实录》卷三五,嘉靖三年春正月丙戌。

二月二日，素爱直谏的给事中邓继曾上疏论内臣拟旨之弊，说世宗不与大臣议政，而听信内臣干政，国家将不得安宁。他的话与杨廷和如出一辙，而激切过之，也与世宗严格约束宦侍的实情不符。年轻的皇帝已渐渐失去耐心，览疏勃然发怒，下旨将邓继曾打入诏狱。

### 三、杨廷和辞归

在政坛浸润大半辈子的杨廷和也在思考，他清醒地意识到政事的不可为，看出议礼之潮的再度涌起和难以阻拒，发现了世宗那刚愎狠戾的另一面。历经风浪的杨廷和，早练就一套在凶险局面下自保的本领，决然选择了退隐乡里。

二月十一日，世宗终于批准了杨廷和的致仕请求。他显然对这位元勋老臣的强悖难以忍耐，责备其辞职疏章中语含不满、非大臣之道，但仍赐给他玺书，申明荫其子袭锦衣卫指挥的恩命，并让他在返乡时依例使用车辇护从。不少科道官奏请挽留，世宗不予理睬。

世宗继位时不到 14 周岁，而杨廷和等大都是年逾花甲、历仕四朝的老臣。小皇帝孝思浓重，对父母称“帝”加“皇”，得寸进尺；老阁臣则据“礼”力争，引领群臣，反复规谏。君主双方虽也有过共同诛逐奸宦、裁革冗员、扫除积弊的美好合作，无奈好景不长。这的确是很可惜的。然要说责任，应多在内阁，在于他们没太把小皇帝当回事儿。

杨廷和堪称经济之才，是嘉靖政坛的第一颗亮星，其子杨慎亦是才华卓异。当是时也，杨氏父子一为首辅，一在经筵，忠心辅佐新天子，而世宗也很有更张中兴之宏愿。无奈双方把关注点都集中在议礼上，数年争执，耗尽精神，更破坏了君臣之间的信任和交谊，嘉靖初年的革故鼎新神龙见首不见尾，也成了半拉子工程。

杨廷和在朝近50年,“性抱忠贞,才优经济”,被朝臣倚为泰山北斗。离京师前夕,礼部尚书汪俊问他:您走后,谁来做主?廷和微笑不语,管自辞阙而去。①

朝中已无杨廷和。

蒋冕继杨廷和任内阁首辅,襟抱气度、治理才干都大不如前者。此时,礼部尚书汪俊、吏部尚书乔宇成为护法派的中坚,带头上疏,提出必须以孝宗为皇考,并将主事侯廷训据宗法写成的《大礼辨》遍示群臣,作为理论武器。世宗在奏章上批令再议。于是给事中张翀等32人、御史郑本忠等31人,又各上疏力争,请求皇上听从众议。世宗责以“朋言乱政”,各罚俸仨月。

京师仍是护法派的天下,舆论仍是护法派占据绝对优势。寥寥几位议礼之臣,远在留都或外地,世宗深感不便,下诏召桂萼、张璁、霍韬等来朝集议。

## 第四节　张、桂入京

如果说朱厚熜入宫初期还有些生涩和谦抑,则经过三年历练,到了嘉靖三年(1524),他已然熟谙皇帝科范,通晓朝政规则,性情作为也更加自信专主。对于那班前朝老臣,他觉得越来越难以忍耐,在批准前朝老臣辞职的同时,决定调集赞同议礼的官员入京。不愿意受人操控的世宗,急于要搭建新朝的班底。

---

① 焦竑:《国朝献征录》卷十五,杨公廷和行状。

## 一、早春二月的冷暖

嘉靖初年，皇宫中有两位太后。

一个是武宗的母亲、弘治帝之皇后昭圣皇太后张氏。她是宪宗朝的皇太子妃、孝宗朝的皇后、武宗朝的皇太后，历经四朝尊荣的老资格，是众臣心目中的正牌皇太后；一个是当今皇上的亲娘、长期为兴邸王妃、靠儿子费尽九牛二虎之力才博得兴国太后称号的蒋氏。礼臣虽不敢不接受皇帝圣谕，不得不给拟出一个太后名号，却与皇上斗心眼玩智巧，不加“皇”字，又多用“兴国”二字，让人一见而知真伪主从，明示蒋氏只是个不应称太后的兴献王妃。

两位太后的生日，刚巧都在二月间。

朝野的舆论必然传入内廷，带给世宗和蒋太后精神上一些压力。进宫相见时张太后那故意的冷淡，娘儿俩也刻骨铭心，久久不能忘怀。正因为如此，孝顺儿子才决心给老娘争点颜色。二月初，蒋太后千秋节，朝中命妇都上笺恭贺，进宫拜寿，宴会上热闹非凡，世宗对来贺的皇亲贵戚大加赏赐，远远超出通常之例。

二月的最后一天，是张太后的诞辰，世宗提前传下旨意：命妇免入朝贺寿。这种强烈的对比，使朝臣大为不平。早在前一年，杨廷和就奏请选取“老成谨厚内臣”照料张太后，当是闻知其在后宫的境遇也。至此时，内阁老臣纷纷辞归，前朝太后无人回护，后宫中管事太监多是兴邸来的新面孔，还有那随风转舵的势利鬼，张太后心情不佳，哪里还想过什么生日！翰林院修撰舒芬上言，指出“此报一出，人心惊疑”，[1]请求皇上改旨。世宗认为舒芬出位妄言，命停职三个月。

---

① 《国朝典故》卷三五。

未想科道中自有勇者，朱淛、马鸣衡接连上疏，称在当前议礼之时，停止对张太后的朝贺令人生疑，并说：如果是张太后的意思，一定是太后心情抑郁；若是皇上的决定，则不应该。世宗看到此疏很愤怒，命锦衣卫逮治刑讯，打入诏狱。侍郎何孟春上言求免，世宗不听。以后又有陈逅、李本、林惟聪等上疏抗论，世宗火冒三丈，都令捉入锦衣卫狱，一顿棍棒，打得皮开肉绽。

世宗出示了张太后所颁免贺的懿旨，以证明此举并非出于己意。然张太后懿旨究竟是因何而出，史书失载，今人便难以测知了。唯朱淛等疏中所言太后“其间必有因事拂抑之怀，往时存殁之感”，[1]倒是真实可信的。

## 二、宣召张与桂

世宗逐除了首辅杨廷和，朝中少了一大障碍，做起事来顺畅一些了。但仍缺少忠心赞襄议礼之人，由是想起远在南京的几位议礼之臣，传敕召桂萼、席书、张璁和霍韬四人速进京议事。席与霍以职事在身，稍缓其行，而桂与张大为振奋，立即上路。

随着护法派领袖杨廷和等人离去，科道、翰林中年轻官员却更加慷慨激昂，联章上疏，大有声气汇通之势。闻知张、桂二人要来京，愈益同仇敌忾，要仿效景泰朝臣打死马顺之例，将二人在朝廷上当堂击毙。马顺者，正统时锦衣卫指挥使、权奸王振的党羽，当土木之变、英宗北狩之际，群情激愤，马顺居然出位喝叱，被群臣当场打死。而张、桂二人只是在议礼上观点不同，何至于如此狠下杀手。

议礼之争已多少带有了朋党的意味。

就在这时，世宗又收到张璁的疏章，张璁分析加称之争，

---

① 《明史纪事本末》卷五〇，大礼议。

“不在皇与不皇，实在考与不考”，[1]他深以为是。几天后，世宗在平台召见阁臣蒋冕、毛纪、费宏，谕令加尊号及为兴献帝建祭室。蒋冕自恃为定策老臣，直言道：“臣等愿陛下为尧舜，不愿陛下为汉哀。”世宗接口便说：“尧舜之道，孝弟而已矣。”[2]搞得蒋冕张口结舌，难以对答。他哪里知道，三年来世宗阅读议礼的疏章，翻览礼乐之古籍，加上资质聪明、好学敏思，已很具备这方面的知识了。

世宗还是希望能妥善地解决争端，下谕说自己不敢违背礼法大义，只是想尽一番孝心，要求礼官再议。礼部尚书汪俊不得已，拟议请加“皇”字。三月一日，世宗敕谕礼部，命加张太后尊号为“昭圣康惠慈寿皇太后”，兴献帝为“本生皇考恭穆献皇帝”，蒋太后为“本生母章圣皇太后”，并命于奉先殿侧兴建世室，以祭兴献帝。汪俊上议反对，认为本生父在大内立庙，从古没有此例，曰：

> 陛下入奉大宗，不得祭小宗，亦犹小宗之不得祭大宗也。昔兴献帝奉藩安陆，则不得祭宪宗。今陛下入继大统，亦不得祭兴献帝。[3]

汪俊为弘治六年（1493）会元，素称立朝清正，然这番话却是拘儒之见，与人情世故皆不通。世宗很给他留面子，解释说建造世室，是想有一个就近祭悼亡父的地方，与“迎养藩邸”不是一个概念，不应混说，再命其上议立庙。汪俊等抗疏不遵，反复请求改旨，并提出辞职。世宗怒，降旨斥责从中违阻，将他罢免。吏部推举两位侍郎为接替人选，世宗不理，特旨用席书为礼部

---

① 《明史纪事本末》卷五〇，大礼议。
② 《明史纪事本末》卷五〇，大礼议。
③ 《明世宗实录》卷三七，嘉靖三年三月壬寅。

尚书。

世室的建造终于提上日程。户部侍郎胡瓒上言，以为大礼已定，张璁与桂萼不必来京了。世宗也觉得应以稳定为主，便采纳其议，命张、桂二人不必来朝。敕旨刚发出，便收到张璁、桂萼赴京途中的奏疏，又改变主意，再召二人来京。蒋冕对世宗说：二人若来，肯定会被群臣打死。世宗不听，派人召二人速来。

嘉靖三年四月，世宗为两位太后恭上尊号。从礼仪安排上，他还是处处将张太后摆在前面：十五日上昭圣皇太后尊号，第二天上章圣皇太后尊号；十七日许命妇往张太后宫中朝贺，次日命妇朝贺蒋太后。十九日皇帝御承天殿受百官朝贺，宣布诏书于天下。蒋冕在拟撰册文时曾反复争持，其中关键一句"义专隆于正统，礼兼尽夫至情"，①想是蒋冕及礼臣坚持的结果。但这件事也让临时接任首辅的蒋冕筋疲力尽，连续上书求罢。世宗稍加挽留，便任之离朝而去。

乃父乃母的称号中都有了"皇"字，按说世宗已比较满足，想把注意力转到国家大事上了。可树欲静而风不止，议礼诸臣如张璁、桂萼、席书、霍韬等人，对这种给皇上安上两个父亲的做法不满，闻诏后即上书，指出阁臣和礼部有嫌欺蒙。护法诸臣也不满，甚至是更为不满，从另一方面提出了问题：

> 戊午，礼部左侍郎吴一鹏上言："四方奏报：自二年六月迄今二月，其间天鸣者二，地震者三十六，各雷电雨雹者十八，暴风、白气、地裂、产妖者各一，民饥相杀食者二，非常之变倍于往时。愿陛下躬行明诏，以先群下，救疾苦，罢经营，信大臣，纳忠谏，以回天意。"上曰："览疏，朕心恻然。

① 《明世宗实录》卷三八，嘉靖三年四月癸丑。

事属朕躬者，朕自图之。有司其尚交修，以弭天变。”①

吴一鹏“危言以悚动之”，世宗恻然于心，却不会改变议大礼的念头。五月，翰林修撰吕柟上疏，行文切直尖锐，触动上怒，敕“下镇抚司拷讯”。吏部尚书乔宇上言，以天气炎热，狱中一些罪人尚且减罪释放，吕柟和前此入狱的邹守益皆文学侍从之臣，曾参与经筵，请求给予宽恤。世宗不理睬。

一股浓重的血腥气，从议礼之争渐渐泛起。

## 三、强援郭勋

张璁、桂萼也已无退路。

议礼之争，本是观念之争，由于事涉当朝天子，在许多人心目中一开始便是忠奸正邪之争。张璁等议礼派成了千夫所指的“佞人”，不由张璁、桂萼等人不恼怒愤懑，激发出抗争的勇气。

六月，张璁、桂萼来到京师。群臣切齿痛恨，准备当廷捶杀二人。张、桂得知消息，托病不出。后二人不得已入朝，恐怕下朝路上有人动手，便出东华门，走入武定侯郭勋家。郭勋为明朝开国元勋郭英之后，嘉靖初统领团营禁兵，大礼议起，率先支持张璁，深得世宗爱幸。这时见二人来家，自是心中欢喜，相约为内助。张璁、桂萼得到这样一位强援，也觉得腰杆子硬了许多。

朝中对张、桂二人的声讨有增无减。张翀把群臣弹劾二人的奏章送到刑部，请刑部拟定罪名。尚书赵鉴悄悄对他说：只要有谕旨，便打死此二人。世宗听到后，钦命张璁、桂萼为翰林学士，方献夫为侍讲学士，降谕严责张翀和赵鉴。敕旨一下，满朝哗然。吏部尚书乔宇激切求退，世宗对他嫌恶已久，听之归田。翰林院修撰杨慎率同僚上言，称“耻与萼等同列”，被罚俸。

---

① 《国朝典故》卷三五。

七月，翰林学士张璁、桂萼上疏，条列13件事，核心是应重改新颁诏旨，应该去掉册文中“本生”二字，并治礼官欺君之罪。世宗令司礼太监至内阁，谕令毛纪等去掉“本生”字样，毛纪等力言不可。没几天，世宗在平台召见毛纪等，厉声斥责道：快把册文改过。你们这些人无君，还想让我无父吗？①

皇上此言，已是怒极而发，杀机内蕴。毛纪等人惊惶恐惧，颤栗而退。

## 第五节　痴臣血泪左顺门

在明代北京的紫禁城，尤其是嘉靖朝前期，左顺门的重要性相当突出。该门位于奉天门广场东侧，内金水河之外，是通往文华殿和文渊阁的必经之门。文华殿为世宗入主大内后的第一个寝宫，也是他在那时问理朝政、开设经筵的地方。文渊阁则是内阁大堂所在，是阁老们办公和值班之地，也是国家珍贵典籍的收藏中心。

嘉靖三年夏天，就在这里，在左顺门内，发生了一次数百名朝臣参与的群体性事件。年仅17岁的世宗决绝地扑灭了群臣的抗争，对国家朝政的统治，自此走向独断专行。

### 一、百官哭谏

继任首辅的毛纪资历甚深，为官亦清正，但缺少杨廷和的智慧及胆略，在文华殿平台受到皇上斥责后惊惧无奈，召百官至左顺门，宣读世宗敕旨：

---

① 《明史纪事本末》卷五〇，大礼议。

本生圣母章圣皇太后，今更定尊号曰“圣母章圣皇太后”，后四日，恭上册宝。①

百官震惊。吏部右侍郎何孟春下朝后连夜草疏，并对礼部右侍郎朱希周说：更变大礼，礼官更应该力争。朱希周也不退缩，率郎中余才、汪必东首先上书，力辩改诏之不可，并说：“本生二字亦无贬词，但欲不妨于正统，而亲亲之意亦默寓焉，又何嫌于此而必欲去之，以起天下之惑哉？”世宗批曰“勅谕已行，不必再议”，令速拟相关仪注以闻。同一天，何孟春与户部尚书秦金、翰林学士丰熙等人也奋然上言，一日间共上 13 道疏章，俱留置宫禁之中，报曰“有旨”。意思是已有旨，不必渎扰。

转眼到了七月十五日，第二天就是皇上确定的恭上册文的日子，早朝下来，兵部尚书金献民、大理寺少卿徐文华对走在左右的退朝官员说：我们的上书都留禁中不报闻，皇上必是要改孝宗为伯考了。何孟春说：宪宗时尚书姚夔率百官伏哭文华殿，为慈懿皇太后的葬礼力争，最后宪宗只好听从众议，前人做的事，我们为何不能做！杨慎在朝中素著清望，此时慷慨陈辞：“国家养士百五十年，仗节死义，正在今日！”群臣边说边行，互相激励，互相感染。于是王元正、张翀等把下朝的群臣拦留在内金水桥南侧，振臂高呼：“万世瞻仰，在此一举。今日有不力争者，共击之！”②何孟春、金献民、徐文华等高官也跟着呼喊鼓动，声泪俱下。

这种召集，有鼓动，更有感染，当也有一些裹胁（即以人品气节相逼）的意味，总之群臣迅速集结起来：秦金等九卿 23 人，贾咏等翰林 20 人，给事中 21 人，御史 30 人……共二百余人跪

---

① 《明史纪事本末》卷五〇，大礼仪。

② 引言均见《明史纪事本末》卷五〇，大礼议。

伏左顺门外，有的泪流满面，有的大呼：高皇帝！孝宗皇帝！哭喊声声彻宫禁。其时世宗正斋居文华殿，对近在咫尺的喧哗颇为震惊，派内侍传谕令退去，众臣固执不退，请求皇帝谕旨。世宗又派司礼监太监前来宣读谕旨，和颜悦色，告知兴献皇帝神主即将迎至，册文祝文悉已撰定。总之此事难以更改，请众臣先退去。① 群臣默默相对，没有人离开。见无人听从，太监也只好返回。

时已过午，群臣仍在左顺门内跪成黑压压一片，金献民说：改称之事，内阁大臣更应该力争。朱希周往内阁大堂告毛纪，毛纪听说，即同刚入阁不久的石珤来到左顺门内，跪伏在群臣之前。

## 二、逮讯、廷杖与流放

世宗始终关注着事态的发展，但他已决心再不让步。

群臣跪伏阙下，神色庄严而沉痛，是请求，更是抗争。自早朝时的集结，至太阳偏西，这片跪伏着的人群不仅未听旨散去，而且陆续有人加入，抗议的官员还在增多。世宗又派司礼监传谕令散去，可仍旧没有人听从。于是，跪伏便成为与朝廷的对抗，成为对皇上示威。世宗怒不可遏，命司礼监记下所有参加者的姓名，并把丰熙、张翀等 8 人抓起来。只见锦衣卫军校冲出左顺门，将丰熙等人横拽竖拖，押入诏狱。

左顺门被重重关上。群臣愤激，一时皆放声大哭，哭声如鸣雷飙风，震撼宫廷。杨慎、王元正突然从跪着的人群中奔起，拍着左顺门的朱漆大门，哭喊呼叫，泪飞如雨。跪伏的官员们愤怒了，哭喊跳跃，一时间局面已不可控制。

---

① 《明世宗实录》卷四一，嘉靖三年七月戊寅。

世宗的性格素来强硬，至此已是龙颜震怒，杀心大炽，一道敕旨，命将马理等 134 人逮入狱中、何孟春等 86 人待罪。锦衣卫军校四面围来，刀剑闪亮，面色凶狠，见人就抓。可怜这些当朝大吏，有的被抓走，有的被踹翻，有的慌忙逃窜……左顺门前，不一会儿也就收拾得干干净净。

次日是七月十六，一个秋高气爽的日子，恭上圣母章圣皇太后册宝的礼仪照常举行。朝中百官皆朝服分班，列于内金水桥南，一个个举措恭谨、表情肃然。生怕有失当之处，被纠仪官和内侍看到。一侧便是昨天闹得沸反盈天的左顺门，剩下的是斑斑点点血渍，在秋阳下闪动着暗红。

七月十八日，锦衣卫请求处置被抓入狱的官员，而那些逃走躲藏的人也被一一抓到，加上待罪者，共 220 人，木然立于午门之外。世宗降谕严责，命将丰熙等 8 人拷问之后，发配边疆从军，其余四品以上官夺俸，五品以下官杖责。传旨官一声断喝，大汉将军迭次相传，声音如雷，一百八十多员朝官被拖翻在地，杖下如雨，哭喊凄厉，血花飞迸，可怜翰林修撰王相等 17 人先后死于杖下。

再过 10 天，有人上告左顺门事件实是杨慎等人鼓动，于是又下旨逮杨慎、王元正等 7 人，再次大行廷杖。杨慎被发往云南永昌卫戍边，身带杖伤，扶病就道，几乎死于路上。

这一事件警示了群臣，也提醒了世宗。自此以后，他不再是处处受制的年轻天子，而是多经历练、君威有渐，知道“朕即一切”的当朝皇帝。世宗开始强制推行一己的观念，毫不犹豫地除去一切障碍，变得决断，亦变得冷酷或曰残暴。

九月，世宗令改称孝宗敬皇帝为皇伯考，昭圣皇太后为皇伯母。集议之时，上疏支持此议的队伍壮大了，竟有 64 人，张太后的弟弟张鹤龄也在其中。

# 第七章　尊威与责任

左顺门血案震惊了群臣，也震撼了朝廷。厂卫的杖棒击碎了臣子之痴，也击碎了他们所持守或曰株守的儒家教条。

性情执拗的少年天子朱厚熜，不断退让后不再退让，改隐忍恳求为斩钉截铁，进而大开杀戒。就这样，世宗树立了自己的帝王尊威，渐渐高扬起君权的旗帜，也全面承担起引领和治理一个大国的责任。

## 第一节　忧心国事

嘉靖，是世宗亲自选定的年号，取义美好安定，也涵括了君臣望治的殷殷之情。但在改元甫一开始，天灾人祸、内忧外患便接踵而至，天下既不“嘉”，也不“靖”。

### 一、甘州五卫军之乱

嘉靖元年，伴随着辞旧迎新的钟声和百官的朝贺，雪片般飞来各边镇的紧急军情奏章：

紫荆关、倒马关等地被山西流民“越关启封，聚为盗薮，畿辅游侠亡命闻风啸集”。①

---

① 《明世宗实录》卷十，嘉靖元年正月己酉。

广西临州、桂州等处为“蛮贼梁公当数千人寇掠”，“焚劫横行，生灵受害”，而巡抚“久不到任”，总兵官“因循观望”，士卒则“骄骜不受调”。①

南京锦衣卫、江淮卫水军快船被太监“假托虚增，肆为奸利”。②

辽东巡抚奏称军中连年作战，然往往“斩获首功者被夺，而倚势冒级者躐升，人心不平”。③

最严重的事件发生在西北边防。正月十七日，陕西甘州五个卫的军卒忽起暴变，乱兵冲入察院，杀死巡抚都御史许铭，又把其尸体抛入火中焚烧。总兵官李隆、镇守太监董文忠火速上报朝廷，奏称由于许铭不知爱惜将士，用法严酷，又苛扣军中粮饷，故激成士卒的暴乱，现已控制了局势云云。

兵部在复议中认为：许铭之死，一是由于他自己执法太过，失去军心；二是总镇官忌恨他过于威严，乘机嫁祸。而总兵李隆、镇守太监董文忠不能与巡抚同心协力，预先平弥动乱，一旦出事又向士卒扬言许铭不听劝告，加深了乱兵对许的忿恨，自己则置身事外。还有副总兵李义、各卫掌印官，在长官受难之时缩头缩尾，避事偷生，都应依法论处。

这是嘉靖改元后的第一次兵变，世宗与内阁对此事的处理极其慎重。甘肃地临西域，吐番满速儿部连年侵扰，战事不断，因而兵变的事态万不可扩大。故世宗在兵部呈文上批令李隆、董文忠等戴罪领职，而对领头闹事者查明定罪，胁从者不问。同时，擢升陕西按察使陈九畴为都察院右佥都御史，接替许铭的

---

① 《明世宗实录》卷十，嘉靖元年正月己酉。

② 《明世宗实录》卷十，嘉靖元年正月庚戌。

③ 《明世宗实录》卷十，嘉靖元年正月戊午。

职务。

陈九畴，山东曹州人氏，为诸生时即刻苦习武，举弘治十五年进士，勇武而富有韬略。先任刑部主事时遇要犯越狱，他人不敢阻挡，九畴闻知后挺槊追捕，将其押回监牢，由是名声大著。九畴久在陕西军中任职，很有威名，到任后即密派多人微服访查，获知兵变实际上是总兵李隆一手造成：李隆性情骄横，受到许铭责斥后不满，便唆使部下杀害了许铭。陈九畴迅速出手，命法司全面审理此案，呈请御批，诛杀李隆及其党羽，甘州重又获得稳定。

陈九畴到达军镇后，还发现军中严重缺员。镇兵定额为七万多人，实际兵员连一半也不到，而且大多是老弱不堪征战者。边镇将帅贪赎，士卒疲弱，在正德朝已成痼疾。陈九畴奏请召募和训练，世宗当即下诏准行。①

边镇，多事的九边各军镇，在世宗心中一开始就占有重要位置。

## 二、大同戍卒初叛

肃州遥远，大同则密迩京师，安定与否，事体重大。英宗时“土木之变”，大同边防竟成为蒙古军队来来往往的通道，也引起明朝君臣的特别关注。明代边镇，通常由佥都御史或副都御史任巡抚，掌管军政大事，而这里基本都是委派都御史，足证重视。嘉靖三年，大同的巡抚都御史为张文锦。

在明代九边之中，大同是一座军事重镇。该镇“南蔽太原，西阻榆林，东连上谷”，明太祖朱元璋将第十三子朱桂由豫王改封为代王，命于洪武二十五年(1392)往大同就藩，立卫屯田。

① 《明史》卷二〇四，陈九畴传。

第二年，又命朱桂率护卫兵出征塞北，朱桂拥有三支护卫军，以每卫五千兵员计，当是一支强大的军事力量。

大同北对塞外，地势平坦，面对剽悍迅急而来的蒙古骑兵，实在是无险可凭。为了不使敌骑能骤临城下，张文锦决定在大同城北 90 里处建五座堡垒。五堡快建成之时，宣布迁军镇中将士及家属 2500 家前去守卫，每座堡 500 家，以作为大同的前卫。

命令一下，镇卒们都很惊慌，私下里议论：离城向北 20 里，就常会遭受蒙古骑兵的侵扰掠夺，不得安宁；而今五堡设于近百里之外，孤孤零零，敌骑来到谁能救援，又是一家子一起前往，更增恐惧，觉得是一条必死之路。

士卒们拥向察院衙门请愿，向张文锦诉说忧惧和一些要求。文锦不理，只是下令催促他们快去。负责这件事的参将贾鉴闻知士卒拖延，便向张文锦建议，将戍卒的队长捉来痛打，然后关进监牢。镇卒被激大乱，郭鉴、柳忠等人杀死贾鉴，并把他的尸首割成碎块，然后呼啸出城，聚集在塞下的焦山。

啸聚焦山的叛兵，成了大同军镇的一大威胁。

张文锦恐怕叛卒与蒙古骑兵呼应，忙好言招抚，让乱兵进入城内。情况稍稍好转，张文锦便下令追查为首作乱者。郭鉴、柳忠等再次生事，聚众卒焚烧大同府门，又打开监狱，放出死囚。乱兵益发不可收拾，又啸聚于察院外，焚烧院门。张文锦仓皇跳墙而逃，躲进博野王府第，竟被乱卒搜出杀死，尸体也被残忍地割裂成许多块。叛卒打开府库，强掠甲仗，又要杀死镇守太监和总兵官，见二人躲走，便烧了他们的房舍。

在此之前，素有威望的原总兵官朱振因失事被逮入狱。乱兵纷纷无首，便从狱中放出朱振，逼他当头领。朱振无奈，只好说：我与你们约法三章：不侵犯宗室，不抢掠仓库，不放火杀人。依我则可，不依我便宁死不从。众乱卒都表示愿意听命，不再杀掠，只是强迫镇抚官奏请朝廷赦免叛乱之罪。

消息传到京师，朝廷派兵部侍郎李昆前往宣读赦免叛卒的敕谕，又令太监武忠为镇守、都督桂勇为总兵官，升蔡天佑为巡抚。蔡天佑率数骑急驰入城，与武忠、桂勇召集乱卒，宣谕朝廷恩威，诸部乱兵俯首认错，暂时散开，但心中仍惶恐不安。奸盗乘机而起，引诱乱卒抢掠居民，桂勇督亲兵杀死五十多人，又令杖责郭鉴、柳忠等叛卒首领，释放了其余的人。

大同顿时人情汹汹，传言四起。有的说大同人都会被杀掉，也有讹传京营已到达附近，就要杀进大同了！这时恰好户部派郎中李枝运饷到大同，乱卒误以为是朝廷密旨到，夜里集结起来到李枝住处去质问，李枝从门缝里递出转饷公文，众乱卒这才相信。这时叛众已集合起来，不闹点乱子，似乎于心不甘。有人说是知县到巡抚处告状，要诛众卒，于是一哄而往，把知县王文昌从家中拉出杀掉。叛卒放火烧民宅，重又大乱，包围了代王朱俊仗的王宫，索要钱财，代王朱俊仗假作答应，乱兵这才离去。俊仗害怕，率王子及亲随数人偷偷逃离，往宣府躲避。巡抚蔡天佑反复降谕，还是无法平定叛乱，只好报告朝廷。

九月，朝廷派户部侍郎胡瓒、都督鲁纲统兵讨伐叛卒，命他们诛杀首恶、赦免胁从者。胡瓒在很短时间内率三千京军赶到距大同不远的宣府，奉诏暂时驻扎，观看大同动静。世宗对大同叛乱很恼怒，欲加严惩。蔡天佑奏称总兵桂勇已捕杀叛兵 54 人，请求京军不要进逼，以免叛卒惧祸，再生大变。世宗下旨责斥蔡天佑阻挠，并命他务必捕获首恶郭鉴等人。

不久，胡瓒率禁军到达阳和，密令总兵桂勇率领镇兵遣散乱卒，用计擒获叛卒之首。由于传令兵往返城门，早被叛卒猜知，城中人心惶惶，都跑到巡抚衙门请求保全性命。蔡天佑反复讲说只杀首恶，要求叛卒不要再乱，众卒在煽动下当然不信，仍然噪乱。桂勇率诸将用计捉住郭鉴、柳忠等 11 人,并当众杀掉。郭鉴的父亲郭疤子纠集胡雄、黄臣等报复,逼乱兵穿上铠甲,关闭城门。夜间,乱兵围桂勇宅第,攻门而入,将其家人杀死,家产抢去,并且捉住桂勇,把他带到叶总兵处。蔡天佑闻知后火速赶来,苦口婆心地开导,才使桂勇没遇害。叛众向蔡天佑哭诉,请求止兵。蔡天佑要求他们不要听信谣传,并说只有他们抓住为首叛乱者,才能代为向朝廷求饶。乱兵们这才醒悟,擒拿叛首徐毡儿等 4 人,送到巡抚衙门。蔡天佑令斩首,并把叛军头目的脑袋送到胡瓒大帐。郭疤子等首恶分子见事不好,都逃至城外躲藏。胡瓒想领兵追剿,城中士绅代表数十人到军门请求缓师。蔡天佑又奏请班师,以安定民心与军心。世宗也希望事情早日安定,下旨班师,并让代王回到大同王宫。

次年二月间,郭疤子等又潜回大同,再次诱人作乱,夜间烧了总兵官朱振的宅第。次日,蔡天佑召集将士讲明朝廷不屠城之意,并责问为何作乱。士卒们主动请求关闭城门,捉拿制造混乱者,郭疤子等四十多人被当众斩首,人心大快。后蔡天佑又用厚赏收买知情人,弄清了闹事领头者、积极参与并杀人者的全部名单,将此数百人一举捕杀,大同安定。

蔡天佑显然是一个难得的人才。他临危受命,只身赴险城,幕府中到处都是叛卒的耳目,一举一动均无法保密。但蔡天佑既平定了军变,又尽量减少株连,为此深受当地军民感戴。世宗也肯定了其功绩,未几年即擢升他为兵部侍郎。①

### 三、宁波争贡事件

为严格掌握海上贸易,明代设置市舶提举司,并派太监掌管

① 此节史实见《明史纪事本末》卷五七,大同叛卒。

其事。

嘉靖二年五月,日本贡使宗设到达宁波。没过多久,另一拨贡使瑞佐和宋素卿也来到。两批贡使都强调自己是真的使者而对方为伪。当时的日本国王源义植年幼,诸道竞起,由于向明朝入贡获利甚丰,故入贡亦是其争夺的焦点。两拨贡使各有靠山,日本国左京兆大夫内芝兴派遣宗设,右京兆大夫高贡派遣瑞佐及宋素卿,争贡便达到白热化状态。

依明朝旧例:贡使携番货来到,由市舶司检验货物并设宴招待,以抵港的先后为序。瑞佐来港虽晚,陪同他的宋素卿则十分精干狡猾,他私下贿赂掌市舶的太监,结果验货时改瑞佐在前,宴会时又让瑞佐坐宗设之上首。宗设羞怒不平,在宴上就与瑞佐争斗起来。太监又因宋素卿的关系,暗助瑞佐,提供给他兵器。事态更加扩大。

宗设的随员中多武功精强之士,见状参与厮杀殴斗,在场的明军制止不住,纷纷躲避。宗设之众烧毁专门宴请贡使的嘉宾堂,抢掠东库,追杀瑞佐及宋素卿。瑞佐等抵敌不住,逃奔绍兴。宗设追到城下,呼叫将瑞佐捆送给他,城中不许。宗设怀忿返回宁波,沿途烧杀抢掠。在西霍山洋杀死千户张镗,又由育王岭奔至小山浦,杀死百户胡源,浙中震动。宗设率众夺船出海,备倭都指挥使刘锦领兵追至海上,也是战败而亡。倭寇从此有轻视中国之心①。

此事在当地掀起轩然大波。

浙地多富绅,这些富豪之家常与海外交易,又与在京的浙籍官员有着密切的联系。消息传至京师,命逮宋素卿审讯。宋素卿本为宁波鄞县人,原名朱缟,幼年时学习唱歌,被日本贡使携

---

① 《明史纪事本末》卷五五,沿海倭乱。

往该国，后充当贡使随员来华。宋素卿在受审时声称宗设为西海路多罗氏部下，属日本统辖，因贡道必经西海，正德间发给的勘合（即准予通贡的金牌），都被他们夺走，这才出现争贡之事。礼部认为宋素卿之言不可信，但挑起争杀的毕竟是宗设，提议让他回国寻找勘合，再定罪。世宗也同意了这一提议。正在这时，宗设党徒中林、望古多罗的船只被暴风漂到朝鲜，朝鲜人斩杀三十多倭寇，并生擒首领中林、望古多罗，献至京师。

世宗命将二人逮至浙江，使与宋素卿对质，以辨真伪，并命给事中刘穆等亲往审讯。两年后，宋素卿及中林等皆论为死罪，死于狱中。世宗命琉球使臣传谕日本国王归还袁琎，将宗设擒献中国，否则便闭关绝贡，兴兵讨伐。

兴兵讨伐的话，明太祖朱元璋已宣称过，但终明朝之世，亦从未兑现过。倒是闭关绝贡时或施行，效果也不甚好。

## 四、边祸与灾荒

嘉靖四年春，大同叛卒尚未完全平息，占据西海的蒙古小王子部又以万余骑侵扰甘肃，幸甘肃总兵姜奭早有所备，在苦水墩一场恶战，击退来敌。而蒙古骑兵数百入大同县劫掠，冀北道指挥佥事田美不敌而死。当年秋，广西田州土官岑猛自恃兵力，多次侵夺邻境土地，不服朝廷节制，命都御史姚镆调集官军讨伐。

该年更是一个天灾丛生的年份，据《明通鉴》卷五二，该年因天灾免征赋税和赈济的地区即有：

二月，“丙申，蠲苏、松、常三府逋赋”。

七月，“戊寅，免河南开封等府被灾税粮”。

八月，“甲寅，免顺天、保定、河间三府被灾州县税粮”。

九月，“已未，免凤阳、淮安、扬州及徐、滁二州被灾税粮”，“乙亥，免江西南昌、新建、进贤、丰城、馀干五县被灾秋粮”。

十一月，“丙寅，免徐州、淮安及杭州等府被灾税粮”，“辛巳，免顺天府被灾州县税粮”。

十二月，“乙亥，振辽东饥”。

就在这年八月，四川副使余珊上言时事渐不克终者十：

> 纪纲渐颓，风俗渐坏，国势渐轻，夷狄渐强，邦本渐摇，人才渐凋，言路渐塞，邪正渐淆，臣工渐睽，灾异渐臻。①

是所谓“十渐”。三年前的七月，就有御史汪珊提出十渐，称“渐不如初”，与此处的“渐不克终”略同，都是说违反初衷，事情慢慢变得令人失望。余珊不敢指责皇上，归因于首辅失职，“徒以奸佞伴食怙宠，上激天变，下致民怨，中失士望，愿亟去之”。当时费宏主持内阁，这位副使明确提出应换成杨一清。余珊还认为对议礼诸臣处分太过，与“献皇帝好贤礼士，容物恕人”的风格不符，建议恢复这些臣子的职务。世宗未加怪罪。

至岁末，礼部汇录四方灾异上奏，为：“天鼓鸣五，地震六十三，星陨八，冰雹十一，火六，气二，雪寒二，雷击三，水溢八，产妖二，疫一。”在他们看来，所有这一切产生的原因都在于皇上听信谗言，措置乖张，以致上干天和。

朝政的确已渐不如初。

## 五、旧弊滋蔓

世宗登基时一些经明诏革除的弊政，又开始滋生和蔓延。

即位诏中尽革武宗朝传奉官之例，至此又渐渐恢复。太监潘杰、邱福、张钦死，诏令其家人袭替。兵部尚书金献民等奏称不可，世宗不听。

当初裁革的冒滥锦衣卫官校如王邦奇等，经反复奏辩，竟又

---

① 《明世宗实录》卷五四，嘉靖四年八月乙丑。

授与职务，同时复官者九十余人。金献民再上疏劝止，亦不听。

即位诏明条裁革的乞升、恩升之弊亦再度滋蔓，蒋太后所居清宁宫后殿修复，恩升工匠竟达150人。不知是皇帝的老母代为讨要，还是世宗以此让母亲大人高兴？

即位诏中严厉申明的盐法，亦遭破坏。奸商逯俊等谋求“开残盐”，与国家争利。户部尚书秦金极言不可，世宗竟许之。

国事堪忧。兵部尚书金献民屡争不得，只好挂冠而去。南京工部尚书吴廷举接诏后辞不赴，疏中引“独幸太平无一事，江南闲煞老尚书”诗句，被世宗论为怨望，勒令致仕。而已致仕家居的原刑部尚书林俊则忧心国事，抱病草疏，请求宽宥跪门和诤谏之臣，并推荐德高望重的罗钦顺、王守仁、吕柟、鲁铎等。世宗览疏有些感动，却并不采纳其建议。

世宗对国事还是很关切的，臣下的奏章多数亲自阅处，对边镇军情也能迅即做出处理。庐州知府龙诰在任修义仓、置义田，上疏谈积蓄便民之事，世宗特旨嘉奖，敕令全国的抚、按官仿照实行。工部尚书赵璜以灾异请求停止一些大工，世宗即诏令罢玉德殿，景福、安喜二宫及仁寿宫，并召回在四川采集大木的工部侍郎王轨。

世宗仍然关注那没完没了的议礼，不断地对乃父进行追崇，与之相连的则是各种营建。

## 第二节　迁陵与立庙

内阁曾是杨廷和实现其政治理想的权力中枢，曾是其与蒋冕、毛纪等精诚团结、与君权抗衡的道德堡垒，曾是九卿、六科十三道言官瞻望拥戴的精神圣地，此时已在君权的铁锤下分崩解析。

## 一、撤换内阁大员

嘉靖三年是内阁大换血的年份：

二月，杨廷和退仕，蒋冕继任首辅。

五月，蒋冕退仕，毛纪继任首辅。

七月，毛纪退仕。

毛纪卓有学识，“居官廉静简重”。① 左顺门事件前，世宗曾在宫中平台召见他和另一阁臣石珤，反复明谕欲去掉“本生”二字之意，毛纪终是不从。惨案之后，毛纪扶病入阁，见朝门前被逮治的群臣惨状，上书请世宗宽恕，被责以“要结朋奸，背君报私”，遂再疏乞休，世宗即行批准。

至此，嘉靖第一届内阁，亦即由前朝过渡而来的杨廷和内阁，所有的成员已无一人在职。

平心而论，这是一届优秀的内阁。正是他们，在武宗游戏朝政的岁月勉力维持大局，在皇帝病危和辞世之际快速出手，敉平动乱因素，革除一批弊政；也正是他们，选定朱厚熜作为皇位继承人，数千里远迎，使之入继大统，完成了大明统绪的平稳延续。他们是一批忠臣，是一代良相，更是危难之际的国家栋梁。

对于杨廷和诸人，少年天子朱厚熜曾是深怀感激和敬意的，也一向不吝于言辞和金帛的表达，但君臣竟如此之快走向决裂，这让当时和后来的许多人都深感痛惜！

内阁首辅之职落在费宏肩头。费宏为成化二十三年（1487）状元，当时年仅 20 岁。他久居清要，正德五年进礼部尚书，再一年兼文渊阁大学士。由于拒绝与内朝佞幸同流合污，被

① 《明史》卷一九〇，毛纪传。

迫去位，进而被追杀迫害，终是不改志节。世宗在兴藩即闻其名，登大位后将费宏第一批起复，令入阁辅政。费宏深感君恩，加之为人平和、老成持重，对议礼之事的看法也较为公允。他在阁僚集体上疏时亦署名，但从不犯颜强谏，也不去附和议礼诸人。由是，世宗对费宏更为敬重，加衔为少师兼太子太师、吏部尚书、谨身殿大学士。

加上新入阁的吏部尚书石珤和礼部尚书贾咏，组成第二届嘉靖内阁，这是一个过渡性的内阁班子。而议礼诸人已渐渐入据津要，形成逼人的气势。

## 二、移陵之议的提出

左顺门事件结束后，紧接着的便是审讯，便是排查，便是流放、贬窜和清洗。群臣，尤其那些曾职司文翰、执掌监察的清要之臣，第一次尝受到国家机器的残酷无情。

户科右给事中张原两度被杖，当场惨死棒下，又因家贫无法归葬；御史胡琼，给事中毛玉、裴绍宗，翰林院修撰王思、王相等被创惨死后，妻子儿女流离失所，恓恓惶惶……都御史陈洪谟上疏，详述其间情状，请求朝廷宽容抚恤，世宗断然不许。

朝廷各部院出现了大量缺员，依例应予补选，补充的首选之人当然是议礼之臣——

席书入为礼部尚书，顶替常常冒犯龙颜的原礼部尚书汪俊。

霍韬擢为少詹事兼侍讲学士。

方献夫升为侍讲学士，再进少詹事。

至于议礼首功的张璁、桂萼，则由世宗特旨擢为翰林学士，官位虽尚低，然仗恃君宠，议论纷飞，言辞刻薄，桂萼尤其如此，令朝中正直之士切齿。而二人之由议礼骤然大贵，又使奸佞邪妄者流艳羡不已，一时间成为不少人仿效的榜样。

九月，两位革职小官、锦衣卫百户随全和光禄寺录事钱子勋上疏，称兴献帝陵寝远在湖北，诸多不宜，应改葬在天寿山。此先世宗只是要为父母上尊号，并未想到将亡父迁入明帝陵寝之地，见疏甚喜，也不再咨询内阁和礼部，直接命工部议行。

此事说说容易，真正去实施，由三千里之外远迁来京，不知要耗费多少国财和民力！且原兴王陵已然花大力气升格为帝陵，再作折腾，必为正直之士所不齿。旨下工部，压力便到了工部尚书赵璜肩上，赵璜奏称改葬有三不可：兴献帝精魄久安，不可轻犯；显陵乃山川灵秀所藏，不可轻泄；显陵乃国家根本所在，不可轻动。同时还举太祖不迁仁祖之陵、成祖不迁孝陵之例，说明陵气不得泄露。灵台郎吴升曾祭祀显陵，亦上言谏止。

举朝皆知世宗之孝思绵长，也都懂得在这方面做文章。投机钻营者提出将显陵改迁京郊，理由是年节祭祀为便；而持正大臣也不敢指斥其僭妄，只说应敬重先帝神魄，说显陵陵气所关非常，说钟祥为圣上龙飞之地。世宗一时也拿不定主意，令下礼部会同诸大臣集议。

如今主持礼部的为议礼派大员席书。他虽支持张璁、桂萼的议礼之举，但为人尚忠厚，为官尚正直，只要不涉及自身，不会做赶尽杀绝之事，亦比较顾惜名节。席书由德州奉召赴京途中，闻左顺门之变，即驰疏上言，请求宽宥伏阙哭争的群臣。此时他率礼部众官与公卿大臣集议迁陵之疏，呈请世宗不可轻动兴献帝陵，并请求将"妄论山陵"的随全等治罪。

世宗精明洞察，然一遇到涉及父母尊崇之事，即为孝思障阻，固执轻信，不可以言喻。此时他又满脑子的为父迁陵，晓谕礼部："先帝陵寝在远，朕朝夕思念，其再详议以闻"。[1] 席书会

① 《明通鉴》卷五一。

同张璁、桂萼上疏，极言不可。这次轮到议礼重臣出面反对，他们的话打动了世宗，此事才暂告了结。

这年临近岁末，南京礼部主事侯廷训被锦衣卫逮至京师。侯廷训与张璁同年，又同到南京做官，然在议礼上却针锋相对，其《大礼辨》为护法派赞赏。左顺门事件后，兴献帝、后尊称确定，侯廷训颇不以为然，便私刻所撰疏稿，偷偷寄往京师。不料被厂卫侦知，即行逮治拷讯。此事很使世宗恼怒，锦衣卫察知上意，严刑拷打。眼看又是一个棒下冤魂，群臣慑于君威，无一人敢上疏救援。廷训之子年仅13岁，赴阙上书，言辞哀切，为父亲声冤。世宗为其诚孝感动，竟命有司释放侯廷训。

十二月，世宗听取张璁等人之荐，特旨起用原大学士杨一清为兵部尚书、总制三边。先是杨一清在乡间闻朝中议礼，曾写信给任吏部尚书的门人乔宇，称："张生此疏，圣人复起，不能易也。"①又致函张璁等，要他们早日赴召以定大礼。故此深得议礼诸臣之心。张、桂等一至京师，便不断引荐杨一清。世宗在诏书中对杨一清大加褒美，称他为明朝的郭子仪。

### 三、请建世室

嘉靖四年(1525)三月，光禄寺署丞何渊又上言"请建世室，祀皇考于太庙"。② 所谓世室，即宗庙，取世世不毁之义。何渊为国子监生时曾附张璁议礼，请为兴献帝建世室，博得皇帝好感，授平凉县主簿。未成想赴职之后，为上司憎恶，常受责笞，苦苦请求改任京职，蒙特旨调还京任光禄寺署丞。何渊为邀帝宠，再次提出营建世室，世宗命廷臣集议。

---

① 《明史》卷一九八，杨一清传。

② 《明通鉴》卷五二。

把持朝政的已是议礼派诸臣。

有意思的是，这些人并未立即支持建世室之议。张璁等认为拟兴献帝后尊称合于古礼规范，而让皇上称孝宗为父于礼于情都相悖，遂毅然议礼，与内阁大佬抗争。至于为兴献帝建世室，使入居太庙，议礼派也以为太过分。于是，席书等上议以为无据，张璁更特疏上奏圣听，“昧死劝陛下勿为”。世宗批称：“朕自能审处。”①

四月，世宗命为显陵添立红门，盖造神厨，并将殿宇上的瓦一律换成黄色琉璃瓦，改献皇帝陵司香署为显陵卫。唯一与诸皇陵不同的是未建明楼。而此时世室之议亦进入高潮：南京户部员外郎林盖、礼科给事中杨言上疏请正何渊之罪；礼部呈上集议，提出兴献帝入太庙所不可解决的难题——

> 考自唐虞至今五千余年，以藩附祭太庙并无一人。陛下何所祖而为之？万一为此，将置主于武宗上欤？武宗君也，以臣先君，分不可僭；武宗下欤？献皇叔也，以叔后侄，神终未安……②

帝王的统序是一个极严格的问题，天潢玉牒，不容有半点舛乱。从帝系序列中硬插入兴献帝，其排在何处，便生难端：放在武宗前，似不可，兴献帝曾是武宗之臣，臣不可先君；排在武宗之后，亦不可，兴献帝为武宗之叔，叔父排于侄后也不妥。礼部提出一个折衷方案，即在太庙之侧再专为兴献帝建一庙，岁时祭享。世宗很不满意，驳回令再议。

与议礼之初的局面竟有几分相同，何渊提议遭到举朝一致的反对：“大学士费宏、石珤、贾咏，尚书廖纪、秦金及九卿、台谏

---

① 《明通鉴》卷五二。

② 《明世宗实录》卷五〇，嘉靖四年四月戊午。

官，各上疏力争。”[1]就连一贯追随世宗的武定侯郭勋，也上疏劝谏。席书三次上疏，劝世宗更改初衷，言辞极为恳切。世宗派内臣到席书家传谕，称：“必附庙乃已。”[2]席书再上密疏劝谏，世宗不悦，责备他“畏众饰奸”。[3]

世宗已很难听得进不同意见。

## 四、拆墙与伐树

君臣争持的局面又隐然形成。此时的世宗已近 20 岁，几年间大量阅读典籍，说出话来远比两年前强亢有力。而内阁与重臣多由议礼发身，习惯于取悦皇上，大非当日之团结坚定。世宗自己看到了这一点，却也不愿再下杀手。

还是张璁、桂萼能体察上意，委曲调和，将对峙局面化解开来。二人与席书商议，认为于太庙外为献皇帝另立一庙，或能既让世宗满意，又不违礼制。于是席书率礼部官再上议：“宜于皇城内择地，别立祢庙，不与太庙并列，祭用次日，尊尊亲亲，庶为两全。”[4]世宗这才答应，命即于太庙左近择地营建，并亲定名曰世庙，寓“世世不迁”之义。

六月，营建世庙的工程即告开始。工部选定在太庙左环碧殿旁立庙，前殿后寝，仅规制略小于太庙，由左阙门入。未想不甘隐没的何渊又生花样，奏称这种设计使皇上往世庙祭拜很不方便，要绕太庙殿后，先向北折向南，再由南向北，神路迂远，而应与庙街同门，直开一路以达世庙。世宗很以为是，又下礼部议。席书上言称这样必须毁太庙墙垣，伐太庙古柏并拆毁神宫

---

① 《明史纪事本末》卷五〇，大礼议。

② 《明通鉴》卷五二。

③ 《明史》卷一九七，席书传。

④ 《明史纪事本末》卷五〇，大礼议。

监，世宗不听。科道官中仍有勇者，韩楷、杨秦、叶忠等先后上言，以为不可不宜。世宗见疏生怒，俱罚俸两个月。

张璁、桂萼等不敢再抗谏。

世宗最后还是采纳何渊之言，命由庙街开一道直通世庙。为表示对列祖列宗的敬畏，他特令尽量少拆监房和伐树，“但容板舆通行，不必宽广”。[①] 在具体实施过程中，世宗还是较为清醒的。

## 第三节　黑眚与祥瑞

所谓黑眚，传为一种由水中而生的妖异，形状如人而黑色，傍晚或夜深时出来游走害人，抢掠或吃掉小孩子。以五行中水为黑色，故称之黑眚，俗名又叫嘛唬。

### 一、兴修水利，不信妖异之说

世宗早年最宠信的道士为邵元节，来自龙虎山上清宫。嘉靖三年邵元节应召入京，世宗即在便殿召见。邵元节谈吐高妙，大得宠信，得旨住在显灵宫，专掌祷祀之事。遇雨雪过期不至，命元节祷之，往往应验，被封为“清微妙济守静修真凝玄衍范志默秉诚致一真人”，统辖朝天宫、显灵宫、灵济宫三处道院，总领道教。

这时，民间开始流传有关“黑眚”的秘闻，议论纷纷。

六年十月，有司建议修复通惠河，以省转运之力。礼部尚书桂萼上疏称修通惠河不便，意所指，便是传闻的通惠河中有黑

---

① 《明通鉴》卷五二。

眚。世宗询问大学士杨一清及张璁，二人皆陈述修通惠河之利，请求世宗断然行之，“勿为浮言所阻”。世宗答曰：

> 览卿密疏，具见忠爱。朕居深宫，外面事情何由得知。卿辅导元勋，正当直说，庶不失了政事。萼所奏必有惑言，伊辄听信，不但误了朝廷之事，亦失了大臣谋国之意。彼疏朕看数遍，亦知不可。……我孝宗伯考时已命整理，令修此河，不意当时黑青为异。夫黑青之起，非为修河，盖湾里住的乡民正恐失利，乘此为言，俗呼为嘛唬，卒被破事。当时若有一识事刚正之臣，告我伯考曰黑青之异，原非修河道所招，奸诈之徒，乘机营利，惑及愚民，不可堕其诈计，伏惟刚断而行之。如此伯考岂无聪察哉！前日勘官回奏停当，已有旨待春暖兴工。朕亦恐言者有左说破事，而萼即为首也……①

所谓“黑青”，即是黑眚。通惠河中有黑眚的传说由来非一日，以致孝宗竟因此停了修河之举。但世宗却一眼看出是奸诈之徒捏造谣言，阻挠河工，且不为桂萼密疏所惑，显得极有见地。

## 二、宫中的嘛唬

几年后，黑眚的兴妖作怪越传越神，竟到了九重禁闼的皇宫。曲槛回廊、花木树丛中常升腾起一股黑气，似雾非雾，时或团聚现形，如獠牙狞恶之魔怪。大内开始不断有宫人说遇见黑眚夜中伤人，说得活灵活现，连世宗也有些相信。世宗命邵元节作法降妖，时邵元节年事已高，精力有限，几次做法事，黑眚却不见消失。

因世宗开始迷信方术，此时各地方士聚集京师，希望能找到

---

① 《明世宗实录》卷八二，嘉靖六年十一月乙亥。

进入皇宫的机会,以求富贵。有一名叫陶仲文的术士,曾在罗田万玉山学得符文诀,这时来京干进,住在邵元节府中。邵元节把陶仲文引荐给世宗,世宗命他降服黑眚。陶仲文打起精神,踏罡步斗,以符水噀剑,口中念念有辞,向虚空作劈斩叱喝之状,像模像样地演练了一番。说来也怪,宫中的妖异之事竟然从此而绝。又一次庄敬太子生痘,圣心忧虑,陶仲文设坛祷之,不久出痘病愈。经过这两次"实证",世宗不独对陶仲文深加爱宠,对祷祀更是信之不疑。

自此以后,世宗身边的方术之士越聚越多,其思想和行为,都较多地受到这些"高士"和"国师"的影响。

### 三、黄河清,甘露降

上干云霄的抗争之声减弱、消失了,歌颂圣德的嗡嗡营营便汇合成雄浑乐章。世宗自幼迷信方术,本书前边说过曾有礼部侍郎吴一鹏以灾异劝谏皇上,使之"恻然自悟",一些聪明脑瓜便反其义而用之,这就是敬献祥瑞。

嘉靖七年(1528)三月,灵宝县境内"黄河清者五十里",①世宗派遣太常寺官前往祭告,百官表贺。

同年四月,"甘露降,告于郊庙"。②

九年秋,四川、河南诸地上献瑞麦。

十年七月,"郑王厚烷贡二白鹊,上大喜,命献宗庙及两宫,颁示百官,廷臣为《鹊颂》、《鹊赋》、《鹊论》者盈廷"。③

十二年正月,"河南巡抚都御史吴山献白鹿,群臣表贺。自

---

① 《明会要》卷六八,祥异一。

② 《明会要》卷六八,祥异一。

③ 沈德符:《万历野获编》卷二,贺唁鸟兽文字。

是，诸瑞异表贺以为常”[1]。

终其一世，上献祥瑞一直伴随着乐此不疲的世宗。早在世宗闻灵宝黄河清遣使祭告河神之时，御史周相便毅然上疏，指出所谓祥瑞的虚妄无凭，“佞风一开，献媚者将接踵”，请求世宗“诏天下臣民毋奏祥瑞，水旱蝗蝻即时以闻”。[2] 惹得皇上大怒，将周相下诏狱拷打审讯，又处以廷杖，贬谪外地。世宗就是用这种方法，来保证“祥瑞”上献不受阻碍，维持祥瑞带给帝国的闹热和喜庆。

祥瑞，无尽的祥瑞。愈到晚年，世宗对祥瑞就愈加迷恋，愈加依赖。

## 第四节　大工缓急

大工，明朝专指重大营建工程。

嘉靖朝四十余年间，土木兴作不息，成为当时帝国财政的巨大负担，也为今日留下一份文化遗产。且无论是在早年还是晚年，世宗对兴建之举，心中都有一个急与缓的尺度。紧急的是家事，是关乎父母的营建；其次是与自己志趣喜爱所关，如读书与斋醮。他也颇有利国利民的营建举措，如为北京城南部加了半圈外墙，在后来抵御蒙古和女真侵扰时，都起了很大作用。

### 一、营建世庙与修复清宁宫

世庙虽是祢庙（即父庙，亦作考庙），“不干太庙”，不与供奉

---

① 《明通鉴》卷五六。

② 《明史》卷二〇九，杨爵传。

列祖列宗的太庙并列，但格于当今圣上之情，自然是紧急工程，在南城择日开工。

南城又称南内，景泰间英宗曾被幽禁于此，住在号称“黑瓦殿”的崇质宫，当日困顿苦闷，复辟之后竟又怀恋那时之宁静，数次重游，下令建造了许多殿阁亭台，杂植四方所贡奇花异木于其间，极是个清幽的所在。世庙就建在南内主殿重华宫左侧，内官监太监崔平亲自指挥调度，匠役昼夜营作，不得稍停。这是朱厚熜的又一项“父亲工程”。

其实，朱厚熜即位不久，在为父母议尊号的同时，便开始对父亲陵寝——兴王陵的改扩建。先是恭上陵号，然后增设护陵卫所，派遣守陵太监，由王陵升格为皇陵，一系列配套措施渐次展开：拓宽神道，享殿和垣墙改为黄琉璃瓦。嘉靖三年八月，显陵司香太监杨保奏称：“陵殿门墙规模狭小，乞照天寿山诸陵制更造。”旨下工部，赵璜自也不敢怠慢，迅速拟出方案，奏请盖造明楼，树碑镌题，并请将司香衙门改为神宫监、林卫改为显陵卫。世宗自无不准。实际上，显陵工程断断续续进行了数十年，在许多地方甚至远超过天寿山诸陵。

于亡父尚且如此，厚熜对母亲蒋氏更是竭尽孝心，早早就开始了“母亲工程”。蒋太后所居清宁宫后殿在嘉靖元年遭火，谕令加紧赶修，至嘉靖三年告竣。这件修复工程不算大，太监崔平请赐匠役官职，世宗竟令授予顺天府经历、知事之类职务。给事中黄臣等上疏切谏，认为即位诏中已裁革的乞升弊端不可恢复。世宗不听，又将管工的锦衣卫副千户冯铎升一级。兵部奏称不可，亦是无济于事。

毕竟清宁宫是皇帝老娘居住的地方。

而当初显赫后宫的昭圣张太后，此时则显然已落势。四年三月二十七日夜，张太后所居的仁寿宫起火，损失惨重。惶惧之间，昭圣皇太后只好移居不远处的仁智殿。想当初清宁宫起火，内阁及众臣颇以为是世宗与母亲蒋氏失德，上天示警。这次轮到张太后宫室着火，世宗故意张大其事，诏谕礼部择日祭告天地、宗庙及神灵，并宣称自己与文武百官都应“痛加修省”。他当然不会去要求张太后反思，其义却不言而明。

皇宫的火灾常常发生，殿阁密迩，一发作便不可收拾。这些火灾有些因天灾如雷击造成，有些因人的过失所致，另有相当一部分则起因难明，透着可疑与怪诞。嘉靖元年的清宁后殿之火就有些古怪，这次火神祝融光顾张太后所居的仁寿宫，也显得突兀奇异。

## 二、修不修仁寿宫

张太后所居仁寿宫毁于一烬，依理依情，修复事宜都势在必行，势在加紧实施。但世宗却不很着急，其心思更多地用在营建世庙一事上，对于这位老伯母，他向来都是极少亲情的。

仁寿宫高大畅爽，前有专用之花园，后有元朝建造的大善佛殿，是内廷西路的核心建筑，地位尊崇，历来为明朝皇太后所居。当初蒋氏自藩府来京，朱厚熜相陪拜见张太后，就是在这里深感屈辱，母子衔恨不已。后来蒋氏在皇帝儿子主导下也成为太后，可张氏是正牌太后、资深太后，这座太后殿堂也只能由张氏享用，倒也动它不得。现在老天来了一把火，张太后不动也得动了。

张太后暂居于仁智殿，其规制和环境比往日自然差了许多。该殿又叫“白虎殿”。白虎者，星命所谓岁中凶神。《前汉书平话》卷中：“高祖归天，文武举哀，令白虎殿停尸七昼夜。”明代，仁智殿也是帝后停尸的地方。明刘若愚《酌中志·大内规制纪略》：

（宝宁）门外偏西大殿曰仁智殿，俗所谓白虎殿也，凡大行帝后梓宫灵位，在此停供。

让皇太后住在一个停尸的处所，我们不敢设想会是世宗的旨意，却必然是宫中太监的刻意安排。这些管事太监多是兴邸旧人，早知老主母和皇上与张太后失和，心中也蓄积不满，正好借机报复。张太后一肚子的憋闷，却也难说出口。

仁寿宫的修复毕竟要提上日程。

因反对修造世庙被罚俸的叶忠再次上言，疏议数事，其中一条是关于修复仁寿宫的，认为天下灾荒，财力匮乏，修造仁寿宫应比过去在规格上降低一些。世宗对此大为赞赏，批令工部议行。

皇上不急，有司更犯不着着急。拖延到八月间，工部始与廷臣会议修复仁寿宫。这时世庙大工刚展开，所需木料甚多，四川、湖广、贵州等处山林的巨木多被采伐。工部请求以内府银两、户部钞关银两、兵部马价银两及工部料价银两为工程经费，待世庙建设完工后，再选大臣总理其事。世宗批曰：

仁寿宫以奉皇伯母昭圣皇太后。毋候世庙工完，其亟推总理大臣，遣官采办烧造。内帑、京库银料毋发，他如议行。①

话说得冠冕堂皇，然不发给内币，又不许动用京库银两和工料，让工部如何去修复殿宇宏广的仁寿宫？世宗冷落和厌憎张太后之心，昭然若揭。

就在这道假惺惺的诏谕颁下 20 日后，世宗又以“岁灾民困”为由，令暂停仁寿宫工役。首辅费宏等实在无颜坐视，上言劝世宗不要改易原旨。世宗温旨驳回，称：“时值灾伤，民生困

---

① 《明世宗实录》卷五四，嘉靖四年八月戊子。

苦殊甚,欲暂停以恤元命。”①说张太后在新搬的仁智殿居住亦宽敞宏亮,又说一旦有条件,即修复仁寿宫,最后的话则是:

> 时值灾伤,民生困苦殊甚,欲暂停以恤元命。惟皇伯母安处仁智,亦为宏敞,但孝奉不可迟之一旦,仍即修复,小民亦当爱念。②

这番话值得臣下琢磨,一会儿说对皇伯母的孝奉要抓紧,一会儿又说要爱念子民,夹缠绕口,却仍能感觉到皇上对修复仁寿宫的不情愿。

## 第五节　从《大礼集议》到《明伦大典》

左顺门事件后,议礼诸臣得皇帝宠信倚重,一个个踌躇满志,欲大有作为。唯方献夫屡屡以病求免,既不获准退仕,便闭门谢客,自觉远离喧嚣的朝廷。然方献夫家居并非为求闲适,亦无意于与议礼诸臣划清界限,他埋头文案,把议礼始末,廷议部疏,张璁、桂萼、席书及其本人的疏章编次成帙。献夫真智者也,知道此事必将进入历史,知道后人必有各种评说,更会想到议礼派逢君得势或为论者不直,便趁着当事人尚在、各类文牍尚全,要为大议礼留下一份完整文献。

### 一、冷静的方献夫

议礼诸臣中,心境最为平和的是方献夫,心思最为缜密的也是方献夫。

---

① 《明世宗实录》卷五四,嘉靖四年八月丁未。

② 《明世宗实录》卷五四,嘉靖四年八月丁未。

朝廷文武百官由于议礼分裂成势若冰炭的两派，杨廷和等护法派被多数人视为忠臣烈士，张璁诸人则被指为邪妄。实则这种以线归类的做法最难允当。议礼派如张璁、霍韬、席书、方献夫等都不乏忠直清正，即桂萼亦非大奸大恶之徒。但谨厚如方献夫，一旦参与议礼，竟也被目为奸邪，这使他很痛苦，也很委屈。方献夫编纂议礼文献，第一个目标或曰基本思路，大约即出于澄清事实和洗刷诋污。

嘉靖三年十二月，方献夫呈上其编纂的议礼文献两卷，并说：

> 大礼之议，仰圣明独断，大伦已明。但礼意尚微，国是靡定，彼心悦诚服者固有，而腹诽巷议者犹多。盖缘臣等之议尚未播之于人，虽朝端达士未睹其说之始终，即闾阎小民何知夫事之曲折。臣为是纂补学士张璁等五臣所奏，首以礼官之初议，终以近日之会章，编成上、下二卷，冀得刊布天下，使观者具之颠末而是非自见，不必家喻户晓而圣孝光四海、传后世矣！①

方献夫说大礼议虽经圣上明断，然远没有尘埃落定，心悦诚服者少，腹诽私议者多。原因则在于议礼的疏章未曾公之于世，议礼的理论未能深入人心。所以他将张璁等五臣的奏章编成卷帙，首列诸礼官那些早期的观点，后面再附录有关结论，总为上、下两卷，希望能够刊布天下。方献夫此举，既正大光明地将议礼章疏公诸天下，使世间怪怪奇奇的讹传不攻自解；又从理论上确立了议礼之正。世宗见疏大喜，即令礼部刊布天下。

---

① 《明世宗实录》卷四六，嘉靖三年十二月丁酉。

## 二、纂辑《大礼集议》

方献夫所纂辑的议礼章疏由礼部刊刻，宣示天下，极大地影响了舆论的向背，议礼派明显觉察到精神压力的减轻。

世宗也尝到了“公开化”的甜头。

过了没多久，世宗认为这样尚不够隆重其事，且嘉靖四年营建世庙之议以及引起的争论，又为议礼增添了新的内容，便命礼部尚书席书纂辑《大礼集议》。席书感荷圣眷，对纂修工作极为郑重，首先拟定了编纂凡例，再根据建言年月，定出选录奏疏的正取、附取名单，呈请世宗御批。其中正取五名：张璁、桂萼、方献夫、霍韬、席书；附取六人：熊浃、黄宗明、黄绾、金述、陈云章、张少连，以及楚王、枣阳王。所有这些人的章奏，都在嘉靖三年二月诏取张、桂赴京前提出。同时上言的还有监生何渊、主事王国光、同知马时中、巡检房浚。席书以为他们“言或未纯，义多未正”，不予录取。其他在张璁、桂萼召用后“望风希旨”之辈，亦一概不录。世宗钦定可行。

这时已有了争取和请求入名之事：锦衣百户聂能迁和昌平致仕教谕王价亦曾在嘉靖三年二、三月间上言议礼，时正张璁、桂萼二人入朝之际，方献夫没有采入，二人“奏乞附名”，席书核实无伪也就将其章疏录入。

如此严格划清入选标准，是有其现实依据的：当时世宗独揽朝纲，护法朝臣贬窜责抑，议礼诸公扶摇直上，让一班邪妄之人灵犀顿通，“诸希宠干进之徒，纷然而起。失职武夫、罢闲小吏亦皆攘臂努目，抗论庙谟。”①这使张、桂等人极为恼火，认为如此大大有损议礼派的形象，也希望能通过集议的编定止息此风。席书奏章中所言，应理解为议礼诸人的共同想法。世宗对此也

---

① 《明史》卷一九七，黄绾传。

有觉察和反感，宣布诏旨曰："大礼已定，自今有假言陈奏者，必罪不宥。"①

这时为兴献帝迁陵和立庙之说正纷扰于朝廷，席书、张璁等反对"迁陵"和"入庙"，自然也不会将此类章疏收入。在他们看来，倡言入庙的何渊本身就是冀求干进之徒，心下对他的言论和为人很是鄙薄。

《大礼集议》的编纂似乎很顺利：方献夫所辑集的部分以议礼五臣奏疏为主，理所当然地成为集议的前两卷；第三卷录熊浃、胡世宁等附取者所上章奏；第四卷收左顺门事件后建议立世室的章疏。张璁又依编年体，将世宗即位至嘉靖三年所有议礼大事顺序简记，撰成《纂要》两卷。这样，前后用了半年的时间，六卷本《大礼集议》便告完成。四年十二月十四日，席书等于承天门进呈御览，世宗诏令颁布于天下。

## 三、争议与重修

《大礼集议》颁布后，并没有如世宗早先所称"大礼已定"，且随着兴献帝入庙之议，又掀起波澜。何渊以首议立庙得世宗青睐，由光禄寺署丞迁上林苑监右监丞，对集议将其排除在外极为不满，遂上疏请依"修正尊号集议凡例"续编"世庙议行礼仪"，"以成大礼全书"。他还请求将自己历年章疏附录于后，并说席书将他视为异己，多次阻挠他上疏或扣押其奏章。

世宗本意想让兴献帝入祀太庙，碍于席书及张璁、桂萼反复陈说解释，以别立世庙了结，心中确也对诸人有些不满。及得何渊之疏，又记起席书带头阻拦之事，便诏谕内阁，称议定世庙，实质与议定尊号相同。他还命内阁起草敕令，命重编《大礼全

① 《明史》卷一九七，黄绾传。

书》,并要求把先前颁发的《大礼集议》缴回。

这个消息很令议礼诸人震惊。若此办理,则议建世庙的何渊竟与他们获得同等地位,这不独是一种耻辱,也是一种君恩移易的信号。席书正在病中,只好抱病上疏,解释说庙议并非何渊所创,议礼之初即有为兴献帝另立祢庙之说,且在《大礼集议》第四卷已将立庙之议大部分收录,只有"开神道"及"迁主谒庙"未编入。如需重编,亦应让议礼诸人负责,而不能交给当初"跪门呼号"的翰林院官。

席书的疏章又唤回世宗对往事的记忆,唤回他对议礼诸人的倚信。他特别降谕席书,要他将续修事宜直言陈对。席书请以建庙诸事续编为两卷,并于"纂要"中依年月序次"提纲分目,据事直言",至于先前编成的部分,既不宜改动,也不必收回,仍置于全书前部。世宗采纳了席书的意见,于嘉靖五年十二月,诏令重修《大礼全书》,以内阁大学士费宏等及礼部尚书席书为总裁官,张璁、桂萼为副总裁,霍韬、方献夫、黄宗明、熊浃、黄绾等五名议礼之士及翰林院、礼部数人为纂修官。

六年正月,因四方灾变,世宗命百官修省,"御奉天殿誓戒文武群臣",并谕令四品以上官陈天下利病,连每年例行的庆成宴也为避免"多费劳民"暂停。然修《大礼全书》之事却未停止。张璁上言"宜从典则之体、天子之书",桂萼亦呈上条例。世宗将二人的章奏交付史馆,指出:"纂修条例,务宜审定。"①

## 四、《明伦大典》

世宗听取张璁之言,决心要把议礼疏章的汇集提升到"典则之体"、"天子之书"的文献高度。

---

① 《明世宗实录》卷七二,嘉靖六年正月辛卯。

嘉靖六年正月，世宗颁诏命开馆纂修《大礼全书》。要求纂修官“上稽古人之训，近削陋弊之说，参酌诸臣奏论，汇为全书”。对前此所编《大礼集议》，则称“不得更改，可略加润色，以成永久不刊之典”。① 这天，世宗先命在礼部赐宴，由英国公张仑陪宴款待费宏等人，又亲临文华殿，面谕所有编纂官员，各赐金币不等。编纂工作实际由张璁等人负责，由此隆重开馆。礼部主事潘璜、曾存仁上言请辞纂修官之职，世宗不许。

当年八月，张璁等将编成的初稿六册呈请御览。世宗对席书所作“注论”尚嫌不充分。命增录欧阳修等人有关“父子君臣大伦”的言论，并说：

> 且斯礼也，不但创行于今日，实欲垂法乎万世，以明人伦，正纪纲。《大礼全书》四字未尽其义，宜更名曰《明伦大典》。②

此后，该书便更名为《明伦大典》。世宗很赞成席书、张璁等定的实录的原则，要求纂辑者“但诸臣所奏，或自疏，或连名，或会官，或奉旨议，或渎乱破礼，皆一一直书”。对已取得的成绩，世宗也大加慰勉。

何渊被排斥在纂修官行列之外，所获得的恩典到最后也很有限。除了张璁、桂萼等十余名最早议礼和附议者，世宗对其他人的奖赏都很微薄。罢职闲住的昌平教谕王价和光禄寺录事钱子勋曾有旨复职，经给事中解一贯和吏部尚书廖纪等上疏抗谏，结果王价二人一无所获。而锦衣卫百户随全更因“求乞无厌”，使世宗由烦倦至怒发，严旨训斥。

---

① 《明世宗实录》卷七二，嘉靖六年正月庚子。

② 《明世宗宝训》卷二。

## 五、一笔功过总账

世宗责斥那些求乞无厌的小人，却又不是不明赏罚的糊涂天子。对议礼期间的功过是非，心里有一笔总账。这位自视甚高的皇帝喜欢记账，也不忘结账。《明伦大典》的编纂，在他看来也是一个结清旧账的机会。

七年(1528)六月一日，《明伦大典》编成进呈，世宗亲撰长篇序文，颁行天下。序中先叙述了议礼始末，叙述了杨廷和等人阻沮议礼的经过：

> 其时，内阁辅导之臣擅作不经之言，掌典邦之官辄据汉宋之事，悖逆天道，欺忤朕在冲年，坏乱纲常，鼓聚党类，上泯皇兄十六年之功德，再夺皇考十五岁之嗣人……①

杨廷和等人的治世戡乱之功被此一笔抹去，而成为欺君罔上的罪人。世宗心胸褊狭，当不会忘记自己惑于天灾，被迫服输的耻辱："朕方幼冲，理学未明于心，大义未闻于性，以被惑奸人，深信愚士，几乎三纲扫地，五典隳焉。"②此言自己在践祚之初受人欺骗，几乎背弃三纲五典。他把杨廷和、蒋冕诸人指为"奸人愚士"，愤憎之情，溢于言表。

世宗没有忘记褒奖议礼诸人，序中称"天锡我贤良方正之臣"，"伸义理，辩是非，佐朕图斯礼焉"，而今历经艰辛，终于议礼功成，大典完备，自当有大封赏——

议礼首臣张璁，此时已以礼部尚书入内阁，加封少傅兼太子太傅，晋升吏部尚书、谨身殿大学士，荫一子为中书舍人。

桂萼已进为吏部尚书、翰林院学士，加少保兼太子太傅，荫一子为中书舍人。

---

① 《明世宗宝训》卷二。

② 《明世宗宝训》卷二。

方献夫已为礼部尚书、翰林院学士，加太子太保。

作为《明伦大典》两总裁之一的席书，一年前已经因病故去，卒前已晋为武英殿大学士，赐第京师。

其他议礼诸人，霍韬升任礼部尚书，仍兼翰林学士掌詹事府事，熊浃升都察院左副都御史，黄绾升詹事府詹事兼翰林院侍讲学士。

《明伦大典》的修成，是世宗，也是议礼派在理论上的辉煌胜利；是世宗，也是议礼派在权力上的进一步巩固。此时皇权得到强化，议礼派入踞殿阁台署，领袖九卿，执掌清要，好不快意。

世宗也没有忘记惩处杨廷和等人。六月三日，特敕论定杨廷和等人之罪，举凡首辅杨廷和，大学士蒋冕、毛纪，礼部尚书毛澄、汪俊，吏部尚书乔宇，侍郎何孟春，文选郎中夏良胜，都御史林俊等人，无不一一论列，口诛笔伐。敕旨削夺了护法派各臣的一切官爵荣衔，处分之严，证实世宗对即位之初的受制屈己仍耿耿于怀。其涉及杨廷和之处曰：

> 杨廷和为罪之魁，以定策国老自居，门生天子视朕，法当戮市，特宽宥削籍为民。①

时杨廷和久归林下，“日与亲戚故人行田野，话桑麻”，②听到这个消息，唯淡然一笑。

对杨廷和的记忆，世宗是混合着屈辱和仇恨的，“定策国老自居，门生天子视朕”，是其即位之初的实情，也是经世宗之口再三认可的，这就使痛恨更加一倍。但在其精神深处，还保留着对杨廷和的感激尊敬，他永远也不会杀害杨廷和。

---

① 《明史纪事本末》卷五〇，大礼议。

② 《国朝献征录》卷十五，杨公廷和行状。

# 第八章　大 洗 牌

"左顺门事件"后，朝廷对跪门哭喊的群臣逮系拷治，继之以罢斥流配，是为惨案未息，冤狱又起。嘉靖三年岁尾，大理寺右评事韦商臣上言，列举数端，以为皆国家大狱，关系非轻，请求皇上"大奋明断，复戍者之官，录死者之后，逮系者释之，而正讦者之罪"。世宗责以"卖直沽名，率意渎奏"，命降二级调外任。①

自此至《明伦大典》颁布的嘉靖七年六月，议礼诸臣在中央政府由迅速崛起到把持权柄，伴随着他们一步步升向仕途顶端的，是对前朝旧臣的追索挤压，是一个又一个的冤假错案，是朝堂的大换血、大洗牌。

## 第一节　小人陈洸

每当朝政失衡、政治对抗激烈，常会见到一些小人的活跃身影。小人，意指人格卑下之人。《尚书・大禹谟》："君子在野，小人在位。"记录了先民对于小人当政的悠远叹息，此时则被用来抨击议礼派的扶摇直上。客观论列，议礼诸臣如张璁、霍韬、方献夫，都还不乏正直善良，即如桂萼所为也不宜一概抹杀。但

① 《明世宗实录》卷四六，嘉靖三年十二月辛卯。

本节提到的陈洸，的的确确应算是一个小人。

## 一、恶贯乡里的陈洸

左顺门事件后，朝臣的抗议之声顿觉消减，犯颜抗谏的疏章也渐稀疏，朝堂上显得沉闷压抑。但公开附合议礼派的仍不多，许多官员改以沉默显示自己的不屈从。是以偶有赞同议礼派的声音，不管是何人所发，张璁、桂萼都听来悦耳，引为同道。

礼议派的阵营就这样鱼龙混杂地扩充壮大，陈洸也就在这时候伺机发声，获得张璁、桂萼的青睐。

陈洸，广东潮阳人，户科给事中。嘉靖帝登基之初，他曾上疏支持杨廷和等，极言兴献帝不应称“皇”。后奉命出使，在家乡留居达两年之久，才回朝复命。在乡期间，他与儿子欺凌乡民。知县宋元翰稍加约束，他竟令儿子陈柱诬陷宋元翰，以至于将其流配边镇。宋元翰怨愤难咽，将陈洸居乡不法及家门淫乱之事编为一书，名《辨冤录》，广为散发。于是陈洸一下子便名声很臭，不齿于士林。吏部尚书乔宇认为其不适合继续任科道官，将他升任湖广佥事，调出台署。

陈洸在赴京路上听到这一消息，大为恼怒，此举虽属升职，但外任佥事又怎能与在朝言官相比！愤恨之下，他即于途中以旧衔上疏。这里便见出陈洸的小人心机，明明是挟私恨弹劾吏部主政各官，却偏偏要从议礼说起：

> 主事张璁等危言论礼，出于天理人心之正。而当道者目为逢君，曲肆排沮，且群结朋党，必欲陛下与为人后，亏父子之恩……①

时当张璁等入京未久，舆论汹汹、疏章迭弹、人人喊杀之际，陈洸

① 《明世宗实录》卷四二，嘉靖三年八月癸巳。

此疏，不独使皇上大为欢喜，也使张璁、桂萼等引为强援。陈洸疏中猛烈攻击吏部尚书乔宇、文选郎中夏良胜，说他们“用舍任意，排挤豪杰”，又称先前被贬斥或外调的给事中于桂、阎闳、史道和御史曹嘉，都是吏部排斥异己的受害者，请求削去乔宇、夏良胜官职，召回于桂等人。

世宗览疏，命下吏部议处。乔宇上疏乞休，世宗不加挽留。夏良胜已升为南京太常寺少卿，命贬为茶陵知州。吏部侍郎何孟春称陈洸冒旧衔上疏，“紊乱国典，宜行究问”。在世宗看来如吹毛求疵，掷弃不理，特旨命陈洸、于桂、史道等复职。降敕之日为八月初一，距左顺门事件，刚刚半月光景。

## 二、鹰犬的利爪

朝廷从来都需要鹰犬，当政者和野心家也需要鹰犬，小人多类鹰犬也，当陈洸舞着利爪扑击撕咬时，自然会得到鼓励和奖赏。

陈洸一炮轰响，官复旧职，好不得意！为更求升赏，广为缉察左顺门事件中各官动静言行，在当年八月间再上一本，尽录其搜集到的一批官员在议礼和左顺门事件中的表现：

内阁大学士费宏坚持“本生”的观点，反对为兴献帝加徽称。

礼部左侍郎吴一鹏煽动汪俊的忿恨情绪，对抗君王。

兵部尚书金献民因是杨廷和心腹亲信，获得大司马一职。

礼部右侍郎朱希周反复到内阁煽说，挟迫大学士毛纪等出来加入跪门的队伍。

吏部侍郎汪伟是汪俊的亲弟，应看做朋奸。

刑部尚书赵鉴秉承毛纪旨意，意图将桂萼打入大狱，是为比党。

礼部郎中余才、吏部郎中刘天民领头跪门，高声呼喊哭叫。

吏部员外郎薛蕙、给事中郑一鹏附和礼部主官，排斥正论……

陈洸列举了一个长长的黑名单，就中囊括了由内阁到六部、台谏的许多高层和中层朝官，皆注明其在左顺门事件中的表现。世宗未加批示，谕令将此章下发到有关部门。

这种做法本身就说明了皇帝的态度，表现出对陈洸疏章相当程度的信重，也表达了对涉及人员的怀疑和不满。皇帝下发疏章的做法有一种无形的强大压力，以朝廷惯例，也要求相关官员主动辞职。于是费宏、金献民等都上疏求退。为稳定政局，世宗一一优诏慰留。

当月，世宗诏令南吏部尚书杨旦入京为吏部尚书，以接替乔宇。这项任命，当出自曾在南都任职的张、桂二人之荐。岂知杨旦素来鄙薄张璁、桂萼的人品学识，接旨后竟激切上疏，请将二人斥逐，并让方献夫养病。世宗得疏大是不悦，但刚刚颁布新任命，也不好马上施以颜色。陈洸看准时机，又急忙上疏弹劾杨旦。

陈洸，已成为一只随时跃起扑击撕咬的鹰犬。

### 三、得意与败落

鹰犬的辛劳当然不会是白白付出的。

十月，陈洸已升为户科左给事中，上疏推荐谢迁、廖纪、胡世宁、姜清等，而再一次猛烈抨击吏部尚书杨旦。章下吏部，侍郎何孟春复奏，指称陈洸在乡里所犯恶行，请予斥逐。世宗竟依陈洸所奏，召用廖纪、胡世宁和姜清等人，令杨旦和吏部侍郎汪伟致仕，将吏部文选司郎中刘天民调外任，并严责何孟春有徇私之弊。

陈洸的行径在科道官中引起普遍的反感。两日后，六科给事中赵汉、朱衣等纷纷上章论陈洸之奸，并揭露其居乡为恶之事，有广东道文案及宋元翰《辨冤录》可证。御史张曰韬、戴金也上疏论之。世宗有心袒护，责斥上疏者。御史兰田又上疏称陈洸为席书党羽。世宗无奈，命都察院从公验问陈洸与宋元翰之狱。

礼部尚书席书上言，称自己与陈洸素无交往，而御史兰田横加指责，请求致仕。世宗优诏慰留。

十月二十四日，都察院接旨后一番计议，奏请陈洸之事发由原籍抚按官审理，陈洸应依例回籍听从勘问。世宗岂看不出其中消息，但国朝律法俱在，都察院的处置堂堂正正，也不便驳回，敕令由抚按官“从公勘决”，“陈洸不必回避”。①

陈洸怎甘沉默，即上疏为自己辩解，又诬奏兰田及吏部郎中薛蕙、刘天民，员外郎刘勋等人。都察院经过查证，奏称陈洸所言多不足信，只有所称薛蕙与前亳州知州颜木合谋陷害参将石玺之事，应命河南抚按官勘问，薛蕙应回籍听勘。世宗命薛蕙解任回籍。不久此事真相大白，又是陈洸胡说。吏部几次敦促薛蕙赴职，薛蕙因张璁、桂萼等人在朝，坚辞不赴。

陈洸当然不愿意回乡受审，再上疏说兰田所上宋元翰《辨冤录》是匿名文书，应销毁。又称都察院陷害自己，而抚按官也可能会偏袒，请派锦衣卫官协同调查此案。并说若能做到这些，愿回原籍听从讯问。世宗准许陈洸回避，并命派刑部郎中一员和锦衣卫千户一员会同广东巡按御史勘问。陈洸之狱，自此拉开帷幕。

陈洸原以为锦衣卫官较容易收买，故有此请，也得到世宗批

---

① 《明世宗实录》卷四四，嘉靖三年十月乙卯。

准。谁知刑部所选派的郎中叶应骢极为硬气，他因跪门事件被廷杖，对反复无常的陈洸之流非常痛恨。这次领旨办案，他与锦衣千户李经等先焚香对天明誓，决心要秉公审处。至潮阳，叶应骢会同御史熊兰、涂相等用心审理，查明陈洸罪状竟达172条，其中大罪13条，拟称“罪恶极，宜斩，妻离异，子柱绞”①。

陈洸未想到是这个结果，闻讯后魂飞魄散，急急逃离家乡，至京师申诉。世宗念陈洸赞同议礼之功，将叶应骢奏章扣留不下。刑部尚书赵鉴、副都御史张润、都给事中解一贯等连章请求惩处陈洸，严明刑罚。世宗不得已，命刑部派员复核案情。

刑部复审此案的官员为郎中黄绾。此黄绾非因议礼而贵、参预修纂《明伦大典》的同名者，而是一位耿介之臣。他奉旨再审理此案，一切采信叶应骢原拟罪名。席书与桂萼都曾设法为陈洸说情开脱，见不起作用，便与张璁联名上疏，称陈洸因议礼遭人嫉恨，被罗织了许多罪名，请求皇上降恩旨给予赦免。

世宗亦知陈洸人品欠佳，却仍认定其中有议礼因素，有群臣对陈洸的敌意。嘉靖四年岁末，《大礼集议》编成，世宗诏令礼部录曾议礼而未加恩赏者，席书即在章奏中为陈洸声冤。世宗敕令：“陈洸免递解，郑氏免离异，柱免死令边戍。”②大理寺卿汤沐、刑部尚书赵鉴等再上疏力争，世宗不听。

陈洸之狱的第一个回合，双方打了个平手。

---

① 《明史》卷二〇六，叶应骢传。

② 《明世宗实录》卷五九，嘉靖四年闰十二月甲子。

## 第二节 李福达之狱

陈洸之狱暂告一段落。

虽然由于皇帝的直接出面干预，陈洸被免死为民，但刑部、都察院、大理寺三法司及科道官的同仇敌忾，在惩治陈洸时那种惊人的团结协同精神，着实让席书与张、桂二人震惊，也让他们心中窝火。

### 一、两大营垒的公仇私恨

不如意的事还在继续出现。

席书先任湖广巡抚时，有长沙人李鉴与其父李华抢劫盗窃，并拒捕杀死巡检冯琳。后李华死于狱中，李鉴因盗被逮，知府宋卿判其为死罪。席书审理此案时，发觉宋知府有贪赃之嫌，认为他是故意陷害李鉴以索贿，将他打入大狱。刑部派大臣复审此狱，发现并非如席书所言，遂将李鉴下狱治罪。

席书历来是一个任气之人，"遇事敢为，性颇偏愎"，[①]如何咽得下这口气？他上疏请将李鉴押至京师，再加审讯，并说自己以议礼引起众怒，所以刑部官袒护宋卿，请求世宗敕令法司为辨诬昭雪。

世宗命有司再次审理此案。御史苏恩、大理评事杜鸾会同刑部主审，李鉴招供无误，可证原问官定罪准确，奏报皇上。世宗为照顾席书的面子，特命将李鉴免死戍边。这一次，表面上打了个不相上下，实则谁都清楚其间的是非曲直。

---

① 《明史》卷一九七，席书传。

议礼诸臣在朝中已渐握权柄，却又处处可感觉到来自四面八方的深深恨意，他们也以恨对恨，寻找一个扬眉吐气的机会。这个机会终于在嘉靖五年来到，这就是“李福达之狱”。

## 二、郭勋与术士李福达

李福达，又名李午，山西代州崞县人，曾参与王良谋反事，被发配山丹卫，后从戍地逃还，改名李五，逃至陕西洛川县居住。在洛川，李福达与叔父李越以白莲教号召民众造反，啸聚数千人，抢掠鄜州、洛川诸地，杀死很多人。在官兵追剿中，李越及党羽何蛮汉等被捕杀，李福达逃脱，藏匿于山西徐沟县，改姓更名为张寅。靠抢来的金币珠宝，李福达与该县张氏大姓攀为同宗，又编立宗谱，用以瞒人耳目。一切安顿好了，李福达便携带钱财进京师，摇身一变而为匠户（世业的工匠，有一种技艺，明朝规定其轮班定期服役，其余时间则执业谋生）。其子大仁、大义、大礼也都进入匠役之列。李福达又用钱买了一个山西太原卫指挥的义官之衔，由于他精通烧炼之术，遂有人把他推荐给提督京营的武定侯郭勋。

此时郭勋正想借方术之士媚上固宠，闻知李福达能通烧炼，遂引为座上宾，往来频繁，准备一日引荐给皇上。所谓“烧炼”，即道教徒烧炉炼丹。世宗好神仙，求长生不死之药，则四方术士咸称知烧炼而麇集京师，希求富贵。勋贵之家以为奇货可居，养为宾客，郭勋之待李福达正如此。

李福达还未到达宫中，便开始得意忘形，竟跑回原先出事的地方显摆，被仇人薛良揭发。李福达见事不好，逃回北京躲藏，两个儿子却被地方捉拿入狱。李福达自恃隐匿已久，到狱中质对。代州知州杜蕙传讯证人，审理明白，上报布政司、按察司及巡按御史，皆定案为妖人谋反罪名。只有巡抚毕昭认为“福达的确是张寅,被仇人诬陷”,以居民戚广等为证人,为之翻案,反坐薛良诬陷罪。后毕昭因事离职,御史马录巡按山西,重新严加审讯,再次定李福达为谋反罪。

李福达急忙托人到郭勋处申诉“冤情”,郭勋当即写信给马录,吩咐他免去李福达的罪名。岂知马录不听,对李福达照章定罪,上疏弹劾郭勋以逆贼为私党,并附上郭勋写给他的亲笔信。世宗敕下都察院审理此案。

### 三、第一次审结:郭勋受斥

在政治矛盾激化的时局下,在权力网、人情网的笼罩下,大案的审结常是复杂、反复的。

此事走向白热化,是在嘉靖五年夏秋之际。时翰林和科道官经历大规模廷杖和随之的逮治、流配,已然不太敢出位言事,而整个司法系统仍是原来的班底。执掌都察院事的,是到任不过一两个月的左都御史聂贤。他是弘治三年(1490)进士,曾任知县,后选为御史,其任湖广按察使、右布政使之时,以清廉著称,也给兴王及少年厚熜留下很好印象。嘉靖改元,聂贤升迁迅速,尽管数经弹劾,仍是一路高升,由提督南赣汀漳等处军务升南京右都御史,再升南京刑部尚书,晋京为左都御史掌都察院事。“都御史职专纠劾百司,辩明冤枉,提督各道,为天子耳目风纪之司”。① 世宗将此职落在聂贤肩头,足见信任。

聂贤岂不知皇上宠信郭勋?岂不知郭勋与议礼新贵交往密切?然此案铁证如山,他也很自然地产生一种捍卫法律正义的意识,对郭勋为李福达开脱的做法,极是厌憎。大理寺评事杜鸾上言弹劾郭勋和席书,请将二人先正国法,然后再召集诸有司官

① 《明史》卷七三,职官二。

员合拟李福达之罪，世宗不理。都察院上奏，提出应让山西抚按官将此案移交三司会审。

其实，马录在审理李福达一案时是极其慎重的。他先询问徐沟籍的给事中常泰，常泰认为张寅确实就是李福达；又询问原籍鄜州的刑部郎中刘仕，说法也与常泰相同；又出榜选取鄜州、洛川两地认识李福达的父老来面对，都说就是李福达本人；再命布政使李璋、按察使李珏、佥事章纶、都指挥使马豸反复讯问，使李福达在公堂对簿时再无可翻供。所有这些审案记录、证词、口供等案卷汇集马录处，马录验之无疑，这才会同巡抚都御史江潮上言：

> 福达聚众数千，杀人巨万，虽潜踪匿形而罪迹渐露，变易姓氏而恶貌仍前，论以极刑，尚有馀辜。武定侯勋纳结匪人，请嘱无忌。虽妖贼反状未必明知，而术客私干，不为避拒，亦宜抵法，薄示惩艾。①

此章一上，李福达谋反之罪再无疑问。十一月，聂贤经复审后上奏，定李福达依谋逆律磔死，世宗御笔圈定，打入死牢待决。

世宗对郭勋干涉司法的行径很生气，召见面责，令他投案自首，声色俱厉。郭勋大是震动惊恐，急上疏乞恩，并为李福达辨冤，情词凄凉。世宗览疏，想起其拥立和侍卫之劳，便不再追究。

### 四、郭勋翻案与张、桂援手

郭勋缓过了一口气，紧接着便开始私下运作，准备翻案，因为只有推翻此案，才能恢复世宗对自己的信任。在郭勋唆使下，李福达之子李大仁赴阙哭诉，请求为乃父昭雪冤枉。郭勋对他说：如不能翻案，你等就逃往外地，不要让他们抓住杀了。这些

---

① 《明史纪事本末》卷五六，李福达之狱。

话传出之后，给事中刘琦、程辂，御史高世魁、郑一鹏，南京御史姚鸣凤、潘壮等纷纷上疏，弹劾郭勋，请求将他治罪。常泰、聂贤等上言称郭勋应论以“知情”，“故纵”，依律连坐。

生命攸关之际，郭勋也反复上疏自诉，说自己是由于支持议礼而触犯众怒。世宗也有些怀疑，对谏官群起而攻之似乎有所警觉，命锦衣卫取李福达供词及人证，移至镇抚司等候会审。谏官们也由此感觉到世宗的犹豫反复，情急之下，更是激切上章，弹劾郭勋，陈说李福达罪名，要求依律惩处。

张璁、桂萼等在入朝之初势单力薄，连生命都难以保障，幸得执掌京营兵权的郭勋支持，才慢慢立足站稳。此时见郭勋窘迫，如何不援之以手？且为一李福达事舆论汹汹，群臣激愤，似乎又见两年前左顺门事件的情景，更像其在蓄极积久后的爆发。党派已成则命运相连，郭勋一倒，诸多事情必连类而及，对张、桂等恨之入骨的群臣必乘胜横扫议礼诸臣，那将是一个怎样可怕的局面？于是，张璁、桂萼秘密求见，对世宗说：“廷臣内外交结，借事陷勋，渐及议礼诸臣，逞志自快。”①一句话，所有这一切都是对议礼不满者的报复行为。

议礼，是世宗的一个生命情结，他的施政大略、他的理想信念、他的个人爱憎、他对臣属的升黜臧否，多与议礼相关。李福达之狱，世宗本也能采听有司和谏官的意见，依律处治，但郭勋一说到因议礼遭仇恨，世宗便信疑兼半，命人重新审讯；桂、张二人再言至群臣内外交结，想对议礼诸臣不利，世宗那根敏感的神经便被拨动，由犹疑而至愤怒，由冷静而至偏执，由维护国家的法律，转向维护议礼的贯彻和圣上的尊严。

---

① 《明史纪事本末》卷五六，李福达之狱。

## 五、三法司大员因审案入狱

世宗“命速取福达到京鞫问”。这时候的所谓再审，在世宗意下便是要翻案了，群臣却仍不知上意。刑部尚书颜颐寿、都察院左都御史聂贤、大理寺卿汤沐等及锦衣卫、镇抚司各官在京会审，三推六问，引证质对，均无异词，奏请将李福达论磔。世宗不听，命九卿大臣在朝廷会审，传来毕昭所举、证明薛良诬陷李福达的戚广，却说从没有官吏问过他什么话。颜颐寿把这些都录呈世宗亲自过目，世宗怀疑有假，下旨说等斋祀结束，自己要亲自审问。这当儿，刑部主事唐枢又上言应定李福达死罪，世宗怒，将他削职为民。颜颐寿等测知世宗之意，不敢再坚持定罪之说，而是摘引审理过程中前后不同的情节和证词，称这个案件有许多疑点，应作为“疑狱”。世宗更以为自己的怀疑持之有据，降谕严厉责备颜颐寿等三司审案大员。

冬去春逝，转眼到了嘉靖六年夏天。世宗命锦衣卫逮山西巡抚马录至京，押在镇抚司狱候审，又命取原审案的李璋、李珏、章纶、马豸到京接受讯问。刑部尚书颜颐寿见事体颠倒，竟到了如此地步，再也无法沉默，毅然上言，不仅说李福达“反状甚明”，还提到其“以神奸妖术蛊惑人心”，表示自己纵然死也不敢姑从欺君，气节凛然，让人敬佩。

可世宗向来是听不得不同意见的。颜颐寿所指的“神奸妖术”，在他看来也有批鳞讪上之嫌，遂大怒，斥其“朋奸肆诬”，令戴罪办事。颜颐寿奏请再次会审，让马录与李福达对质，结案仍与往常一般，上奏世宗。世宗愈加愤怒，命锦衣卫将颜颐寿及刑部侍郎刘玉、王启，左都御史聂贤，副都御史刘文庄，大理寺卿汤沐，少卿徐文华、顾佖一股脑儿逮入诏狱。原审问此案的刑部郎中、都察院御史、大理寺寺正等官，也都逮系待罪。掌刑狱的三法司首脑俱因审案入狱，在中国历史上应属极罕见的。

## 六、议礼派主持审案

八月，世宗命议礼派大员全面接管三法司，张璁署都察院，桂萼署刑部，方献夫署大理寺，主持该案的审理。① 审案大权尽入议礼诸臣掌握中。张、桂等迎合世宗之意，令锦衣卫和镇抚司严审刑部、都察院及大理寺原问此案者。可怜这些司法大吏，由堂上之尊变为阶下之囚，备受五刑之毒，在杖下扭动惨号，闻者恻然。

刑部尚书颜颐寿向来鄙夷张璁、桂萼，没想到今日落在其手中。二人见他还端着刑部尚书架子，神态傲慢，也不与他废话，令上拶刑。颜颐寿历官三朝，虽也曾短暂在南礼部、户部任职，但多数时间主管司法刑狱，经验丰富，亦素有廉洁清正之名。然从来都是老颜问案，是他喝令打问别人，未料今日成了阶下囚，十指被拶，痛入心肺，只得叩头求饶，大叫："爷饶我！"当时京师流传"十可笑"之谣，其中之一便是："某可笑，侍郎拶得尚书叫。"②

张、桂二人久积郁愤，毫不手软。太仆寺卿汪玄锡私下里对光禄少卿余才说了一些不满的话，被人告知张璁等，奏闻世宗，也被逮入诏狱，大吃苦头。在马录入狱时，大学士贾咏致信慰问，被镇抚司上奏给皇上。世宗严责贾咏，令其致仕而去。而给马录写过信表示同情和慰勉的都御史张仲贤、工部侍郎闵楷、大理寺丞汪渊、御史张英等，则被锦衣卫逮捕入狱，受尽拷掠之苦。

受刑最惨的还数马录。这位一方大吏为李福达之狱的最早定案人，又最先对郭勋提出弹劾，因而为能否翻案的核心人物。九月，张璁、桂萼、方献夫主持会审，酷刑逼供，无所不用其极，

---

① 《明史》卷一九六，张璁传。

② 《万历野获编》卷十八，嘉靖丁亥大狱。

“饶你人心似铁，怎奈官法如炉”？马录受刑不过，只得含冤招认挟私报复，故意陷害他人。张璁等奏知世宗，世宗对马录很痛恨，打算坐以死罪，得张璁营救说情，才免死论戍，充军南丹卫。

## 七、扫荡三法司

李福达无罪释放了。世宗对抗疏弹劾郭勋的群臣却不放过，先后入狱的达四十多人，死于廷杖和狱中的有十余人，大理少卿徐文华、顾佖以此案再加上曾反对议礼，加罪戍边。

这场大狱历时一年多，终告结束。一个神通不算大的术士，一件老年陈旧的案子，竟震撼朝廷，反复会审，以至于刑部、都察院、大理寺大吏因此入狱，不可谓不大；而数十人入狱，十余人死难，不可谓不酷。说穿了，还是议大礼后朝臣分裂、党争派斗的延续。郭勋与术士结交，并为之请嘱开脱，实属不当。但李福达早年以白莲教谋乱，郭勋既没参与，也不可能知道，必欲弹劾郭勋，置以连坐重典，则太属过分，则显然有政见与派系的因素在内。政治倾轧必然会引起强烈的反弹，激成翻案之举，酿就后来的一杯苦酒。

世宗笃信道教和方术，郭勋这种宠臣，当然要在方术上下功夫。作为早期白莲教小头目的李福达，其人生走向并非确定：经郭勋荐举而入于宫廷，有可能成为真人高士；在民间结社聚众，则是图谋造反的奸人乱党。就李福达之狱来讲，马录的审理定案是慎重的，处理则过于严厉，没有考量农民造反的复杂因素，也没有看到此类人物的两面性。正是在当朝天子的干预下，李福达逃脱了法网，而马录这位忠臣锒铛入狱，也算是一种讽刺。

六年九月，李福达一案审结。张璁请求将前后所奉诏谕及狱词汇编为一书，颁示天下。世宗当即批准，并在文华殿召见张璁、桂萼、方献夫三人，“俱赐二品服色，金带银币，仍令吏部给三代诰命”,[1]以示慰勉。不久后张璁即辑刻成两卷本的《钦明大狱录》,世宗命颁行天下。在世宗看来,这是一部体现“朝廷恤民之意”的平反冤狱的功德簿。

嘉靖四十五年(1566)岁末,四川蔡伯贯奉白莲教旗号造反,被官军擒获后供认以山西李同为师。李同即李福达之孙,被同案论斩。此时穆宗继位,采纳都御史庞尚鹏之言,为往日在李福达一案中受祸的官员平反昭雪,恢复官爵。

此年,上距嘉靖六年已39个春秋。

## 第三节　狱讼丛杂

不管是集议大礼,还是平反大狱,在世宗,在他倚信的张璁、桂萼等人,应都起于一种观念或看法,有些偏颇,有些极端,却很难说是有意制造冤案。可他们以一种怀疑的态度、残酷的手段,愣是将问理明白的铁案翻了过来,将三法司数十名高官打入诏狱,冤案也就这么形成了。

生活中从来不缺少奸诈机巧之人,他们在这里看到缝隙,看到利益,看到升迁或寻仇的希望,于是一窝蜂而来,多年陈案被翻出,一时狱讼四起,乌烟瘴气。

### 一、哈密事件

与李福达狱同时,锦衣卫百户王邦奇上书言哈密事件,弹劾已致仕的杨廷和、彭泽,连及在任大学士费宏、石珤。

王邦奇原为锦衣卫千户,杨廷和拟诏裁革传奉官,王邦奇亦

---

① 《明世宗实录》卷八〇,嘉靖六年九月壬午。

被削职，心中极恨杨廷和。后王邦奇意图钻营门路复职，下兵部议处，先后掌兵部的彭泽与金献民极言不可，世宗命王邦奇试职百户。王邦奇对彭泽、献民等也心生大恨。嘉靖六年二月，王邦奇上疏言边事，曰："今哈密失国，番夷内侵，由泽总督甘肃时赂番求和，邀功启衅，及廷和草诏论杀写亦虎仙所致。宜诛此两人，更选大臣兴复哈密，则边事尚可为。"①

王邦奇以鄙位武臣，率尔指斥阁老和尚书，声声喊杀，也是有人为其撑腰的。世宗命兵部问理此事。兵部还未提出奏议，王邦奇又上疏，称内阁大学士费宏、石珤皆杨廷和之党，曾为杨廷和事夜间到杨一清宅中问计，欲掩盖事实，因谈不拢离去。又说杨廷和之子兵部主事杨惇将当时章疏文牍藏起来，杨廷和义子侍读学士叶桂章、女婿翰林修撰余承勋及彭泽之弟彭冲为之到处串通托人。

核心仍是杨廷和，又牵连多人，将廷和的儿子、女婿、同僚、友人一弄儿扯在里边，而当时情景，仿佛就在其目前，说来活灵活现。一个曾被罢斥的锦衣卫小官，怎能得知这些密辛？这份编造色彩极浓的诬告信，很快又摆上皇上案头。世宗对杨廷和有太深成见，竟然深信不疑，谕令将杨惇等下狱审讯。

礼科给事中杨言抗疏论救，极力为杨廷和鸣不平：

> 廷和当权奸辱横之日，保全神器，归于陛下，持危定难，有正始之功焉。即所拟诏条或矫枉过直，然事专为国，心本无他。今当国未几，祸延子婿。臣恐自今全躯保身之臣皆以廷和为口实，谁复为国家任事者哉！②

这番话说得有理。正因其有理且又过于切直，更刺入世宗内心

---

① 《明世宗实录》卷七三，嘉靖六年二月己未。

② 《明世宗实录》卷七三，嘉靖六年二月己未。

痛处,故看到该疏后龙颜大怒,即命将其逮入诏狱。世宗犹不解气,亲临午门审讯杨言,酷刑逼供,无所不至,杨言则始终坦荡应对。①

世宗命五军都督府及九卿再议。镇远侯顾仕隆以迎立防守功多,深得世宗倚信,“赐手敕,特加太子太傅,调掌中军都督府事,提督都门锁钥兼督三千营”,②此时再不忍坐视,上书论王邦奇所言皆虚妄不实。世宗严旨责斥,不久即予解职。

然王邦奇凭空捏造,审案官也只好据实奏报。世宗仍令将杨惇以“陷匿卷宗”罪名削职为民,杨言以“轻率妄言”调外任,余承勋以“诈病旷职”令致仕。至于那滋事造端的王邦奇,也以“陈言希用”降为总旗,以示不加偏袒。哈密之事,仍命有司勘察上奏。

时张璁、桂萼、方献夫已奉敕掌三法司,审理李福达之狱。王邦奇对他们虽不足道,哈密事件却是整治杨廷和及现任首辅费宏的契机,便为之推波助澜,又牵扯上副都御史陈九畴。

身为巡抚甘肃副都御史的陈九畴素称能员,与前兵部尚书彭泽交情甚笃。土鲁番入寇肃州,九畴引兵自甘州连夜奔赴前线,杀退敌兵,唯轻信部下之言,奏报敌酋满速儿、牙木兰被击毙。后二酋上表求通贡,使世宗大为奇怪,开始怀疑陈九畴虚报邀赏。在京的土鲁番人也散布说肃州之变为陈九畴激成,世宗对陈九畴更加怀疑。

当年八月,桂萼上疏,称甘肃之变实由陈九畴夸大其事,大肆杀戮,目的是陷害主抚的原兵部尚书王琼。请求起复王琼并查明此事。世宗深以为然,不久即命召王琼以尚书待用,命刑部

① 《明通鉴》卷五三。

② 焦竑:《国朝献征录》卷七。

逮陈九畴至京审讯。

## 二、陈洸之狱尘埃再起

六年九月，张璁、桂萼、方献夫会审李福达狱结案，与之抗论的朝官备受酷刑后被一一发落，三人则以“平反冤狱”之功大获褒赏。桂萼掌管刑部，再次提出重审陈洸之狱，上疏为陈洸声冤。世宗诏令逮陈洸、叶应骢、黄绾、宋元翰等入京讯问，被牵连到的竟至四百余人。九卿会同锦衣卫廷讯，叶应骢凛然不惧，抗声说：我定陈洸之罪依据的是朝廷法典，若是必欲使陈洸无罪，诸公就看着办吧！

这时已由胡世宁接任刑部尚书，他也深知陈洸罪重，但鉴于李福达狱中三法司的可悲结局，不敢主持正义。恰好这天京师黄雾弥漫，审理未完，胡世宁便让暂停。

黄绾时任绍兴知府，被逮之时，百姓哭泣相随，争送盘缠。黄绾只收下两个钱，以示不忘士民情分，遂毅然就道。审讯的第二日，京师又刮大风，揭瓦拔木，被认为是冤狱的征兆。世宗下诏令百官修省，不用刑，叶、黄诸人因也逃脱了皮肉之苦。法司定应骢“按事不实律”，黜为民；宋元翰、黄绾、兰田等贬斥。而陈洸则授予冠带，令闲住。

霍韬仍上疏为陈洸声冤，以为如此处理还不公正。世宗亦知不宜过甚，未予理会。陈洸对叶应骢的仇恨有增无减，几年后又嗾使他人劾奏应骢审狱曾妄杀无辜 26 人。世宗批令巡按李美核查，李美奏称这些人死亡各有原因，非滥杀；当时的刑部尚书许讚也称应骢无罪。世宗不许，令将叶应骢充军辽东。

陈洸之狱前后历八个年头，亦嘉靖间一大冤狱。复杂的政治和人事背景使这个狱案息而复起，凡揭发陈洸恶行及审治此案者无不获罪，被逮捕者竟至一百几十人。

## 三、陈九畴冤狱

七年正月，陈九畴被从家乡曹州逮至京师。桂萼等人必欲杀之，并以此株连杨廷和与彭泽。首辅杨一清为陈九畴解释冤枉，世宗不听，责令杨一清不要偏袒党护，命将陈九畴打入诏狱。胡世宁在审理陈洸案时懦弱顺旨，良心上很受自责，此时主审此案，在朝堂声称："世宁司刑而杀忠臣，宁杀世宁！"①毅然上疏为陈九畴称冤，曰：

> 番人变诈，妄腾谤蔼……非九畴先几奋僇，且近遣属夷劫其营帐，远交瓦剌扰其窟巢，使彼内顾而返，则肃州孤城岂复能保？臣以为文臣之有勇知兵忘身殉国者，无如九畴，宜番人深忌而欲杀也。②

同情满纸，豪情满纸。胡世宁也解释了陈九畴听信部卒妄报，奏言满速儿已死的不察之罪，请求从轻发落。世宗也知九畴是个勇于任事的人才，记得他迅速平定甘州五卫之乱的功劳，很有些犹豫，最终还是采纳桂萼之言，将陈九畴发往极边充军。

尽管有杨一清、胡世宁等人相救助，此案在朝中牵连而及者仍有四十余人。兵部尚书金献民、侍郎李昆都因此落职。

## 四、狱讼纷起

较大的狱案还有张福之狱：京师居民张福状告邻人张柱杀其母，东厂奏知朝廷，刑部定张柱死罪。张柱不服，张福的姐姐亦向官府哭诉，说母亲实为张福所杀，证之邻里亦如此。世宗敕令刑部郎中魏应召重新审理，查清确是张福所为，改定张福死罪，释放张柱。

---

① 《国朝献征录》卷三九，胡端敏传。

② 《明史》卷二〇四，陈九畴传。

这件案情本不复杂，东厂却不同意，奏称法司审判不公，又提出以子弑母实不可能。世宗深以为然，对魏应召很恼火，令将其逮入诏狱，钦命右都御史熊浃再审。

熊浃，正德九年（1514）进士，嘉靖初为河南参议。议礼早期，熊浃即驰疏上言，从人伦人情立论，认为世宗应尊崇父母为帝后。虽其疏到京师之日略晚，朱厚熜仍令下之礼部，后来召修《明伦大典》，超擢右佥都御史。世宗视之为议礼重臣，两年间不断擢拔，迁大理寺卿、右副都御史、左副都御史，至嘉靖八年二月，再升为右都御史，掌管都察院。当熊浃官职低微时，就曾举发宸濠谋反之状，审核江彬亲信张杰的贪酷，声名远扬。世宗钦定由他主审，寄望甚殷。熊浃自也不敢懈怠，奉旨重做查讯，多方访求研审，仍得出与魏应召相同的结论。熊浃虽知必为皇上不喜，毕竟正义未泯、良心难违，决定如实上奏。

世宗颇觉意外，怒火中烧，听不进熊浃的解释分辩，立命将他削职。给事中陆粲、刘希简上疏抗谏，也被打入诏狱。接着负责审理的是刚任刑部尚书不久的许讚，他出身官宦世家，一门贵显。父亲许进在正德间历仕提督京营、兵部尚书、吏部尚书，加太子少保，以得罪刘瑾罢归。哥哥许诰，嘉靖初为侍讲学士，直经筵，迁太常卿掌国子监，堪称世宗亲信近臣，后仕至南户部尚书。许讚不敢再坚持，遵旨定张柱死罪，魏应召及提证的邻人充军，张福的姐姐也被打了一百杖，时人皆以为冤枉。

为什么世宗对此案如此关注，如此偏听偏信？《明史·熊浃传》中一语道破天机：

> 当是时，帝方深疾孝、武两后家，柱实武宗后家夏氏仆，故帝必欲杀之。

世宗虽未必会如此挟仇枉法，但其深恨张太后和夏皇后，对其亲属为非作歹的恶名早有耳闻，早想加以惩处，却是事实。

嘉靖大狱，与议礼有着千丝万缕的联系，更与世宗的主观意志有直接关联。议礼之臣由鄙位入据津要，推助催发大狱，应是其站稳朝堂、清算旧账和引用私人的最好手段。世宗也理所当然地成为他们的支持者，其情绪常比议礼之臣更激烈，其行为有时也更偏执。

如果说世宗的纯孝之心引发了议礼，则大狱频兴、冤狱频发，暴露了他的偏狭残忍，更暴露了他以人画线的浅陋。他在骨子里应是欣赏正直之士的，然大礼与大狱相连，一批批国家栋梁被打入诏狱，被流放或罢斥。所有这些又都鼓励了诬奏和告讦之风。许多积年沉案被翻腾出来，连御道上也出现了“匿名帖子”，使朝中大臣深为忧惧。所幸世宗亦知“开告密之门”的危害，命将匿名帖子焚毁。

## 第四节　横扫台署与翰院

嘉靖六年六月，处理疏章一向简要明快的世宗有些犯难：通政使司右参议葛桧本姓孙，以自少养育于外叔祖葛华家，从葛姓，至此奏乞复本姓；而其外叔祖母张氏也有一份诉状，详细讲说将他养育成人的艰辛，请求不许改姓。两份奏章都写得情词恳切，世宗读得很感动，却不知该如何决断。

这件事的可贵之处，在于这种纯粹家庭琐事的奏章能上达天听，在于有人为年迈的张氏书写并代呈诉状。通政使司“掌受内外章疏敷奏封驳之事。……凡天下臣民实封入递，即于公厅启视，节写副本，然后奏闻”。[1] 葛桧身为该司右参议，并没有

---

① 《明史》卷七三，职官二·通政使司。

利用职务之便阻拦张氏递状。世宗采纳吏部建议，批准葛桧恢复本姓，但要他善待张氏，待其死后再归宗。

## 一、敕令科道官互相纠举

葛桧原任御史，曾参与反对兴献帝加"皇"的联名上疏，此一事却也引起皇上的关注与好感。至十三年七月，已见其改称孙桧，任太仆寺少卿，①这个名字最后见于《明世宗实录》的职务，为户部侍郎总督仓场督理西苑农事。② 此是后话。

而就在这个月的早几天，南京科道的几位给事中和御史上疏，纠劾礼部右侍郎桂萼等一批高官的不职之状。吏部呈请皇上御批，世宗命都御史周金、陈洪谟致仕，桂萼等照旧供职。

这种纠劾，不足以动摇张、桂二人在世宗心目中的地位，却必然会引起议礼派对台谏的更大反憎。就在该月下旬，桂萼上言，称杨廷和在朝中"广树私党"，虽然被陆续斥逐，"然遗奸犹在言路"。建议仿照宪宗初年之例，让科道官"互相纠察"，以肃清台署。③ 世宗命吏部议奏。吏部侍郎孟春毫不含糊，奏称："宪宗初年无此诏旨，而萼言在被论之后，情涉报复，无以厌众心、昭公论。"④一句话，他认为桂萼之疏属报复行为，并说考察已过，不应再生枝节。

桂萼可谓议礼派中的恶人，岂能轻易罢休！他接着上疏说宪宗诏旨"卷案具在"，又说孟春"奉职无状，欲媚言官以图幸免"，⑤请求对孟春究治论罪。世宗显然更信任桂萼，又命吏部

---

① 《明世宗实录》卷一六五，嘉靖十三年七月己巳。

② 《明世宗实录》卷三九一，嘉靖三十一年十一月癸未。

③ 《明世宗实录》卷七七，嘉靖六年六月己巳。

④ 《明世宗实录》卷七七，嘉靖六年六月己巳。

⑤ 《明世宗实录》卷七七，嘉靖六年六月己巳。

复查先朝事例，警告他们不要回护。吏部只好再具呈文，称成化间因廷臣举科道官超升为巡抚，劾奏其中有不称职者，宪宗命互相纠劾，调外补任者七人。还特别说明“非考察拾遗事例”，与桂萼所称事实不符。世宗责备吏部党护，“令科道官互相纠举考察遗漏者以闻”，他最终还是支持桂萼。

七月一日，吏科都给事中王俊民等上疏，诉说在考察中台署比其他诸曹都要严格，“六科已去四人，十三道已去十人”，[①]语带央告，请世宗慎重处理。而御史卢琼、刘隅等的奏章则激烈有加，认为这样做“是开攻讦之门，滋报复之计，非盛世所宜有”。[②]世宗降旨切责，催促他们速行纠劾上奏。王俊民等再上疏，请求世宗委吏部和都察院负责此事。世宗责斥他们“朋辞规避”，命将王俊民、刘隅罚俸五个月，其他上疏者罚三个月，但还是采用其建议，令都察院和吏部再做严格考察。

当时吏部和都察院尚未掌握在议礼派手中。二司会考，以“不谨”、“浮躁浅露”等列储良材、黎良、王道、曹弘四人，建议降黜。世宗批令储良材闲住，黎良留用，王道、曹弘本来就“终养家居”，不必参与考察。他对这种明显的应付公事很不满，点名指出兵科都给事中郑自璧有不孝之名，户科给事中孟奇在被弹劾后“不自引避”，命降二级外调。世宗以此二人为例，责备吏部和都察院袒护遮掩，命再做严格考察以闻。

部院官被逼无奈，只好又列刑科给事中余经等四人上奏。世宗命一律降一级外调。

---

① 《明世宗实录》卷七八，嘉靖六年七月丙子。

② 《明世宗实录》卷七八，嘉靖六年七月丙子。

## 二、空荡荡的台署

部院及科道官对桂萼之恨又加一层。该月，吏部就王琼起复之事上议，称王琼本为前朝罪臣，而桂萼一再推荐，不知是何用心。世宗降旨称王琼不必起用，令回籍为民。抓住这一机会，御史胡松上疏弹劾桂萼“举用非人，树党固位”。世宗责其妄言，命调外任。御史周在接着上疏，认为世宗不应偏袒桂萼，结果被逮入锦衣卫狱拷讯。桂萼再上疏荐王琼，说王琼因攻杨廷和受陷害，而其才略堪用。世宗命吏部复王琼职，遇缺推用。

被部院列名“不职御史”的储良材，此时也上疏抨击部院当政者，称自己曾弹劾都御史聂贤不孝，而吏部左侍郎孟春、右副都御史刘文庄皆为杨廷和党羽，借考察之权行报复。世宗深信其言，责备部院“不持公论，为人报复私怨”，认为储良材应降补外任。储良材又上疏诉自己素以忠直为杨廷和、聂贤、孟春等忌恨，虽蒙恩旨外补，可杨廷和等人余党遍布四方，日后必为所害，因此乞退仕还乡。该疏语气甚凄哀，桂萼又上疏为其声冤，世宗命储良材复职如故。

南京的考察由南吏部尚书朱希周主持，六科未罢黜一人，桂萼称朱希周畏势懦弱。朱希周上疏，“称南六科仅七人，实无可去者”，[①]并请退仕，世宗准之。

这时都御史聂贤已被罢斥，支持议礼派的胡世宁调任左都御史，而张璁因会审李福达狱特旨署都察院事。张璁履职，即对十三道御史再行考察，罢黜王璜等 12 人，兰田、刘翀、朱衣均在其中。张璁还奏行宪纲七条，以对各道御史徇私、苞苴及称病家居等进行限制。世宗照章允准，并对巡按御史严加诫谕。这样，

① 《明通鉴》卷五三。

加上已黜斥各官,“前后共二十余人,台署为空”。①

事情并未结束。就在这个月,大狱审结,飙风迅雷又一次袭向台署:“帝以群臣皆抗疏劾(郭)勋,朋奸陷正,命逮系给事中刘琦、常泰、张逵、程辂、王科、沈汉、秦祐、郑一鹏等,御史姚鸣凤、潘壮、高世魁、戚雄等”,②科道官又一次被大批斥逐。

## 三、杀向翰林院

整肃科道之事告一段落,议礼大员又向翰林各官开刀。九月十三日,霍韬被任命为詹事兼翰林学士,上疏逊辞时论及翰林院种种积弊:“自杨荣、杨士奇、杨溥及李东阳、杨廷和专权植党,笼络翰林为属官,中书为门吏,故翰林迁擢不关吏部,而中书至有夤缘进六卿及支一品俸者。”③他建议由吏部掌管翰林官的升擢去留,以避免内阁大臣与翰林的结交朋比。

这期间又发生了一件事:翰林院侍读汪佃为世宗进讲《洪范》,语言拖沓,讲述沉闷,反应迟钝,加上一口听不太懂的南方话,使皇上很不耐烦。世宗拿过书来,亲自讲解其义,场面很是尴尬。经筵之后,世宗命吏部将汪佃改职外调。张璁等就在现场,自不会忘记当初翰林诸人带给的羞侮,趁机上言,请将翰林官“自讲读以下量才外补”。“一时改官及罢黜者凡二十二人,诸庶吉士皆除部及知县,由是翰院为空”。④

对台署和翰院进行了大清洗后,空缺之位的补充更为慎重。一些有资望才识的人进入了翰林和科道,其中当然也会有议礼派的支持者。如黄绾本为承祖荫入仕,竟也擢为少詹事兼翰林

① 《明通鉴》卷五三。

② 《明史纪事本末》卷五六,李福达之狱。

③ 《明世宗实录》卷八〇,嘉靖六年九月丁亥。

④ 《明通鉴》卷五三。

院侍讲学士，直经筵，史称："以任子官翰林，前此未有也。"①议礼派借皇帝之力，完成了对这几个重要部门的大换血。

① 《明史》卷一九七，黄绾传。

# 第九章　更定祀典

“国之大事，在祀与戎”，①极言祭祀与军事的重要性，言礼教治国与强军立国的相辅相成。嘉靖年间遭遇“南倭北虏”，世宗亲自部署清剿抵御，军事上虽说建树不多，却也不至于整体溃败；而由议礼引开来的文化大建设，包括对祭孔典制的革新，也包括对祭天祭地、祭祖祭社等一系列仪式的更改重定，则是世宗的功绩，其影响历中晚明和清朝直至今天。

强调孝悌，注入民间吁求和民生意识，是世宗更定祀典的理论主线，也抓住了礼教传统的精髓。世宗对中华文化浸润甚深，对儒家学说和礼制典则探根究底，继往开来，应说是功不可没。

## 第一节　再除朝中宿弊

所谓文化传统，从来都是斑斓驳杂的。由更定祀典到崇道信巫，再到大举斋醮，可见出一条清晰的思想和信仰轨迹，世宗的选择亦常让人扼腕叹息。后世多以此作为他荒殆朝政的依据，实欠公允。应该说，早期的明世宗还是相当勤政的，且终其一生也没放弃责任。

---

① 《左传》成公二十三年。

## 一、人才乃“当今之急务”

乾纲独断的世宗，多次表达过拣选人才的渴望，称之为“当今之急务”，命有司及两京大臣“虚心延访，公听详察”。他感觉到国事纷繁，迫切需要各种人才来推动帝国的巨轮。

八年(1529)春三月，世宗亲自策试天下举人，制策命题的文字较长，核心为“知人、安民”，要求举子们根据亲见亲闻的社会现状，提出自己的见解；“制策”拟题亦不避时弊，不尚虚饰，坦率地提到“自即位以来灾变频仍，旱潦相继，岁复一岁，无处无之，生民流离”，直截了当地要求举子们进行剖析。

三日后，杨一清等将阅卷官拟选的六份优秀试卷呈请御览。世宗虽目有火疾，仍将每卷都读了三遍，一一加以品题，并为此特别降谕内阁，说自己所定的次第不一定允当，请辅臣与读卷官再从公详议后确定，务必以选到真才为准。

或由于起身藩邸，世宗对资历、出身并不太看重。这年元月间，礼部尚书方献夫上言，认为百姓艰辛的原因之一在“郡县守令多不得人”，而建议多选进士，以第三甲一律任命为知县，并定下制度，不由知县不得升郎中和员外郎，不经知府任不得升侍郎、列卿。这应说是一种改革官僚制度，尤其是晋升体制的好办法，而世宗却敏锐地指出方氏议案的狭隘之处：不是进士的难道没有优秀人才？举人和贡生中难道没有超过进士的俊杰之辈？进士中难道还缺少纵肆奸恶者？世宗接着说：

> 如今以各处地方灾重，令牧用人则进士、举人、监人并用，其果才能廉洁为我爱民者，一体擢用奖励，上司不许自为轻重之别。①

对于官员任用中各种弊端，对于那种以出身论人、一考定终身的

---

① 《明世宗实录》卷九七，嘉靖八年正月丙寅。

陋见，世宗很是清楚。其人才观，其对任用人才的见解，显然又高出方献夫许多。

## 二、革除镇守太监

任用人才的前提条件，便是必须裁革官僚机构中的冗滥杂员，扫除官员使用的积弊。而当时的最大弊端，是宦官监军，即各地军镇的所谓“镇守太监”。

世宗在即位诏中，果断罢免了正德年间增设的分守和守备太监，后又陆续惩治了一些作恶多端的镇守太监，如宣府刘祥、江西邱得等，命司礼监选廉慎老成之辈替代之。至于科道、兵部官一再提议的裁革镇守太监，世宗则自有一番考虑，迟迟不能采纳。

《明伦大典》颁布后，世宗夙愿已遂，重又开始清理各类积弊。议礼大员张璁、桂萼相继入阁，功名心盛，革除镇守太监的议案又被提出。先是张璁借平台召见之机密请裁革，世宗沉吟未决，后又密谕张璁：

> 朕惟南京我圣祖根本之地，今虽有文武重臣在守，闻事皆自守备内臣出，夫何不用一宗室以掌其事？①

世宗令张璁密疏提出自己的见解，说明他也在为裁革镇守太监事思虑。自朱棣移都北京，明代历代帝王都很注重陪都南京，把它视作祖宗的根本之地，在此设置六部，驻扎重兵。然生杀予夺、调动军队、颁发文告的大权掌握在镇守太监手中。这当然是皇帝的旨意，是让这些昔日近侍代为镇守各地，为天子耳目，也充任爪牙。

太监，明朝主要指皇宫中内侍首领。他们常在帝后身边，小

---

① 《明经世文编》卷一七八。

心谨畏,多年辛苦后获得信任,派出任事,要说也属正常。所不正常者,是这些人大多出身卑微,一旦从仰人鼻息到手握重权,很容易胡作非为。历代帝王岂不知这些?却又觉得派遣他们还是有作用,还是更让人放心一些。世宗亦然。他不是不想改革,却又担心军事大权失控。他想尝试从宗室选一位亲王取代太监,掌管陪都南京,以控制东南诸省。

张璁急上密疏,举明太祖定制,亟言不可以宗室掌兵:"南京形胜所据,兵赋所聚,诚为国家根本之地,如加以宗室之亲,委以操纵之权,不幸而有管蔡、淮南之不奉法,天下其谁能何哉!"张璁又举宸濠之变欲取南京为依据的前车之鉴,告诫世宗万不可以亲王统兵,并再提裁革镇守太监之事,请求世宗"断然为之,使百年流毒,一旦顿除……"①

桂萼也在《密论四事》中请求"罢镇守",指出内臣镇守之设使得"事权涣散,政出多门,剥民为害不可胜计"。②

世宗终于下决心要裁革镇守太监,但此事沿袭已百余年,只有分阶段删减。当年二月,兵部遵旨上议,请恢复明初之制,革镇守太监。部议中谈到内臣外差太滥:如浙江、福建有镇守,又有提督市舶太监,浙江还有织造太监;辽东、宣府、大同、甘肃等边镇有镇守,又有监枪太监;河南、江西、山东既无外虏,又无内乱,镇守太监应革除;蓟州、宣府、大同三镇相距不到两千里,竟有分守和守备太监 25 人,都当裁革。世宗即令兵部提出裁革名单,并一一批准。

迈出第一步后,裁革镇守太监之事按步骤进行。嘉靖九年

---

① 《明经世文编》卷一七八。

② 《明经世文编》卷一八〇。

(1530)九月,“诏裁云南镇守太监”。[①] 巡按云南御史毛凤韶上疏,称镇守太监杜唐被撤回的旨意一到,“夷民欢颂,有若更生”,请求世宗不要再派镇守太监,世宗欣然依允。

十年(1531)元月,“诏革蓟镇镇守太监”。[②]

当年三月,“诏革分守四川内官”。[③]

六月,山西镇守太监周缙因偏头关失事被免,世宗采纳巡抚都御史黄锺的奏议,裁革山西镇守太监。

闰六月,“诏革镇守浙江、两广、湖广、福建及分守独石、万全,守备永宁城内臣”。[④]

八月,“诏革回陕西镇守太监张绅、四川镇守太监萧通”。[⑤]

所有这些裁革,似乎都有十三道御史的努力,他们在巡按地区搜集这些镇守太监的恶迹,汇录上奏,对世宗下旨逐步革除镇守太监起了积极作用。至此,散及各边镇、都市的镇守、分守及守备太监被裁革几尽。

与此同时,世宗还采纳六部之议,不断裁革重设、闲置的政府和军队中冗员。这年夏月,世宗两次下诏裁革各地增置的屯田水利副使、检校、通判、同知、判官、县丞、主簿、训导、巡检、河泊所官,对政府机构中的冗员大加精减。

### 三、再度清查皇庄和庄田

清理庄田的事情也在认真有序地实施。

是时帝国财政已经捉衿见肘,所幸世宗勤政务实,“力祛宿

① 《明世宗实录》卷一一七,嘉靖九年九月壬辰。
② 《明世宗实录》卷一二一,嘉靖十年正月丙午。
③ 《明世宗实录》卷一二三,嘉靖十年三月戊申。
④ 《明世宗实录》卷一二七,嘉靖十年闰六月乙丑。
⑤ 《明世宗实录》卷一二九,嘉靖十年八月丁酉。

弊”，而户部有一个好管家——尚书梁材。梁材，弘治十二年(1499)进士，初任知县，“勤敏有异政”，嘉靖初历职云南、贵州、广东，以廉明闻天下。世宗发现了梁材，将之调任刑部侍郎，再升为户部尚书。梁材“自外僚登六卿不满二载，自以受恩深，益尽职”。① 正是他将朝廷入不敷出的状况明确告知皇上：去年的收入只有130万两，而支出却是240万两。梁材指出五种弊端，提请下廷臣集议。于是引发了一场国民经济的大讨论，连宗藩、武职、内宦都积极参与，献计献策，世宗也因势利导，批准了一系列整顿治理方案。

曾任顺天府尹的户部左侍郎王轨，奉旨核查九门苜蓿地和京畿各草场，这些以牧养军马为名的土地多被垦为粮田，权豪侵占，有的竟然献到宫中太监李秀名下。李秀为兴王府旧人，从龙入京，禁不起他的当面求告，世宗只好答应。但王轨抗疏弹劾，使世宗意识到其危害，切责李秀，令将献地之人治罪。嘉靖八年四月，王轨奏称：“臣奉命清查各处庄田，见勋戚之家多者数百千顷，占据膏腴，跨连郡邑，以后勋戚日增，有限之土岂能应无已之求哉！”②请求根据品级和亲疏定出标准。世宗命户部议奏。

梁材显然比王轨态度更为坚决，奏本称：

> 今勋戚高爵厚禄，已逾涯分，而陈乞地亩，动以数千，诚非祖宗立法之意。自今宜申明诏旨，不许妄为奏讨，侵渔小民。其已经钦赏有成命者，仍与管业，中有世远秩降或非一派相传者，量存三之一以为墓祭之费，余皆入官以备边储。③

---

① 《明史》一九四，梁材传。

② 《明世宗实录》卷一〇〇，嘉靖八年四月甲戌。

③ 《明世宗实录》卷一〇〇，嘉靖八年四月甲戌。

这个提案甚合世宗之意。所谓勋戚“世远秩降”，尽可抑制武宗乃至孝宗后宫戚党，而与他自己关涉不多。祖母邵太后、母亲蒋太后家中父兄子侄皆新获恩泽，不受此提案影响。于是世宗即颁谕旨：

> 已赏田土，亦宜查明，有分外强占者俱给原主。自今勋戚大臣务各安分以保禄位，不许妄行陈乞。①

此谕一出，势豪之家为之缩颈，请乞庄田之风，在很大程度上得到限制。

## 第二节　集议郊祀

嘉靖八年的世宗，相比于入朝之初，显得更为英察自信，为振作民心，肃清积弊，发展经济做了不少实事，大明帝国也显现出一些生机。遗憾的是，世宗这种锐意革新的精神，不久又转移方向，投向对各种祭祀礼仪典制的研究，自此乐此不疲。

### 一、分祀天地的信号

祀典，即朝廷祭祀所遵的典制。祀典向来是历朝统治者所关注的立国大事，是封建礼乐制度的重要内容。明太祖朱元璋在建国之初，即“首开礼、乐二局，广征耆儒，分曹究讨”，修成《大明集礼》，后又陆续编纂《洪武礼制》、《礼仪定式》、《大礼要议》、《皇朝礼制》等十余种。“凡升降仪节，制度名数，纤悉毕具。”②可到明嘉靖间，有些定制却要重新讨论了。

---

① 《明世宗实录》卷一〇〇，嘉靖八年四月甲戌。

② 《明史》卷四七，礼志一。

世宗经大礼之争,对古礼仪也算是渊然大家了。群臣争议的过程,是他诵经习礼的过程,也是他饱读诗书,尤其是礼乐典籍的过程。正由于此,他对祖宗立朝后制定和沿承的这一套礼乐制度,觉得有些不满意了。

首先是郊祀,亦即祭祀天地。天,指昊天上帝;地,指皇地祇,又称后土。这便是所谓的“皇天后土”。古人以万物皆天地所赐予,故在冬至祭天,夏至祭地,以报生生之恩,顺阴阳之义。明初李善长等奉敕撰《郊祀议》,便定为“分祭天地于南北郊”,并依“天圆地方”之说,在城南建圜丘以祭天,在北郊建方丘以祭地。后增祀风云雷雨之神于圜丘,增祀天下山川之神于方丘。

洪武十年(1377)十一月,阴雨肆虐,朱元璋读了京房的灾异说,联想到分祭天地似有不妥之处,垂咨于礼臣,始有合祭天地之议,命在南郊建造大祀殿。朱元璋亲制祝文,称天与地犹如君主的父母,不宜分居异处,定为“每岁合祀于孟春,为永制”。①永乐皇帝移都北京,亦依南京规制,在城南建大祀殿。后此诸帝相承,岁岁致祭,隆而重之,再无一人想到要变更。至明世宗才生出念头,欲“斟酌古法,釐正旧章”,一新制作,以成中兴之主的勋业。

毕竟涉及要更改祖宗的定制和成法,世宗也颇为谨慎。他想此议由议礼首功之臣张璁提出来最好,且张璁为内阁首辅,领袖群臣,此时已大有号召力。于是,世宗便用咨询的语气问张璁:

> 《书》称“燔柴祭天”,又曰“类于上帝”,《孝经》曰“郊祀后稷以配天,宗祀文王于明堂以配上帝”,以形体主宰之异言也。朱子谓:“祭之于坛谓之天,祭之屋下谓之帝”。

---

① 《明史》卷四八,礼志二。

今大祀有殿，是屋下之祭帝耳，未见有祭天之礼也。况上帝、皇地祇合祭一处，亦非专祭上帝。

这一番话显然是在其考索古祭法，遍阅礼典后才说的。世宗旁征博引，指出合祭天地的规制既不合于古礼，亦不合于朱子的诠释，对现行郊礼礼仪发出了极明确的更改信号。

## 二、太祖灵位前的占卜

世宗欲大改郊祀规制的念头，作为股肱重臣的张璁当然心领神会。但张璁又深知其落实和施行意味着什么：繁琐的祭祀礼仪的制定，浩繁的营建工程费用，都将给国家政局产生重大影响。张璁显然不愿在此事上再费太多精神。国事万端，山河待整，他想多做些实务，便回答说合祭是国初定制，又说大祀殿为坛上建屋，坛即圜丘，屋即明堂，亦能符合孔子之说。

世宗又降谕张璁，称在冬至和夏至分祀天地为"万代不易之礼"，又说大祀殿只能算与明堂相近，却不是圜丘。

张璁只好再下一番功夫，将《周礼》及宋代诸大儒有关分祭、合祭的理论详加引证，证明分祀与合祀皆有依据。又说合祀"祖制已定，无敢轻议"。① 世宗怎甘轻易罢手？他想了一个办法，即到奉先殿太祖灵位前去占卜，若卜得吉兆，群臣自然无话可说。孰料卜之不吉。

世宗素性执拗，认定之事，不肯中途改悔。他又问大学士翟銮，翟銮不敢反对，又不想明确支持，也将历代郊祀之因革具述上奏。世宗又去问礼部尚书李时，李时请求缓缓图之，广选儒臣，议复古郊祀礼。世宗再去太祖灵前占卜，未想这位祖宗亦无

① 《明史》卷四八，礼志二。

半点通融，仍是“不吉”。[1] 世宗毕竟不敢违太祖皇帝发自九泉的“幽旨”，只好作罢。

### 三、夏言上疏

就在此时，世宗于群臣中发现了夏言。

夏言无疑是一位抱负非凡、才干卓异的能臣。他为正德十二年进士，世宗即位时任兵科给事中，上疏建言，深得皇上首肯。先受命核裁京卫中冒滥冗员，后按察庄田，皆人事丛杂、程序错综之事，夏言都能尽心办理，从公断处，不独大得清名，也使世宗渐渐器重。此时夏言已转吏科都给事中，品秩虽不高，职权颇重，遂上疏请举行皇后亲蚕礼，谓古者皇帝亲耕南郊，皇后亲蚕北郊，不可偏废。

世宗得疏大喜，命张璁传谕夏言，令其对郊祀之议陈述己见。夏言当然不会放过这一机会，即上疏称合祀天地，以太祖、太宗并配及在孟春举行祭典，都不合乎古代之典，应博采古礼书及汉、宋间大儒之论，重加裁定。疏文最后，把分祀提高到中兴大明帝国的高度：

> 陛下躬率群臣，请于皇天后地，告于宗庙，修扫地之仪，建配天之祀，以成一代之典，以答上帝之心，以光祖考之业。将见皇天眷佑，百神俱依，绵福祚于万年，丽子孙于千亿，中兴太平之盛德大业，当与天无极矣！[2]

好一篇漂亮文字，又是空洞文字和马屁文字，世宗看得眉花眼笑，即欲颁敕令廷议。然敕旨尚未下，礼科给事中王汝梅等上疏驳斥夏言之说，使世宗很恼怒。世宗降敕切责，命礼部将郊祀事

---

① 《明世宗实录》卷一一〇，嘉靖九年二月癸酉。

② 《明经世文编》卷二〇二，夏言《请敕廷臣会议郊柜典礼疏》。

宜刊刻分发，限文武衙门大小官员于10日之内具疏陈述己见。

世宗的谕旨很长，倾向显然，语气严厉。他说自己知道这是更改祖宗成宪，又《祖训》中有“后世子孙，勿作聪明，乱我成法”之句，自己也不敢“身犯皇祖之训”，然更易祀典，“义理不容不尽，而心之所获又不敢自默”。[①] 世宗还批驳了王汝梅等人的奏疏，斥之为“破乱大事”，“贼道叛经”，又命三品以上大员及科道官等单独上疏，其余按部属连名具疏，不许隐瞒沉默。

## 四、霍韬私信泄愤

世宗以问卷的方式，对朝中大吏就郊祀问题开始普查，要求其明确支持与否。这是又一次站队，是对大臣立场的大检验。

议礼派诸臣大多不支持分祀两郊的议案。历史就是这样变幻无定，簸弄世人！先是他们以积极议礼获得皇帝眷注，以寥寥数人最终击败领袖群臣的杨廷和内阁；现在则是夏言以郊议使世宗欢心，而已主持阁部事务的他们，竟成了阻力。

议礼派不愿蹈杨廷和内阁的故辙。九年(1530)三月，张璁呈上《郊祀考议》一册，对古礼书及历代郊祀之议详加论列，对分祀之议虽不敢明言反对，其倾向性仍可见出。向来偏激的霍韬则对张璁、李时这种软弱之举不满，上言称夏言“紊乱朝政，变乱成法”，又批评张璁、李时不能诤谏。世宗览疏不悦，斥责其欺蒙谬议。

夏言从来不是软弱之辈，并没把张、桂二人放在眼里，更不要说霍韬。受到皇上鼓励，他再一次上疏，洋洋洒洒，驳斥霍韬之论，尤其抨击分祀为变乱成法一说，曰：“今之议者往往以太祖之制为嫌为惧，然知合祭乃太祖之定制为不可改，而不知分祭

---

① 《明世宗实录》卷一一〇，嘉靖九年二月癸酉。

固太祖之初制为可复也；知《大祀文》为太祖之明训为不可背，而不知《存心录》固太祖之著典可遵也。且皆太祖之制也，从其礼之是者而已矣……”①夏言对“变乱成法”的驳击极有力量，世宗得疏甚悦，命礼部议闻。又颁敕奖谕夏言，赐四品服色，命他随时就天下政事陈述闻见。

议礼诸臣以抗争廷论起家，好勇斗狠，霍韬更是鹰派中的鹰派。但他以前疏遭斥责，也不敢再上疏，内心对夏言又如骨鲠在喉，不能不发，便写了一封长信给夏言，对其痛加指斥。素来心高气傲的夏言，怎能受这般窝囊气，即将这份私书呈送世宗，并说霍韬无大臣体，以私书泄愤，犯“无君之罪”者七。世宗大怒，命锦衣卫逮捕霍韬，送都察院治罪。霍韬这才害怕，在狱中上疏乞哀，张璁也一再请求宽恕其罪，世宗不听。

### 五、分郊祭天地的确立

霍韬之事震惊了群臣。想起“左顺门之争”的可怕后果，朝臣们不再敢激烈反对。三月十一日，礼部汇集群臣之议上奏：

主张分祭天地者，有都御史汪鋐等 82 人。

主张分祭，但又称应尊重成法，认为时机不成熟者，为大学士张璁等 84 人。

主张分祭，而以山川坛为方丘者，有尚书李瓒等 26 人。

而吏部尚书方献夫，兵部尚书李承勋，詹事府詹事魏校、霍韬，编修徐阶等 206 人则主合祭，但不以分祭为非礼。

还有英国公张仑等 198 人，未有明确意见。

有关郊祀的配位问题也引起争议。太祖时以皇考仁祖淳皇帝配祀，建文帝改为太祖配祀，洪熙时增永乐皇帝，以太祖、太宗

---

① 《明世宗实录》卷一一一，嘉靖九年三月丙申。

并配，后历代沿承。夏言上疏时提及此事，认为太祖、太宗并配，父子同列，于礼有所不妥。礼臣奉旨集议，以为二祖配享已一百多年，不便轻易更动。

世宗的想法是以太祖配享南、北郊，而以太宗配祀上帝于大祀殿。他征询大学士张璁、翟銮的意见，二人以为将二祖分享，于义理不甚妥当。世宗不接受他们的观点，说："天惟一天，祖亦惟一祖"，那就是高皇帝朱元璋。最后，配享之事还是依世宗之意，以太祖独配南、北郊。他也采纳了礼臣的提议，以二祖并配大祀殿。

这次问卷式的调查结果并不能使世宗满意。以前赞襄大礼的张璁、方献夫、霍韬（桂萼适罢官家居）等人在此事上均持论保守，尤令世宗恼火。他命群臣再议，群臣不敢再行执拗，方献夫、霍韬也随风转篷，上言承认以前主张合祀之错。世宗宽恕了他们，不久便将霍韬官复旧职。其对议礼之臣，总是能网开一面的。

世宗又一次获得了胜利。这次分祀两郊之议的确定，当然比议礼容易得多。议礼之臣如张璁、方献夫、霍韬等人，也由此进一步认识了世宗的刚愎个性，由恃宠尽忠变得小心翼翼。

五月，命户部、礼部、工部官与夏言等到南郊择地营建圜丘。礼部官为节省和快捷，想利用旧有建筑如具服殿等，夏言则务求一新规制，世宗支持其议，一切重新造作，于当年十月建成。

十年（1531）夏，北郊地坛、西郊夕月坛、东郊朝日坛次第建成，世宗主导的分祀之制确立。

## 第三节　改正孔子祀典

经过一番努力，郊祀分祭终于完全按世宗的想法付诸实施，内阁及礼臣遵旨纂成《祀典》。这是世宗的喜好，他总是愿把这类争议编成文献，从而使自己的观点和做法典则化。

阅览《祀典》稿本后，世宗降谕张璁，提出其他如风雨云雷之神、先圣先师的祭典，都应依次序编入。张璁即奏称孔子祀典不合礼法，当更正。

### 一、孔子该称王吗

孔子逝后的尊荣与儒学正统相推长：唐代，孔子被尊称“文宣王”，宋代称“至圣文宣王”，元又加称“大成至圣宣王”，祀礼日隆。大明建国，朱元璋对这位至圣先师也不敢轻慢，下诏“以太牢祀孔子于国学”，并遣使往曲阜致祭。后定制每年春、秋两祭，皇帝降香，丞相、翰林学士亲往国子监祀孔子。洪武三年(1370)诏革诸神封号，只有孔子封爵依旧。四年，礼部奏定祭祀仪物：笾豆由8增为10，祭器由木制改为磁，用乐生60人，舞生48人，引舞2人。太祖御笔题准。后又敕建大成殿，朱元璋亲自定制，极其宏丽。成化十二年(1476)，明宪宗采纳国子监祭酒周洪谟之言，将乐舞由6佾改为8佾，笾豆增为12。弘治九年(1496)又增乐舞为72人，全同帝王之制。上行下效，寰中处处孔庙，塑像庄严，香烟缭绕。

对这种尊孔的形式化亦有人不以为然。天顺间，苏州学庙的孔子塑像以岁久剥落，有司请求修饰，知府林鹗命将泥塑换成木主(即木制的牌位)。有人提醒他不要落得个毁圣像的罪名，林鹗说：这是土块而已，怎会是圣贤呢？孔子生在佛教未传入中国之前，其时哪有什么塑像！于是令将孔子及从祀诸贤的塑像都改为木主。

张璁所称的不合礼法，最初只是指孔子之父叔梁纥、颜渊之父颜路等从祀，列于庙庭下的庑廊，有悖情理。他请求在大成殿后再建别室以祀叔梁纥，以颜路、曾皙、孔鲤配祀。世宗深以为然，并指出祭孔仪物不该与祭天同，对谥号、章服亦应改正。

张璁深知世宗之意，再具疏上奏，言：

> 孔子宜称先圣先师，不称王；祀宇宜称庙，不称殿；祀宜用木主，其塑像宜毁；笾豆用十，乐用六佾；配位公侯伯之号宜削，止称先贤先儒……①

世宗命礼部和翰林官会议以闻。

## 二、反驳徐阶之说

这次最先挺身出来反对，且态度坚定的，是翰林院编修徐阶，一向温文尔雅的徐阶。

徐阶为嘉靖二年癸未科探花，授翰林院编修。他生性谨慎，藏而不露，却因涉及先师孔子，觉得实无法再缄默，便上疏反对。他说：

> 天子王祀孔子，承袭已久。一旦不王，众人愚昧，将妄加臆度，以为陛下夺孔子王爵，易惑难晓。且天下像祀孔子，衮冕章服，颙然王度，苟去王号，势必撤毁。臣闻爱其人者，杖履犹加珍惜，况先圣之遗像乎？国家庙祀孔子，宫墙之制下天子一等，乐舞笾豆与天子同。今八佾、十笾，盖犹诸侯之礼。苟去王号，将复司寇之旧，夷宫杀乐，以应礼文，

① 《明史》卷五〇，礼志四。

恐妨太祖之初制矣。①

疏文写得很直切，却无任何过激之词，很能体现这位嘉靖晚期内阁首辅的谨严个性。

张璁得知后甚怒，召徐阶当面质问。徐阶谨慎，却并不软弱怯懦，继续侃侃抗辩。张璁更为生气，喝叱：你敢背叛我吗？徐阶正色而言：“叛生于附。阶未尝附公，何以得言叛？”②说毕长揖而去。

世宗读了徐阶之疏，亲撰《正孔子祀典说》以示礼部，文字甚长，列举孔子祀典中失当之处，作了有力的驳论。对于孔子的文宣王之号，世宗说：“孔子之道，王者之道也；德，王者之德也；功，王者之功也；事，王者之事也；特其位非王者之位焉。”③且说孔子生前最痛恨诸侯僭称王，后世加之以王号，实在不体谅圣人之心。接着又考察孔子称王的过程：创业垂统的汉高祖、唐太宗未给孔子加王号，“孔子之谥王号自唐玄宗、李林甫之君臣始”。李林甫是唐代著名的奸相，是历史上大奸大恶的典型，故世宗于此反诘：“林甫之为臣，何等样臣也？”④

其二，关于孔子塑像。世宗指出：孔子逝世时，其弟子并未为其塑像，塑像是在佛教东渐后仿造的。他说，一个人，自是一个人容貌颜色，原无法增损，而迷信工匠，由其随意雕塑泥胎，实非孔子本意。

其三，关于八佾之舞和十二笾豆。世宗认为僭越逾礼，必须改正。

对公开唱反调的徐阶，世宗很是嫌恶，又联想到议分祀天地

---

① 《明史纪事本末》卷五一，更定祀典。

② 《明史》卷二一三，徐阶传。

③ 《明世宗宝训》卷五。

④ 《明世宗宝训》卷五。

时霍韬的表现，将二者加以对比，说霍韬为人朴直，所以其上言中多不逊之辞；而指出徐阶则奸猾得多，“阶也用心如韬，而言甚切而奸也，悦词和言，不激不迫甚矣。佞哉斯人也！翰林可用这等人邪”？①

当朝天子的旨意当然决定着臣下的命运，未久，徐阶被贬为延平府推官，离京而去。至于后来徐阶重获眷渥，位极人臣，则也可称为异数。

### 三、击毁孔子塑像

更正孔子祀典一事顺利地贯彻。张璁作《先师孔子祀典或问》，以问答的形式，对更正孔子的谥号、章服、祭祀仪式、笾豆、乐舞及塑像等，一一加以说明，并称：“夫孔子与天地合其德，日月合其明，实亦祀典之大者，不可不急正之者也。”②

更定孔子祀典，似乎未见太多的大臣站出来反对，但私下的不满议论仍很多。夏言及时把这一状况反馈给世宗，曰：“正缘人心不古，天理难明，数日以来群议沸腾”，③建议暂缓实施，待举行过南郊祭天之礼后再确定。世宗对其章疏显然不甚满意，批曰：“尔既知人心不古，天理难明，当坚持定志，尽去人欲，勿谓暂止待之，庶始终小大不失。”④

当年十一月十五日，礼部会同内阁、詹事府、翰林院上议，对更正孔子祀典提出了具体方案：

一、谥号。去其王号，更正为“至圣先师”。庙宇只称庙而不再称殿，从祀四配称复圣颜子、宗圣曾子、述圣子思、亚圣孟

---

① 《明世宗宝训》卷五。
② 《明经世文编》卷一七八。
③ 《明世宗实录》卷一一九，嘉靖九年十一月乙未。
④ 《明世宗实录》卷一一九，嘉靖九年十一月乙未。

子，十哲等皆称先贤某子。

二、章服。钦遵太祖所定南京国子监规制，制木为神主，撤掉所有塑像。

三、乐舞与笾豆。春秋祭祀遵照国朝旧制，用 10 笾 10 豆，府州县用 8 笾 8 豆，乐舞用 6 佾。

四、配享。于两京国子监和天下学校别立一祠，以祀孔子之父叔梁纥……

议上，世宗御笔准行，又特别强调必须毁掉孔子泥塑，责令国子监祭酒和各省提学副使督行。[①]

## 第四节　重定庙制

庙制，即皇家祭祀祖宗的典制。封建统治者历来注重宗庙之制，明代亦然，有明之初，即“作四亲庙于宫城东南，各为一庙”。[②] 后来明朝历代帝王的神主，陆续列于太庙。至孝宗即位，宪宗神主将祔庙，而九室之位已满。礼臣集议，请在寝殿后别建祧庙（即远祖庙），将懿祖（朱元璋之曾祖）的牌位移至祧庙，以后孝宗、武宗先后升祔，熙祖、仁祖（朱元璋之祖父、父）的神主渐次移往祧庙。而德祖（朱元璋之高祖）定为不迁之祖，神位不移祧庙。

这种流水线般升祔、迁祧，加上“不迁”的特例，形成皇明的庙制。既遵循礼教传统，也凝集着明朝礼臣的智慧，应说是较为合理。到了世宗，却出现新的问题：他的父亲如何安置？

---

① 《明世宗实录》卷一一九，嘉靖九年十一月乙未。

② 《明史》卷五一，礼志五。

世宗深知，不管他为父亲做了多少努力，但不入太庙，不进那条流水线，就不算纳入正统。他要对庙制大作调整，当然会找出许多理由，核心仍在于老父一人。

## 一、祭拜太辛苦

岁月如梭，至世宗即位，太庙寝殿中已满满当当地敬奉着其历代先祖的神主，就连后面的祧庙也热闹起来，而皇宫中还有奉先、奉慈等殿。按祖上传下来的规矩，皇帝逢年节及诸帝忌日都要隆重祭祀，而每天早朝前要去奉先殿、奉慈殿、崇先殿瞻拜列祖列宗，行一拜三叩头礼。日复一日地穿堂绕室，上下阶梯，冬日风冽，霜天石滑，如此一室室拜去，委实是一种苦重的劳役。以往帝王可遣其弟（即亲王）代之，而世宗孑然独枝，无可替代，又不愿让臣下说自己怠惰，只得勉力为之。嘉靖六年他与杨一清的一番谈话，正是倾诉其中苦情。

大约就在这种早起瞻拜的风霜逼迫间，世宗开始思考宗庙制度的种种不合理之处。杨一清、张璁深察皇上苦衷，指出日日瞻拜，开门关门，实在有扰先灵清净，“此等礼仪，决当改正”。[①]世宗遂命改为节令朔望行瞻拜礼，拜的次数亦大加省减，礼仪已定，即命司礼监太监鲍忠传旨先行演练。

## 二、来自宦官的反对声

此时的内阁大臣多由议礼发身，如张璁等，不再反对世宗在祀典上的更改之念。他们想通了，与其反对而又无法阻止，莫不如顺应皇上，事态倒显得平静一些，实施时也可做一些修订。

世宗心下很是轻松，觉得只要吩咐司礼监排练实施就行了。

---

① 《明世宗宝训》卷四。

谁知鲍忠刚走不一会儿，复进来奏说亲祝文还未降下。世宗告曰祝词已亲自写好，交给内阁润色去了，待誊清再交下。鲍忠退去。张佐等八位近侍太监又来奏，说是已演习过，但恐不可这样做，瞻拜礼沿承百年，不可随便更改。

鲍忠、张佐等都是随世宗由兴藩入京的旧人，素来忠心耿耿，兢兢业业，今日齐来劝谏，其出发点一定是为了主子好。世宗知这些忠仆必为异议所迷惑，对他们说：祖宗朝内殿之仪，并无明条记载。并引《礼记》"祭不欲数，数则烦，烦则不敬"，又说省减之事亦与内阁商议过，旧礼实在太频繁。

司礼太监温祥说：旧礼也是由内阁定的。

世宗将温祥嘲笑一通，对他讲从太祖开始，便由礼部掌一应礼仪，后来设的内阁只是"备顾问，专辅导"，从未有礼仪出内阁之事。见如此，鲍忠便说：只照圣意行之可也。世宗也乘机收场，夸奖鲍忠知礼，令他们回去，明日照礼仪执行，自己别作区处。张佐等这才无奈退去。①

这件事由世宗亲笔记述，可知更改成法之难。

### 三、亲撰《大禘图》

更改庙制，世宗是发明者，又是总设计师。②

嘉靖九年春，世宗在行特享礼时已略作改革，"令于殿内设帷幄如九庙，列圣皆南向"，已与旧制不同。

十年正月，世宗先期谕知张璁，说自己打算在春享时奉太祖神主居寝殿之中，面南而设，太宗以下各为一室，行特享礼；三时（即端午、中元、冬至）则聚于太祖室，昭穆相向，行时祫礼；岁暮

① 《明世宗宝训》卷四。

② 《明史》卷五一，礼志五。

节祭，行于奉先殿；世庙止行四时之享，岁暮祭于崇先殿。这已是一套较完整的庙祭方案。世宗命张璁与礼部尚书李时及夏言商议上奏。张璁岂不明白皇上心思，当即提出应以朱元璋为始祖，而以德祖为“所自出之帝”。张璁热切赞扬世宗更改庙制的想法，论为“皆得礼义中正”，无疑使皇上很高兴。

世宗亲作《大禘图》，以明太祖朱元璋为始祖，谕曰：

> 宗庙祀典，当有讲求者：夫太祖开运肇基，不可不尊隆使同子孙并列；太庙本是太祖庙，当南向而享之地；及列圣虽不可并，但生一世而南面，至其为宗，终不得一南向以享，是亦未尽人情。况孝子之心安乎？大禘祭欲岁一举，恐失于常祀之同……①

其更定庙制之决心，更为坚定。

眼看当年的春季特享礼就要到来，世宗命礼部具仪以闻。内阁、礼部连同那位新荷殊眷的翰林院侍讲学士夏言，都不免好一阵忙碌。唯内阁大学士桂萼自上年起复后一直卧病淹缠，再无往日之锐气，只是反复恳请归乡。世宗命桂萼暂回籍调理，病愈即行起用，以示仍未忘其议礼之功。八个月后，桂萼病逝于家，享年 54 岁。

### 四、废止同堂异室制

朝廷的礼制改革仍在轰轰烈烈地进行。嘉靖十年元月间，德祖神主被奉安于祧庙，太祖第一次享受了其生时的尊崇，居中南面，称为始祖。世宗又想废止同堂异室制。在他认为自太宗以降的每位皇帝都应单独有庙，南向而居，似现在这般“父子兄弟同处一室，在礼非宜”。这年九月，他召集阁僚和礼臣，晓谕

---

① 《明世宗实录》卷一二一，嘉靖十年正月壬辰。

其意。此时张璁已第二次被罢归，内阁大学士为翟銮、李时，夏言新升任礼部尚书，他们当然不会从理论上提出反驳，只是觉得实施起来有困难。李时说太庙规制宏伟，一旦改建，工程太大。夏言则说将来行祭礼时一日祭九庙，恐圣上过于劳累。

世宗对这些显然已有过周密思考，答曰大殿、寝殿均不必动，行祭礼可一日祭一庙，也可遣官代祭。

翟銮又提出两边庑廊南北较短，难以容下殿宇和寝庙。世宗这才说出了自己的一番心里话：

> 朕思皇考南面专享世庙之祀，而太宗以下列圣乃东西面，不得专祀。《书》称“礼无丰昵”，朕心未安。①

这段话说得恳切，也出自真情，其画外音想大臣们也听得懂，但他们只有表达自己的深深感动。

怎么办呢？夏言只好从实施角度说话，奏称太庙两旁没多少空闲土地，宗庙重事，应详加测量后再做。世宗即令夏言负责其事。

半年后，世宗又下谕旨督促，曰：“郊庙大礼系国家重典：朕于天地百神祀典俱已厘正，惟宗庙之礼尚袭同堂异室之制，未能复古，于心歉然”，②命礼部会同有关部门拟议相应规制以闻。

十一年(1532)四月，张璁等联名具疏，称遵旨拟庙制，以太祖朱元璋为始祖，而太宗定鼎北京，建子孙万世基业，亦应特立一庙于太庙东，百世不迁，不在三昭三穆之数。至于昭穆六庙因东西向地土狭窄，只能容下五间正殿。奏议又说庙制之事大，本应无纤毫遗憾，只因地势所限，展转裁损，寝庙门庑不能具

---

① 《明世宗实录》卷一三〇，嘉靖十年九月乙卯。

② 《明世宗实录》卷一三六，嘉靖十一年三月庚午。

备”[1],恐这样建成后圣心不满意,故不敢决断,恳请圣裁。世宗反复思之,也认为实情如此,难以区划,只得颁诏令暂停此议。

## 五、九庙之火

世宗称帝践祚已十余年时光矣。世人都知晓他是一位孝思绵长的君主,知晓违拗皇上的可怕下场和顺从的益处,知晓在“孝”字上做文章是一条升官捷径。于是各种靠谱不靠谱的言论纷繁而出,于是由议礼而立庙迁陵,而祔庙称宗,皇上孝思罔极,臣下攀附巴结的奇思邪念亦称罔极。

这期间出现一个插曲:广平府一位名叫张时亨的府学教授借进京上疏,称兴献帝应定庙号称宗,以“皇上诞生之年追改钟祥天号”,并建议刻制兴献帝木像以理天下事,圣母改皇后服正位后宫,至于世宗则改称皇太子代理政事。洋洋数千言,皆如此胡说八道。世宗御览盛怒,即令有司逮治。没想到这位张教授苦等皇上召见不得,已离京而去,再令当地的巡按御史逮问,结果奏称其有心病(即精神病),真让人哭笑不得,诏令革职。

十三年(1534)六月,南京太庙失火,“前后及东西庑神厨库俱毁”,[2]世宗非常震惊,命逮治监官周原等,并亲至太庙祭告,遣大臣往南京祭告,命天下宗室和朝中大小官员一体修省,九卿及四品以上官员令自陈。

正当世宗为南京太庙火灾骇惧之时,礼部尚书夏言奏称:南京太庙突然失火,实是列祖列宗暗中佑护更改庙制,以显灵异。世宗大喜,即听从夏言与张璁之言,不再重建南京太庙,而诏令明年春兴建九庙。廷臣会议于太庙之南建诸庙,左为三昭庙和

---

① 《明世宗实录》卷一三七,嘉靖十一年四月甲申。

② 《明世宗实录》卷一六四,嘉靖十三年六月甲子。

永乐皇帝世室，右为三穆庙，世室比众庙高峻宽广。世宗御批准行。

十四年二月，营建九庙的浩大工程正式开始。太祖庙后为祧庙，门殿皆向南；诸庙各自独立，有殿有寝，庙门东西向，内门寝殿皆南向。这项工程用了将近两年，于十五年十二月建成。世宗又命在其侧为父亲改建睿宗献皇帝庙，兴献帝开始称宗。

正在一切如拟进行之时，不意上天加谴：二十年(1541)四月的一个雷雨交加的晚上，仁庙火起，风助火势，成祖庙、太庙及群庙一时俱毁，唯兴献帝庙完好无损。这种状况，连巧舌如簧的夏言也无法解释。世宗认为是九庙制招惹天怒，经过千番痛苦的反思，决定仍改回同堂异室制。但此番恢复旧制，也加入了新的内容，即其父以睿宗之称进入昭穆序列，位于孝宗之下，武宗之上。

世宗让其父称宗祔庙的目的，总算得以实现。

## 第五节 佛教之厄

明朝的开国皇帝朱元璋曾是一位和尚，但在打下江山、君临天下后，对僧尼却很是严苛。他制定了一整套约束僧道的法规，核定寺观，清理度牒，限制出家，严格考试，使僧尼们的日子并不好过。

轮到朱元璋的子孙，情况就有了变化。

### 一、革除“法王”、“佛子”称号

永乐皇帝靠血腥厮杀夺得侄儿建文帝天下，幕中第一高参为僧人道衍，即后来追赠“推诚辅国协谋宣力文臣”、特进荣禄大夫、上柱国、荣国公的姚广孝。自此以往,佛教备受优隆,“释氏有法王、佛子、大国师等封号”。①

至明武宗时,佛教地位更高。“武宗极喜佛教,自列西番僧呗唱无异,至托名大庆法王,铸印赐诰命。”②豹房之中,行殿内外,亦到处可见番僧身影,其中邪恶之辈干扰国政,糜费民财,请乞封赏,残害百姓,种种不法,令识者忧虑。

世宗即位,清除这班劣僧、恶僧也列入新朝急务,即位诏第七十四款:

> 正德元年以来传升、乞升法王、佛子、国师、禅师等项,礼部尽行查革,各牢固枷钉,押发两广烟瘴地面卫分充军,遇赦不宥。近日奏讨葬祭一切停革。其中有出入内府、住坐新寺、诱引蛊惑罪恶显著见在京者,礼部通查明白,锦衣卫还拿送法司问拟罪名,奏请定夺。

这项诏条口气极为严厉,揭开了嘉靖间佛教遭逢厄运的一页。

嘉靖改元,对前朝扰政僧人的清算仍在继续。春三月,正德间蒙赐玉玺金印的大能仁寺主持齐瑞竹被抄没。工部侍郎赵璜力主其事,推倒玄明宫佛像,刮下金屑一千余两。礼部郎中屠埙亦奉旨发檄,遍查京师寺院,凡属正德间新增或扩建的,都毫不容情地予以拆毁。

## 二、从组织上整顿释道

嘉靖六年起,政权渐入议礼诸人之手。他们对僧道者流并无好感,便由霍韬打头阵,提出对僧道的治理。当年十二月五日,霍韬上言,以明太祖、明成祖所颁治国律令,对照时政,提出

---

① 《明史》卷七四,职官三。

② 《万历野获编》卷二七,释道,释教盛衰。

应当改正者，其中有三项即与僧道相关：

其一，洪武中发给僧、道度牒（由官府发给的凭证），并令僧录司、道录司造册颁发给寺观，有效地控制了僧道的冒滥现象，又令府州县仅保存较大寺观各一，不许散处。这些旧时规定都应恢复，并提出由巡按御史与提学主持发放度牒前的考试。

其二，永乐中令将私自削发为僧者“发配北京为民种田”，其父兄一并发配，不失为固边兴农之道，建议将“南方废寺观僧道俱发北京种田”。

其三，景泰中令各寺观只留田土60亩，多者给民耕种，应核查遵行。

霍韬指出：“夫僧道在祖宗时防之极周，故处之极善，今法令废弛，僧道渐众，蛊惑俗口，惟圣明加意，令所司详议，务绝乱源，为久远计。”①世宗命有司阅处其疏章。

四日后，礼部尚书方献夫等上言，提出尼姑、道姑有伤风化，应令其改嫁以繁生育，年老者给予一定赡养费；其庵寺应令工部、户部拆毁变卖；“敕赐”、“尊经护敕”等字样牌匾均应废止。世宗下诏从其所言。

这些措施大得人心，也有益于社会安定和国家财政的增加。

### 三、牵连两宫的皇姑寺

京郊西山一带，当时有一座遐迩闻名的尼姑庵，名曰“皇姑寺”，为弘治时奉敕建造，世宗命拆毁撤除。

不知出于什么考虑，方献夫上言，称应对一些年老无归的尼姑做出安置，而京师皇姑寺为敕建之所，用来收容这些老尼最为妥当。世宗降谕，说老贫的尼姑应给一定银两，令其父兄或亲戚

---

① 《明世宗实录》卷八三，嘉靖六年十二月戊申。

收养，不必收留于皇姑寺。

这时又发生了一件事：江西提学副使徐一鸣以拆毁寺观的罪名被逮至京师。方献夫与詹事霍韬、少詹事黄绾、右佥都御史熊浃上疏，请求宽宥徐一鸣，并说："今一鸣拆毁淫祠及额外寺观，主宪司之职，而陛下顾欲罪之，此臣等所未喻也。"①

而这位徐提学显然是有些矫枉过正了：他自作主张，将境内古建寺宇悉数拆毁，将所有僧道都赶跑，成为地方上一大不安定因素。世宗列举徐一鸣的罪过，称诸臣不该论救，暗示问完后再行宽大之条，接下来却说到皇姑寺：

> 且皇姑寺尼僧坏乱风俗，已令拆毁，此即礼部所建言也，献夫顾又欲存留。况尼姑与僧道不同，京师与在外不同，何一时之言前后相背若此耶？②

世宗对方献夫保留皇姑寺的提案进行了批评，似乎也已看透其心中症结所在，故有此一问。

此一症结，实则为议礼诸臣的通病。他们在议礼时支持世宗，危身上言，以寥寥数人与满朝公卿相抗衡，讥之者谓其为逢君之奸佞。及后来议礼大定，诸公暴贵，掌部入阁，最怕的就是落一个"果真如此"。因此在对待张太后、夏皇后等前朝遗孀的态度上，张璁、方献夫、霍韬等人都一直持论宽平，不为已甚。张璁为张太后两位长期违法犯科的弟弟多次挺身上言，不惜犯颜忤旨，正是这种精神症结的一种外在表现。

方献夫提议保留皇姑寺，原因亦在于此。

皇姑寺系孝宗皇帝敕赐之寺，建在风景秀雅的西山，皇亲国戚及大内有权势的太监多往此寺布施钱财，故香火特盛，与一般

---

① 《明世宗实录》卷八三，嘉靖六年十二月壬子。

② 《明世宗实录》卷八三，嘉靖六年十二月壬子。

寺庵不同。世宗自然也听到不少该寺僧尼与外间淫戏的传言，禁约僧道，正想从这里下手，以形成震慑之力，恰桂萼上疏请毁皇姑寺，便下诏准行；此时见素所倚信的方献夫竟提议留之，由不得心下不快，降谕重责。

皇帝要拆毁皇姑寺的消息很快就传到该寺，寺中自有手眼通天之人，竟说动了两宫皇太后，一起为之说情。先是皇伯母张太后派人传谕世宗：

> 皇姑乃孝宗朝所建，似不可毁，吾心不安，尼僧逐日无处安身。皇帝可遵吾言。①

以最明确的语言让世宗收回拆寺之诏。

接着蒋太后亦差人来传谕，也是为皇姑寺说情，曰：

> 闻皇帝有旨差拆毁尼寺，吾甚不安。其皇姑寺闻是孝宗时所建，且其中佛像多，若毁之恐不可，尼僧逐出也无处安身，可不必拆。②

这大约是两宫皇太后唯一一次干涉皇帝诏令的联合行动，可世宗却不愿收回成命。他洞察其隐，“必是顽愚小人进以祸福之言”，即令回奏张太后，说本应该听从皇伯母慈谕，但寺中尼姑有伤风化，对佛教也是玷污，又说孝宗当年敕赐，也是不得已而从请乞，此事正在查处，请安心勿虑。对母亲蒋太后，他也令人如此回奏。

第二天上朝前拜谒母亲，蒋太后对世宗又当面提起此事，说张太后已有谕，皇帝应该听从。蒋太后终是为儿子着想，为能劝阻他收回成命，还说心中正想建一座寺院，就将皇姑寺算到自己名下也好。看来“毁寺”必遭恶报的传言，深深扰害着这位

---

① 《明世宗宝训》卷五。

② 《明世宗宝训》卷五。

皇母。

世宗委婉地劝说母亲不要听信流言,“福与祸惟天所降,惟人所召,岂释道能干乎!”[①]他说礼部奏请禁约尼僧,是因其败坏风俗民心,如不先毁皇姑寺,其余的便难以禁约。蒋太后似乎被儿子的决心和自信感染,不再坚持反对。

朝毕归宫,世宗又怀疑是礼部官员在两宫皇太后跟前做了什么手脚,越想越恼,便将方献夫等论救徐一鸣和请留皇姑寺的疏章下于内阁,指出其前后矛盾之处,命首辅杨一清拟票。杨一清等奏称皇上对方献夫的责斥很确当,然说到皇姑寺,话头便转:“皇姑寺既建自先朝,如圣母坚欲留之,则姑从其命,将礼部本权且如拟存留,以全人子承颜顺志之意,似亦无害。”[②]这份奏章,以密本形式直呈世宗。

世宗毁皇姑寺的决心仍未动摇。他在密谕中称母亲虽欲留皇姑寺,但已让自己去决定,并引蒋太后对僧道尼姑的指斥之语,命杨一清只管将礼部请禁约尼僧的奏本批出公布,等上个四五天,如两宫再有谕旨,留下也不迟。

还未等杨一清等回奏,张太后又派人传谕世宗,还是要保留皇姑寺。世宗不便再坚持,回奏说只留寺房与无家可归的尼姑暂住,养其残生,不许再招新尼,以前敕赐的寺额也要追回。张太后也很知趣,称能给年老尼姑们一个安身之地,也就足了。

禁毁皇姑寺的事就这样以不了了之。世宗命杨一清拟旨奉行。极擅于处理麻烦政事的杨一清,将诏草拟得颇为得体,既可见皇上孝敬两宫、悯恤老尼之心,又可见其禁淫邪、正风俗之意,“一举而两得其美”。世宗很满意,奖赞满口,就此也向杨一清

---

① 《明世宗宝训》卷五。

② 《明世宗宝训》卷五。

倾诉对皇姑寺的强烈反感：一是“顺天保明”的匾额，以一妖尼如何能保全大明帝国？二是“皇姑”寺名，更不好听，不是明明在说是我皇家之姑吗？①

如此作穿凿文意，真与开国立极的祖宗朱元璋隔代相承。

## 四、欢喜佛的厄运

十年(1531)正月，右春坊右中允廖道南上言，请求将大慈恩寺改为辟雍，以行养老之礼，并请撤去灵济宫中徐知证、徐知谔二神之像，改设历代帝王神位。下礼部议奏，认为国子监已有辟雍，不必再借大慈恩寺旧址重建，但寺中所供欢喜佛为元代旧物，败坏民俗，应该毁弃。世宗当即批令：“鬼淫像可便毁之。”②

值得注意的是：主张禁约的官员在疏章中往往释道并提，请求一体断处之；而世宗御批则常单禁佛教，对道家虽未明显袒护，却也不时网开一面。

世宗对宫内的佛寺及佛教物事更是不能容忍。文华殿东室原设有佛像，世宗命撤去，换上伏羲、神农、黄帝、尧、舜、禹、汤等中国古代圣贤和帝王图像，自撰祭文，行安神礼。

十五年(1536)五月，世宗命拆掉宫内的大善佛殿，为乃母蒋太后建造皇太后宫，命郭勋与大学士李时、礼部尚书夏言入宫察看基址。殿中有许多金银佛像以及用金银函装着佛牙、佛顶骨等，夏言请求令有司到郊野深埋。世宗曰：

> 朕思此物，智者曰邪秽，必不欲观；愚者以为奇异，必欲尊奉。今虽埋之，将来岂无窃发？③

---

① 以上有关皇姑寺引文除已注外均见于《明世宗宝训》卷五。

② 《明世宗实录》卷一二一，嘉靖十年正月丁酉。

③ 《明世宗实录》卷一八七，嘉靖十五年五月乙丑。

为了永远除掉这些佛家物事,世宗命拉往街市热闹处当众烧毁。熊熊一炬,共“毁金银佛像凡一百六十几座,头牙骨凡万三千余斤”。①

明代佛教之厄,至此已极。

① [明]余继登:《典故纪闻》卷十七。

# 第十章 文星·将星

有明一代,即便到了国势渐渐不堪的晚明,都不能说缺乏人才。嘉靖间尤其如此,名相名将,高哲大儒,仁人志士,真可称文星璀璨、将星璀璨。

世宗嘉靖皇帝,从少年继位至老暮,始终是一个渴求人才的帝王:即位之初孜孜于起用被贬抑的前朝遗贤;多次要求破格选拔人才,不必拘于进士举人之身份;注重官员的品德和政声,一经发现,即能够不次擢用。而遗憾的是他向来听不得逆耳之言,残酷对待逆鳞之臣,峻厉冷酷,去留随意,诛杀任情,太也不懂得爱惜人才。

## 第一节 帝权与阁权

明代官制的一个与前代不同的重大变化,便是内阁制。洪武十三年(1380)诛左丞相胡惟庸,废中书省,由皇帝独揽大权,一人专决。两年后设置殿阁大学士,以备顾问,这便是后世内阁的发端。

内阁,即文渊阁,因建于皇宫中奉天门内,故名。《彭文宪公笔记》:"文渊阁在午门内之东,文华殿南面砖城,凡十间,皆覆以黄瓦。西五间揭'文渊阁'三大字牌匾,匾下置红柜,藏三朝《实录》副本。"一开始时,文渊阁只是皇帝与儒臣讲读经史的地方,兼做皇家图书馆,供翰林官编纂书籍和庶吉士研修学业。后来才成为大学士代皇帝批答文武群臣所上章奏的议事处,逐渐参预朝廷重大政务,基本形成了“虽无相名,实有相职”①的以票拟为主的内阁制度。

## 一、为内阁扩权

正德皇帝恣意胡为,常将内阁置于可有可无的尴尬境地,至嘉靖朝,内阁的权威得以空前提高。开始时住在文华殿的世宗,对面就是内阁的办事场所文渊阁。望治心切的少年天子常常召见杨廷和等人,礼敬有加,也下令对文渊阁进行修饰和扩建,增添御座,扩大藏书,敕为机密禁地,连负责撰写制诰的翰林院官也不准随便出入,以防泄密。内阁大学士的地位,更是凌驾于九卿之上。

终嘉靖一朝,世宗一直注意发挥内阁的作用,通过内阁管理朝政,治理国家。在位前 20 年的多数情况下,他对内阁大学士往往既尊重又爱护,切磋商量,从善如流。即便要强力推行自己的意见,也能做到明白晓谕。世宗与内阁首辅的关系常是亲切融洽的,早期对杨廷和、杨一清,接下来对张璁、夏言,晚年对严嵩、徐阶,都曾非常信赖,常常接见问对,也从来不吝啬封赏,崇进师保,褒奖抚慰,甚至问病送药,在在令其感恩戴德。

但若以为他对阁僚是一味的温柔,是无边的恩赏和彻底的倚信,那就错了。朱厚熜始终是一个高傲的君主,而非像他自己一再表述的“以眇躬嗣守祖宗鸿业”;始终期望着大明帝国的中兴,而非如一般史籍所描写的不理国政。在他入朝之初,阁臣九卿以少年天子视之,世宗也深自谦逊,然绝不交出决策大权。后

① 《明世宗宝训》卷六。

来履位已久，大臣们以英主誉之，他也能有较公正的自我认识，不为谗谀之词欺蒙。如果说内阁是大明朝的旗舰，那么不是首辅，而是皇帝本人，作为旗舰的舰长。

在嘉靖一朝，内阁一直是大明帝国的权力中心，也是政治涡流的中心。中晚期之后，内阁的倾轧更是难以歇息，竟至以流血和抄家来实现首辅的更替。嘉靖皇帝推崇道教，专意焚修，但其警惕的目光也始终没离开过内阁，没忘记在大学士之间的生死较量中，充当一个严厉而公正的裁判。

## 二、相继离去的元辅

君威无上，君权无上。世宗在议大礼中一步步获胜，内阁的对抗也变得越来越软弱和无意义。杨廷和在嘉靖三年春离职归田，三个月后是蒋冕被罢，再两个月又轮到了毛纪。在杨廷和告退后，蒋冕和毛纪先后做了短暂的首辅，上有皇帝的巨大压力，下有张璁、桂萼等议礼派的激烈攻击，二人立朝刚正，始终不肯阿附，也多少赢得了世宗的尊敬。

杨廷和等三人相继离去，仅留下改元后再入阁的费宏，又增入吏部尚书石珤和礼部尚书贾咏，组成嘉靖朝第二届内阁。此三人亦前朝旧臣，复职或升任大学士入阁，则出于世宗旨意。他们对皇上再不敢顶撞，但从其故意拖延、借机推搪，对争大礼者的保护，还是可以看出与杨廷和内阁的继承性。

这时，议礼诸臣已在朝廷站稳了脚跟：张璁以兵部侍郎署都察院事，桂萼由翰林学士升礼部侍郎，方献夫以礼部侍郎署大理寺……这些政坛新星正发出耀眼的光芒，使费宏、石珤等颇不自安。费宏为首辅，遭张璁等连章抨击，连类而及，石珤也无以幸免。《明史·石珤传》：

璁、萼朝夕谋辅政，攻击费宏无虚日，以珤行高，不能有所加。至明年春，奸人王邦奇讦杨廷和，诬珤及宏为奸党，两人遂乞归。帝许宏驰驿，而责珤归怨朝廷，失大臣谊，一切恩典皆不予。归装襆被车一辆而已。都人叹异，谓自来宰臣去国，无若珤者。

费宏与石珤同时于嘉靖六年二月离朝，[①]半年之后贾咏也被迫出阁。这届内阁，实质上是一个过渡班子，世宗对他们也显得相当薄情。尤其是石珤，出京时寒风白发，凄凉一车，踏上了漫漫归程，让送行者观之酸鼻。

## 三、议礼大员骤贵

议礼诸臣则显得意气风发，领跑的人就是“议礼首臣”张璁。不过五年前，他作为久试不第的举子，蒙以御史提调南直隶学校的萧鸣凤接见，以三年成进士、再三年骤贵之说相激劝，当也是一种中央大员对普通举子的鼓励之辞。未想到老张一年便考中进士，再过三年，则是他钦奉帝诏由南京入朝的年份，敕旨三宣，中使奉迎，说是“骤贵”，实在不为过。而成功预测了张璁命运的老萧，虽然科场发身较早，又直接选授御史，自个却是运道不济，屡屡被人弹劾，甚至被论逮问，被降职，最后的官职仅一介广东提学副使。嘉靖十三年三月，以广东所属学校“竖立敬一箴碑怠缓，失于督察”，前后四任提学被逮问，萧鸣凤亦在其中。这时他已退仕在乡，不久也就死去。当年受他鼓励的张璁，此时已做了五年内阁首辅，倒未见出手援引或帮助。

在明代一些正史、野记中，张璁进入文渊阁并成为首辅，似乎是一种冥冥中的天意，是命中注定。嘉靖三年，张璁升为翰林学士，再兼詹事，进兵部右侍郎、左侍郎，署都察院事，至六年十

---

① 《明世宗实录》卷七三，嘉靖六年二月己未。

月，即以礼部尚书、文渊阁大学士入参机务。在不到七年的时间里，以由科进士到昂然入阁，升擢之速，实为罕见。

同样骤贵的还有最先议礼的几位：

桂萼，为正德六年（1511）进士，不可谓不早，然由于“性刚使气”，与上下都关系紧张，直到嘉靖改元还是一区区知县。以议礼得君之后，老桂也进入升迁的快车道，几年间由礼部右侍郎改吏部左侍郎，拜礼部尚书，兼翰林学士，至八年二月兼内阁大学士。

方献夫，为弘治十八年（1505）进士，改庶吉士，病归读书多年，嘉靖改元时仅为员外郎，不数年亦由翰林院侍讲学士、少詹事、礼部右侍郎、吏部左侍郎，六年十一月拜礼部尚书，十一年入阁。

对自家认为优秀的有功人员，世宗从来都不吝于提拔和赏赐。

## 第二节　王守仁毁誉

群星闪耀的嘉靖时期，最亮的一颗星，应说是王守仁，亦即更为后世所知的王阳明。他是贤臣中的贤臣、名将中的名将，又是一代大儒，是开宗立派的思想家。其所创立的“阳明学”，历晚明和清朝，一直影响到今天。

就是这样一个不世出的人物，在嘉靖初年，基本上处于被朝廷废弃不用的境地。其间当然有各种复杂因素，而世宗的不信任则是主要的。

### 一、还是“功高赏薄”

宸濠起兵叛乱的正德十四年六月十四日，兴王祐杬正因伤暑卧病,三日后死于府邸。世子厚熜既要为父亲治丧,又要管理藩国事务,自然也会关注邻省江西的叛乱,记住王守仁这个国家干城的名字。未继位之前的他,对王守仁应说充满敬重,对其在正德朝的功高赏薄甚为不平,即位诏中特列一项:

> 宸濠之变,都御史孙燧、按察司副使许逵仗节死义,并一时被害不屈之人,日久尚未褒录,都御史王守仁倡义督兵,平定祸乱,并同事协谋有劳之人,亦未及论功行赏。该部即便会官议拟,奏来定夺。①

世宗即位诏为杨廷和拟稿,然廷和对王守仁素来疏远,守仁方建平叛大功之时,内阁首辅正是杨廷和,并未见为主持公道。因此这一款或非廷和所拟,而为世宗与袁宗皋所加。从拖了几个月没有落实,我们也可以看出阁老们的态度,若是积极一些,这事早就办了。

一个月后王守仁上疏求归,世宗不允,谕批称扬其平叛之功,说正要论功行赏,命他速来京师。其时,两京不断有人为王守仁鸣不平,七月间传旨升为南京兵部尚书,这样的安排颇有对付和冷落之义,显然是内阁起了作用。本来特旨宣召的王守仁不用赴京了,改往南京就职,他再次上疏,请求顺道往家乡浙江余姚探望老父。守仁回顾了两年来"四疏乞归"的心路历程,表达了对新帝的感戴之情,坦诚恳切。世宗很是感动,"特令便道省亲,事毕之任",②还委派地方官携羊酒专程慰问守仁的父亲、退居在乡的前南京吏部尚书王华。

当年十一月,御史樊继祖疏陈"四渐",其一便是兴邸旧人纷纷超擢,而几个月过去了,王守仁还没有得到奖赏。世宗也认

① 《明世宗实录》卷一,正德十六年四月癸卯。

② 《明世宗实录》卷五,正德十六年八月丙申。

为所言有理，三日后即颁发对有功人员的封赏优恤之诏，第一个就是王守仁，封为“新建伯，奉天翊卫推诚宣力守正文臣，特进光禄大夫、柱国兼南京兵部尚书参赞机务，岁支禄米一千石，给三代诰券，子孙世袭，遣行人赍敕慰谕，仍赏银一百两、纻丝四表里，赐宴”。[1] 封赏已行，虽无隆重的仪式，也算翻过了历史一页。

就这样，仍有人不以为然。嘉靖元年九月，巡按江西御史程启充拿出一批宸濠与司礼太监萧敬、吏部尚书陆完的私书，信中要求速将江西巡抚孙燧罢斥，又说接任者以汤沐、梁宸为好，王守仁也可以。仅凭此一信，程启充就弹劾王守仁“阴谋党恶，素与交通，乃贪天之功，谬获封爵，宜追夺提究”[2]。户科给事中汪应轸接着上书，赞扬王守仁功绩，认为启充“不谙事体，沮抑忠义”，主事陆澄也出来为王守仁辩诬。没想到科道一哄而上，说应轸是王守仁同乡，陆澄为守仁门生，党比欺罔，群请罢黜守仁的爵位。世宗再一次表彰王守仁“仗义兴兵，戡定大难”之功，认为“不必更议”。朝廷的这一番热闹必然传到王守仁耳中，他毅然疏辞封爵，并说一起平叛的同事诸臣不光“未蒙均赏，反遭谪斥”。世宗令下有司调查，不允辞。

第二年四月，御史张金戊弹劾刑部尚书张子麟交通逆藩，又扯上了王守仁。平叛两功臣伍文定和王守仁都上疏，说宸濠党羽多有伪造书启，以骗取钱财，此类物件不可全信。科道又是一通批驳，说其勘事不实，首鼠两端。这就是守仁建立不世之功后的遭遇：正德时不光不赏，还险些得祸；嘉靖时赏是赏了，却有些勉强，且一直没离开非议与攻讦。

---

① 《明世宗实录》卷八，正德十六年十一月丁巳。

② 《明世宗实录》卷十八，嘉靖元年九月丙午。

## 二、奸臣之忌与大臣之忌

才高遭忌，是人类进化史上的一种痼疾，也是古今中外许多杰出人物的永恒叹息。王守仁的功高赏薄，根源在于才高遭忌，在于他的功绩和成就刺痛了一些掌权者，甚至影响到这些人的地位和利益，在于内阁与科道的不少人早就形成了一个利益集团。

对王守仁的嫉忌伴随其一生，而在他集兵平叛后出现第一个高潮。是时宸濠假以奉皇太后密诏起事，号称大军十万，“舳舻蔽江而下，声言直取南京”，①连下南康、九江，声势已成，南半个中国震动。而王守仁以一巡抚南赣副都御史，官阶不高，部伍疲弱，能临变镇定，迅速聚集力量，直捣南昌，进而毅然迎敌，不一月即擒获叛王，敉平动乱。那边武宗刚刚统率六军御驾亲征，行至京郊良乡，江西大捷的飞报已到达，令皇上及亲从好不沮丧！

王守仁平叛建功，使南部数省免遭涂炭，也使一些重要人物心怀嫉恨。首先被刺伤的是一帮武宗近幸，那些得宠太监和武将。宸濠起兵造反，与其说震惊朝廷，不如说乐坏了正德皇帝及近侍亲从，他们无事还要生非，早就想要到南方嬉玩游乐一番，岂非遇上大好机会！武宗正当盛年，喜弄兵杖，多次在宣大边塞引军驰骋，原不是一个怕事的主儿。江彬等人出身行伍，久在边镇，经历过无数恶战，哪里会把锦衣玉食的宁王放在眼里？没想到大军始发，叛首已然就擒，能无恼怒！在他们的怂恿之下，御驾照旧南行，而挡住王守仁不使朝见。

这就是奸臣之忌，说守仁先附宸濠，见其事败才行擒拿；说守仁目中无君，躲在杭州不来见驾……奸臣没有道德底线，也不

---

① 《明史纪事本末》卷四七，宸濠之叛。

在意颠倒黑白，生生要把一个忠臣说成逆贼。幸亏王守仁早有布置，绕过阻截，将宸濠等人交与提督太监张永。此人即与杨一清合谋摧垮刘瑾者，深得武宗信重。正是张永在皇上那里陈述守仁之忠，才使他免于大祸。至于奖赏，似乎提都没人提起。

随着武宗崩逝及接下来的政治清算，江彬、许泰、张忠等人俱往矣，而朝中嫉忌王守仁的仍大有人在，这便是大臣之忌。第一个应说是首辅杨廷和。廷和自正德二年入阁，八年任首辅，除了一段丁忧外，一直掌控着内阁，其间宁藩复护卫、屯田，廷和为决定性人物，且为此排挤费宏。而在宸濠反迹昭彰，朝廷派人前往核查戒饬之先，他还劝驸马都尉崔元息事宁人。宸濠心怀异志，“宫掖树其私人，六卿半其羽翼”。[①] 廷和应不能算成宸濠羽翼，但明显与逆藩长期交好。平叛之后缴获了宸濠收到的大量朝臣信札，还有一些礼单收据，王守仁让人一概烧掉，大约就是要让杨廷和之类大佬放心。问题在于，廷和等人能放心么？

这也就不难理解：新朝不能不封赏王守仁，却要让他远赴南京任职；科道官拿出一些对守仁不利的文函，廷和明知其伪，却不为作任何辩护。廷和是一位社稷之臣，也有原则和操守，但遇到比自己更伟大更有成就的人，则难免心生忌意。

### 三、思想家的最后远征

真正对王守仁暮年际遇产生影响的，又不仅仅是内阁大员的疑忌，而是他的著书立说，是他的讲学。

王守仁是一位哲学家、思想家。自谪居贵州龙场驿开始，聚徒讲学就成为他生活的一部分，成为其生命价值和思维高度的最佳呈现。龙场时的“知行合一”，任职京师的“朱陆同异之

---

① 《明史纪事本末》卷四七，宸濠之叛。

变”，滁州的提倡“静坐”，南都的“朱子晚年定论”，都代表了他在每一个人生阶段的思考。守仁一直坚持讲学，其在困穷时讲学，贵显时也讲学；在闲暇时讲学，戎马倥偬时也讲学；在正德时讲学，在嘉靖时也讲学，而且规模影响越来越大。嘉靖元年二月，王守仁丁父忧归乡，从此六年闲居，“归去休来归去休，千貂不换一羊裘”，[①]仰慕者追随者从各地汇聚而来，听他阐释“致良知”学说，“每临讲席，前后左右环坐而听者常不下数百人”。[②]这是怎样一种学术盛况，有哪一个帝王能长久容忍这种状况？

六年之间，朝中议礼一浪高过一浪，朱厚熜为乃父乃母加“帝”加“皇”，建庙称“宗”，而王守仁始终置身事外，有门人来问亦不答。“问君何事日憧憧，烦恼场中错用功”，“但致良知成德业，谩从故纸费精神”[③]，他的诗句，似乎隐含着对时政的评价，也颇有对朝中那场血腥大争论的不屑。守仁当然不会支持杨廷和等人，但对于权威日隆的新天子，也毫无趋奉。世宗喜读书，爱思考，又非常敏感，不会对浙江的讲学热充耳不闻，不会体味不出“致良知”的潜台词和疏离作用，只有以冷漠待之，对守仁不加任用。

可许多朝臣没有忘记王守仁，他的几位知交及弟子如席书、方献夫、黄绾都成为议礼新贵，有关举荐不绝于朝。四年二月，礼部尚书席书奏荐杨一清和王守仁，认为二人“文武兼资，堪任将相”，此时杨一清已出任三边总督，他再次提议“守仁当处之内阁秉枢机”，并说：“今诸大臣多中材，无足与计天下事者，定乱济时，非守仁不可。”[④]世宗不许，批评席书不应“自诿中材

---

① 王守仁：《静心录》卷八·外集二，“归兴二首其二”。

② 《王阳明全集》卷三，“语录三”。

③ 《王阳明全集》卷二〇，“咏良知四首示诸生”。

④ 《明世宗实录》卷四八，嘉靖四年二月辛卯。

者”。

当年七月，应天巡抚都御史吴廷文疏荐王守仁“文武全才，宜暂掌南京都督府事”。① 兵部以为“文臣掌府事未便”，御批从之。

九月，致仕刑部尚书林俊疏谏慎用廷杖，建议起用罗钦顺、王守仁等有德望者，“乞列左右，以裨圣德，图圣治”。② 世宗没有回应。

十一月，召杨一清入阁，廷臣首推彭泽、王守仁可接任陕西三边提督。世宗不允，另择致仕兵部尚书王宪代之。此事在朝中引起一场风波：席书指责吏部尚书廖纪“内则柔顺于相臣，外则牵制于科道，含糊展转，曲为两请之词”；廖纪上言，故作示弱之态，说两次会推王守仁等人，都得不到皇上批准，自己作为吏部尚书实在不称职，而“人不能言者书能言之，人不敢为者书能为之”，应该罢免自己，任用席书。上谕一番劝慰，又引来科道官对席书的一通劾奏。③

席书为弘治三年(1490)进士，对晚自己三科的王守仁素来敬重有加。守仁贬居龙场，席书适为贵州提学副使，延请他教当地子弟，与订终身交谊；宸濠反叛，席书时为福建左布政使，急募兵来助守仁，虽赶到时宸濠已败，然忠义已见。他对王守仁被废弃耿耿于怀，五年十月再次上疏，说守仁服阕已一年多，至今没有举行封拜仪式，应该派人催其来京。世宗虽表示同意，却未见派中使到余姚。其时王守仁已在病中，却意外于55岁新得一子，这也是他唯一的血胤，心安意足，哪里还去管那些朝廷的勾

① 《明世宗实录》卷五三，嘉靖四年七月乙卯。
② 《明世宗实录》卷五五，嘉靖四年九月辛巳。
③ 《明世宗实录》卷五八，嘉靖四年十二月丁酉。

心斗角呢！

六年五月，广西思恩、田州原岑猛余党卢苏、王受纠众反乱，总督姚镆不能制止，诏起王守仁兼左都御史总制两广及江西湖广邻近地方军务，前往讨伐。时费宏已退，杨一清为首辅，世宗对他大谈用人与兵事吉凶之关系，能见出对使用守仁心中没底。一清言王守仁必能奏捷。七月，王守仁以病辞，疏章恳切，举荐胡世宁、李承勋二人以代。世宗不允，遣官催促赴任。

王守仁扶病上任，在路上即疏陈用兵之非和改土为流之误，建议仍设土官。兵部不以为然，世宗令更议。十二月，守仁抵达浔州。叛首早知王守仁威名，大为恐惧。未想新来的提督大人定计招抚，至南宁后，数日内悉数遣散调集来的军队，仅有湖广之兵数千以途远暂留，还令解甲休息。卢苏等闻讯大喜，遣使乞降。王守仁令来军门，卢苏和王受仍有疑惧，引七万大军列营于南宁城外，囚首自缚，与头目数百人入拜。王守仁高居帅位之上，痛责二人之罪，令各杖一百，然后亲为解去绳索，好言抚慰，激励其为国效力，并在他们陪伴下进入其营，宣抚叛军，一时欢声雷动，数年兵戈涣然化解。这就是王守仁，不战而屈人之兵，未伤一兵一卒，迅速解决了思恩等地的叛乱。

## 四、断藤峡大捷

二月末，叛乱的土兵各回本业，守仁报告朝廷，选任岑氏之后，又作出一系列机构调整和人员安排，数年叛乱的两个州走向平复。三月，王守仁又以病重请辞，并举伍文定、梁材等接替，仍是不允。

这时思、田二州虽平，而两广境内瑶寨长期失控，尤以断藤峡一带闹得最凶，“上连八寨，下通仙台、花相等峒，连络数十余巢，盘亘三百余里，流劫郡县，屡征不服，急则入万山丛箐中。自浔梧上下，军民横罹锋镝者数十年”。① 王守仁不得告病还乡，便开始筹划平定断藤峡方略，他深知宣抚无效，遂毅然用兵。瑶人在南宁亦广有眼线，守仁外示闲暇，“偃旗仆鼓示不为备”，令其懈怠，而密令湖广土兵借班师回乡之机突然进剿。刚刚受抚的卢苏等人亦愿效力，他们熟悉地理物情，更易得手。王守仁部署停当，诫喻激励将士，四月三日，牛肠、六寺诸瑶寨全无戒备，而官兵已四面合围，一举破之。次日，攻破仙女寨，再一日平油榨、石壁、大陂等寨，荡平断藤峡。守仁令乘胜进攻，仙台、花相、白竹、古陶、罗凤等接连平定。另一路，由布政使林富率卢苏、王受所部直捣八寨，突破石门，瑶兵奔溃，于是古蓬、周安、铁坑等寨相继殄平。整个战事一气呵成，官军和新抚土兵精诚合作，势如破竹，而王守仁亦身居前线，指挥调度，“上下岩谷，出入茅苇”，全不顾酷暑中瘴疠之气，不顾自己正在病重。

六月，断藤峡告捷，此时王守仁病势渐渐沉重，仍抱病区画各项事务，于九月上疏报告战事进展，并再次以病请归。他把获胜归功于皇上信任和大臣的荐举，说两广已可称无事，而自己“病日就危，尚求苟全，以图后报，而为养病之举，此又臣之所大不得已也”。语意悲凉，近乎乞求。世宗还是一个不允。

闰十月，王守仁以讨平断藤峡诸寨奏捷：“因自言用计招抚思田叛目卢苏王受等，以夷攻夷，故所向克捷。而我军仅湖广掣还之兵八千人，深入三百余里，俘斩三千余贼，永除百余年来两广腹心之患。盖劳费不及大征十一，而成功倍之。”他仍然将功绩归于皇上圣明，却没想到世宗竟作出如下批语：

> 此捷音近于夸诈，有失信义，恩威倒置，恐伤大体。但各洞猺贼习乱日久，劳亦不可泯。王守仁姑赐敕奖谕，有功

① 《明世宗实录》卷九二，嘉靖七年九月甲戌。

人员下巡按御史核实以闻。①

这样的御批，或受到桂萼等人的影响，但世宗又是一个有主见的人，其对西南战事的看法显然已改变。六天后，礼部尚书方献夫、詹事霍韬上言，为王守仁鸣不平。二人家乡都是广东，“备知诸猺为患多年，先曾调三省兵数十万人、动支官银数十万两、米数十万石，仅得田州安靖五十日，然我军失亡固已太半”，②而列举守仁荡平八寨之“八善”，实属劳苦功高。方献夫和霍韬反驳了一些人的指责，大声疾呼：“夫忠如守仁，有功如守仁，一屈于江西，再屈于两广，臣恐劳臣灰心，将士解体，后此疆圉有事，谁复为陛下任之？”③两位都是议礼大员，世宗不便责备，潦草对付几句了事。

## 五、功臣身后事

我们注意到，王守仁奏请进剿断藤峡是在八月间，而战事当在三月底已经打响，四月初即实施了对牛肠、六寺的合围，这就是指责者所言“不受命征八寨”。克复各寨后，守仁令于要害处筑城设防，也被劾为专擅。是王守仁思虑处置不周么？不。南宁距京遥远，驿路难行，决战于数千里之外，“又有便宜从事之旨”，再要一一奏准而后行，必然贻误战机。王守仁负雄才大略，又深知朝廷拖沓迁延之弊，敢于决断和担当，雷霆一击，大获全胜。报捷之时，守仁上归功于皇上与阁部大臣，下归功于从官将领，列了许多部属的名字，岂知又是一次功成不赏！

朝中的讥议和世宗御批，陆续传到王守仁耳中，让他沮丧，

---

① 《明世宗实录》卷九四，嘉靖七年闰十月戊子。

② 《明世宗实录》卷九四，嘉靖七年闰十月癸巳。

③ 《明史》卷一九五，王守仁传。

让他觉得无颜应对那些出生入死的士卒。他不加任何辩驳，只是再一次提出辞职，将军政事务交待停当，即离开前线，回到南宁。见朝廷谕旨仍未到，他干脆扶病登舟，由梧州向广州而去。守仁态度决绝，但还是遵守朝廷规矩，说将“待命于韶、雄之间”，亦即不出两广境内，等待皇上准辞之旨。久候不至而病情日重，守仁决定不再等待，遂向家乡进发。

这种“不候命即归”的举动，使世宗大为恼怒，论为“故设漫辞求去，不候进止，非大臣事君之道”。① 他甚至怀疑守仁假报病情，责令吏部调查。而守仁已于十一月二十九日逝于舟中，地点在福建南安的青龙驿。门人周积哭问其遗言，守仁微微一笑，曰：

> 此心光明，亦复何言？

王守仁平静离世，其功绩、德政与不平遭遇，都令世人感慨唏嘘：南安“士民远近遮道，哭声震地，如丧考妣”；至赣州，士民“迎祭于道”，“沿途拥哭”；至南昌，“士民昕夕哭奠”。② 守仁的众多弟子门人，其中不乏官阶崇重者，从各地奔赴前来，迎祭护持，全不怕朝廷怪罪。

八年二月，吏部具奏，称王守仁以病情沉重离任，中途死去，情有可原。世宗怒意未解，指其“学术事功多有可议”，要求会官讨论，提出处理意见。给事中周延为守仁辩解几句，即被贬斥外地。见皇上如此，吏部尚书桂萼不再犹豫，首先从学术上否定王守仁，说他“事不师古，言不称师，欲立异以为名，则非朱熹格物致知之论；知众论之不与，则著朱熹晚年定论之书”，虽有“剿捕寨贼，擒除逆濠”之功，但“功过不相掩”，建议保留封爵，禁止

---

① 《明世宗实录》卷九七，嘉靖八年正月乙巳。

② 《王阳明全集》卷三五，“年谱三”。

其学说。世宗予以认同，并作大段批语，曰：

守仁放言自肆，诋毁先儒，号召门徒，虚声附和，用诈任情，坏人心术。近年士子传习邪说，皆其倡导。至于宸濠之变，与伍文定移檄举兵，仗义讨贼，元恶就擒，功固可录，但兵无节制，奏捷夸张。近日掩袭寨夷，恩威倒置。所封伯爵本当追夺，但系先朝信令，姑与终身，其殁后恤典俱不准给。都察院仍榜谕天下，敢有踵袭邪说，果于非圣者，重治不饶！①

## 第三节　吏事练达杨一清

这时的内阁首辅为杨一清，而张璁也已入参机务。二人加上资深辅臣翟銮，都对王守仁评价甚高，也曾多次荐举，但张、杨间矛盾已起，而皇上态度已明，便不再说话。倒是吏部尚书桂萼秉承旨意，悍然诋毁王守仁，为自己的入阁作最后冲刺。

### 一、再入阁的老臣

即位前期的世宗是位年轻皇帝，却比较注意使用老臣。杨廷和内阁皆前朝旧臣，接下来费宏主阁亦清一色老臣，现在轮该杨一清，内阁的组成起了变化。

杨一清是在六年八月接任首辅的，石珤、贾咏皆于该月致仕，阁臣中还有谢迁与翟銮。谢迁为成化十一年（1475）状元，弘治八年（1495）即入阁，两受遗命，正德朝以诤谏去职，享有盛誉。嘉靖六年初召再入阁，时已八十多岁，四疏乞休，很快也就

① 《明世宗实录》卷九八，嘉靖八年二月甲戌。

离去。而翟銮资历要浅得多，其在当年春由世宗特旨入阁，处事谦谨温厚，充位办事而已。张璁的入阁，也是皇上旨意。这应算是嘉靖朝的第三届内阁。

杨一清年纪虽小谢迁很多，资历却过之。他在八九岁时即“以奇童荐为翰林秀才”，宪宗皇帝钦命内阁为他选择老师，14岁中乡试，至成化八年(1472)中进士，年尚不足18岁。自此官运亨通，先为中书舍人，后按察山西，提学三陕，入为太常少卿，再擢副都御史，总制延绥、宁夏、甘肃三镇军务。正德时太监刘瑾权倾内外，是杨一清力劝张永为国除害，为之设计妥当，一时间名满天下。此后，杨一清在仕途上更为顺畅，拜户部尚书，转吏部尚书，晋大学士入内阁。后因得罪武宗亲信钱宁、江彬等人，辞职家居。世宗为兴藩世子时，兴王曾对他讲起“楚地三杰”，其中便有杨一清。

世宗即位，廷臣交章推荐杨一清，然杨廷和对杨一清似乎心存梗芥，曲为贬抑。至嘉靖三年十二月，杨一清始被召入朝，任兵部尚书、左都御史，总制陕西三边军务。次年十一月，再度入阁。

杨一清性格警敏，才华卓异，吏事练达，是很难得的治国人才。议礼时其虽家居，但见到张璁之疏，即致函自己的门生吏部尚书乔宇，暗示他应予支持。他又劝席书早日赴召，以定大议。这些都使世宗牢记在心，亦使张璁等人引为同道。杨一清也知自己的起复和入阁都与张、桂二人推荐相关，对他们很是容让。

在政治斗争和权力之争中，容让是不能完全解决问题的，也必然是不会持久的。

## 二、真情流露的君臣对话

六年十二月二十九日，时值岁尾，内阁首辅杨一清率阁僚上言，似乎是要给皇上一年来的作为下一个“评语”：

> 人主视朝当有常期，古礼朝辨色始入，君日出而视之。今陛下常以昧爽以前视朝，或设烛以登宝座，虽大风寒无间。是固励精图治之心，而圣躬得无因之过劳乎？①

其时世宗刚刚年过20岁，不贪女色，不喜宴饮嬉游，一切如武宗所具有的荒淫病症，他都没有。世宗勤于朝事，以至于秉烛登殿，将早朝的时间大大提前。诸臣请求在明年新正开始，依古礼而行，建议命鸿胪寺官传示：皇帝在日出时视朝，遇大风寒则暂免。

一清的奏章充满关切，又不能全然视为拍皇帝马屁。世宗当国早期的勤勉有目共睹，而他的身体素质很差，经常闹病，也是事实。且世宗虽已结婚六年，尚未有皇嗣，更让密勿大臣们焦虑，于是联名上言，劝世宗保重身体。

世宗读疏后很是感动，御批说近来内外百官偷闲怠惰，不能虔心国事，自己不得不以身示范，希望能起到表率作用。

杨一清等人又奏说：陛下一身关系到社稷宗庙，每日鸡鸣而起，往奉先殿、奉慈殿、崇先殿行礼，“出入门枨，上下阶级，已不胜其劳。旋即视朝听讲，退而亲阅章奏，一日万几……”②建议皇上每日由内侍往三殿焚香祭拜，每月朔、望及四时节候再由皇上亲往各殿，行一拜三叩头礼。

世宗显然也被繁复的祭拜仪式搞得难以支持，览疏大吐苦衷：“人君者既以一身上主郊祀，次则宗社，再次则百神，其重如此，人之精神有限，纵虽强力之人，其能胜乎？”又说到庙祭，“今九庙神位、奉慈三室、崇先亲庙穿绕往来，登降阶级，所行十三拜

① 《明世宗实录》卷八三，嘉靖六年十二月壬申。

② 《明世宗实录》卷八三，嘉靖六年十二月壬申。

礼，凡遇节令、祭告、忌辰计三十四拜。朕素禀清弱，拜毕言语促喘，前年病起益甚，不能如仪……”①因而欣然采纳了杨一清等人的建议。

从以上君臣对话可知，此时世宗绝非不问政事的昏君，而正以极大热诚献身帝国的军政事业，欲成一代之明君，成为大明王朝的中兴之主。

## 三、交恶与交锋

这一期间，发生了聂能迁弹劾张璁的事件。张璁恼怒，欲将聂能迁置于死地。但票拟（即起草处理决定）的权力在首辅杨一清手中，没能如其意拟行，使张璁怀恨在心。

在他和其他议礼派大员看来，杨一清系他们荐引，如今自己反位于杨一清之下，再加上由聂能迁一事引出的矛盾，便与杨一清渐成水火。张璁和桂萼连连上疏，倚仗皇帝之宠信，斥责杨一清为奸人鄙夫，猛攻不休。

杨一清久历宦场，又岂是等闲之辈。他在入阁以后，一直极力去获取世宗的信任，素来不因议礼或祀典与皇上对抗。他处理军政大事既精明练达又谨慎细致，每一提议，均获世宗首肯。作为四朝老臣，他对年轻的皇帝恭敬体贴，疏请世宗减少早朝、珍摄龙体。这篇慰疏使世宗如遇知音，称“真师保爱君至意”。

对于张璁、黄绾等人的攻讦，杨一清采取以退为攻的策略。先是张璁上疏为自己辩解，称浙江都司都指挥使张浩备倭失事，是杨一清帮之营求复职，并对杨一清多所指责。杨一清即上疏求退，称病不上朝。世宗谕令杨一清入朝办事，并令鸿胪寺官去其府上探视兼催促。杨一清再次上疏，恳切地请求允许他退居

① 《明世宗实录》卷八三，嘉靖六年十二月壬申。

家乡。世宗仍然不许，又派鸿胪寺官至其家慰问，召他入阁办事。

这时，詹事兼翰林学士黄绾又上疏，说朝臣之中有贪婪无厌之辈，“变幻是非，如化人之莫测；狡狯闪倏，如鬼魅之默运；甜软诱惑，如狐妖之媚人；机矢中伤，如射工之密发”，[①]又说自己故意不指斥其姓名，想让世宗察看群臣中谁最相似。世宗对这类浮泛阴险之言很反感，降谕严厉斥责，只因黄绾系议礼功臣，方才免去究治。

缘此，世宗又想到给事中史立模的疏章。聂能迁弹劾张璁之事发生后，史立模就此发表议论，说什么“刚正者特立而见忌，诡秘者杂出而难防，以见忌之君子而牵率于难防之小人，苟其术得试，其计得行，虽至于空人之国亦易易耳”。[②] 世宗开始时很肯定其观点，诏谕部、院不要偏听偏信并令禁约匿名文书，此时方悟其中“拒绝人言，以钳天下之口”[③]的用意，命将阿附张璁的史立模调出科道。

时候到了！富有宫廷斗争经验、善于把握时机的杨一清开始出手反击。他先对皇帝的一再挽留慰谕表达感戴之情，尔后直奔主题：

> 臣与张璁同在内阁，原未有隙。比璁为聂能迁所讦，憾臣拟票太宽，奏请宣谕内阁，以绝谗邪，诸所指责，意阴诋臣。伏蒙圣谕：“俾彼此和衷，毋负简任。”臣诚震越无措。臣在阁每事必推让璁，圣明洞察，何敢媢忌？方聂能迁奏下，臣思璁常言昔议礼为众所嫉，独能迁深相结纳，多得其

---

① 《明世宗实录》卷九一，嘉靖七年八月甲寅。

② 《明世宗实录》卷九一，嘉靖七年八月辛酉。

③ 《明世宗实录》卷九一，嘉靖七年八月辛酉。

力。不知何由失欢，一旦乃有此奏。又且未奉明旨，不敢拟置重典。盖事理固然，岂有他意？若诋毁大臣同列，即置之死地，是将蔽主上之聪明，涂天下之耳目也，臣岂敢哉！至于张浩一节尤有可言：浩，璁亲也。璁欲用为浙江都司，难于自言，乃谓臣浩才可用，臣随告之尚书王时中而推之。今乃谓浩为臣所荐，非自欺乎？

为证明自己主持内阁之难，先老实交代内心之复杂，交代照顾人情之原委，然后一吐为快——

自今春以来，臣见璁志骄气横，狎视公卿，虽桂萼亦不敢与抗，其余大臣颐指气使，无不如意，百司庶僚莫敢仰视。臣尝以恭逊劝之，璁口称善而心不平也。黄绾乃璁同乡故友，虽不同科目，颇有文学，顷为少詹事补经筵，臣以其吴音未令进讲，比璁欲用为吏部卿贰，又欲用为南京乡试考官，臣皆沮之，是以怨臣，昨所奏虽若泛论，意亦阴诋臣也……①

他说自己在内阁与张璁并无嫌隙，每遇事总谦让，这一点圣上必能看出。之所以出现了矛盾，是因聂能迁弹劾张璁，张璁恨自己处理得太宽。而自己又是有理由的：一则张曾夸奖过聂的议礼之功，二则皇上没有拟之重典的明旨。杨一清还说：如果因有人弹劾阁僚，便置之于死地，必然会影响下情上达，阻塞言路，这是自己绝不敢做的。

至于张璁论其私用张浩等人，杨一清的驳斥更有力。他说张浩为张璁亲族，张璁想让其任浙江都司，又不便公开说，乃对自己说张浩有才华，自己便告诉兵部尚书王时中简用。而今张璁竟反咬一口，真是自欺之论。

---

① 《明世宗实录》卷九一，嘉靖七年八月甲子。

这里，杨一清若不经意地稍带上黄绾，说黄绾非进士出身，虽擅文章之学，但讲得一口浓重的吴语，自己没将他列入经筵侍讲，而张璁想用黄绾为侍郎和南京乡试考官，曾为自己阻挠，黄绾便生怨恨。讲清楚这些前因后果、新账旧账后，杨一清仍恳求归田，说自己"以老病之躯处嫌忌之地"，请世宗垂怜放免。

**四、谕旨责斥张璁**

杨一清疏辞哀切，平实，有理有据，陈述清晰。世宗读后对张璁大是不满，当即降谕，除抚慰挽留杨一清外，对以前所爱重的张璁第一次明确提出批评：

> 彼张璁也，性资虽敏，奈强梗不受人言，已是不听于众。其忠孝仁义、谦恭廉守，彼皆无不通晓，何其自入阁以来专恣而自用，无复前之初也？①

世宗感慨之余，对相关几事逐一评说：聂能迁事，张璁赶尽杀绝，"仁义不无有亏"；张浩事，张璁背后请托又不认账，"非自欺乎"？史立模伺机上言，实受张璁指使，"以钳人人之口"；而黄绾之奏，更是"立党之基"。世宗说自己先令张璁拟票责斥黄绾，后又亲自作旨，以示重视。他对张璁的所作所为表示了惋惜感叹之情：

> 彼璁尽忠事君，博见多识，居顾问之允称。可惜者自伐其能，恃朕所宠。呜呼，朕所礼之者非私恩也，报昔正伦之功。璁当愈加谦逊，竭诚图报可也。竭诚者何？推公让贤，廉已容众是也。今却若是，良可叹哉！②

此谕公开报闻，等于向朝野公布了张璁的缺点，也宣明了世宗对

---

① 《明世宗实录》卷九一，嘉靖七年八月甲子。

② 《明世宗实录》卷九一，嘉靖七年八月甲子。

杨、张冲突的看法。杨一清遵旨出阁办事，仍居首辅。张璁则又是惭愧，又是沮丧。

杨一清受到鼓励。八年(1529)元月，杨一清奉旨推荐京营提督官，顺便提出武定侯郭勋插手营政一事。郭勋甚得帝宠，又系张璁的密友，在以前杨一清是不会贸然行此的。世宗御批中称郭勋心存忠诚，但“恣暴成性，不肯省图改之”，①又牵连论及张璁：“如璁乃刚毅之资，所交皆未甚善人”。

内阁的倾轧在当时已非此一端，且议礼派大员也有分化。方献夫此时为礼部尚书，以灾异上言，特别提到了“乖气致异”一说，曰：“今君臣阙同游之乐，宰辅少和衷之美，大臣乏休休有容之量，群臣无济济相让之风，德化未洽，灾异荐臻，咎实坐此。”②虽属泛论，所指亦多在张璁。

至二月间，世宗被郭勋的强辩所激怒，决意要处置他，谕旨中特别提到张璁、霍韬与郭勋的“深结”，并晓谕内阁，说他们结成党与，将会为害国家，这是一次对张璁的警告③。

## 五、张璁的第一次被逐

七月，兵科给事中孙应奎上疏论辅臣，称杨一清虽练达国体，然不无私情；张璁虽博学，而性格偏执自恃；至于桂萼，则是“以枭雄之资，桀骜之性，作威福而沮抑气节，援党与而暗役言官”。④ 世宗谕令杨一清“安心办事”，诫饬张璁“务同寅协恭，不宜偏执自恃”，对桂萼则令“洗涤宿过”。三人俱提出辞呈，世宗不允。

---

① 《明世宗实录》卷九七，嘉靖八年正月丁未。

② 《明世宗实录》卷九七，嘉靖八年正月丙寅。

③ 《明世宗实录》卷九八，嘉靖八年二月戊寅。

④ 《明世宗实录》卷一〇三，嘉靖八年七月己未。

接着礼科给事中王准又弹劾张璁、桂萼党私偏比，举荐私人。世宗令有司查核。张璁两次上疏求退，声言自己因议礼得罪群臣，故“群谤丛至”。世宗降谕慰留。

八月十三日，工科给事中陆粲愤然上疏，弹劾张璁、桂萼，措辞极为激烈：

> 璁、萼凶险之资，乖僻之学，曩自小臣赞大礼，拔置近侍，不三四年位至宰弼，恩隆宠异，振古未闻。乃敢罔上逞私，专权招贿，擅作威福，报复恩仇。璁虽狠愎自用，执拗多私，而其术犹疏，为害犹浅。桂萼外若宽迂，中实深刻，忮忍之毒，一发于心，如腹蛇猛兽，犯者必死……①

随后，陆粲又罗列了大量的事实，以证明其引用私人、收受贿赂的恶行，所引例多为桂萼所为。

这件奏章显然给世宗以极大震动，以至于他览疏后痛下决心，清除张、桂二人及朝中党羽，御批曰：

> 朕昔以大礼未明，父母改称时张璁首倡正议，奏闻更复，后桂萼赞议，自礼成之后朕授官重任，盖以彼尽心救正忠诚之故。今彼既顿失前志，肆意妄为，负君忘义，自取多衍，朕不敢私。张璁仍以本职令回家，深加省改，以图后用；桂萼革去散官及学士职衔，以尚书致仕。②

作为张、桂荐引的私人，同时罢斥的还有礼部侍郎严嵩、佥都御史李如圭等，而劾章中指名营缘干进的李梦鹤、周时望、桂林、吴从周诸人，则命逮问。处置之严，很能说明世宗心中的愤怒。后稍有所解，严嵩等亦得留职。

两日后，世宗为此事颁旨晓谕天下。旨中叙说张璁等议礼

---

① 《明世宗实录》卷一〇四，嘉靖八年八月丙子。

② 《明世宗实录》卷一〇四，嘉靖八年八月丙子。

之功，又说其“负君负国”，不能袒护，故分别给以处分。同时还命法司逮问王准和陆粲，罪名是不早行举劾，“非忠爱之本心”。世宗显然顾忌到有人会乘机翻议礼的旧账，故于敕旨中特特声明：“璁等罪既不可掩，而功尤不可泯，内外大小官员军民人等毋辄乘此挟私奏扰”。[1] 所谓“功”，当然指议礼之功。

敕旨颁布是在中秋节，月光凄清，心中凄凉。张璁没想到皇上来了这么一下子，毫无思想准备，只得与老妻收拾行装，乘驿车离京，在辘辘车鸣中消受那罢斥之痛。

## 六、天意多变

张璁、桂萼积下的仇恨毕竟太多了，一旦失宠，便成为众矢之的。张、桂罢去，其所荐引的各官则成为目标。广西道御史王化弹劾兵部尚书李成勋、王琼，工部侍郎何诏、刘思贤，南礼部侍郎黄绾等；御史吴仲等弹劾总制两广都御史林富、礼部侍郎严嵩等，一大批官员都被列入扫除之列。世宗降旨处治几人，又下令“不必泛劾”，这也说明皇帝并不糊涂，见出弹劾风暴有些背后文章。

议礼派中也有勇者，如霍韬，显然就是个硬派角色。张、桂罢斥，霍韬攘臂揎拳，满腔愤激地呼喊：“张、桂行，势且及我矣！”[2]遂奋身上疏，揭发杨一清收受贿赂的一系列“奸赃罪状”，并为张璁等辩白，说张璁赤诚为君，其所以招致众多的嫉恨，皆因首倡议礼之事，使那些护法之臣受到打击。霍韬还表示：“且臣与璁、萼俱以议礼进官，璁、萼既去，臣岂宜独留，乞赐

① 《明世宗实录》卷一〇四，嘉靖八年八月戊寅。

② 《明通鉴》卷五四。

罢黜。”①

世宗对议礼诸臣尤其是张璁毕竟有一种特殊的感情，有一份永存心底的感激和眷注。霍韬的章奏深深打动了世宗，他想起当初举朝与之对抗，唯张璁以新科进士奋不顾身地上言，博采典籍以反驳旧说。想到这里，后悔不该受杨一清等蒙蔽，即手敕一纸，派人去挽留张璁。此时张璁已走到天津，复被召回。

轮到杨一清打道回府了。召还张璁，杨一清便知圣心已改，再上疏求退。世宗把杨一清罢免，张璁升任首辅。

世宗还要追究杨一清的贪赃之罪，刑部也拟将杨一清削籍，而张璁则三上密疏，“引一清赞礼功，乞赐宽假，实以坚帝意俾之去”。② 这一类小伎俩总是十分有效，世宗遂批准杨一清致仕，赐给金币，令驰驿归。

世宗对张璁的清正忠诚更深信不疑，对其在杨一清问题上的“宽容”精神，也大是好感。

## 第四节　张璁主阁

嘉靖八年秋天，张璁经历了一场人生巨变：八月中旬被弹劾罢归，九月初一就被圣旨召回。他也很难接受这一颠倒反复的变化，不免要拿拿架子，作个姿态，也说几句心中委屈，世宗好言抚慰，只劝他赶紧回京复职。

---

① 《明世宗实录》卷一〇四，嘉靖八年八月丙戌。

② 《明史》卷一九八，杨一清传。

## 一、君臣始终之交

世宗把内阁交给了张璁。

嘉靖一朝，先后入阁的有近30位大学士，主阁事者有十余位首辅。世宗刚断严苛，首辅如夏言、严嵩皆不得善终。若说到君臣始终之交和恩宠不改，当数张璁。这在于张璁的首议大礼，也由于他的清廉和忠诚。

张璁身材高大，仪表堂堂，性格虽有些偏执，睚眦必报，但刚直廉洁，忠心事主，以此始终得到世宗的眷爱。为首辅之后，他深知自己在议礼中得罪众臣，有阿附献谀之讥，更决心以国家社稷为重，真正做一名立朝为公的"宰相"。他在朝中的敌人很多，弹章时至，抨击他褊狭任气，引用私人，却很少有疏章论其贪酷。张璁生性刚毅，的确是时时不忘奋身报国，对世宗一腔忠荩。

一日，世宗在便殿召见张璁，说起留都南京之事，想以宗室中一位亲王任留守。张璁引述历史教训，陈言："宗室不预政久矣，臣不敢奉诏。"使世宗打消了这一念头。后张璁多次与世宗讲起宦官的横暴不法之事，将宦官镇守、监枪、市舶之类统统罢免。割除了明代政治中的一大赘瘤，天下为之大快！

张璁不避嫌怨，忠直事主，是阁臣中唯一敢于犯颜上言的一位。世宗对张太后积怨已久，所有大臣都应该心如明镜。世宗欲坐张太后之弟张延龄反逆罪名，族其家。张璁竭力劝谏，阻止了一件宫廷大血案的发生。张璁实在是为世宗的名誉着想，但他不怕受祸、敢于直谏的精神，受到了朝臣们的好评。

## 二、夏言崛起

在张璁内阁中，先后有翟銮、桂萼、李时、方献夫诸人，这是由一个议礼派大吏组成的内阁。张、桂、方最先赞襄大礼，同声相应，在内阁中也基本一致。而翟銮、李时谦抑顺服，甘心为辅，配合也还默契。这里要说到的是桂萼，曾几何时，意气飞扬、傲视同侪的桂大学士被皇帝陛下一记闷棍打得清醒，也打得畏葸，起复之后再不敢纵恣，闷头闷脑地又待了几个月，终在十年正月辞官归里，不久便卒于家乡。世宗念其议礼功，“赠太傅，谥文襄”。①

二月，世宗应张璁恳请，赐名“孚敬”，字“茂恭”。这是张璁提出避帝讳（厚熜），御笔亲书四个大字赐予，实大臣无上的荣光。世宗还下敕为张璁营建府第，建成后，以乃父兴献皇帝遗墨“含春堂”三字匾额赐之，赠金币羊酒为贺礼。他还传旨浙江地方官修饰张璁曾读过书的姚溪山书院，赐名“贞义”。所有这些，都使张璁感戴奋发，更思忠心报国。

然朝臣们始终不能忘记议大礼中张璁的表现，始终不能忘记左顺门那血泪交迸的廷杖，也始终不能忘记张璁与郭勋沆瀣一气，借李福达案制造的大冤狱。弹劾张璁的疏本一件接着一件，在夏言任吏科都给事中后，群臣又好似有了一个领袖，聚集在夏言周围，继续向张璁、桂萼等射去复仇的箭。

夏言，正德十二年（1517）进士，嘉靖改元时为兵科给事中，上疏请世宗御文华殿阅章疏、召见阁臣以免欺瞒蒙蔽，已深受世宗重视。后世宗更定祀典，大兴土木，张璁等议礼诸臣以为太繁，夏言则积极支持，并找出许多古礼书做依据。由是大得世宗喜欢，一路升迁，先擢为侍讲学士，再升少詹事兼翰林学士，仍掌翰林院事，政治的上升势头甚锐。

夏言眉目疏朗，美髯飘飘，值经筵进讲时声音弘亮清畅，不夹杂乡音。每次进讲，世宗都极为赞许，打算以后要委以重任。

---

① 《明史》卷一九六，桂萼传。

夏言素来心高气傲，得宠后，对张璁的颐指气使很不服气，张璁也很忌恨他，遂互相攻讦，愈演愈烈。世宗曾想调解双方，终告无效。

### 三、同年彭泽的毒计

嘉靖十年(1531)是一个令世宗焦灼的年份，大婚多年，皇后再换，妃嫔更选，皇子却渺无消息。行人司正薛侃草成疏章，请求亲迎取藩中贤者一人入京为守城王，选端人正士为辅导。大概薛侃也知此疏的风险，故草成此疏已一年，迟迟未呈上。他先是请光禄寺卿黄宗明看，黄宗明劝他万勿上奏。后又请太常卿彭泽(按：明嘉靖朝有二彭泽，此人系夏言、薛侃同年进士)看，彭泽以赞襄议礼为张璁心腹，便将此稿让张璁过目，并献计曰皇储事为世宗大忌，如薛侃疏能牵连上夏言，则必能将其搞垮。张璁点头称是。

于是彭泽便告薛侃说："张少傅(即张璁)喜公疏，谓国之大事，其亟上，当从中赞成之。"薛侃信以为真，约定上疏日期。而张璁先秘录该疏进呈，又称夏言结交江西王府，劝世宗隐忍不发，等薛侃上疏后再说。薛侃临上疏又有些犹豫不定，禁不住彭泽催促怂恿，还是呈了进去。

世宗见疏震怒，命法司廷讯薛侃，遍施酷刑，非要薛侃招出主使者。薛侃骨头倒是很硬，只说系自己所为，并无主使。彭泽又到狱中，诱引薛侃攀扯夏言。薛侃闭目不看他，轻蔑地说：疏是我写的，是你催促我呈进，若说张少傅指使尚可，但与夏言有何关联？

审讯薛侃，张璁、夏言等高官都在座。都御史汪鋐指着夏言说其是指使者，而夏言拍案大骂，几乎与汪鋐当庭打起来。给事中孙应奎、曹汴请张璁回避，见张璁大怒，便奏知世宗。世宗诏令将夏言、孙应奎及曹汴都下于狱，又命郭勋、翟銮、司礼太监会同九卿、科道及锦衣卫官用刑再次廷审。郭勋等虽偏袒彭泽，但当廷讯问，证人俱在，真相终于大白。世宗命释放夏言和孙应奎等，斥彭泽为“性本无良，小人狡诈之资”，命发往边远地面充军。对张璁，世宗更是失望，认为他“乃昧休休有容之量，犯戚戚媢嫉之科，殊非朕所倚赖，专于忌恶，甚失丞弼之任”，即令致仕而去。①

这是张璁的第二次被逐。

夏言获得了胜利，世宗虽对他在廷讯时的咆哮失仪提出批评，然又说他是“被害所激，情有可原”。这之后夏言在朝中成了英雄，其官运也更其亨通：八月升为礼部左侍郎，九月再擢为礼部尚书。

## 四、三任首辅与辞世

世宗对张璁在情感上终究难以离舍，仅仅一个月，又派行人司奉敕书召张璁还内阁。

张璁在次年三月重回京师，这时内阁中已有方献夫，而夏言的上升之势更不可挡，张璁已不能像以往那样专权。尽管如此，还是有科道官弹劾他专擅，而世宗对此也有着近乎固定的看法，仅过了半年，“彗星见于东井”，科道对张璁又一轮猛攻，使之又踏上回乡的路。这次世宗表现得更加无情，大学士李时再三请求给予敕书、廪隶，方才答允。

未及半年，世宗又思念张璁，遣鸿胪寺官员奉敕召还，重任首辅。几番斥逐和起复，让张璁丢尽颜面，也让其高傲性情备受折磨，再也不能有几年前的振作。世宗也有意安慰，将他进秩为

① 其事及以上引文均见《明世宗实录》卷一二八，嘉靖十年七月戊午。

少师兼太子太师、华盖殿大学士。回朝后的他与夏言的矛盾更为尖锐，上疏乞休，皇上不准。后因儿子猝死，张璁心情灰暗，更连章求去，世宗仍不准。十四年(1535)春，张璁病重，世宗派太监赐酒馔，并对大学士李时说到张璁性情执拗，又不知爱惜人才，以致招怨结仇。后来又派太监赐药，降手谕曰：古代皇帝有剪须煎药，为大臣治病者，今天朕把自己吃的药赐予你，望卿能加餐自爱，尽忠为国。① 张璁感动得流泪，更加恳求归田。世宗见无法阻止，命御医护送其归家，月俸照旧。优礼更超出同官许多。

第二年五月，世宗派锦衣卫官前往看望，降手敕催他归朝。张璁抱病强起，行至金华病重，只好又回去。十八年(1539)二月，世宗刚踏上南巡之路，张璁在家乡派人送来遗疏，劝皇上“建储贰，任忠良”，也说到自己的儿子孤危无托，世宗优诏答之。两日后，张璁病逝，世宗闻知后感伤不已，命荫一子为尚宝寺丞。②

张璁持身清廉，尤痛恨贪官。他死之后，故居为风雨吹破，无钱修饰，子孙多住他人家，借贷度日。这在贪污公行的中晚明社会，当是很少见的。

---

① 焦竑：《国朝献征录》卷十六，张文忠公孚敬传。

② 《明世宗实录》卷二二一，嘉靖十八年二月乙巳。

# 第十一章　唯一的南巡

与热衷于出京游逛的皇兄武宗不同，世宗自到京师，就稳稳当当坐镇京城，履行着皇帝的职责。他的一生只有一次巡守，即嘉靖十八年的南巡承天，到显陵亲自相看显陵舆地风水，规划区处父母的合葬事宜。这是一次势不能不为的远行，但仍有一些疏谏阻拦，他诚恳地对阁臣说："朕其空行哉？为吾母耳。"

世宗天性纯孝，其父长已矣，只能在尊崇追谥、加皇称宗上做文章；而母亲蒋太后奉养宫中近 18 年，真正让他恪尽人子之孝。从这里观察世宗，似能更多见出那纯孝赤子之情。

## 第一节　皇宫中的家

一般说来，皇宫自然是皇帝的家，而对于朱厚熜来说，他真正的家在遥远的钟祥。一派金碧、千门万户的皇宫是嘉靖皇帝的家吗？当然是。但在他内心深处，在他潜意识里，则未必当真。

母亲就是家。当蒋太后与两公主居住皇宫的日子，厚熜觉得这块陌生地开始有了家的温暖，尽管母子之间常会回忆起在兴邸的时光；而自蒋太后崩逝并归葬钟祥，世宗对紫禁城的疏离感似乎再次出现，对钟祥的思念重又燃起，他对当时最信重的大臣郭勋、夏言说：

梓宫南祔，二圣同欢，弃朕孤哀，欲追侍于左右未可也。①

是啊，父母终于团聚了，自己还要履行做皇帝的责任，还在异乡漂泊。

## 一、母子情深

自从蒋太后到了皇宫，世宗就在紫禁城内建立了自己的家。这是一个大院子中的几个小院子，是一个大家庭中的几个小家庭。核心人物是蒋氏，主要成员有祖母邵太后，有他的两个嫡亲姐妹永淳公主和永福公主，他的两位亲婶娘、蒋家舅舅、邵家表舅也时相往来，其乐也融融。他对家人始终倾注真情，在家中始终承担着男儿的责任。至于他的皇后，甚至他那些苦苦盼来的儿子孙子，反倒显得隔了一尘。

世宗是一个孝心很重的人。他很爱自己的父亲，对母亲蒋氏感情尤深。入京之初，他为了母亲的名分，不惜要抛弃皇位，也不愿叫母亲受委屈。他对议礼的固执，他对营建世庙的坚持，他对反议礼诸臣的无情打击，对张太后及其家族的切齿痛恨，似乎都可从其对父母的孝思上寻找到思想依据。

朱祐杬薨逝后，兴邸也如先前的郢邸一般孤儿寡母，然平民出身的蒋氏远比将门之女郢王妃坚强，毅然出来料理大丧，成了一家人的主心骨。世宗入继大统，以帝王之尊，尽自己的一切可能，来报答养育引领他的母亲：登极之后，即费尽心力尊奉母亲为“兴献后”；元年上尊号“兴国太后”，三年改尊号为“本生母章圣皇太后”；当年秋，又采纳张璁之言，去掉“本生”字样，直称“圣母章圣皇太后”；七年再加上尊号为“章圣慈仁皇太后”。至

① 《明世宗实录》卷二二四，嘉靖十八年五月壬午。

此，蒋氏的尊荣早已超过了张太后。拣读实录，可以看到每一步进展，都是多么不易！

世宗还觉得不能使母亲心满意足。尽管蒋太后在尊号上与张太后已毫无差别，尽管蒋太后早已成为实际的后宫第一权威，但靠儿子嗣统才当上太后的蒋氏，似乎总有一种摆脱不掉的心理阴影。

作为儿子，世宗岂能不知母亲的心情，他急切地为老母寻找驱散心理阴影的机会。

## 二、敕刊《女训》，颁行天下

嘉靖九年（1530）九月，世宗把蒋太后在兴邸所作《女训》一卷，赐予内阁首辅张璁阅看。张璁自然明白皇帝这样做的用意，立即请求将该书刊刻行世，昭示中外，并请世宗亲自写一篇序文，附在卷末。世宗欣然同意，并钦定将孝慈高皇后传、仁孝文皇后御制《内训》同时颁行。这样，他的母亲蒋氏、丈夫没做过一天皇帝的蒋氏，便一跃而与明代开国皇帝朱元璋的元后高皇后马氏、明成祖元后文皇后徐氏地位扯平。这位皇帝孝子，真可谓煞费苦心。

《女训》是一部讲解女性应如何奉行女德和闺范的书。前有世宗之父恭穆献皇帝御制序文，然后是章圣太后自序，正文分12篇。世宗降谕，令以《孝慈皇后传》、《内训》、《女训》为女性的道德教科书，并决定从宫中首先开始实行，命大臣集议有关当行礼仪。

十月，礼部拟出实施纲领：由翰林院将《内训》、《女训》撰成通俗易晓的直解，每月各三章，每章在一百字左右，引证经传及《孝慈皇后传》内事迹，以便于女官记诵。每月初六日，由皇后率嫔妃、夫人等到圣母章圣皇太后处听讲；十六日、二十六日，皇后率嫔妃、夫人在坤宁宫进讲(即汇报学习心得)。翰林院再将诗书中有关女教的文字编成浅显易懂的诗,作为辅助教材。同时又建议宫中女官将《诗经》的《周南》、《召南》谱成乐曲,以备宫中宴乐,而摒斥所有的俗乐。

实施大纲很快被世宗批准。议礼起家的大学士桂萼当也不敢落后,上书献推行方案,又分为“宫中”和“天下”(即民间)两类不同情况,均列出推行重点。把学习章圣太后《女训》提高到修德养身、移风易俗的高度。

从此,世宗的皇后(此时是张皇后)又多了一项要事,即每月一次率领嫔妃人等到章圣太后宫中听讲,两次在自己宫中组织研讨、交流心得。蒋太后因此而成为后宫的精神领袖,其显赫与风光,更非张太后所能望其项背。

### 三、姐姐与姐夫

世宗继位后,与母亲蒋氏一同来京的,还有他的姐姐永福长公主和妹妹永淳长公主。两公主皆为蒋氏亲生,本来出于亲王之邸,应称郡主,只因厚熜做了皇帝,一跃而成为公主,而且是长公主。① 可以想见,蒋太后初入皇宫时,触处陌生,除皇帝儿子外,最能带给她精神慰藉的便是两个女儿。儿子国事繁重,日理万机,两公主则与母亲朝夕相处,喁喁哝哝,使得宫室中亲情络绎。

明朝公主的婚嫁有一个变化过程。开国之初,朱元璋急欲笼络功臣,其子女众多,又多与公侯勋旧联姻。随着时光的推移,这种婚嫁取向的弊端渐渐显现,后来的皇子选妃和公主下

---

① 《明史》卷一五五,公主传:“明制,皇姑曰大长公主,皇姊妹曰长公主,皇女曰公主,俱授金册,禄两千石,婿曰驸马都尉。”

嫁,大都有意识选择平民之家。《大明会典》载“选择驸马”的官方程序:先是奉圣旨张榜晓谕,在京官员人等有子年岁相当者报名,条件为“容貌整齐,行止端庄,父母有家教”;再是礼部初选和司礼监会选,取三人;最后是御前钦定一人为驸马。至于那陪选的两位,则送入官学读书。①

永福长公主生于正德元年四月,比世宗大一岁多,姐弟的关系当更为亲密。永福长公主来京时已然整整16周岁,到了选婿的年龄。但一家子初入帝京,诸事纷繁,父母尊号未定,皇帝弟弟又要选后,她的婚事就拖了下来。嘉靖二年秋,18岁的永福长公主下嫁隶籍锦衣卫的邬景和。举行婚礼之前,给事中安磐等上言邵太后服制未满,永福长公主作为邵氏亲孙女,于礼不应婚嫁。世宗称此事正是奉邵太后遗诏,将这些议论挡了回去。

世宗对姐姐的婚事极尽优崇,赐第的情况未见记载,一年之后,赐地便多达一千四百多顷,给户部带来很大压力。但这位青年皇帝既讲亲情,亦不忘原则,景和再求赐地,他听从户部意见断然驳回。四年五月初,有人弹劾皇上岳丈和姐夫“多蓄无赖,罔利剥民”②,陈万言与邬景和也上疏引罪,世宗切责二人:“爵高禄厚,日给非不足,乃纵容家人开张店面,刻害商民,干犯国法”③,不光不留情面,还下旨逮治那些仗势作恶的仆役。

就在这个月二十四日,永福长公主遽尔辞世,原因不明。这对蒋太后必然是个沉重打击,皇帝弟弟也很痛伤,为辍朝一日。他命将没收的一所官房赐给景和,以为姐姐建祠堂,工部因维修工料银两提了些意见,未想惹恼了皇上,尚书和司官皆被罚俸。

---

① 《大明会典》卷七〇,礼部,公主婚礼。

② 《明世宗实录》卷五一,嘉靖四年五月庚申。

③ 《明世宗实录》卷五一,嘉靖四年五月甲子。

姐姐逝后很长一段时间内，世宗待姐夫仍然甚好，让他统领锦衣卫大汉将军，让他参与许多典礼或祭祀仪式，甚至还让他入值西苑，撰作青词。这在当时可是莫大的荣幸！偏这位皇姐夫颇有几分呆气，对皇上设醮事玄大不以为然。三十三年九月，景和“以不谙玄理辞”，让世宗很不高兴。而在清馥殿行祝厘礼，他竟在礼成之先就私自离场，世宗还算包容，奖赏诸臣时也给了他一份。未想到这位驸马爷倔劲儿上来，上疏退回赏赐，还说了一些如“马革裹尸”“衔环结草”之类不吉之词。世宗大怒，斥责景和诅咒。这可是个杀头的罪名！看在逝去姐姐的面上，世宗仅将他削职遣回原籍。邬景和家族离开故土已经百年，在那里既无亲人，又水土不服，过得好不凄凉。

两年后，放居于家乡昆山的邬景和借入贺圣诞之机，上书哀请恩准回京。他说自己到永福公主坟前祭拜，看到“丘封翳然，荆棘不剪”，深为不能够祭扫悲伤，也深自后悔。他说自己不敢祈恩，只求皇上“幸哀故主”，能让他回来与已死的公主“长与灵影相依，死无所恨”。① 世宗顿生怜悯心，准许他回到原卫居住。三十七年十月，世宗命邬景和代颁明年大统历，标注其身份为驸马，没有“都尉”，仍是一介平民。以后似乎再没让他出席官方活动，直至隆庆元年四月，才得以复职。

## 四、永淳长公主

正德六年（1511）九月，刚满五岁的朱厚熜有了一个小妹，这就是后来的永淳长公主。对于妹妹的婚事，世宗从容了许多，操的心也更多，特别希望为她选一个品貌兼优的乘龙快婿。

嘉靖六年三月，永淳16岁，世宗即颁旨令选驸马，并在会选

① 《明世宗实录》卷四三九，嘉靖三十五年九月戊午。

的三人中钦定第三名永清卫军余陈钊。军余者，指军户中正军的辅助人员，多为家境贫寒之辈。世宗对此略不在意。试想，一旦娶了皇妹，本人包括家人的所有穷气也就一风吹尽咧。妹子的终身大事将定，谁知就要拟定公主出降仪注之际，听选官余德敏上书，揭发陈钊的家族有麻风病史，其母又是再醮的庶妾，"不可尚主"。礼部郎中李浙奏称余德敏胡说八道，请求将他逮治。世宗派内侍打探，余说并非空穴来风，立命废斥陈钊，并将主持此事的礼部侍郎刘龙罚俸半年。①

为永淳再选驸马，世宗似乎有些心中没底，便把最终裁决权上交母亲大人。新推三人入宫，为首者少卿高尚贤之子中元，生得风骨俊逸，宫嫔内臣都觉得最合适，蒋太后选中的却是谢诏。谢诏亦少年俊朗，却显得老成稳重，令皇太后放心，懿旨确定。岂知谢诏小小年纪便有点儿秃顶，传播出去，被好事者编入歌谣——

> 谢诏选后，京师人有《十好笑》之谣，其间嘲笑张、桂骤贵暴横者居多，其末则云："十好笑，驸马换个现世报。"盖谢秃少发，几不能绾髻，故有此讥。②

大约是候选驸马入宫时戴着头巾，看不见发多发少，让谢诏蒙混过关。成婚之后，小夫妻朝夕相处，歌谣也越过高墙，传入永淳耳中，公主还听说高中元是一个才子，先中举人，再举进士，入翰林，越发觉得后悔，常常扼腕叹息。谢诏颇为惶恐，一日与公主商量，想以乡谊请高中元来府中做客，永淳欣然应允。中元至，公主于帘内偷窥，但见一壮硕男子，飘飘一部髭须，早不复少年姿态，原来的一腔爱慕顿尔消散。再看自家夫婿，温文尔雅，举

① 《明世宗实录》卷七四，嘉靖六年三月己亥。

② 沈德符：《万历野获编》卷五，驸马再选。

手投足都是皇家气象，回嗔作喜，夫妻感情进入一个全新阶段。①

世宗对这个妹夫的成长很关注。就在永淳长公主下嫁之前，礼部尚书吴一鹏提出驸马的教育问题，“一旦骤致富贵，恐昧骄盈之戒”，建议对读书习字订一标准，每隔10天到礼部考核一次。世宗充分肯定一鹏的好意，觉得以驸马之尊贵赴礼部考核不妥，命为选聘辅导，曰：

> 今公主乃我皇考亲女，为朕亲妹，驸马都尉谢诏作国家亲臣，焉可使之不读书知礼乎！朕欲选一儒臣与诏为师，待其成婚后二十日，令其师教习经书。每三日授《大学》一篇，凡三十日温习一次。三日写仿一张，盖写字乃正心之功。就令解讲明白……务使其知忠孝仁义、礼仪事物之类。②

后来礼部奉行旨意，将国子监助教金克存升为礼部仪制司主事，教授谢诏经书。与此同时，世宗让谢诏参与各种祭祀和节庆活动，既是历练，也是积累，极为关爱。这也使得妹妹和妹夫深受鼓舞，嘉靖九年谢诏陈乞像其他皇亲那样开店经商，世宗当即驳回：

> 皇亲列肆以渔民利，在法所当革。诏国亲臣，固宜读书遵礼，奉公家典宪，岂可效尤牟利！所请不允。③

从此以后，再未见谢诏有请乞田土房产之举。永淳长公主逝于十九年春，总算陪着母亲蒋太后走完一生。而谢诏在嘉靖间宠眷不替，二十八年领大汉将军侍卫，三十三年十月邬景和被斥逐

---

① 沈德符：《万历野获编》补遗，卷一，尚主见斥。

② 《明世宗实录》卷七九，嘉靖六年八月戊辰。

③ 《明世宗实录》卷一〇九，嘉靖九年正月壬子。

后，谢诏接掌宗人府兼管大汉将军。很显然，世宗一直将大内侍卫和宗人府交给最亲近的人掌管，不是姐夫，就是妹夫。

### 五、厚待亲族

世宗对父母的深厚感情，也自然延伸到亲族，主要是祖母和母亲的娘家人，封爵赐田，待之甚是优厚。

说到蒋太后的娘家，也是人丁稀疏。父亲蒋敩，大兴人，祖籍徐州，届 40 岁始得一女，即后来一步步贵重至极的蒋太后。弘治五年，蒋氏应选为兴王妃，孝宗封蒋敩为中兵马指挥使。兴王之藩，曾上疏恳请奉母亲邵贵妃同往而未获准，蒋敩与夫人吴氏则不受限制，得以与女儿女婿同行。蒋敩时年 57 岁，一路上少不得处处操劳，兴王在为老丈人撰写墓表时追忆及此，说他“栉沐风雨，左右翊辅劳苦功多”。① 蒋敩无子，兴王对之甚好，安顿岳丈一家在府邸住下，赐予土地田产，平居问安，年节馈送，很是亲切周到。而蒋敩也是安分知止的人，淡泊度日，从来不给女儿女婿找麻烦。

正德四年暮秋，蒋敩病逝，蒋氏哀哭不已。兴王也为岳父无后感伤，便出面操持，过继其兄之子蒋轮为嗣，并为蒋轮讨要了一个七品散官。

嘉靖元年五月，世宗封赏迎驾和有功诸臣，同时封祖母之弟邵喜为昌化伯、母亲之弟蒋轮为玉田伯，子孙世袭，食禄各一千石。谏官上疏以为不妥。世宗驳之曰：“戚畹至亲，推恩进爵，自是累朝旧典，已有成命，何复言之?”当时正全面革除前朝积弊，滥封滥赏，传奉太多，实武宗朝诸恶之首。可那边厢除弊之举艰且缓，这里新帝又开始大封赏。

---

① 《睿宗圣政实录》卷三一。

蒋敩虽落葬钟祥，但蒋家祖坟在京郊。二年秋，应蒋轮之请，世宗赐予护坟地 13 顷、田 1 顷。这当然不仅仅因一个蒋轮，更重要的是为了母亲蒋太后。户部上议反对，亦没有任何作用。

数年后蒋轮死去，世宗又让其子蒋荣承袭爵位，贵宠不衰。在明代小说中，皇亲是一个极具讽刺意味的词儿，其虚嚣夸饰和为非作歹往往让世人侧目。邵家和蒋家虽无大恶迹，也都闹出争正支、夺家产之类丑剧，让世宗很烦心。他是个讲亲情的人，也是位很有原则底线的皇帝，可以尽量照顾到母亲、祖母的亲人，却不允许他们仗势欺人，破坏法度。后来玉田伯蒋荣"收父婢为妾"，又为家产闹得不可开交，世宗很生气，下诏革去他兼任的散官，不许他扈驾南巡。

## 第二节　慈母之死

嘉靖改元之初，偌大的皇宫显得有些拥挤。宫中有三位太后、两位皇后，还有一批资深皇妃。三太后，即昭圣慈寿皇太后张氏，章圣皇太后蒋氏及其婆母孝惠皇太后邵氏。

邵太后为当今圣上亲祖母，自是"太皇太后"级别，无奈那时少年厚熜初来乍到，勉强为奶奶争了个太后，一年多邵氏即行崩逝。张、蒋两太后在后宫并存了 17 年有余，张太后受尽冷落，蒋太后备享尊崇，形成强烈对比。然人生修短不一，最后竟是蒋太后先走了一步，令世宗极度悲痛。

### 一、爱患病的世宗

如果说蒋太后刚入宫时还受一些挤兑，在不长的时间内，随着世宗的张扬皇权、乾纲独断，母亲在宫中的地位即陡然上升。而蒋太后对于这些尊隆并无太大兴趣，最关心的乃是儿子的健康。朱厚熜虽已成为当今天子，在她心目中仍是个禀质素弱的孩子，其多病多灾着实让她忧心。《明世宗实录》里多处记载了朱厚熜因病暂停上朝的情况，记载他与大臣探讨养生。最为他牵肠挂肚的，当然还是蒋太后。

十三年春，世宗病咳，久治不愈，蒋太后常亲至病榻护理，忧急相迫，自己也病倒了。世宗在答张璁的慰疏时述之甚详：

> 圣母之疾，是为朕病而心烦热燥致此，不必他疑，而诊视正因是焉。方朕甚咳，母闻一声心痛一倍，曰："何不着我害软！"故忧爱日夜焦煎，火之生热，不容不致疾也。昨日以祛风之剂用之，已渐退矣。

这场病先后拖了半年左右，光剧烈地咳嗽就持续两个多月。世宗身边当然少不了医术高超的御医，他自己也熟读医案，却弄不清病因。他作了认真的检讨反思，于此说到自己的日常生活——

> 酒亦怕饮，饮不过半小钟，是非酒致之；况素不嗜欲，自病五月，后妃未进御，是非欲色致之；早卧宴起，次第起居，是非劳致之。不审此疾如是之甚，他药亦不常服，恐生他恙，亦无可奈何也。①

的确是无可奈何，只有加意珍摄，安心静等，如此过了一段，竟也大好了。儿子一旦健康，蒋氏的病竟也脱然而愈。

## 二、奉母谒陵与游湖

十五年(1536)春三月，因九庙工程已渐完成，世宗又想为

① 《明世宗宝训》卷四。

自己预修陵寝。他把自己的意思密谕礼部尚书夏言，命他与郭勋、李时、顾鼎臣和工部尚书林庭棉计议奏闻。夏言等怎敢不从？即联名上奏，说预修山陵乃“非常之圣”的“非常之举”，应令文武大臣率钦天监官及深晓地理风水之人，先去“外观山形，内察地脉，务求吉兆，以为万万世之寿藏”①，经圣览后再定谒陵之期，从而由皇帝亲自察看当否。世宗觉得这种借拜谒祖陵，实为自己择选陵地的做法非敬祖之道，决定先去谒陵，然后再遣大臣去相地。

宫中不免憋闷，世宗想让老母亲也出去走走。蒋太后自嘉靖皇帝登基后奉迎来京，祖制所限，未曾出过京城，目下风和日丽，正踏青时节，也欣然应允。世宗晓谕夏言：“谒陵之礼，必一同圣母行。”②夏言唯唯而已。

三月二十一日，谒陵的队伍从京师出发，勋贵侍从，禁军扈卫，蒋太后在世宗和皇后侍奉下，煞是开心。在沙河行宫，内阁大臣及勋戚重臣雁序而入，拜见蒋太后，一个个恭谨有加。在诸陵享殿，蒋太后率皇后、妃嫔行谒陵礼，世宗跪于母亲之左，后妃皆跪于蒋氏之后，祝辞朗朗，香烟袅袅，好不端肃庄严。至于那位孝宗皇后张太后，此刻正寂居宫中，再没有哪位大臣来为她争什么正统了。

这次谒陵历时八天。回宫后，世宗见老母兴致不减，又率内阁大臣在西苑的湖中，侍奉蒋太后荡舟。《国朝献征录》卷十六述及当时情景：

> 礼成回銮，奉圣母泛舟西湖。二三辅臣鼓棹前驱，龙旌

① 《明世宗实录》卷一八五，嘉靖十五年三月庚午。

② 《明世宗实录》卷一八五，嘉靖十五年三月庚午。

凤节，照耀舟渚；金鼓管籥，声彻霄汉。实上古君臣同乐之意也。①

准确地说，这里的“君臣同乐”，实为君臣同陪章圣皇太后一乐。世宗在这种时候也是最开心不过，一首接一首地作诗，在老娘跟前卖弄文采。次日，他又把这些御制之诗赏赐给那些摇桨凑趣的阁臣，换回来一连串儿的恭和之作。

大约是见这种方式使蒋太后很愉快，第二年春天，世宗又陪母亲往山陵行春祭之礼，返宫后又让一班阁老陪蒋太后到西湖泛舟。岸边柔草，湖面波光，鼓乐笙簧，吟诗作赋，世宗皇帝好不轻松，章圣太后好不惬意！

世宗孝思绵长，益发不可收束。这年六月，竟对阁臣提出要奉章圣皇太后到兴藩旧邸去居住，到年底再返回。想是母子絮话时聊到早年时光，想回到那里看看。被阁臣以圣母正在病中，要经常服药，经不起长途颠簸为理由反复劝告，才算没有去成。②

这时，因宫内维修，蒋太后暂居皇宫之外，母子隔得远了些，使世宗很不安。除督责工部加紧修造外，他只有不时去蒋太后所居拜谒。当年的万寿节（即他本人的生日），世宗敕礼部免贺。礼部上疏固请，讲了许多应该接受臣下庆贺的理由，世宗这才说明不受贺的三项原因：雷震谨身殿脊兽尚未修葺；内殿未建成，宪宗神位未回；圣母暂居宫城之外，且在病中。他说生辰每岁一至，不是什么大事，如臣子能顺承其旨意，也就等于受贺了。

话说得很诚恳，但其中，也能见出因群臣阻挠其奉母还旧藩

---

① ［明］焦竑：《国朝献征录》卷十六，文康李公时行状。

② ［明］焦竑：《国朝献征录》卷十六，内阁六。

一事的不快。

### 三、蒋太后的死

朱厚熜入宫之初住在文华殿，而蒋太后住在不远处的清宁宫。该宫通常为太子所居，皇子及冠后亦可居此。而张太后所居则是西路武英殿后的仁寿宫，那里前有花园，后有佛殿，是历来尊奉皇太后的地方，张氏已安住了十余年。天下事大不过一个理去，世宗虽为母亲不平，却也无可奈何。

但凡皇帝想做的事，总会有机会有办法。嘉靖四年五月，仁寿宫失火重修，张氏只好搬出去，而世宗迟迟不拨经费，使之工期久拖，一拖10年多。至十五年，世宗令将仁寿宫和清宁宫同作改扩建。两年后两宫建成，世宗发出谕旨：

> 朕恭备祖宗一代之制，命建慈庆宫为太皇太后居、慈宁宫为皇太后居。今上有次第，以慈宁奉圣母章圣皇太后，以慈庆奉皇伯母昭圣皇太后。①

到这种时候，朝中已没有大臣出来为张氏说话，内廷更是全由兴藩旧人掌控，张太后除了乖乖听从安置，还能做什么呢？

十七年(1538)九月，世宗再一次提升乃父的称号，是为睿宗献皇帝，举行了隆重的加称礼。同日，世宗奉母亲大人入居修葺一新的慈宁宫。此时的朱厚熜刚过32岁生日，近年又接连得了三个儿子和两个女儿，诸愿皆遂，志得意满，诗兴大发，即作《福瑞赋》一首致贺。众礼臣还要搞一个百官庆贺的程式，世宗以蒋太后的身体不适，未批准。

蒋太后真的是病了，而且已经病了很久。

当年十二月初三，迁入新宫室仅仅三个月的蒋太后在服药

---

① 《明世宗实录》卷二一三，嘉靖十七年六月壬寅。

后去世。当天，感觉不行了的蒋氏把儿子叫到病榻旁，对他说：几天来很想见他，总觉得儿子忙，身体也不好，不愿意打搅。今天看来自己是撑不过去了，有几句话要交代。蒋氏的遗言很感人，但也只是要儿子丧事从简，节哀自珍，关照公主和两位驸马等。没有太多要叮嘱的了，这是一个带着很多幸福感逝去的母亲。

世宗可不这么认为。他悲痛万分，“天颜凄怆，擗踊号恸，诸臣莫不感慨”。[①] 他甚至怀疑是张太后用巫蛊之术害死了自己的母亲，急怒之下，想仿照唐宣宗对郭太后故事，对张太后进行处置。

所谓唐宣宗对郭太后之事，是唐代宫廷史上的一桩惨案：当初宣宗之父唐宪宗暴死，宣宗怀疑郭太后参与谋划。宣宗的生母郑太后原是郭太后的侍儿，两人之间存在仇隙，宣宗即位后对郭太后极为冷淡。郭太后心中抑郁，一日登勤政楼，竟想跳楼自尽。宣宗得知后非常震怒，当天晚上，郭太后暴死……[②]

史籍记载蒋太后患的是疮疾，淹缠三年，其间多次病危，赖御医千方百计救护，才延缓到这时。明世宗岂不知母亲病重？却还是认为死于他因。他也决心为乃母报仇，甚至写好了诏旨，幸得内阁大学士李时拼死拼活地阻挡，劝皇上冷静查明真相，不要听信传言，一件宫廷血案才没有发生。[③] 但他的偏执与残酷，于此亦略见一斑。

慈母已死，聚集在世宗身边的术士也是回天乏术。世宗的孝思化为痛切的回忆，化为治丧的踵事增华。这是一次全国性

---

① 邓士龙：《国朝典故》卷三六。
② 《新唐书》卷七七，后妃下。
③ 沈德符：《万历野获编》卷三，世宗废后。

的浩大祭奠：在京的皇室成员、文武百官、各级别命妇孝服定期哭临；各外国属国四夷使臣，由工部提供孝服，随朝官行哭临礼；所有军民人等在27天内必须穿素服，妇女不许妆饰；诸寺观各声钟三万杵；各地王府“诸王、世子、郡王、王妃、郡主以下，闻讣皆哭尽哀，行五拜三叩头礼”；在外文武官员素服跪听宣读，举哀，行四拜礼，在本衙门留宿，“每日率合署官僚人等就本衙门朝阙设香案，朝日哭临……”

丧期正值隆冬，朝夕哭拜，臣子不胜其苦，可皇上犹如此，哪个敢不诚敬。工部左侍郎吴大田正在病中，偷偷在孝服里加了件貂皮小袄，被纠仪御史检举，世宗下诏责问，得知其有病，仍罚俸半年。

世宗最先想到的是让父母在京师合葬。他先派驸马都尉京山侯崔元为奉迎行礼使，率各有司官往承天府，准备将父亲的灵柩奉迎到北京，与母亲合葬。又以兵部尚书张瓒为礼仪护行使，指挥赵俊为吉凶仪仗官，翊国公郭勋知圣母山陵事。至于这个“治丧委员会”的首脑，自然是非当今圣上莫属了。

## 四、北迁与南祔

章圣皇太后亡逝后第三日，世宗就陵寝之事敕谕礼部和工部，命在天寿山明帝陵区的大峪山重新建造显陵。他说父亲去世时自己年幼无知，承天的显陵“山川浅薄，风气不蓄，堂隧狭陋，礼制未称”，每一念及都很伤感，说显陵“越阻千里，宁免后艰”，又说他自己在祭祀时看过大峪山，“林茂草郁，冈阜丰衍，别在诸陵之次，实为吉壤”。[①] 他要将父母合葬此处。尽管需要把远在湖广的睿宗梓宫迁来，但为父母能合葬一处，为了自己春

① 《明世宗实录》卷二一九，嘉靖十七年十二月乙巳。

秋二祭能亲往祭奠，他还是下决心要这样做，降谕礼部和工部营建大峪山陵墓，仍称显陵。

两部即行奉诏落实，礼部拟出所需一应礼仪，工部立刻派员查勘绘图，而一个高规格的团队也迅速赶往承天。驸马都尉京山侯崔元为奉迎行礼使，兵部尚书张瓒为礼仪护行使，还有太监鲍忠、锦衣卫赵俊等人，匆匆赶往承天府，奉迎睿宗梓宫。

当月十三日，世宗亲往京郊阅视，在实地察看了大峪山之后，觉得不满意，又改变了主意，要送亡母到承天府合葬显陵。礼部尚书严嵩等上言，提出为今后祭祀方便，还是合葬大峪山比较妥当。世宗固执己见，急令已在途中的崔元等不要再去承天，而命赵俊前往，并要他打开幽宫（即墓穴），查看里面的具体情况，以筹备迁陵合葬事宜。赵俊领皇帝之命，急匆匆赶往承天府，经过一番查看，回来复命，禀说地宫有水，显陵不吉。世宗便起意南巡承天，亲自去视察一番，然后再决定究竟应如何办理。大臣们听说皇帝要离京南巡，都很着急。当时河套被蒙古吉囊部占据，“并吞诸戎，兵力日盛，外连西方海贼，内通大同逆卒”，①形势很是严峻。皇帝此时再离京南巡，必然会影响到政局的稳定。吏部尚书许讚劝谏，世宗不听。左都御史王廷相又上谏，侍讲吕柟、给事中曾烶等纷纷上书劝止，世宗很不耐烦，说：我岂是去无事闲逛，我为母亲尽孝而已。

群臣不敢再谏。世宗决定于十八年（1539）二月十五日南巡承天，亲自相度和安排父母合葬事宜。圣裁已定，整个国家机器迅速开动，工部选派大员巡视经行道路桥梁，兵部拟上详细的扈从驿传方案……

与武宗形成鲜明对比的是，世宗对军国大事、京城留守、边

① 邓士龙：《国朝典故》卷三六。

境防卫都作了周密部署。他册立了皇太子和二亲王，简命文武重臣二员留守京师，简命文职大臣二员总督整饬宣大等处军务，钦命文职重臣一员往九边阅视边备，皇城四门、京城九门、大明门外两边，皆用文武大臣各一员、侯伯二员监守，用科道官点闸，京城内外昼夜巡捕，城外及郑村坝、大黄庄、居庸关、白羊口等六处地方，拣选有马官军，轮流下营防守。悲痛之中的世宗，对国家安危和京师稳定作了周密部署。

## 第三节　南巡承天

嘉靖十八年二月十五日，世宗离京南下，踏上了他在位期间唯一的一次出巡之途，史称南巡，又作“大狩”。古时将帝王巡视天下称为巡守（亦作巡狩），世宗此行差似之。他带了一个完整的中央机构，沿途察看民情，考核官员，接见经行之地的亲王郡王，处置突发事件，也通过帝国驿传管理着整个国家。

为父母，是世宗南巡的明确主题。而南巡中的世宗，也绝没有忘记作为皇帝的责任。

### 一、仪卫赫赫三千里

皇帝的出巡，可谓兴师动众，亦可谓劳民伤财，历来为帝王所慎行。有明一代，自朱元璋两幸汴梁始，颇也有几位皇帝大驾远行，记载较详的只有成祖和世宗。明成祖原封国在大都，以“靖难”夺得皇位，难免奔波于两都之间，所带以军队为主，竟多至马步军五万人，亦可证当时内外均缺少安全感，不独讲排场也。至于英宗土木之变，也称“北狩”，武宗所谓的北巡和南巡被讥为“游幸”，《大明会典·巡狩》项下干脆不予列入。

《明世宗实录》和《大明会典》均详细记载了朱厚熜的南巡仪制，前书还记载了一些大臣的反对劝阻，记载了世宗对他们的责斥。这是一次隆重出巡，行前祭告天地、祖庙、社稷诸神，车驾出正阳门，后妃辇轿相随，锦衣卫选精壮旗校八千人，“内以六千人专管抬举上座舆辇，二千人专管摆执驾仪”①；至于护卫，则有兵部从京营抽调 6000 骑兵，以 2000 骑先导开道，2000 骑后卫，左右两翼各 500 骑；扈从人员，除却勋戚、内阁、五府六部各监寺之外，光是随行乐工就有 200 多人，光禄寺厨役也有 230 人。需要说明的是：这些厨役只管给皇上后妃做饭，最多几位重臣能蹭边儿吃点，其他的人只能各想办法。

车驾至赵州，行宫外有人大声喊冤，世宗不悦，命锦衣卫执之，而掌锦衣卫事的都督同知陈寅居然不在左右。世宗传谕责斥：

> 尔等职在扈从，道中乘舆撼摇，呼之不见，但能俯首屏足，效文臣为伪恭敬。朝廷牙爪之官，与大臣职事异，自当有武勇状。赵俊等专理行阵，亦容与散漫，绝驰道而行，何以清跸除道？可各分前后队，有冲突法驾者，即捕获以闻。②

陈寅、赵俊皆兴邸旧人，从龙入京，素来忠诚勤谨，否则绝不会如此轻易放过。

当时的詹事府詹事兼翰林学士陆深曾就途中见闻写了一本《南巡日录》，记载中下层官员大多先期出发，找地方吃住，再等着迎驾。虽说事先通知经行地方，已做了对口接待预案，然

① 《大明会典》卷五三，礼部 · 巡狩。

② 《明世宗实录》卷二二一，嘉靖十八年二月癸亥。

这么多人一下子拥来，又都来自惹不起的衙门，也让地方苦不堪言。

## 二、奇诡的旋风

南巡之前，工部会同各地整修道路桥梁，并在皇上住宿地搭建行宫。行宫主要由大小不等的席殿组成，一者花费不多、拆建方便，二者减轻地方负担、便于警卫。未想到的是隆冬季节，由于取暖和灯烛，极易起火。在河北境内的赵州和临洺镇，两处行宫在皇上大驾离开后均起火，世宗很生气，命逮治有司官，将知州罚俸半年。

至河南卫辉地方，白日正行进中，忽有一阵旋风突起，绕着皇帝的车驾盘旋。世宗生疑，急传随驾而行的陶仲文，问这是什么兆头。陶仲文说：此风不祥，主火。世宗令陶仲文行法术避火灾，陶仲文说火灾恐难以避免，但可保圣上无事。当夜，世宗令侍从严密防范，未想夜间行宫还是起火，火势迅烈，许多宫中法物珍宝被焚，也有宫人、侍卫死于烈焰中。世宗素来行事谨慎，侍卫多不知皇上住何处，无从赴救。幸锦衣卫指挥陆炳闻见陶仲文的话，一夜不敢安眠，见状打破房门，从起火的宫室中把世宗背出，负责警卫的成国公朱希忠也赶来扈驾，才使皇上幸免于大难。由是世宗更加信重陶仲文，次日授与“神霄保国宣教高士”一称，赏赐甚多。①

巡幸才几天，居然几次遭遇火灾，尤以这一次惊动圣驾，且损失惨重。世宗恼怒至极，下诏切责：

> 朕只为二圣南幸荆楚，沿途所御之处及凡事，各该有司官全不敬慎服劳。昨卫辉行宫之虞，官吏无至者，亦无匹夫

① 谷应泰：《明史纪事本末》卷五二，世宗崇道教。

勺水之备，张衍庆亦不守护，殊为欺慢。其即差官校，将该府知府等官吏，止留一人护印，余俱械系送都护军门，缚付前驱，使监押前行示众；守廵并布按二司掌印官俱逮赴镇抚司拷讯，各员缺行在吏部即于附近选补。①

这下可苦了河南一干官员，也使沿途观看的百姓增加了一个兴奋点。卫辉府知府王聘、汲县署印知县侯郡被绑缚前行，一路示众，到达承天府又是一顿廷杖，发往边方为民。惩处之重，方式之暴虐，让随行及地方大员无不胆寒。

诏旨中点名的张衍庆，为正德六年(1511)进士，长期供职于翰林院，时以兵部右侍郎受命“督理驾行事宜”。行宫大火，地方官不能及时赶到，连他这位专职督理也不见踪迹，真让世宗恼怒。他下旨将张衍庆及河南巡抚右副都御史易瓚、巡按御史冯震、左布政使姚文清、按察使庞浩、左参政乐頀、佥事王格俱下镇抚司审讯，法司拟赎杖还职，得旨悉黜为民。

## 三、故土与乡亲

严惩误事官员之后，扈从各官自然个个戒惧，经行地方官更是十二分小心，沿途再没出现大事。三月初九，车驾进入承天府，驻扎于汉江之畔的丰乐驿。这是一个小小驿站，在承天北90里处，全称为丰乐河水马驿，史志记载仅备有24匹马。但在嘉靖时期，作为从京师到承天的最后一站，舟车往还，重臣时至，其重要性自不待言。而其最为辉煌的记录，就是接待过嘉靖皇帝的大驾，世宗南巡之往返都在这里居停。

车驾抵达时，欢迎的人群早路旁翘望已久。

承天府对迎驾早就精心准备，前来迎驾的有各级官吏，更多

---

① 《明世宗实录》卷二二一，嘉靖十八年二月戊辰。

的则是钟祥的师生和乡亲父老，是当今圣上曾经的玩伴、学友等熟人，一个个眼含热泪，一声声亲切问候，包括那不敢仰视的人群中传递来的真诚，在在让朱厚熜深心感动，竟带给他一种衣锦还乡的感觉。

次日是清明节，世宗驻跸丰乐，亲笔为兴王府和显陵书写牌匾，共写了“龙飞旧邸”等 24 幅，红纸金墨，笔笔饱蘸深情。在侧的司礼太监张佐曾为兴府承奉，此时已是泪流满面。随行内廷工匠很快将御笔制成一个个匾额，世宗命张佐等先往钟祥，悬挂于旧邸和显陵各门殿。

两日后，世宗进入钟祥的兴王府。

这里是世宗的出生地，也是他梦绕魂萦，总想回来看一看、住一段时日的地方。现在他终于回来了。然严父早违，慈母新逝，山川依旧，人事两非，真有说不尽的人生慨叹。他下榻在旧邸卿云宫，该宫离其出生的凤翔宫很近。进府之后，世宗先去隆庆殿拜谒兴献皇帝的灵位，由不得悲从中来，伏地而泣，随从中兴邸旧人也无不悲泣呜咽。

三月十三日，世宗拜谒显陵。他在陵寝的红门前降辇，骑马飞登纯德山，立表，并于山顶周览显陵全貌。此时的显陵经十余年扩建增饰，尤其顾璘主其事后精心谋划，务求恢宏典雅。世宗举目望去，但见宏大的寝园铺展有致，殿宇壮丽，重门崇表，辅以明塘曲水，庄重中不无灵动；后有七座矮山、苍翠绵联，如七星之护持；前有秀美的莫愁湖，襟带汉水；而脚下之纯德山郁郁葱葱，正可为显陵之表。联想到前不久阅视大峪山的一派凄清，更觉得此地佳胜。世宗又在园寝内和后山认真察看，心情大好，即兴写下《初谒纯德山喜而自得》：

南巡湖襄地，陵寝切衷肠。周视亲园内，回旋四五岗。茂茂铺茵厚，森森列嶂长。龙高生意广，虎伏世传昌。抱环罗玉砌，缭绕布金墙。黝黑土色状，允矣称玄乡。拔耸戒夷险，平坦免蹉防。镇静资山祇，尊安奉先皇。自是神灵悦，屡致朕心量。为此自得吟，庶几永不忘。①

这是一首帝王诗，也是一篇有关陵寝风水的专论，是素来苛峻的世宗对显陵工程的一次奖誉。随行众臣，尤其是主管陵工的官员，想必大大松了一口气。

回到兴邸，世宗为显陵祾恩殿、祾恩门题写匾额，又命增建陵寝外墙，增加红门。有关官员立即将围垣周长、用砖瓦之数、监制征集之法、工匠及工期所需算出，呈请御批。世宗诏可，周边40余个州府立刻忙乎起来，尽心造作。时至今天，墙垣青砖上如“南京前窑造”、“夷陵州造”仍清晰可见，有的甚至某人监工、某人提调、工匠为谁都写在砖侧。

十七日，世宗正式谒告显陵。随行的礼部官及陶仲文等术士在陵区各处详细察看，重点则是玄宫和宝顶。第二天，君臣共同讨论确定了新玄宫图式，命工部着手营建。

世宗在承天待了差不多半个月，离开之前，他专门邀请钟祥父老子弟一百多人来府邸，赐予酒食，对他们说了这样一番话：

尔辈我故里人，我与尔言：我二亲分封此地，积德累仁，爰生我身，承受大位。今日我为亲来此，尔辈有昔年故老，有与我同时者，得一相见。但只是我无大德行，我父母俱已仙去，我情甚苦，尔辈知否？我今事完回京，说与尔几句言语：尔各要为子尽孝，为父教子，长者抚幼，幼者敬长，勤生理，作好人。依我此言。我亦不能深文，以此喻尔，欲彼不知文理者易省也。尔等其记之。②

---

① 《兴都志》，典制五·宸翰。

② 《明世宗实录》卷二二二，嘉靖十八年三月戊子。

世宗的话很质朴，也很动情。他下旨减免当地税赋，算是对钟祥父老的一份心意。

### 四、归途匆匆

三月二十三日，车驾离开旧邸，踏上回京的路。临行前，世宗审阅了行在工部所上“显陵大工事宜”，亦即改扩建的总体方案，较为满意。他还让先期知会经行各王府，令他们不要出城迎送。

正如他自己所说，世宗不是一个游山玩水的人，一旦父母合葬的事情落定，他就希望尽快赶回京师。

车驾至宜城，所属庆都县城内有尧母庙。监察御史谢少南上疏，希望能借皇上大驾亲临的机会，敕下当地政府为修建祠庙，定期祭拜。他还将世宗为母亲下葬的尽心尽力，与尧的为母之情相比附，认为“我皇上之至孝达于隆古而有光”，“帝尧有灵，宁不以表扬母氏之墓者望皇上乎”。一番话直说入世宗心里。路途颠簸，他正在思考母亲是否要南祔之事，尧母墓给了他重要启发和依据。世宗对扈从大臣说：“帝尧父母异陵，可征合葬非古。”①诏令有司修建祠庙，并擢升谢少南为左春坊左司直兼翰林院检讨。

诸事顺遂，世宗在归程心情愉悦，不时写一二首诗示与臣下。见皇上高兴，扈从大臣也轻松下来，竞相恭和，表达忠诚，顺便也展示才华。世宗命将这些诗章保存，说自己还要再读一遍。

比起南下之时，车驾北行真可称轻松快捷，再没有出现行宫失火，没有出现饥民哭号、拦路喊冤等状况。各地方官员想必是打点起百倍精神，将迎送圣驾作为重中之重，竭尽全力做好。但也有反受其累者：叶县负责为各衙门设公馆，知县大人唯恐接待

---

① 《明世宗实录》卷二二三，嘉靖十八年四月戊申。

不周,派人举着中央各部衙门的牌子,在县境上列为一排,远远迎接。未想到让东厂旗校看到,呈报皇上,世宗以其“劳民生扰,诏黜为民”。

四月十五日,车驾还京师。实录记载:在京官员有1142人“迎驾不至,夺俸有差”。想这么多的官员断不敢不来迎驾,不知在哪个环节上出现了问题?世宗当然不管你有什么原因,敕令一出,千余名朝官便被扣了工资。

## 第四节　合葬显陵

或是由于对父母有着太多太多的孝心,一向做事果决的朱厚熜,在蒋太后病逝后如何下葬,一直犹豫不决。他这个大孝子一开始就陷入两难境地:京师与承天府相隔三千里,若要睿宗与蒋太后合葬,非北迁,便要南祔,父母总有一人之尸骸将摇撼于漫漫长途。

南巡之后,似乎合葬大事已定,显陵的改扩建工程业已轰轰烈烈展开,未料世宗又有些动摇——

### 一、放弃大峪山

在这一时期,一南一北有两个显陵:一个是朱厚熜之父、被他超标准追封为睿宗的陵墓,承天府的显陵;一个是北京北郊大峪山的显陵。前一个显陵尽管改称不算久,实际存在已然二十多年。后一个显陵则刚刚设计施工,却是皇字第一号工程。但自世宗南巡承天确定之后,大峪山工程也就进入等待观望阶段。

就在到达承天府的前一天,世宗遣使驰谕京师留守使顾鼎臣、张瓒等,令他们立即传谕原负责大峪山陵工的内外各官,

“即遵原定规制，趣为营构，刻期五月初旬内玄宫内工竣事。务如法坚致完美，不许草率违误”。① 皇上一纸诏令，大峪山陵工重又热火朝天，驶入快车道。

在承天期间，世宗强化了奉母南祔的想法，审定了新玄宫图式，似乎已不再作他想。但归程中一番摇撼，联想到母亲遗体也要经此数千里颠簸，他又心生犹疑。在承天拜谒阅视显陵时，世宗曾感叹纯德山堪称“吉壤”，而此时又转了念头，对行在礼部说了这么一段话：

> 朕思视吉壤一节，甚无意义。夫既重卜，何为来此？惟纯德山者效顺于我皇考，圣灵安悦兹山，宁处久矣，流庆子孙，决勿之他。三处视地悉已之，行宫道路止勿治。卿等可持此赞朕。②

这时的朱厚熜，认为父亲的纯德山不宜再动，而母亲则应葬在大峪山，先向礼部诸臣吹了吹风。而宜城庆都县的尧母坟，帝尧之父母分葬的例子，更加坚定了他的想法。

转了一个圈，竟又回到开始的地方。不知嘉靖皇帝还记不记得当初御史陈让的疏章，陈让举例说“舜葬九疑，二女不从，则古人事死之礼，先庙后坟，重魂后魄”，建言“宜奉睿宗皇帝遗衣冠与章圣皇太后合葬于大峪山，又以章圣皇太后遗冠帔奉以合葬于显陵”。当时世宗一心要父母合葬，哪里听得进去，叱其“辄引渺茫不经之说，敢于阻挠鼓惑，……且并建二陵、用衣冠交葬从古所无，尤见乖谬”，诏黜为民。③ 后来南京礼部右侍郎吕柟也以“舜葬，苍梧二妃未从；禹葬会稽，涂山未祔”上言劝

---

① 《明世宗实录》卷二二二，嘉靖十八年三月丙子。

② 《明世宗实录》卷二二三，嘉靖十八年四月癸卯。

③ 《明世宗实录》卷二一九，嘉靖十七年十二月壬子。

阻，亦不听。①

叙写至此，真觉得世宗是一个思路纤细绵密的人，真觉得许多事臣子原也毋须谏阻，让皇上自己做主就是了，该转弯的地方，他也自会去转，尽管有时会多弯上几圈。这不，嘉靖皇帝又弯回来了。

五月初二，世宗不顾鞍马劳顿，又往大峪山视察陵工进展。察看之后又改变了主意，认为大峪山远不如纯德山，仍命驸马都尉崔元等奉护蒋太后梓宫，南往承天府显陵合葬。如此反反复复，劳命伤财，都只为皇上要尽孝子之情。

## 二、太后南祔

蒋太后实在是一个信赖儿子、体恤儿子的好母亲。她在临终嘱咐和遗诰中都着重夸奖世宗的纯孝，要他注意自己的多病之躯，要求丧仪从简，至于如何下葬、是否合葬，却没有说。其中“得从祀先帝左右”，也是语义含混，并无确指。

她把身后事全然付托给爱子。

世宗最后还是决定送亡母南往显陵，与父亲合葬。本来准备的是陆路，世宗为免乃母路途颠簸，临时改为水路。这让有关部门很是措手不及，但皇上有旨，紧急动员，很快也就料理得停停妥妥。

五月十六日晚七时，宫内行启奠礼，内侍官陈设酒馔，世宗第一个诣拜位，奏四拜礼，奠帛奠酒，读祝，俯伏举哀。内侍官跪奏，请慈孝献皇后梓宫升龙輴。龙輴者，载天子灵柩的车，车辕绘有龙的图案。世宗奉梓宫，后面跟着皇后皇妃和一应宫眷，哭声震天，至午门行祖奠礼。出午门，司礼监、礼部、锦衣卫各官早

---

① 《明世宗实录》卷二二一，嘉靖十八年二月丁未。

备好设大昇轝(一种特制的载柩具)静候,奉安梓宫,数百服孝锦衣卫健卒抬举,至端门外行朝祖礼。其后是朝辞礼、辞奠礼,世宗攀援恸哭,与慈母作别,灵驾进发。

当年蒋太后入宫,尽管礼臣敬称为兴国太妃,其身份还只是王妃,拟由东安门(即王门)入宫,闹出一番大风波。而此时哪还有这些议论?灵驾一路经午门、端门、承天门、大明门,转而向东,在朝阳门外盛设祭棚,当朝九员重臣任奠献使,公侯贵戚、五府九卿、文武百官分拨儿致祭。世宗本人虽不在现场,自有主祭大员、纠仪御史盯着,哪个敢草率?

当晚,蒋太后的梓宫停住于通州搭建的席殿,神主则经朱笔点题后送回宫内安放,一系列的礼仪程序接踵而来。为儿子操心一辈子的蒋太后可以长眠了,她的皇帝儿子未必能睡得着,而那些王公大臣大约没有几个敢放开胆子去睡大觉。

两天后的十八日上午,世宗因足疾实在难以亲赴,特命两位文武首臣——郭勋、夏言到张家湾送蒋太后梓宫升舟南祔。工部专为制作了超大御船,"高广完美",梓宫前陈列着世宗特别崇奉的《天妃经》,用祈神佑,而掌舵的则是御用第一舵手。太后灵驾由张家湾御码头启航,先由大运河,转长江,再转汉水,一路俱水程,直抵承天。为了此行吉祥顺遂,礼部所上仪程特地设途中祭祀一节:

> 张家湾祭潞河之神,天津祭海口之神,安平镇祭龙王之神,徐州吕梁二处祭洪神,淮河口祭淮渎之神,仪真南京祭大江之神,彭泽祭小孤山之神、九江之神、汉江之神,所过大川,俱用牲醴致祭,俱勋臣具青服行礼。其各处应祀水府之神开载未备者,临期增酌致祭。①

---

① 《明世宗实录》卷二二四,嘉靖十八年五月乙亥。

这里也清晰提供了一个南祔路线图，数千里水路，尤其此时南方已是雨季，江河多险，船沉棺重，更兼送的是皇上老娘遗体，执事者颇也不易！

蒋太后梓宫南祔，奉旨护送的仍是二月间奉迎睿宗灵驾的班子，以京山侯崔元充奠献使，礼部尚书温仁和知礼仪事，靖远伯王瑾统军护行，锦衣卫都指挥使张锜率旗校负责内层警戒，司礼太监鲍忠提调执事内官人役。崔元素为世宗倚信，其他几位都是皇上信得过的干员，诸官自知事体重大，容不得半点儿差错，通力合作，小心翼翼。

世宗也时时操心着母亲灵柩的南行。启行几日后，他在半夜做了一个梦，梦见梓宫龙舟为大风所撼。他心甚惶惧，立即起床往西内金海去祷祀玄冥，结果中了寒气，病了好几天。

运河一段，多有水道浅窄处，安放蒋太后梓宫的御舟，工部先期派员整理沿线桥梁闸口，以利通行。负责管理山东临清闸河的员外郎王佩高度认真，在龙舟将至时预先闭闸蓄水，做好迎接南行船队的准备。恰巧山东按察司佥事于廷寅舟至，见不启闸，喝令将守闸者打一顿，自行决闸而行。王佩匆匆赶来，责叱闸官及诸役擅启闸。而于佥事大人尚未行远，见状更为气愤，干脆将守闸官役 19 人统统抓起来，淫刑榜掠，以泄其怒。山东抚按官见惹下大乱子，赶紧疏劾于廷寅暴横不敬，但也说王佩处置不当，愤激招衅。世宗真不知还有如此胆大妄为之臣，令锦衣卫将于廷寅立刻钉上枷铐，械系来京，廷杖一百，黜为民。至于王佩，世宗认为其忠于职守，没有什么不对。①

七月二十七日，大型船队抵达汉口，是为汉江之口也，两江

① 《明世宗实录》卷二二六，嘉靖十八年七月辛巳。

交汇之白洑臼口,“江折沙衍,浅涩艰行”,①众人忧虑,荆州知府急组织人夫疏浚,岂知天降大雨,汉水渐涨,船队终于通过。九天后,即闰七月初六,播迁数千里的蒋太后梓宫降临承天,奉送的各大员松了口气,在京的世宗览奏也松了口气。②

### 三、玄宫与瑶台

自从世宗离开承天,钟祥的显陵大工就一直处于全面推进状态,安放睿宗和蒋太后遗体的玄宫(即今所言地宫),更是重中之重。

玄宫图式是在世宗南巡期间钦定的。兴王在世之日宠信道教,影响之下,其妻其子都对道教浸润甚深。显陵的改扩建工程,如内外明塘、九曲御河、龙鳞神道,如松林山改称“纯德山”、纯德山碑亭下瘗埋的七星四烛铜龙,如整体呈金瓶状的外逻城,如三门六柱四楼的棂星门、门正中的冲天式火焰宝珠,都明显贯穿了一种道家理念。地宫的设计尤其紧要,以神工监太监高忠任其事,礼部、工部、钦天监等各官,深受宠信的陶仲文及一干术士羽流,都会参与讨论,最后拍板的则是世宗本人。根据记载可知,世宗对于玄宫和宝顶的建造是极为审慎的。

显陵的根基是原来的兴王陵,旧玄宫在焉,虽见到渗水,仍有一个怎么处置的问题。可以就地扩建,重加装饰,但那是朱祐杬安居近20年的幽宫,一旦施之以斧凿,未免大不敬。而最后敲定的方案,是保留原来的玄宫,在其正北再开一穴,新建一个玄宫。于是一陵两地宫,前面的旧地宫盛陈圹文祭器,后面的新

---

① 《兴都志》卷三。

② 《兴都志》卷三:“上得奏喜曰:览奏恭知皇妣梓宫已临承天,山雨效灵,汉水增涨,江途径达,慈神孔安。兹实仰荷天休,朕心于兹始宁悦矣!”

地宫奉安二圣（此为世宗对其已逝父母的专称）梓宫，前堂后寝，长廊连接，进退余裕，回旋有度，就连正宗的明代诸帝陵，也无一个能比。

原来的兴王陵地宫是椭圆形，新建的玄宫则是正圆形。这一形制，为宫中内官监作为定制，以后诸帝陵玄宫，莫不如此。

新旧两地宫以隧廊相连，地面之上出现两个宝顶。设计者独出心裁，在其间建造瑶台，但见一陵双茔，两座宝城，各有环道围护，而以瑶台连接。瑶台呈长方形，宽平敞亮，两侧设置雉堞，南北各以礓䃰下通宝城。深爱父母的世宗，为他们构建了这样一个地方，可揽明月清风，可观人间景物，这是怎样的孝思。

## 四、隆重合葬

十八年闰七月初六，经过两个多月的航行，运载蒋太后梓宫的御舟到达承天水次。承天府巡抚都御史陆杰率合府官员，一律缞服，早至码头恭候。江边已然搭建好祭祀席殿，各路官员、京师与留守承天的内侍、钟祥的师生父老分班致祭哭拜，然后朝显陵进发。

由这里向显陵的路已拓宽加固，钟祥各城门街道、兴王府及显陵处处悬挂白幡，安放梓宫的大昇轝由数百名健儿抬行，鼓乐舞队默默前导，直至显陵祾恩门。这边早有执事官肃立于门外，太常寺官员跪奏，请太后灵驾移升龙輴，往祾恩殿奉安。此时睿宗梓宫已然由旧地宫移出，安放于祾恩殿。阴阳相隔20年的朱祐杬夫妇终于会合，在场兴邸旧人甚多，无不感伤落泪。

当月二十五日，显陵举行隆重的“二圣”合葬奠仪。以典献使崔元为首奉送扈行官员，以工部侍郎顾璘为首的显陵大工主事官员，以陆杰为首的湖广承天地方大员参加仪式。礼部拟定了“显陵合葬仪”，各大员恪守仪程，缞服戚容，诚笃谨畏，把睿宗和蒋太后梓宫奉安新玄宫，在这里再行跪拜祭奠，陈设冥器。一直到繁复的奠仪一一遵行毕，这才掩上玄宫之门，缓缓离开。①

① 《大明会典》卷九七，礼部·丧礼二·皇太后。

# 第十二章　从宫怨到宫变

嘉靖二十一年(1542)十月二十一日凌晨,正熟睡中的世宗差点被一群宫女勒死。此事一出,震惊朝野,甚至喧传至属国,史称“壬寅宫变”。[①] 在漫长的中国历史上,类此宫女合伙要勒死皇帝的事件,当是绝无仅有的。明代官方史料省记此事,多闪烁其词,匆匆带过,大约也是觉得非盛世所应有。因此,这个案件就更蒙上宫廷的神秘色彩,携带着不少难解之谜。

客观论列,在中华五千年史幅中,在有明近三百年历史上,明世宗都算不上特别暴虐荒淫的皇帝,为什么却播种下这种刻骨铭心的仇恨?引发了这次柔弱宫女集体参与的谋杀?

本章将从颇具悲情的嘉靖后宫谈起。

## 第一节　悲情元后

或因为生性矜重,加以自幼蒙父亲耳提面命,嘉靖皇帝一生未曾沉湎女色,与皇兄武宗形成明显区别。他先后册封过三位皇后,可似乎没有对任何一位产生深厚感情,尤其是对第一位皇后陈氏。在世宗看来,这是一个强加于他的包办婚姻,而操控者是他所深恶痛绝的前朝太后张氏。

---

① 沈德符:《万历野获编》卷一八,宫婢肆逆。

## 一、大名有佳气

嘉靖元年九月，皇城与皇宫到处张灯结彩，世宗举行隆重的册立皇后大典。选中的皇后为大名府元城人陈万言之女。

采选皇后的事情，一切由张太后主持。遴选之初，执事者宣称“大名有佳气”，①便往其地察访，初选取中 15 岁的陈氏，再赴京甄选，最后经张太后亲自目验，确定为皇后，是为嘉靖皇帝第一后，史称孝洁皇后。

世宗的母亲蒋氏已在宫中，其时尚称兴献太后，名分尚低，在爱子的大婚仪式上，只能打靠后了。大婚也是机会，世宗想借此给母亲的称号加一“皇”字，亲书御札与杨廷和等人。见这些前朝重臣不买账，便搬出群臣心目中的正牌皇太后，转述张太后懿旨：

> 今皇帝婚礼将行，其兴献帝宜加与皇号，母兴献皇太后。

真不知世宗怎样得到的这份懿旨？贵为天子，他当然不会造假，但让素性简傲的他去恳求张氏，实在也是一种精神折磨。为了老娘，小皇帝忍了！可内阁与一班礼臣却毫不通融，集体以辞职相抗拒，世宗羽翼未丰，只好作罢。他还尝试让邵太后主持大婚，意图以太皇太后级的嫡亲祖母压住张太后，为乃母找一点儿心理平衡。而在一班正德旧臣眼中，邵太后也属于假冒伪劣，说什么的都有，就是不同意。

对册立皇后之事，张太后显然有着很高热情。这位已然无子无女的前朝太后，先拍板由朱厚熜继位，却发现他过于有主见，不听招呼，或也想通过选后，增加一些情感砝码。她还不至于糊涂到不顾蒋氏的感受，在甄选、纳采、纳吉等过程中处处与

① 毛奇龄：《胜朝彤史拾遗记》卷三。

之商量，征求蒋太后的认可，毕竟那是人家的儿媳妇啊！

大婚之时，世宗年仅16虚龄，陈氏还要小他一岁。与这位被张太后选定的皇后，世宗并无多少感情，但也保持一种和谐敬让，对皇后的家人也尽量给以照顾，满足其要求。依明朝选后的惯例，陈皇后的门第较低微，其父陈万言仅是一介诸生。在女儿被选定为皇后之后，先授陈万言鸿胪寺卿，再改锦衣卫都督同知，赐第黄华坊。嘉靖二年夏，世宗诏令在西安门外给皇后之父营建新第，花费数十万两银子。工部尚书赵璜上言称西安门靠近大内，陈家宅第的营造不宜太高大。世宗很生气，陈万言将责任推给营缮郎中翟璘，令逮治。当年，又封陈万言为泰和伯，授其子陈绍祖尚宝司丞。

陈万言有些贪得无厌，次年又乞求赐给武清、东安两地各一千顷为庄田，世宗敕令户部丈量闲置土地给之。给事中张汉卿上言谏阻，说陈万言原为一介寒儒，因皇后骤然而贵，本应该知道自我检束，为贵戚之表率，却动不动就乞请赏赐，实不应该。去年万言营建新第过于高大奢华，便惹得民怨喧腾；今年国家有灾，饿死者甚多，万言又请庄田，剥夺民食，实不应该。疏上，世宗见其言词恳切，句句是理，可又不愿伤了老丈人的情面，诏令给予八百顷。由是可知在起初几年，世宗待陈皇后还不错，以致推恩其家，有求必应。

## 二、“彼以为朕无仁义耳”

七年九月的一天，秋高气爽，世宗心情甚好，在乾清宫与皇后同坐絮话，张妃和方妃捧进新茶。世宗素来爱宠二妃，见二人款款行来，袅袅娜娜，明目皓齿，一双玉腕更是光洁可喜，于是爱意顿起，痴迷迷地向二人望去。陈皇后此时已有孕在身，正需丈夫感情抚慰，见此情状妒意大生，将手中茶杯重重放在小几上，愤然起身,欲离去。

世宗性格褊急峻厉,此时大礼议成,正君权高张、乾纲独断之际,哪里受得了这个?他勃然大怒,遂起身戟指陈皇后,好一番斥骂。陈皇后又羞又恼,加上害怕世宗废掉自己,内心惶惧,竟至于血崩流产,卧病在床。①

九月二十二日,陈万言听说女儿病重,不胜忧急,多次辗转求恳要进宫看望,均不得允准,便专折启奏,请求允许皇后之母冀氏入宫探视。世宗更怒,不仅不允入宫,还将陈万言之疏下示阁臣,说了长长一段话:

> 万言意朕知久已。彼数以此令内官付宫人乞奏,云中宫不安也,不要我每进去看看?以未得,遂故有此奏。彼以为朕无仁义耳!朕惟外戚自古未有入宫禁,假以视病为言,多有窥伺朝廷者。在彼为得计,在其君为堕计也。……皇后作配朕躬,良医妙药,岂无治病之具?何谓不见亲人不能得好?

世宗说妇人以夫家为家,又说到母亲对皇后非常慈爱,世上很少有这样好的婆婆,说自己不敢徇私纵外戚深入。他要求内阁拟谕责备,给不知规矩的老丈人几句重词,也给后世一个范例。谕曰:

> 宫禁严密,非外人所得出入,朕虽笃念亲亲,实不敢背违祖宗典制。皇后患病,已命医用心调治,岂必得见亲人方可痊愈?所奏不准,毋复烦扰。②

世宗声称自古以来,外戚不得私入皇宫,认为外戚往往假借看视后妃病症为由,而窥探内廷,实施阴谋。一番话看似堂堂皇皇,

---

① 《明史》卷一一四,孝洁陈皇后传。

② 《明世宗实录》卷九二,嘉靖七年九月辛卯。

实则不过文过饰非，强词夺理，骨子里是很冷酷绝情的。皇后病重，亲属中女眷入内探视，古代例子甚多，如何说是自古无有？至于说到“窥视朝廷”，实是过甚之词。陈万言平日所乞求的，只是良田美宅，还未尝对朝政有干预之心，也绝不具有干预之力，以此言之，实属虚妄。

世宗很忌讳说他不仁不义，而有时的事实则的确如此。

### 三、丧仪潦草

不到一个月后的十月初九，陈皇后撒手尘寰。对结婚已七年的中宫皇后，世宗殊无歉疚，也没有多少怜悯。

当朝皇后大丧，历来为朝中大事。礼部拟上丧祭礼仪，世宗认为过于隆重，几次都不满意，干脆亲自裁定，以两宫皇太后在，自己不穿缞服，仅换浅色衣裳戴黑翼善冠。阁臣张璁等认为不可，建议皇上素服绖带 12 日，再改服黑翼善冠犀带，前后 27 日，百官皆素服绖带 27 日，以为不然则恩纪不明，典礼有乖。这位当年的议礼首臣又说：“臣等何忍令后日史臣书曰天子不成后服，自皇上始乎？亦何忍令后日史臣书曰臣子不终君母之服，自臣等始乎？臣职在辅导，不敢陷皇上有过之地，谨昧死言。”①疏词激切真挚。世宗却不以为然，说他对纲常伦理没有弄明白，不知“孝为百行之先”。礼部尚书方献夫亦议礼重臣，深受倚信，引用《仪礼》“丧服”等篇反复争辩。世宗略作改动，下礼部遵行。最终，嘉靖元后的大丧甚为潦草，大行皇后梓宫从王门抬出，谥号悼灵。② 这一切，都与皇后的身份不符。给事中王汝梅上谏，世宗亦不听。

---

① 《明世宗实录》卷九三，嘉靖七年十月丁未。

② 《明史》卷一一四，孝洁陈皇后传。

陈皇后死于青春年华，死得如此突然，令人悲悯悼惜。而葬在哪里，也成了问题。世宗命张璁、方献夫及钦天监官员选择大行皇后陵地，最后敕命建陵于袄儿峪。其时渐入冬月，山陵工程重大，急切难成。内官监太监傅平请缓葬期，礼部也上议请缓，世宗不许，责令朝夕赶工，务令速成。众臣的意见是先建香殿一所，备迎梓宫。而世宗则说“香殿可缓姑缓之”，急于将死了的皇后赶紧下葬，落得个眼不见为净。

世宗在性格上有褊狭冷酷的一面。他对元后的不满，主要来自对张太后的痛恨。一个月后，他与大学士张璁谈论册立中宫之事，说到刚刚去世的皇后，曰：

> 君子所配，必求淑女。而君长所配，尤不可不慎择。前者初婚之期，皆是宫中久恶之妇所专主，而日夜言之圣母，圣母未之察耳。①

话语中显示出对陈皇后之死的轻松心态，令人齿寒。所谓“宫中久恶之妇”，明指张太后。此时张太后尚健在，上距其由张氏颁定懿旨入继大统，亦不到八年。

## 第二节　被废掉的张皇后

陈皇后死后的第二个月，蒋太后即督促儿子再行册立皇后，还为此专发一道懿旨。皇帝儿子已二十多岁，大婚七八年，后妃一大串，居然没得一子半女，让当母亲的好生着急。更为着急的，应说还有急于摆脱元后阴影的世宗。

---

① 邓士龙：《国朝典故》卷三五。

## 一、蒋太后中意的皇后

虽然一直不愿承认且表现得很绝情，世宗对于陈皇后的死，对其腹中婴儿的早夭，内心承受之痛苦是巨大的。他在张璁商议册立中宫时，百感交集，说自己“德无一线而动多愆违，身承祖宗之位，遂使嫡配遽丧，储嗣延违未立，每思至此，实切忧惶”。① 这番话应说发自肺腑，反映了其良心上的不安。

世宗也说到再立皇后的两难：元后新丧，急急册立，未免显得薄情；若待之岁月，则与母亲的慈训相违背。更为主要的是人之善恶难测，人君之配，不可不慎重选择。他回忆起张太后在册立元后时的所作所为，说此次选后决不让她参预，否则还不如不选。这是君臣之间的讨论聊天，也是皇帝对内阁首辅的告诫叮嘱。

七年十一月十七日，礼部上册立皇后的礼仪注。又 10 日，即陈皇后死后两月余，世宗册立顺妃张氏为皇后。册文称张氏“往奉圣母所简，册以为妃，侍朕以来克尽礼道，性资端慎，淑德允谐，可册立为皇后”。② 张氏性格温顺，举止优雅，待人也很宽厚，素来得世宗喜爱。加以本来就是经蒋太后选中为妃子的，自然是继任皇后的不二人选。

这时的世宗行事更为专断，又因几年议礼多读了些古代典籍，生出许多新鲜花样。首先是更定祀典。古礼最重祭祀，祭祀有一套典制和仪式，世宗便从这里入手，举凡郊祀、祭孔子、明代前九帝的所谓“九庙”，都做了一番更改或增饰，把礼臣及至内阁大臣忙得不亦乐乎。皇后作为一国之母后，也要步步紧跟。

张皇后是圣母皇太后中意的儿媳，自要刻意侍奉婆母大人，

---

① 《明世宗实录》卷九四，嘉靖七年闰十月戊戌。

② 《明世宗实录》卷九五，嘉靖七年十一月戊申。

而更难侍奉的，则是那峻急苛细、说变就变的夫君。

## 二、亲蚕礼

九年(1530)正月，吏科都给事中夏言揣摩上意，再次奏请将顺天府田和各宫庄田改为亲蚕厂、公桑园，令有关部门多种桑树，以备宫中养蚕。世宗很欣赏这一提议，拿给张璁看。张璁请求选择地方建先蚕坛，以和皇帝行籍田礼的先农坛相对应。世宗欣然下诏准行，并敕礼部："古者天子亲耕，皇后亲蚕，以劝天下。自今岁始，朕亲祀先农，皇后亲蚕。"敕令礼部考定古制，拟出仪式格范来。①

皇帝一道敕旨，忙煞阁臣和各部官员。大学士张璁等选定在安定门外建先蚕坛，霍韬以为道路太远，户部也上言称安定门外缺水，应于皇城内西苑中建坛，世宗不准。礼部尚书李时疏称大明门距安定门路程遥远，请皇后凤辇出东华门或玄武门，并条列四项礼仪：治蚕之礼，坛壝之向，采桑之器，掌坛之官。考虑得很是详备妥帖。世宗很满意，确定皇后凤辇由玄武门出宫。

二月，工部上先蚕坛图式，世宗亲自定下该坛的规模格局：坛高二尺六寸，分两层，四面有台阶；方形，宽二丈六尺，东、西、北三面皆种桑树。又有采桑台，高一尺四寸，方形，宽一丈四尺，三面有台阶。后面有织堂和放仪仗的库房。

礼部上《皇后亲蚕仪》，这是一套非常繁复的礼仪程序：蚕将生出，钦天监选择吉日(此日必须在干支中的巳日)上闻；顺天府选蚕母(养蚕的妇女)一批送到北郊先蚕坛，工部供给她们所需的钩箔筐架之类器物；顺天府将一个盛有蚕种的筐进呈皇宫，再由内官捧出，赐还，出玄武右门，放在一个彩车中，敲锣打

---

① 《明世宗实录》卷一〇九，嘉靖九年正月丙午。

鼓地送到蚕室;养蚕女接受蚕种,精心护养,以备皇后亲蚕时用。所有这些都做完,才是亲蚕礼的正式开始:皇后先斋戒三日,跟随入坛的执事、司赞等女官吃斋一日。亲蚕之日,天未亮,仪卫便已布置好。整个仪式调集军卫一万人,五千名守卫先蚕坛四周,五千人跟随护卫。张皇后在导引女官之后步出宫门,乘小轿至玄武门,然后登重翟车,以兵卫仪仗和女乐为前导,出北安门(即清代地安门)。公主、贵戚之妇,在京文职四品、武职三品以上官员的妻子俱跟随陪祀,每人还携带一个采桑筐儿,由贴身侍女拎着。整个队伍花团锦簇,娇语宛转,香汗洒落,好不热闹。

到了先桑坛,又是一番祭拜礼神的仪节,“迎神四拜,赐福胙二拜,送神四拜”,才轮到采桑饲蚕。皇后采桑的每一动作都被规范化,《明史·礼三》:

> 司宾引外命妇先诣采桑坛东陛下,南北向。尚仪奏请,皇后诣采桑位,东向。公主以下位皇后位东,亦南北向,以西为上。执钩者进钩,执筐者跪奉筐受桑。皇后采桑三条,还至坛南仪门坐,观命妇采桑。三公命妇采五条,列侯、九卿命妇采九条。讫,各授女侍。司宾引内命妇一人,诣桑室,尚功率执钩筐者从。尚功以桑授蚕母。蚕母受桑,缕切之,以授内命妇。内命妇食蚕,洒一箔讫,还……

这种仪节,读了都让人头晕脑涨,可作为一国母后的张皇后,却要一丝不苟地照科执行,真真如同一个被人拨弄的木偶。我国古代有许多采桑的故事,桑间濮上,倩影出没,妙曲醉人。可在这里则成了刻板的仪式,再不见柔条嫩叶,再不见欢声笑语,看到的是繁复冗重的程序,是强打精神的装扮,是拥挤和嚣杂、应付和矫情。

## 三、皇后好辛苦

历来皇后难做,明世宗的皇后尤其难做。

张皇后此人,在史书中记载甚简略,她的出生地无从可考,其父也没有得到什么像样的封赠,故不见于《明史·外戚传》。据《明世宗实录》,张皇后之父张楫,嘉靖三年五月由锦衣卫右所正千户升为本卫指挥佥事,当年九月又赐给南宫新河县地39顷,以其女儿册为顺妃也。接下来他又要丰润县地,户部称其"贪求无忌",诏命拒之。从此以后,包括女儿成为皇后起,张楫就没再升过职,也没见得过大的赏赐。这种情况不符合常例,说明这位新国丈大约不太成气候,也说明张皇后并没有太为娘家的事恳求世宗。

先经生性严正的蒋太后选中,被册为顺妃,又侍奉世宗多年,张皇后的性格当是非常柔婉温顺。册立张妃为皇后时,世宗声称:"朕所爱者,德与贤耳,非有偏宠尚色之私。"①可证其在当时认为顺妃是德、贤兼备的。的确,张皇后默默地履行着自己的责任,上有两位太后和皇帝,下有时时窥视、争宠夺爱的众多嫔妃,惟以敬谨事上,以礼让待下,终日惕惕,希望能过上几天平安的日子。

九年十月,宫中颁行蒋太后《女训》,又成为张皇后的一项紧要事务。每月初六,她要率嫔妃等一众皇眷到蒋太后宫中,恭听圣母皇太后宣讲。礼部所拟授书仪注,颇为繁复:

> 前一日女官设圣母宝座于宫中,设授《女训》案于宝座傍。是日清晨……皇后具礼服,女官引皇后诣圣母前,赞四拜讫;女官赞授《女训》,举案;女官举授《女训》案于御座前,赞跪;皇后跪,赞恭听训命、随旨意训谕;皇后听受讫,赞

---

① 《国朝典故》卷三五。

兴，赞四拜礼毕，举案；女官举案，皇后随案还宫。次日，皇后诣圣母前谢恩。①

读来都感到头大。就是这样一遍遍跪下起来的，让蒋太后过足了戏瘾，也让张皇后受够了罪。每月的十六日和二十六日，她还要在坤宁宫组织学习，由女官进讲，皇后率六宫起立拱听。然后是背诵翰林学士撰作的《内则》新诗，宫人一起歌唱，以为宫中之乐。

亲蚕礼之后，又是治茧礼。张皇后又要凤辇出宫，在仪仗导引下至先蚕坛内的织堂，视察缫丝及织锦，再令蚕宫令送尚衣织染监造作祭服。至此，整个亲蚕礼才算落下帷幕。因这套仪式过于复杂，且皇后出宫往安定门外也有许多不便，第二年，世宗就改在西苑建先蚕坛和采桑台，张皇后总算减少了一些奔波之劳。

### 四、被废的隐曲

张皇后在七年十月被册立，至十三年(1534)正月被废，位居正宫五年有余，未见其为自己的家人请求过恩封和赏赐，唯自我约束，谦抑温和，奉侍着君威难测的丈夫——明世宗。就这样，她还是突然被废掉，下场凄惨，极其令人同情。

事情的起因还是由于张太后。张太后为两个作恶甚多的弟弟向皇后求情，希望她能让皇帝放其一条生路，哀请时泪流满面，张皇后心一软，也就答应下来。

张皇后终日伴君，岂不知世宗的忮苛暴戾？但她既受张太后之托，便牢记在心，时刻想着为张延龄讲讲情。转年刚过春节，宫中将举行大宴，张皇后趁世宗高兴，便婉言向他说到此事。

① 《明世宗实录》卷一一八，嘉靖九年十月己未。

谁知世宗龙颜大怒，立令内臣剥去张皇后的冠服，自己亲手执鞭，将她一顿痛打。[1] 正月初六，世宗下诏废皇后张氏，说她“近乃多不思顺，不敬不逊屡者，朕以恩待。昨又侮肆不悛，视朕若何？如此之妇，焉克承乾！今退闲别所，收其皇后册宝。”[2]诏谕给素来柔顺的皇后戴上一顶“不敬不逊”的帽子，极是不公。可怜张氏以皇后之尊，一旦违拗世宗之意，便被当廷辱打斥骂，尚不如一个得宠的嫔妃。

两天之后，册立德妃方氏为皇后。张氏自此被称为废后，幽处别宫，粗食劣服，终日以泪洗面，竟然又挨延了三年。十五年闰十二月初三，张废后默默地死去。[3]

## 第三节　孤凄的张太后

我们知道当年蒋太后自安陆来京，入宫之初与张太后有过一次极不愉快的见面。这次会见给少年天子留下刻骨铭心的耻辱感，终生难以释怀，让他在后此 20 年的时光里，持续地实施着报复。

史籍中没有记载那次会面的细节，笔者也不太相信张太后会刻意给皇帝母子羞辱。或许就是那多年养成的太后范儿，那习惯性的接见姿态，那居高临下的和蔼与淡然，深深伤害了敏感的世宗。

---

① 沈德符:《万历野获编》卷三，世宗废后。

② 《明世宗实录》卷一五八，嘉靖十三年正月癸卯。

③ 《明史》卷一一四，张废后传。

## 一、两弟被逮治

嘉靖十二年(1533)十月,世宗降诏:逮建昌侯张延龄下刑部狱,定为死罪;革去昌国公张鹤龄的爵号,降为南京锦衣卫指挥同知,带俸闲住。

张延龄和张鹤龄均是张太后的亲弟。弘治间,鹤龄袭父亲张峦爵位,延龄也由建昌伯进为侯爵,二人倚仗当时的皇后(即张太后)之势,骄横恣狂,纵家奴强夺民田民宅,多次犯法。张皇后对两个弟弟极是袒护,给事中吴世忠、主事李梦阳曾弹劾二张,都几乎获罪。孝宗因与张皇后感情很深,难以依律惩办这两位侯爷,但曾私下对鹤龄提出警告,使之稍稍收敛。

正德间,张皇后成为张太后,皇上则换成了二张的亲外甥,两人更加无所忌惮。一位以占候卜筮为业的术士曹祖上告说其子为张延龄家奴,与主子合谋不轨。武宗命将曹祖关押起来,待召集群臣廷讯此事,曹祖却奇怪地服药自杀,成为一大疑案。当时的舆论怀疑曹祖的暴死与张延龄相关,但找不到证据,此案便不了了之。①

世宗入继大统,张太后为了让其两弟继续贵显,特地把张鹤龄塞入迎立的队伍中,鹤龄由此进为昌国公。但张太后很快便失势,张鹤龄、张延龄却不知收敛,恣肆依旧。一位叫司聪的锦衣卫指挥使替张延龄经营高利贷,欠张延龄五百两银子,被追索逼要得急了,便与一个叫董至的游棍设计,要告发曹祖所说的张延龄谋反之事,要挟张延龄行贿。张延龄派人抓住司聪,偷偷把他杀掉,又令司聪的儿子司升烧化尸体,以折所欠银两。司升不敢不从,气极时就去骂董至。董至害怕事发,便拿着司聪以前的状子告官。

---

① 沈德符:《万历野获编》卷五,曹祖。

世宗对张氏家族痛恨已久，见诉状即敕下刑部，令逮张延龄及其家奴入狱拷讯。审理中，又发现了张延龄私买依律没官的第宅、超越规制地建造园林池塘、杀害婢女及僧人等一系列罪行。虽然阴谋不轨的罪名因年代久远找不到原证，但仅就审清的几桩命案，已罪在不赦。

此案一起，张太后便极其不安，欲向蒋太后求情，但两人一直不太融洽，难以开口。恰在当年八月，世宗的第一个儿子出生，举朝欣喜。张太后请求入贺，打算借此机会当面求情，谁知世宗当即对入贺之事婉词谢绝。① 万般无奈，张太后想到了素来通情达理的皇后，便向张皇后求恳，托她在皇帝跟前进一言。善良的皇后见张太后老泪纵横，应承下来，由是也导致自己被废。

世宗杀心已起，如何能听得下不同意见？他决心维护朝廷的法律尊严，不容外戚恣肆、逍遥法外；也要用惩治“二张”来报复张太后，为曾受到张太后压抑的母亲出气。朝臣们明白地看到了这一点，对张太后的同情便普遍产生。刑部尚书聂贤是位富有正直心的老臣，曾因李福达之狱革职，这次主持问刑，拟议以张太后之亲宽免。世宗大为生气，钦定张延龄为死罪，张鹤龄革去爵位，而对聂贤罚俸半年。

对二张的援救仍在进行中。最出人意料的是首辅张璁的表现：世宗本打算定张延龄谋反罪名，族灭其家，张璁说延龄不过是一个守财奴罢了，怎么有能耐造反呢？世宗几次追问，张璁都不改变自己的说法，才使世宗打消族灭张氏的念头。张延龄被判死罪，及到秋后斩决时，又是张璁上疏，认为张太后年事已高，如果听到张延龄之死悲伤，不吃不喝，万一有个好歹，如何对得

---

① 《明史》卷一一四，孝宗孝康张皇后传。

起孝宗皇帝在天之灵！世宗大怒，责斥张璁与张延龄同姓相亲（被以同样理由谴责的，当还有溘然早逝的张皇后），责斥张璁是“强臣令主”，“爱死囚令主”。张璁知道皇上对自己的信任，知道这些都是一种气话，始终坚持陈述意见，苦口婆心地劝解，使张延龄多活了几年。①

## 二、席藁的老太后

宫外，二张被没完没了地监押穷治；宫内，张太后寂寂地坚忍地活着。她尽力地保持着自己的尊严，然在张延龄和张鹤龄先后逮系后，尊严似乎也已与她无缘。

世宗对张太后切齿痛恨，又碍于礼法和舆论，不便把她怎样，遇到其家中人犯事，当然不会放手。张延龄入狱论死，因群臣劝谏，世宗既不即杀，又不赦免。刀加颈上，命悬游丝，既折磨张延龄本人，又折磨宫中的张太后。

而那自幼仗势骄横的张延龄，天生就一个惹祸的坯子，虽监在诏狱，仍要出妖蛾子。他写画了许多图文，题以“君道不明”，让同监室一个叫刘东山的看，平日也说些怨望之词。闲极无聊，延龄也把与勋戚大员的各种交往当故事讲。刘东山是个奸邪小人，一一记下，把那些图文也悄悄藏起。一日呼喊举报，狱吏报告，世宗得知后大怒，将涉及的刑部官员一通收拾，赦免刘东山。

奸人刘东山被特诏赦出，继续到延龄家吓诈，每天鲜衣怒马，招摇过市，百官危惧。时夏言为内阁首辅，问谁能收拾这个恶棍。巡抚东城御史陈让毅然承担。适东山与乃父争吵，竟以箭射父，其父逃往衙门告状，陈让令人抓捕。东山反诬陈让，说他的儿子与延龄关系密切，造厌星图诅咒圣母和皇上，图有50

---

① 焦竑：《国朝献征录》卷一六，张文忠公孚敬传。

张之多。墙倒众人推，一帮江湖游棍如班期、于云鹏等又告发张延龄召聚旁门左道之徒，巫蛊诅咒，魇镇皇上，牵连到遂安伯陈鏸、西宁侯宋良臣、京山侯崔元、太监麦福等数十人，甚至涉及张太后。这可是滔天大罪！世宗当即命锦衣卫逮讯所有牵涉之人，崔元、陈鏸等人素为世宗倚信，也得旨等候讯问。此时为嘉靖十七年初，被诬攀入狱的陈让毅然上言：

> 东山等结搆奸党，渎毁圣躬，妄连宫禁。陛下有帝尧既睦之德，而东山敢言汉武巫蛊之祸；陛下有帝舜底豫之孝，而东山敢言暴秦迁母之事。若复赦不诛，则将睚眦杀人如郭解，离间骨肉如江充矣①。

说得真太好了！皇上自拟为尧舜，其以尧舜克己恕亲为例；皇上以英察明断自持，其以秦始皇迁母、汉武帝杀太子为警。而通篇奏章，言辞激切，一腔忠贞，都是为皇上的名节名声考虑。

世宗骨子里是个读书人，应说是有明一代皇帝中读书最多、学问最好的人，读后深为所动。陈让还说到这个刁徒用箭射其父之事，说天底下未有一面无情弑父，一面主持公道、关心国事者。世宗一贯推崇孝道，读至此若有所悟，命放出陈让和同案入狱的遂安伯陈鏸，将刘东山砸上大枷示众，直至械死。人心大快！

当年岁尾，蒋太后吃药后死去，皇上极度悲痛，举宫自然要与皇上同悲。世宗本来就怀疑甚多，此时不去想乃母患病已三年的事实，认定是张太后以巫蛊术害其母，命把张鹤龄自南京逮来，打入诏狱，与其弟延龄一起用刑拷讯，非要逼问出暗害蒋太后的图谋来。可怜鹤龄贵为公爵，竟然死于被押解来京的途中，连个具体的日子都没有。延龄镣铐加身，此时才知人心险恶，才

---

① 毛奇龄：《胜朝彤史拾遗记》卷四。

知道太后姐姐之难，加上怨望是实，谋反则属乌有，遂咬紧牙关不从。

张太后为两弟求情不通，日夜哭泣，“至衣弊襦席藁为请”。[①] 藁，以稻麦秆编成的粗席。张氏经历四朝，年已七十多岁。她这位数十年的后宫领袖，如今孤凄无告，只有身穿破衣衫、睡在草席之上，用自我折磨的方式，为仅存的小弟乞请一命。消息传出，宫内朝中都有人大为不忍。

## 三、冷落身后事

二十年(1541)八月，昭圣皇太后张氏驾崩。张太后在晚岁备受孤恓抑郁之苦:皇帝的冷淡，蒋太后的挤压，家中人逮系惨死的噩耗，都折磨着这位历尽繁华尊崇的老妇人。可她竟在这种环境中又活了20年，竟然死在了蒋太后之后，也证明了她性格中坚韧的一面。

张太后到底是死了。

不管怎么说，张太后慈驾崩逝，在朝廷丧礼中是一件重大丧事，但丧仪却是尽量草率简略。八月初八，亦即张氏辞世的当日，世宗特别降谕礼部:

> 朕承天位，本遵皇祖大训。今昭圣虽称伯母，朕母事之，尤敬慎焉。昨自十七年秋事，不得不自防爱，以爱宗社。历代之迹可见，朕故不敢躬诣问安。遇事惟遣内侍诣问。今崩，一切礼制自有定式，朝夕等奠祭，令内侍官代行。[②]

谕旨明确说入继大统与张太后无关，明显寓指张氏害死了圣母皇太后，并说所以平日不去问安，是因为怕她毒害自己，危及社

---

① 《明史》卷一一五，后妃二。

② 《明世宗实录》卷二五二，嘉靖二十年八月辛酉。

稷。张太后死，在其看来是罪有应得，他表明不会去哭临祭奠，只让内侍代为做做样子而已。

张太后死于仁智殿。自嘉靖四年仁寿宫火灾，她就搬到这个简陋且不吉的所在。仁智殿历来多为停放大行皇帝梓宫，号称“白虎殿”。让张氏移居此宫，亦一种精神折磨。开始时，世宗以财政困难，拖着不令重修仁寿宫。后来令大肆扩建，建成后又让蒋太后搬入，说是张太后应居慈庆宫，却又迟缓其工，一直到老太后死也没修完。

第二天，文武百官聚集仁智殿外，听宣张太后遗诰。诰文显系礼臣代拟，说晚年被“荣养周至”，很惭愧也很幸福；说世宗“功光祖宗多矣，老怀殊窃庆幸”，[①]可怜的老太后，死了也不能说几句真心话！

再过几天，不知经哪位重臣或高人点拨，世宗谕旨有所变化，表彰张太后“配孝皇十八载，天下母仪；保武宗十六年，女中圣善；肆朕君临乎大宝，寔多仰藉乎恩慈。功在三朝，仁覃四海，方期永绥至养，讵意一旦弃捐！痛两宫相继而升遐，切一念无已之哀恸”。[②] 要求礼部召集群臣，为张太后拟上谥号。在以后的几次谕旨中，都沿用类似语词，称皇伯母对自己的继位关爱甚多，称一直尊养皇伯母，称读了皇伯母的遗诰很感动……

张太后死后，世宗又把张延龄关押了五年，恨意仍不能解，最终还是将他杀掉。

---

① 《明世宗实录》卷二五二，嘉靖二十年八月壬戌。

② 《明世宗实录》卷二五二，嘉靖二十年八月己巳。

## 第四节　宫婢之变

紫禁城的后宫，真可称一个变幻莫测的凶险之地，一个幸运女子和不幸女子的集散地。世宗的嫡祖母曾是幸运的，诞育三个皇子，甚受宪宗爱宠，后来则是儿子一个个离去，再一个个死去，自己也退居浣衣局，发苍苍，目茫茫，直至什么也看不见。孙子继位，时来运转的老皇妃也成为皇太后，再享短暂之荣华，她说过这样一番话：

> 女子入宫无生人乐，饮食起居，皆不得自如，如幽系然。以后选女子入宫，毋下江南，此我留大恩于江南女子者也。江南人家，亦幸无以丐恩泽送女子入宫。①

这是她对后宫生涯的最后概括，语气平和而沉郁警策。张太后的生命轨迹正是一种证明，作为曾经的皇太子妃、皇后、圣母皇太后，最后沦落为一个怨妇，席藁号泣，能无怨乎？

### 一、只爱母亲的君主

除了自己的生母蒋氏，世宗似乎没爱过（真正意义上地爱过）任何一位女性。对母仪天下的皇后，他也是动辄施威，略无夫妻情爱可言：陈皇后濒死，不准其见生身母亲；张皇后一言不合意，即当众痛打，削去称号。皇上身边岂能缺少女性，然一个个战战兢兢，不知哪一日便大难临头。

这时的后宫之主是方皇后。方氏显然极为干练且有定见，陈皇后之死，张皇后之废，她都亲眼所见，深知皇帝的暴躁与寡

---

① 《胜朝彤史拾遗纪》卷四，邵贵妃。

恩，故平日慎言慎行，决不招惹是非。嘉靖后宫充盈，光是有封号见于载籍的后、妃、嫔就达六十多位，是明代嫔妃最多的一个皇帝。方皇后作为这支娘子军的统帅，上有恩威不定的皇帝和素来挑剔的蒋太后，下有一些恃娇恃美、希图取皇后之位而代之的嫔妃，日子过得也很不轻松。

十七年(1538)岁末，蒋太后吃药后暴死，世宗怀疑为张太后巫蛊所害。所谓巫蛊，即指巫师使用邪术加害于人，显然是一种无根的流言。实则蒋太后之死于服药，最可疑的就是那些活跃于宫廷的术士。这些人烧炼出丹药进给皇帝，孝情很浓的世宗又把一些丹药奉献给老母，蒋太后年迈多疾，无以克制丹药的燥烈药性，以至于服食后身亡。当然，这也只是推测之词。

世宗在母亲逝后，哀毁痛悼，久不能忘。次年中秋之夜，世宗独处宫苑，望月思母，挥泪写成《中秋思母歌》：

> 怆怆然，悲把饼咽下，心痛苦，心何痛苦兮！无奈何，无奈何，今日不见母。母兮母兮，不见顾子兮！永罪忤握月管兮，不成歌，歌不成兮！

千呼万唤，欲语无声，冷月照人，清光如水，世宗似乎更觉得孤寂空寞，浮生无凭。

然就是这位孝思浓重的嘉靖皇帝，对自己的皇后嫔妃和宫中女子略无怜惜。嘉靖后宫有多少怨妇？惊悸流产的陈皇后、废居冷宫的张皇后，死前哪一个不有无尽的哀怨？皇后尚且如此，更多的后宫女子，则连怨妇也称不上，只是一个怨女、一群怨女、一群一群的怨女。

## 二、采露·采露

嘉靖后宫嫔妃的增多，宫婢队伍的庞大，说来还与方术之士密切相关。自幼崇信道教的世宗，身边渐渐聚集来一些方士。

这些人多来自道家名山，号称大有法术，能炼丹烧银，能扶正祛邪、益寿延年，甚至能降雨，能求子，总之是无所不能。而世宗总是对这帮大话炎炎的家伙充满期待，对他们的那些简单骗局深信不疑，热衷于建醮祷祀，并且广收秘籍，不断寻访法术高妙之人。

陶仲文向他推荐了嵩山道士蓝道行，世宗也久闻其名，速命迎接入京。蓝道行八十余岁，仍精神健旺，行走如飞。世宗问他养生之术，答曰饮用朝露，并说这些天庭玉露能使人洗涤肠胃，胸无积滞，若以朝露服食丹药，自会进效加倍。世宗大喜，即命宫女每日在御花园采集晨露，供其每日服用。

采露的事情当由妃嫔轮流负责，而当夜皇上下榻于某宫，便由该宫妃嫔主采集调制之事。每日凌晨，旭日刚升之际，便有数十名宫女开始在御花园采露。宫女们左手执玉杯，右手持银簪，高者仰承，低处俯就，将树枝树叶（先已洗净尘埃）上那晶莹的露珠拨入杯中，再汇集一起，送御膳房蒸制造作，便成为供皇帝饮用的甘露。世宗每日用甘露、参汁之类佐服“先天丹铅”，果然觉得精气神与往昔不同，便乐此不疲。

晨曦中，御花园，一队少女身姿轻盈，树下采露。看似是一幅美好的画卷，实则不然。夏日夜短，冬月霜浓，冷风吹面，寒气湿衣，久而久之一些采露的宫女便病倒了。于是采露演化为一种对失职宫女的惩罚，那些令皇帝厌倦的失欢嫔妃，也往往被赶入采露女之列，王宁嫔便是其中之一。

### 三、宁嫔的怨毒

王宁嫔在九嫔中虽容色稍逊，却也有过一番风光和宠幸。她善于迎合上意，懂文词，能诵读青词，曾发明过一种紫檀香饼，配以九孔香炉，供世宗在斋祀时用，异香缭绕。所有这些，都曾使宁嫔独承青睐，大得世宗爱重。

但君王无长远之宠，后来世宗便移爱曹端妃。端妃美艳冠绝后宫，这是王宁嫔所无法抗衡的。宁嫔妒意渐浓，背后少不得说些“狐狸精”之类骂语，却又被传到曹端妃耳中。端妃也绝不是省事之人，在世宗前添油加醋地一番哭诉，世宗大怒，便叫来宁嫔一顿暴打，罚她去采集甘露。

世宗此时长期服食丹铅，药性燥烈，使他更加喜怒无常，动不动便鞭笞宫女和内侍。采露的队伍中受责罚和鞭打的人多起来，如老宫女杨金英、邢翠莲，年纪都在30岁以上，却因小事被罚被打，日日采露，不得休息。苦情相通，两人很快与王宁嫔结成患难之交。

采露的队伍越来越大，采露队中的不满者越来越多。终于有这么一天，这些受尽摧残的宫女觉得再也受不了了，她们要做一件惊天动地的事，策划者便是心中充满怨毒的王宁嫔。

### 四、“端妃我所爱”

世宗待后妃虽较为淡然，后妃为讨得圣上欢心，则处心积虑，各逞优长，各显神通，是以受宠者常常变换。我们看到，宫中女子的地位，与子嗣大有关联，此时最得宠信的是曹端妃。

曹氏入宫后先为淑女，又美又媚，加上温柔机变，善解人意，被世宗临幸后很快就晋封为九嫔之一，称端嫔。嘉靖十五年八月，端嫔“首出淑祥”，①诞育皇长女。

此时世宗已经年满30，曾在三年前有过一个儿子，谱名载基，但不到两个月即告夭亡，只留下深深的哀痛。第一个女儿的诞生，又恰恰出生在中秋节这一天，寄寓美满，使他和母亲蒋太

---

① 《明世宗实录》卷一九一，嘉靖十五年九月丙辰。

后都非常高兴，不到一个月便敕谕礼部，命拟皇长女剪发命名仪。世宗说女儿快要满月了，查宪宗朝皇女出生，在满三个月时设宴庆贺，他希望一个月就为女儿庆生，同时举行剪发命名仪。礼部哪里会有异议，赶紧作出安排。就在皇长女满月这天，世宗升御乾清宫御座，皇后率端妃各服其服朝见，行四拜礼，保姆抱皇女至殿内，交给皇后，世宗降座，执皇女之右手，赐与芳名。此际的世宗满心欣悦，仪式结束，大设宴席于宫中。

其时世宗听蓝道行等话语，对女色和床第之欢尽量减少，端妃有了爱宠在身，常常得侍君王。方皇后和其他嫔妃自然是妒火中烧，只是惧于世宗的淫威，不敢发作。至于那早被打入采露队伍的王宁嫔，一腔怨毒，倒不仅仅在端妃身上。

## 五、丝花绳的死结

王宁嫔和杨金英、邢翠莲开始了越来越频繁的密谋，此事渐渐扩大到十几位宫女，都表示皇帝不死，自己就会死，她们决心杀死他。至于谋弑皇上的后果，她们不会想不到，却也觉得管不了那许多了。

她们决定要在夜间乘其熟睡勒死世宗，选择在十月二十一日夜下手。宫女们对于要干这样一件大事，难免紧张和激动，但没有人想退缩。

在夜间勒死皇帝，绝不是一件容易的事。明代的皇帝通常下榻在乾清宫，众多的嫔妃要依皇上的召唤，临时居住在乾清宫后部的暖阁中。暖阁共九套，分楼上楼下，有楼梯相通，设置大床 27 张，皇上可随意选择阁和床。因而，一般人很难确知皇上睡在哪个地方，但这难不住那些近侍宫婢。尤其是世宗专宠曹端妃后，常到端妃所在的翊坤宫歇息，她们经过反复密商，选择在凌晨动手。那时端妃照例要前往御膳房，取蒸制的甘露和参汁之类，寝宫内只有世宗一人。

时候到了。一行十几名宫女悄悄溜进端妃宫内，此时曹端妃已带几个婢女去御膳房，两个侍候在宫外的宫女也预先被设计调开，只有世宗一人在呼呼大睡。说时迟，那时快，十几名宫女一拥而上，杨金英把用丝花线搓成的粗绳挽成套，套在世宗颈上，姚淑翠用黄绫抹布蒙着世宗的脸，大家拉绳的拉绳，压腿的压腿，恨不得马上缢杀这个心目中的恶魔。此种事件，在中国历史上极为罕见，一般史籍皆失载或语焉不详，《明世宗实录》卷二六七：

> 丁酉，宫婢杨金英等共谋杀上于寝所。伺上寝熟，以绳缢之，误为死结，得不殊。有张金莲者知事不就，走告皇后。后往救获免，乃命太监张佐、高忠捕讯之。言金英与苏川药、杨玉香、邢翠莲、姚淑翠、杨翠英、关梅秀、刘妙莲、陈菊花、王秀兰亲行弑逆，宁嫔王氏首谋。端妃曹氏时虽不与，然始亦有谋。张金莲事露方告，徐秋花、邓金香、张春景、黄玉莲皆同谋者。

记录甚简。《万历野获编》卷十八“宫婢肆逆”记述略详：

> 嘉靖壬寅年，宫婢相结行弑，用绳系上喉，翻布塞上口，以数人踞上腹绞之，已垂绝矣。幸诸婢不谙绾结之法，绳股缓不收，户外闻咯咯声……

这里的“咯咯声”，乃世宗被扼垂死发出的声音。方皇后再晚一会赶到，其命必不保也。该书抄录了一份刑部奏本，附有16名宫女的名单，实录中所称“王秀兰”，此处叫“王槐香”。不管是秀兰还是槐香，与她的伙伴一样，名字均带有浓厚的乡土气息，可推测都是来自农村的姑娘。能结伙行此大逆，当是早就忍无可忍了。

有个叫张金莲的宫女见事不成，突然害怕起来，跑去报告方皇后。方皇后闻信大惊,匆忙领人来救。众宫女见事不成,四散躲藏,可又有哪里可逃?很快就被一一抓获。

世宗皇帝大难不死,但被勒被掐,生命垂危。诸御医见事关重大,战栗不敢下药。唯太医使许绅冒死向前,"调峻药下之","辰时下药,未时忽作声,去紫血数升,遂能言"。① 从早晨一直抢救到下午,这时世宗才算醒转,众医官和宫中人这才松了一口气。消息传出,那些为之震恐担忧的臣子,也才放下心来。

## 六、误杀的芳魂

参与弑逆的宫婢被逮讯。审讯由方皇后亲自主持,司礼太监张佐、内官监太监高忠、锦衣卫都督陈寅等在内堂就坐。在如狼似虎的大汉将军手下,行刺皇帝的这些勇敢女子如小鸡般被一个个拿来,重现其可怜与纤弱。张佐等皆为从龙入京的兴邸旧人,闻此事惊惧急怒,审讯时毫不留情,婢女们十指被拶,鲜血淋漓,小衣褪去,大棒击臀,到处是哭喊呻吟,一个个死去活来。

最先受审的杨金英等 10 名直接参与行逆者,酷刑之下,很快就供出王宁嫔为主谋。宁嫔被立刻拿来,直认不讳,却又攀扯上曹端妃,以及端妃宫中侍女。曹氏被逮问,哭喊冤枉,非要见皇上。方皇后或也看出王宁嫔嫁祸与人的恶念头,但并不予揭穿,而是把口供给世宗看。躺在病榻上的世宗大难幸免,惊魂未定,批令皇后裁决。方皇后拟宫女凌迟处死,曹端妃、王宁嫔则在宫中诛杀,世宗于恍惚中也一一照准。这种直接加害皇上的大逆案,处置上从来都是以急以狠,宁可错杀三千,绝不漏掉一个,此案更是如此——

诏不分首从,悉磔之于市,仍剉尸枭示,并收斩其族属

---

① 《明史》卷三九八,方伎·许绅传。

十人，给付功臣家为奴二十人，财产籍入。诸以异姓收系者审辨出之。时诸婢为谋已久，圣躬几危，赖天之灵，逆谋不成。①

行刑在次日即实施。料峭秋风中，16名宫女被绑赴市曹，凌迟处死。同时，在宫中一个荒僻的地方，曹端妃和王宁嫔也被凌迟处死。

这件事使朝野极度震惊。内阁大学士严嵩等上奏请告谢天地、宗庙及百神，并颁敕布告中外，以安人心。世宗采纳了这一建议，于十一月二日告谕天下，曰：

是年十月二十一日，变生榻寝，二御氏结宫婢杨金英等大肆谋逆，戕害朕躬。仰荷天地、祖宗、皇考妣洪庇，百神护佑，假手中宫，力救朕躬获臻宁吉。即将逆犯依律凌迟处死，各该族属尽夷。已遣官祭告天地、宗庙、社稷及应祀神祇，恭行谢典。恐中外传疑未的，尚怀隐忧，手足腹心，保爱胥戚，兹特降敕抚慰尔等。②

这段文字的前后都说了一段天眷地佑、神人默助的话，可字里行间仍透出皇帝大难未死的惊惶。

这次暴力事件，是世宗在后宫的残酷统治所导致的。朝鲜《李朝实录·中宗实录》："盖以皇帝虽宠宫人，若有微过，少不容恕，辄加捶楚，因此殒命者多至二百余人，蓄怨积苦，发此凶谋。"这件事后被锦衣卫穷治，牵连而死者甚多，尤其是曹端妃与王宁嫔的家人。

---

① 《明世宗实录》卷二六七，嘉靖二十一年十月丁酉。

② 《明世宗实录》卷二六八，嘉靖二十一年十一月戊申。

## 第五节　方皇后死于宫火

经历了宫变之后，世宗与方皇后的感情也出现巨大起伏：开始时他对皇后感激无尽，视之为恩人，想方设法给以答谢；接下来他发现了端妃死得冤枉，发现了宫闱争斗的残酷惨烈，发现了方皇后的心狠手辣；等到方后死于宫火，他又想起皇后的救命之恩，又觉得充满悔恨歉疚，又要隆重追封和悼祭。

### 一、宫中的黑眚

磔刑，是一种极残酷的刑法，人犯被剥光衣服，浇上凉水，刽子手以牛耳快刀将肉皮一片片削下，进而割肉析骨，断肢枭首。弑逆宫女被押赴市井凌迟处死，曹端妃、王宁嫔在宫中行刑，也是凌迟。

可怜这些青春如花的生命，可怜这中间那些冤屈的灵魂。如果说王宁嫔和张金莲等10人难逃一死，则曹氏是冤枉的，她宫中几位婢女（即后来被扯进去的徐秋花、张春景等）也是冤枉的。《万历野获编》称："行刑之时大雾弥漫，昼夜不解者凡三四日，时谓有冤，盖指曹妃诸人。"①

经历了极度震惊的后宫，渐渐趋于平静，但一股黑气，即所谓的黑眚，常常从后宫水道升腾开来，弥漫笼罩。

大难不死的世宗，起初对方皇后充满感激之情。壬寅宫变，方皇后临危不乱，率人赶来救驾，硬是从死神手中夺回了世宗的生命，功莫大焉。世宗病愈，第一件事就是把方皇后之父泰和伯

---

① 沈德符：《万历野获编》卷一八，宫婢肆逆。

方锐晋封为侯爵,以表示他对皇后的感谢。

世宗活了下来,素所宠幸的曹端妃却死去。当初是他批准将逆犯“不分首从,悉磔之”,那是猝遇大变、惊魂未安之时作出的决定,一旦冷静下来,又觉得端妃参与此事实在蹊跷。世宗是一个思维很缜密的人,怎么也想不通养育了皇长女、平日勤谨温顺,深受自己爱宠的曹氏,会参与杀害逆谋。他把参与审理此案的张佐叫来,详加询问,对他说:

端妃我所爱,宜无此心。①

张佐原来是兴邸承奉,自然是忠心无二,蒙皇上一问,也觉出许多疑点,遂细细向世宗禀报:王宁嫔的攀扯,曹端妃的哭喊冤枉,方皇后的冷酷用刑和匆促结案,端妃在临刑前呼叫皇上的绝望与抗争……

世宗明白了这里面的重大冤情,明白了弑逆案的两重阴谋:他几乎死于一场蓄谋已久的弑逆,失意的宁嫔故意选择在端妃宫行逆,而早怀嫉妒的皇后则顺势下手,残忍地杀害了无辜的端妃,甚至株连到端妃的家人。

## 二、潜酿的恨意

心如明镜的世宗隐忍未发。是方皇后救了他的命,是他本人批准处死端妃,亦是他以此诏告天下,又能怎么样呢?

自此以后,世宗总觉得宫中不很安宁。他让道士术士驱除黑眚,可黑气照样从后宫升起,团团片片,经久不去。御花园树丛中,也时常无故猝然作响,逐除难尽。有一次他对礼部尚书徐阶说起此事,曰:“壬寅大变,内有枉者为厉。”徐阶善于揣测上意,亦知端妃死得冤枉,便说:“彼生而贵近,殁受枉,能无为

① 毛奇龄:《胜朝彤史拾遗记》卷四。

厉？”世宗更觉端妃之死太冤，然当初诛曹妃是自己旨意，此事如何明说？

世宗开始对方皇后产生恨意，因为难以明言，恨意在心底愈酿愈浓。自宫变之后，他搬到西苑的燕王旧宫去住，再不驾临乾清宫。方皇后虽同迁西苑，然宫室悬隔，世宗又夜夜祷祀，让皇后一人独享孤寂，算是一种无言的惩罚。至于他自己，则未从宫婢之变中汲取任何教训，继续服食“先天丹铅”之类。《万历野获编·佞幸》：

> 嘉靖中叶，上饵丹药有验。至壬子冬，命京师内外选女八岁至十四岁者三百人入宫。乙卯九月，又选十岁以下者百六十人，……供炼药用也。

选如此稚幼少女进宫，仍然是要采集所谓纯阴之经血，用以炼丹。唯一不同的是年龄更小，其出于术士的指导，还是出于安全上的考虑，便不得而知了。

## 三、方皇后惨死

二十六年(1547)十一月，宫中再次大范围失火。大火从大高玄殿延烧，接着便蔓延开来，方皇后居住的宫殿很快没入火海之中。世宗在火起后率人到露台祈祷，中官请求救皇后，世宗不予理睬，任由皇后困在烈焰中。

在祭台上，世宗仿佛听到火中有一种声音：杨爵、刘魁、周怡是大忠臣。这才想到三人因上疏诋毁祥瑞和方术，下锦衣卫狱已有五年，急传诏将他们救出释放。杨爵等在大火中自言必死，想不到竟有侍卫破门而入，将他们背出释放。

方皇后等被困火中，走投无路，宫女被烧死者甚多。后大火虽被扑灭，方皇后却被烧伤甚重，躺在床上延挨了十几天后，终于痛苦死去。

方氏死了，他的第三位皇后死了，“天圆地方”的地不复存在，世宗起初的那一丝快感很快被愧疚代替。他想起了方皇后的种种贤美之处，更想到毕竟是方氏救了自个性命，而自己则在皇后垂危时不闻不问，天良忽忽有所触动。世宗命隆重治丧，并降谕礼部：

> 皇后比救朕危，奉天济难，冀同膺洪眷，相朕始终。不意遽逝，痛切朕情。其以元后礼葬之。①

方皇后死后哀荣，是陈皇后和张废后所无法相比的。世宗命以元后（即帝王的嫡妻，元配之后）之礼将方氏葬于永陵，当算是一点愧悔之情所化了。

自方皇后崩至嘉靖末，世宗再也没册立过皇后。不知是对方后的悼念所致，还是由于厌弃了此类册立仪式，总之是没有了皇后。大明帝国在整整20年的时间内没有了母仪天下的皇后，世宗也未去那个有很多不快记忆的乾清宫。

没有了皇后，也就少却一个生活上的羁绊，没有了耳边絮絮令人烦乱的规劝，也没有了为抢夺第一夫人尊位的阴谋与残害，世宗更可以专心向道，一意焚修。

---

① 《明世宗宝训》卷五。

# 第十三章　河套是个套

嘉靖二十一年十月，就在“壬寅宫变”前 12 天，也是一个夜晚，当朝武班之首、太师兼太子太师翊国公郭勋死于诏狱。是世宗钦命将他逮治监禁，又是世宗对他的死深感痛惜。两日后，负责审理此案的三法司大臣，均受到严厉处置。

世宗深知策动倒郭行动的根子在夏言，但天下事大不过一个理去，郭勋的贪腐横暴让他难以容忍，也不便庇护。他记了一本账在心底，直到几年后河套事发，夏言终于被套牢。

## 第一节　剑指勋戚

封建王朝的一大特点，就是存在一个庞大的勋戚阶层。勋，指的是勋臣或其后人，明初大封开国元勋，与铁券，世袭不替。戚，即皇亲国戚，尤以皇后及宠妃的娘家人为著。一朝天子一群亲戚，扯扯拉拉，略无边际。那位自称武宗姥爷的郑旺，不是被呼为“郑皇亲”么？而《金瓶梅词话》写清河一个小小县城，就有不下四五家“皇亲”。

比较起来，世宗对勋戚的管控是严格的。他不仅严惩前朝国舅二张，曾将牵涉案中的京山侯崔元下狱拷讯，让遂安伯、西宁侯等听审，对自己的亲族也并不放纵：祖母邵太后娘家人争产及诉求过甚，被降敕谴责，除去封赠；母亲蒋太后娘家人作恶，被免去一应兼职，连南巡也不让其跟从。

作为一个皇帝，又怎能不使用勋戚呢？世宗亦然。他对祖母和母亲的娘家人有过偏袒，对郭勋、崔元之辈也深为倚信，而一旦发现其越过底线、违反朝廷法度，立即就会加以处置。

## 一、双料宠臣郭勋

当元明易代、群雄并起之际，跟随朱元璋打天下的，有一批出生入死的铁哥们儿。而随着新王朝的建立，他们便成了大明的开国功臣，郭勋的祖上武定侯郭英即其一。郭英18岁投奔朱元璋，以勇武成为亲信，“令值宿帐中，呼为郭四”①，多次在朱元璋遇险时挺身杀敌。后从徐达、常遇春北逐蒙元残部，随傅友德平定云南，领兵渐众，军功积多，封武定侯，予世券。郭勋为其五世孙。

郭氏家族，与大明皇室多次缔结姻亲，关系自不寻常。郭英的妹妹为明太祖宁妃，两个女儿嫁与其子辽王和郢王，孙女又是明仁宗贵妃。而朱元璋之女永嘉公主，则下嫁与郭英长子郭镇。所有这些，应都是明太祖宠信郭英的证明。而郭勋的家族，便成了既“勋”且“戚”的双料贵族。

正德三年，郭勋嗣侯爵，先出镇两广，还京掌三千营。世宗入继大统，郭勋掌京师团营中禁兵，在议礼中首先支持张璁，大得世宗倚重。为了进封公爵，他组织撰写《英烈传》（全称《皇明开国英武传》），对郭英的功绩增饰渲染，令宫内说平话的太监伺机在世宗前演唱。世宗因此认为郭英功大赏薄，开始有意对郭勋再作加封。

郭勋读书很多，聪明好学，亦富于心计。由于执掌团营，与世宗见面机会颇多，对皇上沉迷于道教、方术之事很清楚，便投

---

① 《明史》卷一三〇，郭英。

其所好，延揽四方术士，以备皇上需用时献诚纳款。

李福达一案，理刑三司与台谏官恨透了郭勋。没有郭勋在其间上下其手，李福达绝不可能翻案；没有郭勋在世宗处谗言惑主，刑部及都察院、大理寺诸大员及佐贰官也绝不可能下场如此之惨。这种仇恨挽成了一个死扣，埋下了郭勋败亡的种子。

## 二、议礼派的裂变

嘉靖八年元月，掌管神机营和团营的提督太监张永病故。世宗命杨一清推荐人选，并对武备的荒废表示了忧虑。杨一清举荐太监黄锦、王竑可用，并趁机进言，说武定侯郭勋沮挠营政，皇上应加以告诫。

世宗对郭勋的所作所为也有了解：张永提督团营后想有一番振作刷新，总是郭勋出面阻挠破坏，以致两人发生了激烈争吵。他并不怀疑郭勋的忠心，但对其贪婪纵恣很是不满。郭勋久典禁兵，世宗也有意选员替换他，以免造成尾大不掉之势。此类人事更替在绝密情况下进行，只有皇上与首辅知道，连张璁也蒙在鼓里。

二月，郭勋又惹出新乱子。一名叫金辂的知州因罪充军到隆庆卫，郭勋收了他的贿赂，派人往该卫篡改案卷，取金辂还京。隆庆卫指挥使王臣不听，差官便将其捆绑，一起带回北京，严刑拷打。王臣无奈，只得以重金买命，才得以幸免。巡按御史赵镗将此事上奏，世宗召郭勋质问，郭勋竟然矢口否认。世宗很厌恶郭勋的强辩抵赖，命下法司议罪，又让杨一清拟旨处分。

此时杨一清与张璁在内阁已成水火，而张璁与郭勋交往密切。杨一清上言："阁臣中有与勋善者，不敢拟票，请上裁。"①世

① 《明世宗实录》卷九八，嘉靖八年二月戊寅。

宗当然知道其所指，降谕说郭勋的罪过非此一件，正希望众人弹劾，以使他心服。世宗又由此提到张璁、霍韬等人对郭勋的庇护，公开揭露他们的牵连勾结之私：

> 夫张璁之所以深结于勋者，初因议礼为合，故他不之察也。而霍韬亦与之善，唯桂萼识之。方去年勋与张永争辩时，韬遂责李承勋曰："汝却不与郭勋同扶持，反与张永同邪谓何？"问于萼，而萼知其嫉承勋，面与之曰："张永能体敕谕，修举戎务，故李承勋与之同；郭勋深忌永，每事自专，故李承勋不为之同。"韬意犹未解，复曰："郭勋虽不才，然昔日助我辈议礼焉，可不为相持哉？"萼曰："以此看来，李承勋专为我辈，于朝廷之计全不以副，可乎？"韬遂无言，答乃实受璁之言矣。①

几位大臣之间的对话生动且具体，情景活现。说明世宗对臣下的动静举措几乎无一不知，也说明他目光犀利、解析深刻，即便是宠信的人也能烛见其私。

打小报告给世宗者，自然非桂萼莫属。桂萼看到世宗对郭勋已生厌恶，便忙忙割断旧情，"独疏其贪暴凶狡数事"，②又把张璁、霍韬等救助郭勋的私下运作密告世宗。

议礼阵营，已渐次走向分裂。

### 三、收回典兵之权

弹章和密奏加速了桂萼的入阁，也加大世宗惩治郭勋的决心。况且世宗又听到一个消息：郭勋与陈皇后之父陈万言联姻。世事难料，往往嘲弄那些过于聪明算计的人。当初与皇后家结

---

① 《明世宗实录》卷九八，嘉靖八年二月戊寅。

② 《明史》卷一九六，桂萼传。

亲，郭勋自然是想增加在朝廷的砝码，哪里想到会出现皇后流产崩逝之事！世宗闻知后极其反感，谕令杨一清对郭勋从公论处，不要因内阁有牵制而为难。同时，世宗又专门晓谕张璁，传达要收拾郭勋的明确信息。

明朝京师卫戍，有三大营、十营、十二团营、东西两官厅、京营之沿革，体制名色虽不一，其重要性从来未变。京营提督，例由秩高位尊的勋戚武臣担当。当时郭勋以太傅兼太子太傅翊国公之尊总管禁军，普遍安插私人，对不信任的人则压制排挤，又全然不抓操练，致使战斗力下降，令世宗很不满意。

刑部很快就拟出了郭勋的罪名，判他“当军官犯罪不请旨及奏事不以实律”。这个罪名不算很大，就事论事，亦未涉及另外的许多不法情状，说明司刑律者很知道留有余地。相比之下，世宗的敕旨倒显得严厉得多：

> 勋受命提督营务，不修职业，专事诛求，威福自恣，怨声盈路。取回钦发军犯，擅罪边卫军官，却又饰词强辩，无人臣礼。本当究治，姑念勋戚世臣，罢其典兵及保傅官阶，令于中府带俸闲住。①

语气严厉，一举剥夺了郭勋的典兵之权，顺带还拿掉了一大堆保辅荣衔。世宗就是这样，封赠时很大方，处置之际则斩钉截铁，不留情面。郭勋如当头棒喝、冷水浇背，陡然一惊，及见世宗未下杀着，心下也随之释然。

## 四、荐引术士，再结帝宠

未及一年，杨一清在张璁、霍韬攻击下去任，张璁就任内阁首辅，郭勋的日子也就渐渐好过起来。世宗本来就未否认过郭

---

① 《明世宗实录》卷九八，嘉靖八年二月戊寅。

的忠诚,也极为欣赏其才具,对他时加委任,视陵监工,多所倚信和差派。郭勋又向世宗推荐术士段朝用,声称其用烧炼术所化的金银都是仙物,制成饮食用的杯盘爵盏,可以长生不死。世宗经过一番检验,竟信以为真,觉得郭勋还是忠心耿耿的老臣。

恰好陶仲文也向世宗荐举段朝用,并表示愿意献一万两黄金资助段朝用建雷坛。世宗对陶仲文向来倚重,至此对段朝用深信不疑,授为紫府宣忠高士。段朝用奏请世宗,表示每年要烧炼几万两银子献给朝廷。世宗正为财政问题头痛,闻言更加高兴。其实段朝用所谓烧炼的银子,皆是郭勋私下供给,然后再装神弄鬼,由炼炉中取出,糊弄迷信神仙和烧炼术的世宗。

要供应这些术士的作弊欺诈行为,当然要有强大的经济后盾。郭勋先是总领五军营,提督团营,此际又掌管郊祀所需的营造兴建,都是大有油水的美差。他更利用职权之便,广置田产家业,积极参与商业活动。据记载:郭勋在京师一地的店铺房舍就达一千多处。其又兼领后府,包买包卖,供销合一,更是大发横财。为了保护自己,郭勋不仅向世宗荐举方士,结纳固宠,还把族叔郭宪安插到东厂理刑,残酷地对待那些于己不利的人。

十九年(1540)春,世宗身患重病。皇宫中建醮祈禳,由陶仲文为主坛高功。不久世宗病愈,对醮事更加迷信,特授仲文为少保、礼部尚书。这年八月的万寿圣节,皇宫中建三天三夜大醮,祭告玄极殿。郭勋进献一百多件段朝用所化银器,供祭献时用。世宗大喜,宣称为上天所授,加郭勋禄米百石。后又以兴献帝入庙称宗,晋郭勋为翊国公,加太师衔。先前被革去的荣衔,至此全部恢复。

## 五、崔元的闲评

郭勋秩在三公,爵列一等,真可谓位极人臣,富甲天下。上有世宗的倚重爱宠，下有一帮武弁的支撑孝敬，内有陶仲文、段朝用之流传递消息，由是也愈加骄狂恣横，目空一切。此时议礼诸臣已陆续离开内阁，而首辅换为夏言，亦心高气傲、刚愎独断之人，很快便与郭勋发生冲突。郭勋与掌詹事府事的霍韬联合，共同向夏言挑战。不久霍韬病死，郭勋失却强援，与夏言的矛盾摩擦如故。①

情形渐渐对郭勋不利。言官不停地弹劾揭露，郭勋只好称病在家，等待圣意。其实，勋贵戚畹自有人瞧不上他的张狂跋扈，也自有能人在焉。如京山侯、驸马都尉崔元，素与郭勋格格不入，在郭、夏冲突中貌似中立，实则站在夏言的一边。

崔元，“美丰仪，博览群籍，善诗”，②弘治六年（1493）娶宪宗第二女永康公主，按辈分为世宗姑父，而且是皇上唯一在世的姑父。崔元与永康公主琴瑟和谐，好儿佳女，家庭美满。武宗崩，崔元作为赴兴邸迎驾班子的重要成员，有迎立功，很快获得新君信任，时备咨询。嘉靖改元，特进荣禄大夫柱国京山侯，礼部和科道官连章以为不可，世宗坚持赐予。后来曾因张延龄一案下诏狱，经审讯后撇清干系，受宠信如故。

世宗也颇为郭勋、夏言的不和烦恼。十九年四月间，崔元入直西苑，世宗问他：夏言、郭勋都是朕的股肱之臣，为何这样互相嫉妒？崔元时已年过六旬，满面慈和，微笑不语。世宗询问在家中养病的夏言何日能上朝，崔元说：等圣上万寿节后，夏言才敢请旨入朝。又问郭勋有什么病，崔元说：郭勋什么病也没有，等夏言一罢，他就会出来。③ 崔元深知嘉靖皇帝的秉性，看似淡淡

---

① 《明通鉴》卷五七。

② 明焦竑：《国朝献征录》卷四。

③ 《明通鉴》卷五七。

几句闲评，均能对世宗有所触动，使之对郭勋更加厌烦。

郭勋在不知觉间已失上宠，情况大是不妙。

## 第二节　郭勋之死

明代的科道，又称谏官、台谏、言官，即六科给事中和十三道御史。他们是一个特殊的官僚群体，职级虽不高，然“稽察六部百司之事”①，“为天子耳目风纪之司”②，权限极大。这也使朝廷对科道官选择甚严，使得科道官自视甚高。人们当记得议礼之初科道与翰林的集体抗争，当记得嘉靖六年夏张璁主持的科道互纠，当记得接下来的横扫台谏……

十余年过去，科道队伍早已凌乱不堪，连人品污浊如胡守中者都做了御史台猛人，则逢迎攀附、观望揣测不能不成为台谏主流。可职司所在，仍有敢言之士；揣摩上意，亦有高明之人。

### 一、台谏攻势如潮

嘉靖二十年（1541）四月，刑科都给事中戚贤等弹劾郭勋“逞肆凶狂，假擅威福，督理营工占役卖放，恣为贪横，田园甲第吞并遍于京师，水运陆输捂克及于天下”。③ 郭勋上疏辩解，世宗优诏抚慰：“卿勋阀重臣，国典家法已自慎守。”④说自己正要将掌领团营的重务委任他，不应为一些议论就提出辞职。

紧接着，通政司右参议兼礼科都给事中李凤来等指陈时弊，

---

① 《明史·职官三·六科》。

② 《明史·职官二·都察院》。

③ 《明世宗实录》卷二四八，嘉靖二十年四月乙亥。

④ 《明世宗实录》卷二五三，嘉靖二十年九月乙未。

内一款称:“迩来勋戚权豪之家广置店房,滥收无籍,索取地钱,擅科私税,举放子钱,兑折男女。稍有违抗,即挟以官刑,幽系私狱。”世宗令都察院“指实陈奏”。都御史王廷相弄不清楚皇上的意思,只让巡城御史前往核勘,拖一拖再说。

尚未有答复,又出来一位给事中张允贤,上言:“皇上则行事天,特咨民隐,一闻臣等豪强擅利小民受害之奏,即令都察院指实奏闻。命下四十余日而该院乃迁延不举,是畏豪势而慢朝廷也,其如国典何?”世宗迅即作出御批:“勋戚私开大店,横索民财,白昼大都敢于公行作奸犯法,该院既已参论,必是廉得其真,如何逡巡畏势,久不回奏?”①要求都察院马上奏报实情。

王廷相不再犹疑,很快就以五城御史车邦佑核查的结果上报。车御史对京城内外诸勋戚店舍调查甚详,造表以闻。表中以郭勋名下为多,其余还有英国公张溶,惠安伯张镧,皇亲指挥使钱惟垣、夏勋,方士段朝用等。都察院参劾郭勋骄恣贪纵,多有民怨,也将其党羽孙澐、孙淮、李福、邓钦等一一查清,请求让锦衣卫抓捕。世宗很震惊,认为“假托朝廷开立皇店”的恶行,自己即位之初已经严厉处治,郭勋等仍然胆敢如此妄为。他下旨将其党羽一律逮送镇抚司拷讯,张溶等问明后参究,令郭勋从实供状。

## 二、背后捅来的刀

郭勋已经觉察到加于其颈上的绳索,觉察到这绳索的渐收渐紧,开始蜗居家中,谨言慎行。但出来混总是要还的,坏事者往往是那些旧日狎近之辈,张延龄如此,郭勋亦此,所有的权豪

---

① 以上引文均见《明世宗实录》卷二五三,嘉靖二十年九月乙未。

势要莫不如此。他们都有明白的那一天,但已然晚矣!

先是段朝用。郭勋将其推荐给世宗,也为此花费了大把银两,供他玩弄骗局,在世宗面前表演烧炼术。可世宗实在是一个不太好糊弄的皇帝,对此类法术疑信参半,令内侍监视看守得很严,使之很难捣鬼,结果后来的烧炼不免失败。再试再败,屡试屡败,朝用之徒王子岩揭发内中奸伪,世宗命将二人送镇抚司拷问审讯,供出由郭勋供应银两、假饰为烧炼所出的实情。世宗对郭勋的欺瞒行为很恼怒。而一旦郭勋出事,段朝用又派人到其府中逼要金银,并悍然打死其家人,还上疏对郭勋的不法事大加揭露。这就是奸佞,先是通同作弊,接下来便是出卖和敲诈。段道士法术不灵,处世做人之道更差,世宗本来还不想大动干戈,知晓个中情状,怒斥段朝用奸伪反复,将他下狱论死。

科道官知悉世宗不再眷注郭勋,更是纷纷上章弹劾郭勋,接二连三,不曾停止。谁都没有想到的是,都察院副都御史胡守中也相机上疏,措词比其他人更为激烈。

说起胡守中,倒是个地道的奸险小人:他本为刑部主事,见郭勋得宠有势,家中金宝姬妾甚多,便诡称精通"彭老御内术",谒见郭勋,深得郭的爱幸,收为义子。正是有了郭勋的荐举,胡守中在政坛一路飙升,先改任陕西道巡按御史,由冷曹转入威权甚重的台谏,后又任直隶巡按御史,趁机贪污收贿,更显露狡诈阴狠嘴脸。十八年世宗南巡时郭勋新封翊国公,并由严嵩提议、世宗钦定为朝班之武班之首,最得信重,建议由胡守中负责纠察风宪,很多官员都栽在他手里。来回路上,胡守中卖弄精神,连连上章,措辞尖锐,选择对象进行攻击,借机在世宗面前大献殷勤。布政使徐乾、按察使吴永禄见其得皇上器重,暗下里送给他五百两银子,思图结交。孰料胡守中收下银两,转而到世宗跟前揭发,结果徐乾、吴永禄被削职为民。世宗以为守中廉洁清正,在归途中即破格提拔他为佥都御史兼詹事府丞,①后几年间,又擢升其为副都御史。

胡守中见情形对郭勋不利,恐怕牵连到自己,乃上疏论郭勋罪,以寻求解脱。又因他常在郭勋家中出入,与郭勋的姬妾多有私通,对很多事知道得一清二楚,故其上疏极是具体确凿。胡守中上疏后,世宗虽未马上处治郭勋,但已对其相当憎恶。

同时被皇上厌憎,或曰更其厌憎的,还有郭勋曾经热络的干儿子胡守中。

### 三、"何必更劳赐敕"

世宗性情虽然苛急,但颇为念旧,忆起郭勋当年议礼和多年效力之功,还想给他一个转弯的机会。二十年九月,以科道奏称朝廷各大工所用军役多虚报,建议钦派大臣核查。世宗降敕让郭勋同兵部尚书王廷相、遂安伯陈鏸清查军役。敕下,郭勋认为缩小了自家地盘,不去领敕书。此事又被举报,世宗责问王廷相等,回奏称郭勋列名最前,例应郭勋具领。而郭勋也是急了,上疏辩解,竟写上"臣奸何事?臣党何人",又有"何必更劳赐敕"之类赌气话。世宗最受不了的就是顶撞,登时大怒,批曰:

> 敕书威重,人孰敢违!郭勋强悖欺慢,不行遵领。尔等朋党阿附,不行奏白,殊为不道!鏸夺俸六月,廷相革职为民。②

真是城门失火,殃及池鱼。王廷相为弘治十五年进士,博学好辩,世称浚川先生,正德初得罪刘瑾,也曾风骨飒然,及居高

---

① 《明世宗实录》卷二二二:"上以守中提调扈行诸务克济,嘉其劳勚,故特旨超用。"

② 《明世宗实录》卷二五三,嘉靖二十年九月乙未。

位，便尔进退失据。世宗对他本来很信任，一失于在都察院迟迟不回奏，再失于提督团营迟迟不领敕，皆与郭勋有关，与其犹豫察测有关，由是断送了前程。三年后，廷相卒于乡。[①]

看准机会，在家静养的夏言立刻出手，嘱给事中高时揭发郭勋奸事，又不断有重磅炸弹抛出，如开设私店、骚扰关津、擅用御制龙牌、拆卖官船等，最严重的是与张延龄勾结，代为管理庄店和家中事务，既有人证，又有物证，不容不信。世宗素来痛恨张太后及家人，听说此事更是怒不可遏。震怒之下，世宗命将郭勋打入诏狱，其党羽不必再审讯，直接由锦衣卫押解到闹市，"以三百斤大枷枷号三月"，然后发往烟瘴地面，永远充军。

郭勋一案令世宗心绪烦乱，竟做了一个梦，梦中枷号者痛苦叫冤。醒来颇觉不忍，觉得百余党羽中或有冤屈之人，传旨不必再枷号，直接送去充军。对郭勋，他更是特别晓谕卫司，念其曾赞大礼等功劳，不准以刑具加身，不许侮辱体罚。

三法司会集多官，详议郭勋之罪，拟依律论斩，妻子给付功臣之家为奴，财产入官，应追缴赃银一百万有余，追夺封爵铁券诰命，霸占强夺的店舍庄寺等俱给还原主。疏入，留中不下。

入狱后的郭勋，最痛恨的不是夏言，也不是参劾他的科道官，而是胡守中这个背后一刀的亲信。当年末，参与审讯郭勋的礼科给事中章允贤劾奏，直指守中之奸狡辜恩，"当郭勋势盛之时，甘心比附，同恶相济。及勋之败，复观望以图反噬。"[②]疏中列举守中在蓟州恶行，又说郭勋在会审时，别的什么也不说，只说"守中负我"一句，是其为党羽的明证。

---

① 《国朝献征录》卷三九，太子太保兵部尚书都察院左都御史赠少保谥肃敏浚川先生王公廷相墓表。

② 《明通鉴》卷五七。

世宗阅后深以为然,批令“守中监候处决”。

## 四、监死狱中

此时郭勋在朝中的策应已然不存在。议礼诸臣或死或退,至是已阁中无人。首辅夏言与驸马都尉崔元圣眷正隆,加上衔恨已久的众台谏,尤其是反叛的旧日心腹胡守中之类,郭勋危矣!

郭勋还有一张牌,还有他最大的亦是最后的倚赖,即世宗对他的多年感情。世宗是一个念旧的人,是个很讲感情的君王。

果然,世宗的怒气不久便消了许多,回忆起初入朝时郭勋的保驾之力,回忆起初议大礼时郭勋的首先响应之功,回忆起南巡承天时郭勋的扈从之劳,便命镇抚司不可对他用刑。有司上奏,拟郭勋死罪,世宗令法司复审;法司列郭勋乱政12项,合并为绞罪,世宗命再加详议。法司更以郭勋图谋不轨大罪,没收妻子田宅,奏上,世宗留中不批。

世宗终是想宽宥郭勋,一再示意左右,希望不再缠住此事不放。可夏言等特别痛恨郭勋,装作不懂,又把郭勋定为大辟罪。世宗不便明说,借考察之际,特旨将秉承夏言之意弹劾郭勋的御史高时贬官二级,以告诫廷臣。但廷臣有夏言支持,始终不为郭勋请旨免罪。

郭勋被监在狱中,不杀不赦,度日如年,终于在第二年冬天抑郁死去,结境很是凄凉。世宗闻其死讯,顿生怜悯,便把怒火转嫁到法司诸官头上。刑部尚书吴山以拖延罪名被免职,侍郎、都御史以下均处以降级、罚俸。而对郭勋则免去抄家籍没之罪,仅收回赐予他的诰券。

郭勋这棵大树终于被扳倒了。

郭勋曾击败过马录,击败过三法司堂上官,击败过群起上章的台谏，击败过老谋深算的首辅杨一清，然自已终难逃一劫，最终败在夏言手下。

政治斗争纠结着宫廷斗争，矛盾是这样复杂，结局又是这般残酷，否泰祸福，得宠失势，真如白云苍狗般变幻不定。郭勋监毙狱中，夏言的胜利显得这样彻底，然对于夏言，前景又如何呢？

世宗既重原则，又重感情。郭勋一死，抹去了世宗对他的所有不满，又勾出对郭勋忠忱往事的记忆。郭勋死了，一个有着20年辛劳、为其看家护院的忠仆死了！世宗明白政治上的远因和背景，明白夏言在其间扮演的角色。他惩罚了刑部等三法司官员，又在心底给夏言记下一笔暗账。

## 第三节　夏言掌阁

张璁离阁后，李时、翟銮曾短期出任首辅，但都属过渡性人物，未几年，阁权便到了夏言手中。夏言“眉目疏朗，美须髯，音吐弘畅，不操乡音。每进讲，帝必目瞩，欲大用之”，①这是其以侍读学士直讲经筵情景，曾令张璁等人嫉恨不已。

夏言上蒙帝眷后，升擢非常之快。嘉靖改元时他还是谏官，不到十年便超拜六卿，再五年而晋封少傅兼太子太傅，以礼部尚书兼武英殿大学士，两年后代李时为首辅，是为夏言内阁。

### 一、曾经的政治新星

嘉靖七年至十七年的10年之间，夏言是一颗冉冉升起的政治明星。这倒不是说他少年早发，世宗继位之时，夏言已然40

① 《明史》卷一九六，夏言传。

岁,还只是个七品的兵科给事中。但他有胆识,有文才,亦有经验和办法,身居台谏,敢作敢当,不久便引起世宗的关注。

夏言能诗善赋,才思敏捷,文采斐然,亦嘉靖朝一颗文星。幸运的是,他这样一个爱热闹、爱掺和、有机会就要发声的人,又在谏垣,却未卷入议大礼事件。当群臣以血肉之躯哭谏抗争之际,夏言正忙于遵旨"出按庄田",既躲过了政治风波,又以毅然连上七疏,慷慨激越,弹劾张延龄和中官赵彬等侵夺民产,赢得了朝野的好评。

八年秋,议礼派挤走杨一清,首倡议礼的张璁升任内阁首辅,夏言似乎成了抗衡张璁等议礼大吏的代表。尤其经彭泽陷害一案,午门公堂之上,竟被牵扯到诏狱之中。主审都御史汪鋐拍案指斥,一般人早尿了裤子,夏言却表现得悍勇异常,竟冲上前扭打詈骂。[①] 此一举颇得众望,亦颇得君心。要知道世宗多疑,凡此类诏狱,通常都会简派小内侍悄悄到现场观察记录,回来向他密报。了解到这种状况,更让世宗深信夏言是被诬陷的。

就在彭泽诬陷案约半个月后,夏言升任礼部左侍郎,仍兼学士掌管翰林院。两个月后,再升为礼部尚书。世宗最重礼乐祀典,视礼部尚书一职极重,而内阁大学士乃至首辅亦多礼卿出身。这种任命本身就是宠信转移的标志,让议礼诸臣心知肚明。夏言赢了一个回合,更加积极支持世宗更定祀典,为其翻新花样的复古念头,在古籍中寻找依据;也更坚定地与张璁等人斗争,势同水火,俨然成为清议的代言人。

十五年闰十二月,夏言受命"兼武英殿大学士同时(即首辅李时)内阁办事",仍担任礼部尚书。夏言疏辞,世宗讲了一段很恳切的话,大意是早就认为夏言的才学应该出任大学士,但由

① 《明世宗实录》卷一二八,嘉靖十年七月戊午。

于礼部事情多，都要倚靠承办，故而推迟到现在。① 这番话让夏言感激涕零。

## 二、不买账的霍韬

夏言不属于议礼派，但准确地讲也是以议礼起家的，只不过其议礼之举比张璁等人时间略后，且走得更远。

夏言主阁之时，桂萼已死，张璁退居乡里，病危濒亡，方献夫亦已退隐林下。真是风流水转，仅十余年过去，议礼诸猛人中在朝者只剩下一个霍韬。夏言成了内阁的主宰，上结主欢，下领台谏，声出令行，好不顾盼自雄。霍韬偏不买这个账。世宗对这位敢言之臣又爱又厌，爱其一腔忠贞、直言无忌，厌其心胸狭窄、到处树敌。然始终觉得霍韬是一位信得过的人，虽将他外放南京礼部尚书几年，最后还是调到身边。十八年夏，诏加霍韬太子太保衔，转任礼部尚书协掌詹事府事。回到京城的霍韬，迅即与郭勋联合，共同对抗夏言。当时传言世宗又要南巡，霍韬便上疏说春天南巡时，随行诸臣多收贿不法，文官中只有袁宗儒，武官中只有郭勋不接受贿赂。

世宗见疏后召见了霍韬，问：朕南巡时卿未跟随，大臣受贿之事是从哪里听说的？霍韬回答说可问郭勋。世宗令他不要推搪，据实回奏。霍韬只好说了一些自己知道的情况，并将夏言牵连在内，世宗不予理会。② 十九年十月，霍韬病逝。郭勋独木难支，终于次年九月被逮捕，投入锦衣卫狱中。此事开始时夏言虽在家养病，但“阁事多取裁，治勋狱，悉其指授”。③ 谁都知道，是

---

① 《明世宗实录》卷一九五，嘉靖十五年闰十二月癸亥。

② 《明史》卷一九六，霍韬传。

③ 《明史》卷一九六，夏言传。

夏言借用自己的权势，把郭勋送上了绝路。

夏言取得了又一次辉煌胜利。两个政坛上的对手或死或监，好不令其惬意！但他不了解皇上，不知世宗对郭勋的厌烦主要由于其不敬之词，冒犯了君威，但又从未忘记郭勋的巨大功劳，也未怀疑过他的忠诚。世宗一怒之下令将郭勋逮入锦衣卫狱，仅仅是想薄加惩处，打击一下他的气焰。

这就是世宗，怒来时以霹雳手段、全不顾及恩义；静下来则回顾追思、件件桩桩都在心头。每当事后追悔之时，世宗并不是没有自我反省，而更多是要惩处给自个设套的人。

## 三、君心潜移

夏言志得意满，睥睨群僚。但一个新的政敌崛起于身边，即礼部尚书严嵩。严嵩与夏言是江西同乡，发科虽早于夏言四届，发达则晚了许多。夏言在政坛上迅速升起，严嵩极力追随讨好，出谋献策，使之大为信任，甚至把他当成私党。夏言一入阁，即奏请调时任南京吏部尚书的严嵩入京，接替礼部尚书一职。夏言把严嵩引荐给世宗，让他入值西苑无逸殿，专司撰写青词。严嵩文笔古奥，又善于逢迎，渐渐获得皇上的宠信。夏言尚不知形势于己不利，继续对严嵩气指颐使，就像对待家中一个奴仆。严嵩表面柔顺，实则暗中积极倒夏，为自己入阁活动。

恣横的高官，往往喜欢选择柔靡的属下，以为便于控制，以为其不敢也无力背叛。历史以无数先例，证明这种想法的可笑，甚至危险。夏言哪里能想到严嵩在搞鬼，哪里知晓君心的潜移？他除去宿敌，如日行中天，渐渐更其骄肆，对皇帝也不像先前那般谨慎小心；再加上年过六旬，新娶一妾苏氏，美艳恩爱，让尚无子嗣的老夏缠绵床笫，精力亦觉大不济。而朱厚熜读书极多，心思细密，记忆力超强，更兼性格偏激，是一个臣下必须用心侍奉的皇帝。对于夏言，世宗已有过几次严厉批谕，二十一年(1542)六月，有些漫不经心的夏言终于惹毛了皇帝。

先是两宫皇太后接连崩驾，好不容易建成的慈宁宫和慈庆宫空了下来，主持大工的郭勋曾建议让皇太子居住其一。当时大工连连，经费匮乏，这显然是个合理安排。因为测知世宗不太愿意这样做，再加上是郭勋提议，夏言便表示激烈反对，于是在皇上那里又得一分。后来，世宗又一次问到太子应居何处，夏言忘掉自己以前说过的话，奏称重建新宫花费太多，应让太子住进慈庆宫。这完全是郭勋当日之意。世宗对夏言的出尔反尔更增加了厌憎，当月二日，世宗亲书谕旨降都察院，先感叹了一番"世降人浮，求一真材作夹辅不可得"，然后直斥夏言之非：

昨夏言测知东宫迁移，无故力称改慈庆为东宫府。夫废母后备制以纵奉子，朕必不为。言前称朕意为正，驳郭勋之非，今何一用勋言？若今谓为忠正，前亦忠正？前谓为非，则今亦非也。盖嫉人贤己，欲美必皆己出，亦无归美君上之意，是其纵肆已成性，必不迁于忠谨敬畏之地。夫何谓？郭勋以不领敕下狱矣，犹千罗百织：如何自拟君旨，谓不必用敕。……朕不早朝，彼亦不入内阁，军国重事径自私家而专裁之，王言要密，岂宜人臣视如戏具！

世宗对夏言的反复矛盾进行了批驳，归因为纵肆成性，说他办事不入内阁，军国大事竟在私宅中裁定，非人臣应守之礼。世宗还着重提到郭勋狱案，认为夏言背后操纵其事，在其入狱后仍罗织罪名。

世宗将对夏言的不满扩展到科道官，认为其未能早日弹劾夏言，很是恼怒，谕旨中两次加以痛斥：

言官系朝廷耳目，一犬不如，专一听受主使，逆君沽誉，倾人取位以奉所悦，或戕人一家以代报复。吁，是为人乎？

如此大事，言官岂无一人知见，不闻一言片疏纠发，徒知欺谤君上，弄法舞文，排挤忠直……①

这是一个阴雨淫靡的日子，世宗奋笔书谕，发泄着对夏言和科道官的恼火。他甚至把暴雨成灾也归罪于夏言与科道，“今日神鬼皆怒，雨甚伤禾”，命都察院将谕旨公诸天下。

## 四、香叶冠

此时的内阁很空虚，李时与后来入阁的顾鼎臣先后亡逝，只剩下夏言和翟銮。夏言专擅阁事，翟銮则仍以一贯的谨慎小心，不与争锋，内阁中相对平静。

入居西苑后，世宗对斋祀更为痴迷，皇帝的翼善冠他不戴，独出心裁地造作了一顶高一尺五寸的香叶冠，上面绣有太极图，实则是一种变形的道冠。世宗经常戴着香叶冠参加醮仪，还特命有关部门仿照这种形制用沉香木雕成五顶道士冠，赐给首辅夏言、成国公朱希忠、京山侯崔元、大学士翟銮及礼部尚书严嵩。在他以为是对臣下的非常之遇，而夏言却呈上密疏，称沉香冠非大臣法服，不敢接受，世宗怎不大怒。

一日，正是这五位大臣往西内应召见，严嵩故意戴上香叶冠，并笼以轻纱，以示珍重。世宗见之果然大为高兴，把他单独留下絮话，待之很亲切。严嵩见左右无人，扑通跪在地上，泪如雨下，哭诉夏言对他的排挤欺凌。世宗让严嵩把夏言的罪过都说出来，表示要为他做主。严嵩便乘机揭发夏言种种纵恣不敬之事，世宗听得怒火中烧，几乎控制不住。

夏言岂能长久感觉不到世宗的不满？他开始满怀惶惧，处处小心谨畏。然越是如此，世宗就越生疑憎。加上听到夏言入

---

① 《明世宗实录》卷二六三，嘉靖二十一年六月辛巳。

西苑私乘小轿，监工程“不进敕稿”的行径，决心予以惩处。

夏言危矣！

上有对他日渐厌烦的皇帝，下有日伺其阴事、谋划取而代之的严嵩，夏言煞星临头，一时不知如何去化解。对皇上的恼怒，夏言如遭当头棒喝，只有上疏求退，情辞甚哀，世宗怒亦稍解。未想到八天后出现严重日食，世宗认为“正坐臣子欺逼君父、外阴侵犯内阳之咎”，批令夏言革职闲住，并令礼部将敕旨晓谕天下。①

敕谕先引录夏言自罪之言：“臣积罪稔戾，上干宸怒，无地自容，旬日闭门席藁待罪”，“臣辅导无状，久玷揆席，加以衰年无子，忧患伤心，百病交侵，四肢骨立。伏望皇上悯臣衰残，哀臣孤苦，放归田里，苟延余龄，则生当殒首，死当结草”。世宗简括了夏言起家的经历，也说了几句他与诸大臣“累年供事内苑，赞诚左右”之劳，接下来列举朝政的三项失误：

太子为臣，怎么可以住进太后之宫，以与君父并列？

夏言以首辅之重，“欺凌君上，作威作福不下郭勋之罪”。

蒙古各部屡屡犯边，如履平地，若蹈荒原，“内外臣工通不爱民如身，视国如家”。

世宗认为朝政的“三失”，已演为天变的“三咎”，宣布自己要修省三日，内外臣工当日也要深刻反省。至于夏言，则是革职反省。

## 五、严嵩入阁

夏言已去，御史乔佑等、给事中沈良才等这才上疏弹劾夏言“负恩误国”。太晚了！世宗决心整肃科道，命吏部会同都察院

---

① 《明世宗实录》卷二六四，嘉靖二十一年七月己酉。

提出具体处分意见。吏部尚书许讃、右都御史毛伯温等敢不从命，很快就按等第排出处理名单。世宗即下旨：

乔佑等职任言官，寄以耳目，专一党附权力，欺蔽朝廷，夏言辅导无状，不敢指实纠弹，及奉有明旨，仍怀观望顾忌，奸谄误国。本当重究，姑依拟：乔佑、钱应扬、杨僎并高时降一级调边方用；何允魁、章檗、白贲、朱箎、黎循典、焦琏、李秦、余圹、龙遂对品调外任；王珩等三十六员姑留用，各夺俸半年；贾大亨等二十四员选用未久，夺俸两月……①

二十一年八月，也就是夏言革职的第二个月，严嵩以本官兼武英殿大学士入阁，仍兼掌礼部事。两年后，严嵩将翟銮排挤出阁，继任首辅，累加至少傅、太子太师、吏部尚书、谨身殿大学士。后来入阁的吏部尚书许讃和礼部尚书张璧备数而已，都不入西苑应制，大权掌于严嵩一人之手。这时的严嵩虽年过六旬，然精神健旺，体力充沛，从早至晚在西苑直房值班，绝不偷懒躲避，世宗对他更加夸奖。

夏言革职闲住，回到了江西老家。居京之时，由于他曾长期当政，家中豪富，府第奢华，娇姬美妾，歌台舞榭，都可媲美王公之尊。而回乡初期，各地方官认为夏言不久便会复出，前往致礼问安者接踵而至。后来一年一年过去，不见有起复讯息，夏府的客人便渐渐稀少，当地的州县官也怠慢起来。夏言在家中郁郁寡欢，更加思念在朝中的时光，他每逢节令和皇上的生日必奉表为贺，署名“草土臣”。久而久之，世宗对他又生怜悯之心。

## 六、重掌阁事

二十四年(1545)八月，张璧病逝，内阁中剩下严嵩一人。

① 《明世宗实录》卷二六四，嘉靖二十一年七月己酉。

而世宗也听到了不少对老严的议论批评之词,特旨召回夏言,恢复了其一切原有秩衔。

夏言重入内阁,再任首辅,严嵩则由首辅降为阁僚。三年贬窜之辱,夏言当然不会忘记是出于谁的手笔,对严嵩很是痛恨。依宫内旧制,由内膳房每天供给当值大臣酒菜,但夏言与严嵩相对而坐,却从不用宫内酒馔,只吃自家带的饭菜,不理睬严嵩。至于票拟之权,更是一人独揽,从来不问一下次辅、也是唯一的搭档。严嵩默默承受,不敢多说一句话,心里自是恨极。

严嵩父子久有贪赃枉法之名,令朝野痛恨。朝官看到夏言能整治严嵩,都很佩服,再次聚集到夏言周围。平日与严嵩有交往的文选司郎中高简、尚书唐龙,皆以贪赃罢职。御史陈其学又弹劾京山侯崔元、都督同知陆炳借盐法贪赃,夏言拟旨让他俩作出说明。二人惶恐,带上重礼至夏言府中求情,陆炳甚至久跪不起,才得以宽免。崔元、陆炳皆勋旧大臣,素为世宗亲信,从此恨透了夏言,与严嵩结成死党。而夏言自我感觉正好,连一点觉察也没有。

夏言是个性格高傲的人。皇帝身边的小太监有事来传达,夏言把他们当作奴婢一样;而这些人到严嵩处,严则拉着手让座,悄悄把金银放在其手中。因而,这些近侍都争着说严嵩的好话,揭露夏言的种种短处。世宗更加喜欢严嵩,而对夏言厌恶有加。

## 第四节　议复河套

最后导致夏言被诛杀的,是"议复河套"之举。

河套,指内蒙古和宁夏境内贺兰山以东、狼山和大青山以南黄河沿岸的地区，因黄河在这里形成一个套子状的大弯曲，故名。河套三面临黄河，土地丰饶，水草茂美，素有粮仓之称。天顺六年（1462），蒙古毛里孩部侵入河套，稍后又有阿罗山、孛罗忽二部进入，出没无常，成为陕西、山西的一大威胁。成化、弘治时，朝廷曾数次派兵进军河套，搜索和驱逐入侵者，但逐而复来，花费极大而收效甚少。至正德时，三边总制杨一清亦曾疏请重修东胜卫，以扼制侵据河套的蒙古骑兵，因刘瑾阻挠而告吹。

## 一、曾铣兴复河套之策

至嘉靖元年始，河套的数千里沃野已被蒙古的吉囊、瓦剌和亦不剌旧属分割净尽。诸部"皆有分地，不相乱"，①但都伺机向内地侵犯，是当时的主要边患。深知其害的山西巡按曾两次上疏，请求剿灭或赶走吉囊等部，均未被采纳。

二十五年（1546）八月，套骑（明人以称占据河套的蒙古各部）三万余进犯延安府，杀掠人畜很多。总督三边兵部侍郎曾铣上疏请收复河套，疏文分八条，共一万余言。曾铣为嘉靖间名将，曾以御史敉平辽阳叛卒，屡立战功，所议皆言之有据。世宗命兵部讨论上奏。当年冬，曾铣又率陕西巡抚谢兰等两次上疏，更详细地提出筑城墙、练枪手，及秋夏进剿之事。夏言正欲建大功勋，见曾铣疏章，以为恢复河套之事必能成功，很是支持。曾铣与夏言继妻之父苏纲为同乡，不免有所托付，苏纲亦择机夸赞曾铣治军之才。于是夏言对曾铣的疏议更为推重，命兵部和廷臣议行。但曾铣所要求的数十万军饷及调山东、河南之兵，在当时财政条件下都很困难，因此久议不决。

曾铣喜好功名，报国心切。二十六年（1547）春，他正督兵

---

① 《明史纪事本末》卷五八，议复河套。

修缮边塞，套骑不断侵扰，居民不敢出城樵采。曾铣即选锐卒，亲督之出战，使套骑移帐向北，不敢再靠近塞垣。五月间再统兵出塞，击溃敌军，斩获颇众。曾铣向京师报捷，世宗很兴奋，一一如曾铣所拟升赏有功将官，陕甘各边军心大振。

六月，延绥、宁夏一带蒙古大军压境，而边墙尚未完工。曾铣调庄浪等处兵马以备外患，甘肃总兵仇鸾以种种理由不听调遣，而巡抚都御史杨博亦附和其事。曾铣奏知朝廷，世宗即颁旨诫饬，将仇鸾罚俸半年，杨博罚俸四个月。

曾铣备受鼓舞，收复河套的准备工作在紧锣密鼓地进行。但很多当地官员亦不赞成此议，以为胜负难定，耗费巨大，应慎重从事。故三边巡抚如延绥张问行、陕西谢兰、宁夏王邦瑞及巡按御史盛唐迟迟不上奏恢复方略。曾铣奏请世宗予以诫谕，世宗即下诏责斥三巡抚，并说如秋后仍不上议，即加惩治。

十一月，曾铣会同三边抚按官疏陈“边务十八事”，第一件便是恢复河套。世宗批曰：“虏据河套为国家患，朕轸怀宵旰有年矣，念无任事之臣。今铣前后所上方略，卿等既看详，即会众协忠定策以闻。”①赞赏之色，溢于言表。

曾铣又呈上所作布阵图《营阵八图》，为：《立营总图》、《遇敌驻战》、《选锋车战》、《骑兵迎战》、《步兵搏战》、《行营进攻》、《变营长驱》、《获功收兵》。这些图画似乎更直观，更具有说服力，世宗极口称赞，命有司议奏。曾铣再上疏奏闻仇鸾克扣军饷、贪酷纵恣情状，巡按甘肃御史张雨、巡抚都御史杨博亦上疏论仇鸾欺罔贪暴，世宗大怒，命锦衣卫选派官校，将仇鸾逮系来京。

---

① 《明世宗实录》卷三三〇，嘉靖二十六年十一月丁未。

## 二、沙盘上的乩文

正当主战派声音高亢之时，蒙古俺答部骑兵踏冰越过黄河，与套骑会合一处，声势很嚣张。延绥巡抚杨守谦急报京师，朝廷震惊，陕西各种灾异的消息亦不断传来。

世宗虽渴求军事上的胜利，渴求恢复河套失地，但对能否获胜，也是心中无底。他一向迷信乩仙，于是请宫中道士扶乩，在大殿中央摆上沙盘，竖起乩架，焚香祝告，但见乩笔在沙盘上写下一行文字：

主兵火，有边警。①

世宗与近侍相顾失色。至于是否老严勾结术士搞了鬼，则不得而知。

二十七年(1548)正月，兵部尚书王以旂等奉诏会议复河套事，上议提出实行的具体步骤如调集兵马、筹措钱粮诸项，呈请御批。而世宗口风已变，谕阁臣曰：

套虏之患久矣，今以征逐为名，不知出师果有名否？及兵果有余力、食果有余积、预见成功可必否？……今欲行此大事，一铣何足言，只恐百姓受无罪之杀。我欲不言，此非他欺罔比，与害几家几民者之命不同。②

世宗命辅臣拟出议案，夏言等早被这番话吓得魂飞魄散，不敢议决。世宗命将其谕旨刊印百余份分发有关大臣，命再议奏闻。

## 三、蹢蠋之技

群臣捧诵圣谕，方才明白皇上在议复河套上的变化，瞠然不知所对。反应最快的是严嵩，是潜伏爪牙、等待已久的严嵩。

---

① 《明世宗实录》卷三三二，嘉靖二十七年正月己卯。

② 《明世宗实录》卷三三二，嘉靖二十七年正月癸未。

严嵩在议复河套一事上沉默久之，初时见皇帝心许，自不敢反对，且夏言独揽此事，亦无法参与。此时则迅即上疏，称国家的积蓄和兵员都难以支持恢复河套所需，指责曾铣“以好大喜功之心而为穷民黩武之举”，赞誉世宗谕旨“活全陕百万生灵之命”，又说自己虽在内阁，然事权为夏言专决，自己不能阻止，有负委任，请求赐以处分。

这就是严嵩，以阴柔杀人的严嵩。

世宗对夏言已起疑心，在严嵩疏上批曰：“言于铣疏初至时，乃密疏称人臣未有如铣之忠者，朕已烛其私。但知肆其所为，不顾国安危，民生死，惟徇曾铣残欲耳。”[①]话语中已隐含了杀机。

夏言久历宦场，岂看不到那渐渐收紧的绳套，忙上疏辩白。他先检讨赞同恢复河套的短视和愚昧，接下便说此事曾多次与严嵩商量，其均无异议，今严嵩疏章“名虽自劾，意实专欲诿臣自解”。无奈世宗恩宠已别移，全然听不进他的意见，览疏即责斥其不知引罪，下吏部和礼部会都察院参看。

严嵩一击生效，即连连出手，又上疏承认自己有罪，罪在心知曾铣之非而不敢纠正。然后又说起夏言的“骄横自恣”，说到在复套一事上自己的无奈，说许多有自己具名的疏章实则丝毫不知，并举例证明夏言的专擅，自请罢斥。世宗不允所辞。夏言也再次上疏奏辩，并请求退仕，世宗命部院参看。

未久，王以旂等上议复河套事，提出“宜令铣严督各镇蓄兵养威，加意防御，前议出师搜套一应事宜悉行停止”。[②] 世宗认为议疏仍在观望，令将所有参与议奏者罚俸一月，兵部侍郎及该

---

① 以上引文均见《明世宗实录》卷三三二，嘉靖二十七年正月癸未。

② 《明世宗实录》卷三三二，嘉靖二十七年正月癸未。

司官罚俸一年,又令锦衣卫速遣官校将曾铣押解来京。至于王以旂,则令往陕西接替曾铣之职,以赎前罪。

突然变脸的世宗先收拾兵部,接着责斥科道无人谏止收复之议,命锦衣卫将言官一古脑儿抓来廷杖,并罚俸四个月。

## 四、弃市的首辅

政局是这样的任人簸弄,任皇帝簸弄。曾几何时,夏言这位政治巨人也枯萎干瘪,成为可怜虫和牺牲品。在嘉靖间的内阁大学士中,夏言曾是很受恩宠的一位,但又数他结境最惨,以67岁的高龄被拉到街市斩首,在嘉靖首辅中仅此一位。

夏言被罢,重又踏上了还乡的遥遥之途。而主持收复失地的曾铣则壮志难酬,被投入监牢,当时有很多人扼腕叹息。世宗开始也没有杀他们的意思,不料后来又起了些变化:严嵩、崔元、陆炳三人欲置夏言于死地,让人代被曾铣弹劾逮治的仇鸾上疏,声言因反对出兵河套受曾铣报复,又揭发说曾铣曾吃败仗,损失惨重,便派其子曾淳以五千两银子贿赂苏纲,并转二万两银子给夏言,以逃脱罪责。

世宗见疏大怒,命将曾淳和苏纲逮问。这下可犯到了陆炳手中,他命人施尽酷刑,残忍逼供,务令二人招认。而崔元则收买太监,使作伪证。世宗更是深信不疑,对夏言的辩解之辞连看也不看,即命锦衣卫将他逮系来京。法司遵旨拟曾铣罪,实在从《大明律》中找不到一项合适的律条,只好朦胧判为“边将失事”一款。这也让世宗恼火,责命再拟。最后定为犯“交结近侍官员律”,斩于市,妻子流两千里。

当年四月,夏言被逮至京师,“下镇抚司拷讯”,群臣无一敢救者。夏言哀章求恳,有“天威在上,仇口在旁,臣不自言,谁复为臣言者”之句,悲切满纸。世宗正在怒中,丝毫不加怜悯。刑部尚书喻茂坚、都察院左都御史屠侨、大理寺卿朱廷立等议夏言罪当死,但请求念其效力多年,免除一死。世宗怒,立夺喻茂坚等俸禄,降谕严责,又说:

> 朕视言为腹心,言则视君为何?方铣疏上时,即密强君。朕何尝一言谕答,敢动称有密谕主行。及事败止令致仕,又不知引罪,故作怨语,曰:"前去因不戴香巾,为朝廷计,非以身家。"是人臣礼欤?①

这里我们发现了世宗深怒不解的原因——"怨语"。世宗最不能承受的就是臣下的"怨语",郭勋久蒙贵宠,由于强辩和"怨语",竟死狱中。现在轮该夏言了。散布夏言口出怨语者,自然是严嵩。

夏言死时没有儿子。妻苏氏流配广西,从子夏克承夺官戍边。

---

① 《明世宗实录》卷二三五,嘉靖二十七年四月丁未。

# 第十四章　乱军与边祸

大明帝国所经历的近280年，从来没有过较长时间的安定，忧患多于安乐，变故迭出不穷，尤其在中晚明，边祸和内乱成为每一任帝王、每一届内阁必须应付的要务。

相比较而言，朱厚熜治下的45年多就算平稳了。叛卒与边祸是嘉靖国防的两大威胁：边卒降而复叛，严重损害了边军的肌体士气；蒙古诸部骑兵倏忽去来，无情蹂躏着国家的疆域生民。而叛卒和蒙军的勾结，更对边塞造成了致命创伤，给本已空虚的财政造成沉重负担。然帝国之舟在近半个世纪的航行中颠而不倾，大明军队在数千里边境线屡败屡战。世宗的态度是坚定明确的，即使在事玄修醮、拒绝临朝之时，也始终关注着国家的完整与边镇的攻防。

## 第一节　大同戍卒再叛

嘉靖三年的五堡之乱，在世宗心中留下恶劣印象。及至数年后大同再生暴乱，这位性格褊急的皇帝，最先想到的就是派大军前往剿灭，就是杀戮。

为什么这些士兵，不愿意去履行保家卫国的责任？为什么帝国的军队作战怯懦不力，闹起事来却凶悍无比？为什么少数人挑头，更多的士卒便跟着一哄而起？为什么这些士兵，动辄敢戕害军政长官,手段如此残忍?

士卒叛乱其有种乎?或许。但作为朝廷,作为一国之君如果不在体制上寻找原因,便无以化解真正的危机。

### 一、总兵李瑾被杀

郭疤子等人当年虽被捉拿正法,大同叛卒却在军中深深播种下动乱的种子。这种子自有其催发和生长的土壤:边镇的危险、艰苦,将帅的贪墨狠辣、不恤下情,都使士卒们绝望、悲愤,不惜铤而走险。

十二年七月,占据河套的蒙古骑兵渡过黄河,将要入侵大同。边警频传,巡抚大同右佥都御史潘仿刚刚到任三个月,急忙奏知朝廷。兵部上奏世宗,命以兵部侍郎刘源清为总制大臣、都督郤永为总兵,防御来自河套的蒙古骑兵。

大同城外地势平坦,刘源清也深为忧虑。大同总兵李瑾建议在天成卫城墙外至大同镇挖一条四十里长的深壕,以遏制套骑。刘源清同意,限令三天完成。李瑾情性严酷,向来待士卒刻薄无恩,这次奉命督挖壕,大敌当前,期限紧迫,更是动不动就打骂。镇卒多有怨言,季富子、王宝等人领头动乱,顿时就有六七十人响应,逼迫朱振再任指挥使,又一哄而前,杀死李瑾。

暴乱又起,叛卒吵吵嚷嚷冲进大同城,包围了巡抚衙门。潘仿见事不好,急忙跳墙躲避,符敕印信俱被乱卒搜去。潘仿紧急奏闻,疏称李瑾实在过于苛暴,酿成兵变,建议以抚为宜,请求兵部作速议决。

兵部对大同军卒的一叛再叛显然很恼火,决心加以严惩。兵部尚书王宪驳斥了潘仿"众悉乱"的说法,认为造反者不过六七十名骄悍乱卒,其余皆为胁从。"请出榜谕,安良善而贷胁从,尽捕诸渠魁,置之极刑",请以抚剿事宜责成总制官相机处理。世宗很同意王宪之议，批曰：

> 逆军蔑视国法，屡肆叛乱，势难遥度。其令源清等随宜处置，务使国法大伸，恶逆殄灭。毋得更事姑息，贻地方后患。①

为早日平定乱军，世宗又命提督西官厅都督佥事鲁钢接替李瑾，促其往大同赴任。主剿派在朝中占了上风，世宗也希望早日平定动乱，在大同恢复秩序。

## 二、京军进逼，大同暴乱

朝廷将平定大同叛卒的重任，落在刘源清肩头。刘源清为山东东平人，正德九年(1514)进士，以屡建功勋擢兵部侍郎，总制宣大军事。其时大同守军再叛，世宗钦命刘源清便宜行事，内阁首辅张璁、兵部尚书王宪都支持以强力解决。刘源清性格刚毅专执，加上急欲奏功，早就有些按捺不住。

刘源清的总制大帐驻扎在阳和卫，距大同不到百里。

此际的大同城内，情况已在好转。巡抚潘仿从开始时的慌乱中镇定下来，而他从实际出发、一心保护士卒和百姓的做法，也逐渐赢得了多数人的尊重。再次被乱军拥为主将的朱振也在极力维持，平复乱局。城中还有一大批忠于朝廷的文武官员，各自发挥作用，秩序渐渐恢复。现在的首要问题，反而是要劝止刘总制的大兵不要进城，以免再激起对抗。

刘源清命在大同贴出榜文，声称当初五堡之变，朝廷处理得太宽大，以致如今又杀主将，必予以严惩。曾参与过五堡叛乱的士卒担心又要追究往事，都很不安。为早日稳定局势，更是为让刘源清无理由提兵进城，潘仿命按察佥事孙允中等擒获为首叛

---

① 《明世宗实录》卷一五五，嘉靖十二年十月庚辰。

乱的十余人,送往刘源清军门。孙允中详细解说城中情况,请求缓一些时间再发兵讨伐,由军镇和巡抚衙门逐步清查捉拿即可,又劝刘源清不要再提五堡之变。刘源清不许,命御史苏祐审讯人犯,又派参将赵刚率甲士300人按犯人口供,入城抓捕乱党。潘仿查看了应捕名单,大多都是平日有战功者,被囚犯诬陷列名,便划掉这些名字,让他们去抓捕往日无功的八十几人。

当天晚上,大同各营士兵都发生哗变,在街巷设置路障,不让抓人者进入。刘源清便派孙允中入城,宣称只抓动乱的首恶,又传令明天王师进京,要求镇中军士不要穿铠甲。这更是火上浇油。夜间,城中一片哗然,到处有人呼叫:大兵来屠城了!于是群起为乱。潘仿仍在竭力维持秩序,命孙允中及诸裨将擒斩二十余人,乱军这才散去。

刘源清提大军开往大同,写书召见被胁迫任指挥使的原总兵官朱振。受审囚犯诬称朱振为祸乱首谋,源清竟深信不疑,认为其必不敢前来。没想到朱振心中坦然,也希望能当面说明原委,急赴军门。刘源清对朱振视为反贼,厉声责叱,不容分辩。朱振一生行伍,戍守宣大二边,建功勋甚多,正德五年即以游击将军署都指挥佥事,十一年升总兵官,后以曾扈从武宗巡幸论罢。嘉靖三年以劝谕乱兵有功复职,六年再革职闲住,诬蔑他倡引叛乱的理由便是“失职怨望”。可怜这位身经百战的老将军受辱不过,含恨服毒自尽。

次日,刘源清率重兵至大同,斩关而进,杀戮无数,使城外尸体遍地。城中愈发相信屠城之说,五堡军士率先暴乱,凶猛不可阻拦。他们关闭城门,拥立指挥使马升、杨麟为主帅,计议抗拒京兵之事。不久,郤永的军队亦开到,整队于城下。叛军竟打开城门,冲杀而出,杀死郤部一名参将。潘仿和孙允中急驰往抚谕,叛众指着城下堆积的尸首,叫巡抚不要再欺骗。潘仿反复解说，无人肯听，只好将刘源清纵部下杀戮过多、激变镇兵的情况奏知朝廷。刘源清亦奏称巡抚潘仿等官包庇逆党，以致对抗王师。谏官弹劾潘仿，世宗即令将潘罢斥。孙允中前往刘源清大帐，诉说将士妄杀无辜之事，刘源清不容他说完，即厉声斥责道：不要为叛贼讲话！并不许他再返回城中。

### 三、叛卒与蒙骑的勾结

大同兵变形成了复杂的局面。

城中的叛军对抗王师，几次冲杀对垒，盛气而来的京军未占到任何便宜。而城中乱兵却没去杀巡抚和各级官吏，已被罢职的巡抚潘仿还在极力维持局面，行使着基本职能。城外的王师各部亦不统一，有的要进攻，有的在观望，将士的战斗热情显然不高。

朝廷中对大同之变也有两种不同意见。礼部侍郎顾鼎臣和黄绾都声称不该用兵，黄绾尤其强烈反对用兵，使首辅张璁很不满，吏部将他降职外调。黄绾仍是激切上疏，指出用兵之失。世宗览疏似有所悟，下旨恢复黄绾原官。

十一月，兵部尚书王宪建议派更多军队去大同平叛。张璁支持其议，选江桓任总兵，升参政樊继祖为大同巡抚。樊继祖至阳和卫，与主剿的刘源清意见分歧，奏请给予金牌，自己单骑入城招谕叛军，朝廷不批准。刘源清派兵把守诸关隘，不许城中向朝廷上疏，并奏称城中皇家宗室和文武大臣均已从贼。世宗降旨命速攻克大同，刘源清督部下千方百计攻城，用毒烟熏、用水灌，城中死伤甚众。但叛卒坚守城池，始终攻不进去。大同叛卒还派人潜往漠北，引诱蒙古小王子部数万人入侵。郤永率师抵御，损失惨重。城中叛卒迎接蒙古骑兵的头领数十人入城，并指着代府王宫说：刘源清兵退后以此相谢！

小王子留下精兵在大同与刘源清部相持，剩下的分头掠劫浑源、应州、朔州、怀仁诸地，各处告急文书不断，京师震恐。刘源清奏请再派部队专门抗御蒙古骑兵，张璁亦请依其议而行，此时世宗的想法已非当初，不再允许。刘源清感觉到沉重压力，这种压力从两方面合击而来：战场上不独有死守坚城的叛军，还有与之呼应、冲州掠县的蒙古骑兵；朝廷中不仅有强烈反对用兵之人，还有变幻莫测的君王。曾经自信满满的刘大帅，开始惶惑不安。

## 四、叛城中的密谋

大同兵变就这样持续了半年，世宗从复杂事态中终于理清了头绪，特下御札，曰：

> 叛卒杀主将，法毋赦，然非举城所为。郤永、刘源清贪功引水灌城，大同北门锁钥，源清必欲城破人诛，纵使成功，何由兴复？其罪二臣，别遣大臣御之。密擒逆寇之魁，庶免师老财匮①。

明确宣示对叛卒残害主将、杀烧掠抢之事绝不枉法赦免，但又说明叛乱者仅是少数，郤永、刘源清引水灌城的做法是不可取的。御札称大同为北方重要边镇，似这般毁城杀人，即使进得城内，雉堞残破，仓储荡尽，又用什么办法恢复？世宗宣布将郤永、刘源清治罪，另选大臣统领军队，秘密擒拿叛军首领。这道御旨，使朝野均知用兵非朝廷之意。刘源清闻知旨意有变，急趋城下，宣称交出首恶便不攻城。

此时城中有不少文武官员并未参与叛乱。户部郎中詹荣因到大同督饷，陷于城中，因其善于应变，未受到叛卒侵扰。詹荣

---

① 《明史纪事本末》卷五七，大同叛卒。

有智略，秘密与都指挥使纪振、游击戴濂、镇抚王宁结交，决心讨平反叛。正是詹荣，看清叛卒所拥戴的马升实无背叛朝廷之心，便激以大义，歃血为盟，密谋大同反正。他们派人与城外军队联络，时刘源清已罢，樊继祖深加奖励和抚慰，和平解决这场大暴乱终于有了契机。

朝廷派户部侍郎张瓒为新任总制。张瓒下令不许攻城，又派人把孙允中召回，共议和平收复大同。詹荣、马升在城中招募勇士，擒杀倡乱的主犯黄镇等 9 人，又打开城门，请主事楚书入城抚慰军民，宣称用兵非朝廷之愿。军民欢腾，高呼万岁。当天夜里，又擒斩叛首 26 人献至军门。次日，新任巡抚樊继祖进入大同。

夜间，城中又是喧嚣一片。樊继祖与潘仿同时改任御史，年资相仿，亦在地方任职有年，知衙门中多乱军耳目，表现得很是镇静，照旧睡觉。次日起来，继祖令发仓中米赈饥，对一些市井不法之徒也抓来杀掉一二人，大同渐渐平定下来。张瓒将大军退至 60 里外，仅率众将和护卫亲军入城，设宴赏赐将士，城中更加安定。蒙古小王子部见无机可乘，只好引军远遁。

大同平定，世宗闻讯大喜，降玺书，派礼部侍郎黄绾前往核定功罪。刘源清、郤永遭罢斥或降职，而詹荣则由于功大升为光禄寺少卿，再迁太常寺少卿。①

## 第二节　被剥光游街的巡抚

兵变和动乱如瘟疫，具有很强的传染性。

① 《明世宗实录》卷一六一，嘉靖十三年三月壬申。

大同叛乱历久始平，在各地尤其是九边造成了巨大影响。普通士卒似乎在觉醒，开始意识到奋起抗争的力量；其中刁顽之辈则从朝廷的宽大中看出惧怕，开始蠢蠢欲动；而各级军官则大略放任，不敢去严加约束……

永乐七年（1409），成祖朱棣设置调动军队的勘合，拟16字："勇敢锋锐、神奇精壮、强毅克胜、英雄威猛。"似可作为当日大明军队的写照。然时势降迁，今非昔比，边政凋敝，军伍不整，只有边镇频发的兵变，倒成为一些士兵显示力量的机会。

## 一、吕经的被捉打

明代，巡抚揽一省或数省军政之大权，生杀予夺，职显位尊。但在兵变中，巡抚往往首当其冲，甚者惨遭杀身之祸。如甘州兵变陕西巡抚许铭被杀后又遭焚尸，五堡兵变山西巡抚张文锦被残杀后分尸，都是这种惨祸的典型事例。比较起来，十二年大同再度兵变，而巡抚潘仿身陷危城，却始终没受伤害，就算是很幸运了。毋庸讳言，巡抚大人平日的贪与廉、善与恶、宽与严，在兵变时的措置应对，往往决定着其命运。

十四年四月，巡抚辽东副都御史吕经开始实施边疆治理的新方案。吕经曾任科道官，正德间长期任六科给事中，以直言敢谏著称，也因此被调任地方，舆论为之不平。世宗即位，吕经是第一批被起复，先任山东右参政，升四川按察使，至此已是巡抚一方的重臣。辽东原本平静，这时也开始出现各种征候。吕经急于建功，户部供应银两不足，便从下面想办法。旧的规定：每一个士卒给予三个人的劳役，每一匹马给予50亩牧地。吕经为招募士卒和增加边镇收入，改为只给一个人的劳役，并收回牧马的50亩地，士卒大为不满。吕经又令修筑边墙，督责很严，一时间怨声载道。

军官们最先发现士卒的严重怨恨情绪，带领一些人到巡抚衙门求见吕经，请求暂停筑墙之役。都指挥使刘尚德命令退去，求诉的将士不听，吕经便让左右用大棍打领头者。鲜血淋漓，惨呼声传，士卒被激生变，冲过来殴打刘尚德。吕经见势头不对，慌忙躲入苑马寺的隐蔽密室。乱卒将府门打坏，烧掉均徭名册，又搜出瑟瑟发抖的吕经，把他的衣冠撕破，关入辽东都司的官署中。

辽阳城乱兵汹汹，一派混乱。吕经被关押在都司衙门，昔日的巡抚大堂成了闹哄哄的乱军司令部。总兵、副总兵等官不知所措，唯有安抚属下，日夜戒备。百姓们恐大难临头，携儿带女，蜂拥出城，四下逃命。

其时御史曾铣巡按辽东，正在金州卫、复州卫一带，闻知辽阳军变，急传檄副总兵李鉴废罢吕经所行的苛急措施，以安定军心。自己则飞赴辽阳，分派将士昼夜守卫各城门，在城中巡逻警备，禁止聚众喧哗和饮酒，命各将领督所部军卒操练、驻守如常。曾铣实在是一位能员，他知道安抚乱军的关键在于赦免从者，便将详细情况上奏朝廷，“参都指挥刘尚德奉迎吕经失抚字状，而为乱军乞原”。①

都察院以为曾铣的奏议不妥，要求将领头闹事者逮捕论罪。而兵部经反复议论，终于接受了大同兵变的教训，同意以安抚为主，命曾铣密将首恶查实逮问。世宗立即批准兵部的意见，敕令罢免吕经，命他回朝述职。

就在几日后，抚顺的士卒也出现哗变。乱卒声称指挥使刘雄克扣军饷，盘剥将士，把他连同其家中人抓了起来，并胁迫指挥使童振等奏报刘雄激变士卒之事。曾铣听说后，立命指挥使

---

① 《国朝典故》卷三五。

胡承思代替刘雄，众军安定下来，出操驻守如故。朝廷派侍郎林庭㭿前来查勘，乱卒害怕，暗中又在串联鼓动，想要闹事。

## 二、广宁卫再乱

昔日威风八面的吕经受命回京听勘，郁郁不欢地踏上归程。在路过广宁卫时，向来巴结讨好他的都指挥使袁璘，打算用克扣的军饷为他整治些礼物，算是对原巡抚大人的一点安慰。谁知这事被将士知道，悍卒于蛮儿领头闹事，率众打开监狱，放出与吕经有旧仇的张经儿，闹嚷嚷打上都指挥衙门。吕经正与袁璘饮酒作乐，猝不及防，又被乱卒捉住。于蛮儿等历数吕经的罪状：不是你要减去我们的余丁征徭银吗？不是你要夺大伙的牧马田吗？不是你驱使我们筑墙种树、终岁勤苦吗？吕经无言以对。乱卒剥光了吕经的衣服，又把酒宴上歌妓的衣服也脱光，把两人关进一个囚笼，拉上街市游街示众，一边走一边打他耳光，哄笑羞辱，把一个朝廷大员摆布得全不成样子。

于蛮儿等还把衙门的公文一古脑儿抄出，付之一炬。大火延烧到公署和儒学，一时都化为灰烬。吕经等受尽折磨和侮辱后，竟被乱卒投入监狱。乱兵还逼迫管粮郎中李钦㚖和镇守太监王纯按照他们的意思上奏朝廷，请求宽免。

朝廷闻知此变，舆论沸腾。侍郎黄宗明慷慨陈辞：前者辽阳之变，固然由于激变。而今重赋苦役都已改正，又出了这种事件，是谁激成的？此事再不可宽宥，请令新巡抚韩邦奇率重兵压境，惩治首恶。

辽东三地乱卒也在联络呼应。

辽阳乱兵之首赵劓儿偷偷潜往广宁卫，与于蛮儿合谋，打算在军镇官员拜表时，趁机集众作乱。总兵官刘淮发觉此事，早做了准备，阴谋未能成功。二人又召集亡命和死刑犯，想在林庭㭿来到时，闭城门为变。曾铣的确精强干练，早已悄悄查明辽阳、抚顺和广宁三地乱军的为首者，密令诸将一起动手，将赵劓儿等数十人在同一天捕获。曾铣上疏认为：前甘肃、大同兵变处理太轻，使不法士卒认为辱主帅、杀命臣也不过如此，所以动不动就生乱。理应将首恶分子一律诛杀，以儆效尤。世宗对曾铣的应变能力和处理意见均很欣赏，御批照准。不久，叛乱者的首级被悬挂在城门之上，全辽大定。

至于备受乱卒辱弄的辽东巡抚吕经，世宗对之实在觉得讨厌，回京后就被关入诏狱，后谪戍茂州。此类人物往往生命力顽强，几年后吕经被从戍地放还，又活了很久，一直到隆庆皇帝登基，恢复了其官职，这才死去。①

## 第三节　宣大奏捷

嘉靖年间，蒙古各部尤其小王子一系渐渐强盛，东有俺答，西有吉囊，大明数千里边境几乎处处烽烟，而大同宣化由于无险可据，更由于密迩京师，一向被视为九边的重中之重。

世宗始终关注着两次叛乱的大同，也未忘记那些危急关头挺身而出的人。二十三年夏，镇守大同总兵官周尚文与巡抚都御史赵锦不合，兵部建议将时任甘肃巡抚的詹荣与赵锦对调，世宗当即批准。当年于危城中建立大功的这位户部郎中，给皇上留下了深刻印象。

① 《明史》卷二〇三，吕经传。

### 一、往来不绝的间谍

九边，是一条犬牙交错的边，又是明朝北部和西部的广大地域。虽有一道又一道的长城和边墙，有无数的城堡墩台，但并不能阻断边内与边外的交往。汉蒙百姓私下往来和贸易禁而不止，交战双方互派的侦卒、潜布的间谍无所不在，而一些无耻边将勾结蒙古上层，避战牟利，也早不是偶然现象。

周尚文是一员老将，在大明边关摸爬滚打了一辈子，深知间谍之害，自己也擅于用间。而詹荣心思缜密，也是一个用间使计、能给对手下套的高手。两位军政长官联手布防，既多派逻卒加强巡察，又晓谕边民，标明赏格，要大家一起抓间谍，很快就有了效果。

当年秋的一个深夜，大同境内的水地庄来了四位不速之客，明显是一个汉人和三个蒙古人，相貌凶横，又饥又渴，向村民刘伏玘索要吃的。伏玘见其形迹可疑，测知必是从蒙古潜来，不动声色，照料他们吃饱睡下，赶紧跑到邻村水峪口，找到平日相知的军余冯龙、贾升、张宝等，让他们去监视动静，自己则急忙报告附近官军。第二天一早，伏玘引四百多官军赶到，一举将四人拿获。

经过审讯，为首者王三，竟是大同左卫指挥使王铎之子。王铎很久就与吉囊相通，派儿子王三潜往其大帐，带去许多锦缎美酒。吉囊大喜，挽留王三住下，妻以部将之女，很快就成了营中的高参。王三熟悉明军防务，又有老爹及其部卒为内应，近年之蒙骑内犯，都是这小子作为向导。这一次又要入犯，王三等人先行潜入侦探，没想到竟栽到一个小小村民手中。前往抓捕的官军为北路参将张凤部下，张凤报与詹荣和周尚文，一如军中惯例，将此事全说成自家的功劳。詹、周二人信以为真，即上奏朝廷为张凤请功。

没想到参与审讯的巡按御史李天宠，早在第一时间派人驰报京师，详细描述事件始末和有功人员。世宗大喜，令将"王三械系至京献俘正法"，命重奖各有功人员，又命天宠彻底查清通敌和失事官员。刘伏玘加升五级，赏银一千两；冯龙、贾升、张宝各一百两，授试百户。

世宗从两份奏章中看出问题，指出张凤的奏章夸大欺罔，也批评詹荣和周尚文轻信妄奏，要他们说清楚。张凤有些急眼，派兵将王三抢夺过来。李天宠劾奏其"掩袭冒功"，结果功没冒成，落了个逮讯充军的下场。

至于王三，既是叛贼，又是钦犯，被钉上大枷重铐，押送京师，"磔之于市，枭示各边，余党三人皆斩"。对乃父王铎的处置，实录未写，想也逃脱不了杀头灭族的命运。①

## 二、王府中的反贼

比边将通敌更为严重的，是代藩王室成员的通敌，而且还不是一个两个。此事一出，震惊朝廷。

作为九边重镇的大同，又是代王的封地。洪武二十五年(1392)，朱元璋将第十三子朱桂改封代州，当年"就藩大同"。朱桂是一位荒唐王爷，建文时被废为庶人，永乐帝革其护卫官属，都未能制止他的胡作非为，"窄衣秃帽，游行市中，袖锤斧伤人"，②迹近市井无赖。如此混闹，倒未影响他的长寿和多子多孙，至嘉靖间，朱桂的后代已有郡王二十多位，小小的大同城哪里盛得下，只好往外移封。

这么多的金枝玉叶，大宗尚可，小宗繁衍日多，又不许科举

---

① 《明世宗实录》卷二九一，嘉靖二十三年十月己丑。

② 《明史》卷一一七，诸王二・代简王桂。

做官,便不免贫困,不免惹事生非。明朝对亲王、郡王约束甚严,及至将军、中尉之属,也就管不过来了。嘉靖二十四年(1545)春,和川王府奉国将军充灼招潞城王府镇国中尉俊桭、昌化王府奉国将军俊桐、俊臣等饮酒作乐,居然乘兴而起,在张文博、李钦、李舜臣、张淮、李纪等一伙当地游棍簇拥下,聚众抢劫,抢到开心处,竟然去把大同刘知府洗劫了一把,搞得人心慌乱。詹荣立即派兵制止,上奏朝廷,世宗很生气,敕代王充燿严加约束,并将所有参与的王室成员停俸一年。

大同地处边防,若王府中有心生妄念者,为祸必不小。充灼被责罚,怨恨代昭王充燿不加庇护,心生叛乱之意,邀集宗室中亲厚者和张文博等聚饮,慷慨陈词:我们被罚俸,代王又不替大家说话,这样下去饿不死也窝囊死。不如引来蒙骑围城,我们做内应,打开城门,杀代王和镇抚大吏,何愁没有大富贵!约有七八位宗室在场,竟然是个个响应。

不久,又有人将当地白莲教的首领罗廷玺引荐给充灼,一见而故作惊呼,称其有天子相。充灼大喜。廷玺定计:联络蒙古小王子,请他“三路进兵,直抵大同城”,奉小王子入居代王宫;再遣兵攻雁门关,以其党羽王廷荣为内应;再取平阳,在那里拥立充灼为主,率胡兵四出征讨,平定天下;然后是计杀小王子,大功告成。哈,多么美好的一幅登基蓝图!充灼深以为然,即刻一印,曰“天子师”,令廷玺持以联络党羽,造旗牌火器。一次叛乱,就这样紧锣密鼓地开张了。

### 三、是谁要烧军草场

为饲养军马,各军营和城堡都有庞大的草料场。二十四年秋,先是北京,接着是南京,都发生草场大火,损失重大,令世宗很生气。处置未完,大同又出现草场大火,从平虏堡开始,两日之内，威远、玉林、浑源、阳和、山阴六处草场在夜间相继焚烧，火光烛天，多数扑救不及。

火情重大，军情重大。宣大总制翁万达一下子就看出其中蹊跷，督责所属边卫严加巡察，世宗也派科道李文进前来调查。起初都认为是敌人所为，令摆边军士加强巡逻，同时向边外派出一批夜不收，果然在胡峪口一带捉住一个叫王义的间谍。王义背囊中装有一应火具，供称青台吉派他潜入边墙，到山阴放火。问及前几次起火，则坚称不知道，只好将他杀掉了事。大家觉得纵火案已有结果，周尚文和詹荣则认为没有那么简单，秘密派能员排查，不放过任何线索。

不久，大同宗室和川王府发生被盗案，追查时发现与襄垣王府奉国中尉充爜有牵连。詹荣即令逮讯其家奴，家奴不承认，严刑之下，说出一件惊人秘密：充爜曾以神机箭密授与门四、李锦等人，让他们赴各草场放火。门四等人很快被抓来研审，受刑不过，将充灼等宗室"八人同谋不轨，欲勾连小王子入据大同，乃先令四等焚所蓄草"的阴谋和盘托出。①

正在这时，充灼等派遣约小王子入寇的卫奉一行四人被抓获。卫奉通晓蒙语，也曾为蒙骑入侵当过向导，他和同伙手持王府印信，骗开关门，大大方方走向边外。恰好周尚文派兵出边哨探，听守门官军说有几个人外出不久，觉得奇怪，急忙追赶，在榆树一带将他们抓住，搜出通敌表文等物。卫奉等人被带到总兵周尚文大营拷讯，将受充灼派遣约敌入侵之事悉数供出：几天前他就曾偷偷出边，至威宁海子北，遇到小王子所部察罕儿等，与之相约，多置一色旗，一半留于王府，一半送小王子军中，用为标识。卫奉归来复命，充灼大喜，让张文博拟写表文与小王子，许

---

① 《明世宗实录》卷三〇四，嘉靖二十四年十月壬辰。

以大同城相赠，约同举事，又让卫奉等持表文和旗帜出边，旗皆书“调兵”二字。

翁万达得悉实情，密启代王，以王府校尉拘捕充灼等，令尚文布置分捕城中叛贼，罗廷玺仰药自尽，其余悉被捕获。奏闻朝廷，世宗真也不敢相信，命火速械押充灼等来京，命司礼监、锦衣卫和五府九卿等官在午门前会审，件件都是实情。审问官虽拟出主谋、助逆、次之等区别，世宗震怒之下，降旨“俱令自尽，仍焚弃其尸”，党羽张文博等 30 人“俱依谋反律弃市，枭首于边”。至于襄垣王府俊弃、俊掖，显然是两位顽主，虽未参与逆谋，却为之制造火箭（即所谓神机箭，可引燃柴草房舍），被“降为庶人，送高墙禁锢”。①

当初朱元璋分封诸子，一个主要目的就是镇守边卫，屏藩京师。此案真使明朝宗室颜面丧尽，使他们在戍边将士心中失去基本信任。总督翁万达上言：“大同土产狭瘠，禄饷不支，代宗胤育日繁，众聚而贫，且地边胡虏，易生反侧，请量迁和川、昌化等王于山陕隙地就食，而襄垣原自蒲州废徙大同，今蒲封复建，当令还就本封约束。”②世宗深以为然，也为二十年后订立《宗藩条例》，打下了心理烙印。

## 四、曹家庄大捷

此时的大同总兵周尚文是一员悍将，也是一员老将。自弘治年间，他就驻守边关，“数出塞逐虏有功”，历任指挥使、副总兵、征西将军、总兵，除很短时间进京提督团营外，基本在边防，从陕甘、延绥到宁夏、大同，到处都留下其征战的踪迹。周尚文

---

① 《明世宗实录》卷三一六，嘉靖二十五年十月癸巳。

② 《明世宗实录》卷三〇四，嘉靖二十四年十月壬辰。

喜读书，足智多谋，又喜欢指责斥骂幕府中人；不贪钱财，与士卒同甘苦，又过于高傲暴烈；擅于用间谍，洞悉敌营中状况，却不知如何与同僚相处，经常把关系搞得极为对立……更重要的是，他真的老了。

二十七年（1548）二月，周尚文奏称陕西巡抚贾启挟怨报复，当年曾劾奏他的三个儿子冒功升赏，在九年后仍唆使陕西按察司前来治罪，俱发戍边。此时尚文已然 74 岁，心中充满悲愤，设问："父子暌离异域，一旦遇警，臣以孤身当虏，谁为援者？"① 兵部指出其子因他事谪戍，实在与贾启无关，世宗旨意中也同意功过应该分开。道理是对的，却忘了战场上的一条铁律——打仗父子兵。明军积弱多年，敌骑到来纷纷闪避观望，也只有父子兄弟才可信赖了。

世宗批令尚文之子照原罪发遣，大约由于詹荣的运作，实际谪戍的仅老二周君佑，老大君佐和老三君仁仍留在周尚文身边，果然很快派上了用场。这年八月，蒙骑犯大同镇边堡，指挥顾相以千余骑迎敌，中伏，被围于弥陀山茨林墩，尚文闻警，督参将吕勇、游击李梅等出边增援，君佐、君仁各率所部驰援血战，敌骑溃去，而顾相与指挥使周奉、千户吕恺等先已战死。周尚文命官军转战逐北，在野口遇伏，明军早有戒备，殊死与战，格杀其首领，蒙骑受重创引去。而尚文早在其归路布下伏兵，斩获甚众。捷报传来，世宗在核实后奖励众官，"尚文准以功赎，并贷其子君佐等三人所犯军罪"。②

转眼到了二十八年（1549）正月，周尚文侦知俺答正集结部伍，将由去秋的路线进犯宣府。翁万达认为宣府总兵赵卿怯懦，

---

① 《明世宗实录》卷三三三，嘉靖二十七年二月辛酉。

② 《明世宗实录》卷三四六，嘉靖二十八年三月辛巳。

疏请借调周尚文应敌。至二月中旬，俺答果以数万骑侵犯滴水崖，指挥使董阳、江瀚、唐臣、张淮等俱战死，遂大举南下，驻隆庆石河营，游骑四出。宣府游击王钥、大同游击袁接战于隆庆州桥南，一番厮杀，俺答移营南向。周尚文提大同兵万骑赶到，南路参将田琦率兵千余前来会合，与俺答主力遇于曹家庄，一场恶战立刻展开。双方近身相搏，鏖战了整整一天，仍是相持未决。夜晚周尚文令死士袭扰敌营，使不得停息。

次日，接着殊死拼杀，“斩酋首四，搴其旗”，俺答多年来哪里遇到过这种阵仗，为之气沮。这时翁万达督援兵赶来，顺风鼓噪扬尘，以为疑兵之计，俺答惊恐，遂结营东遁。宣府新任总兵赵国忠闻警驰出关，至大滹沱邀击敌军，斩获甚多，又与尚文等分道追杀，俺答溃不成军，扶伤驮尸，狼狈夜遁。

大捷报闻，京师振奋。兵部题复：

> 虏近鸷甚，小入则小利，大入则大利，边民受其荼毒，我兵积怯，已成不振。今兹诸将能挫败其锋，使之狼狈出奔，盖数年所未见，所宜略过论功，用作敢战之气，风示诸镇。①

世宗心情愉悦，不吝奖赏：周尚文以首功，加太保兼太子太傅，赏银50两、纻丝6表里，万达升兵部尚书兼右副都御史，总督如故，赏银50两、纻丝4表里，仍各赐玺书奖励……詹荣此时已召还，以兵部左侍郎主持部务，对军力的布置调配多有支持，也升俸一级，本司官各银5两、帛1匹。

周尚文上疏为将士请功，“诸将士奋不顾身，三战三捷，即所摧败，前此无闻”，请求辞去升赏，建议皇上奖励英勇杀敌的将士。世宗谕令兵部从速议定赏格。

曹家庄大捷，是宣大乃至九边最精彩的战例。翁万达总督

---

① 《明世宗实录》卷三四六，嘉靖二十八年三月壬午。

两边，纵横布置；詹荣沉静精细，从容调护；周尚文一代名将，知己知彼，作战时身先士卒。三人又能互相支持，为国效力。在他们带领下，一时士气昂扬，边备大修，域土拓展，局面大为改观。孰料世事无常，尚文在两个月后病亡，詹荣也在几个月后罢归，两年后卒于乡。翁万达已任兵部尚书，以丁父忧归乡，后受严嵩、仇鸾倾陷，升降不定，晚詹荣一年死去。詹、翁二人皆有大才略，当国家用人之际，均死于壮年，殊为可惜！

## 第四节　京师烽烟

在宣德八年（1433）的明帝国版图上，哈密卫、赤斤蒙古卫、整个河套、开平卫、全宁卫等，都还在疆域之内。延至嘉靖朝，这些地域几乎丧失殆尽。蒙古骑兵唯一受阻的是那坚固的长城，然世风日下，边政日坏，连修边墙也出现糊弄凑合，于是蒙骑溃墙或夺关而入，也成了经常发生的事。

最让世宗心惊肉跳的边祸，就发生于皇宫所在的北京城下，那是嘉靖二十九年（1550）蒙古俺答部的入侵，史称“庚戌之变”。

### 一、大同总兵张达战死

嘉靖改元之初，蒙古各部互相攻杀，无暇南顾，其对明朝边疆的侵扰是零星的。这之后，俺答部得到了鄂尔多斯和山西以北地区，成为东蒙古诸部的领袖，在每年的春秋之季都侵入明朝边界，进行抢掠并逼迫互市，成为明朝的主要威胁。在历年的入侵中，俺答汗发现了明朝军队的不堪一击。一年前虽在宣大吃了大亏，但内线告诉他，周尚文已死，詹荣已免，翁万达回老家守制，他所畏惧的三个人都不在了。

二十九年（1550）六月，俺答所部侵入大同。蒙古骑兵推倒边墙，将精兵躲伏在沟壕中，只以老弱骑兵百余名奔来奔去为诱饵。这样的招数已用过许多次了，明军的侦骑仍然上当，信以为真，驰报大营。继任总兵官张达也是一员骁将，素来以勇敢果决闻名，但智谋比尚文差之甚远。张达不知是计，自率亲兵出击，蒙军伏兵尽出，一层层将张达围了个水泄不通。张达浴血奋战，终因马翻被杀。

副总兵林椿闻知张达被围，急速驰往解救，数次冲杀，竟也死于乱军中。张达、林椿皆骁勇善战，蒙骑杀死二大将，从容撤走。消息传到京师，舆论哗然。世宗想不到一年前大获全胜的宣大竟会如此惨败，急怒暴躁，命逮总督侍郎郭宗皋和巡抚陈耀，陈耀死于杖下，郭宗皋则发配辽左。

无论哪个朝代都不乏忠臣烈士，如张达、林椿，已算是嘉靖皇帝的忠臣，算是“武死战”的典型了。

## 二、俺答所部斩关入侵

咸宁侯仇鸾成为新的宣、大二镇总兵官。这个深得世宗倚信的纨绔子弟贪渎狠狡，素不知兵，懦弱惧战。当地流落着一些陕军通事，与蒙古多有联络，仇鸾将这些人收录帐下，派往塞外，私下送重金给俺答，以结不战之盟，俺答率部撤离大同，向京师一带移动。谍报频传，说俺答要进犯宣府以东地区，兵部尚书丁汝夔认为世宗正热衷玄修，讨厌警报，一律不奏知，只命有关镇抚严加防看。

警报越来越多，丁汝夔命发边兵一万二千骑、京营兵二万四千骑分守各关隘。边兵一时无法赶到，而京兵大多为市井无赖之徒，从未经过战阵，仓促编伍，开往前线。这是一支注定要吃败仗的队伍。

此时的大明劲旅还要数大同兵。其是周尚文等名将训练统领的部队，久经厮杀，敢于接敌搏战，只是到了仇鸾手里，将熊熊一窝，很快也就不成样子了。

仇鸾率所部已到达居庸关之南，奏称敌骑日渐向东，将骚扰蓟镇，请求至通州防守京师。而顺天巡抚王汝孝时驻蓟州，听信谍报误传敌人折向西北，兵部亦以为如此，急忙奏请不让仇鸾东来，命他还大同备虏。世宗命仇鸾暂时驻扎在居庸关，等局面缓和后再回大同。

未久，兴州告急，诏令停仇鸾入援。仇鸾整军驰赴京师，同时上疏奏报边事，扯了一大堆边备的不堪：

> 各边虏患惟宣大最急，盖由贼巢俱在大边之内，我之墩军夜不收往往出入虏中，与之交易，久遂结为腹心。虏酋俺答、脱脱、辛爱、兀慎四大贼营至将我大边墩台割据分管，虏代墩军了望，军代达虏牧马，故内地虚实，虏无不知者。①

有些实情，更多的则是夸大，是吓诈朝廷。夜不收，曾是周尚文的克敌利器，怎么全成了通敌之人？仇鸾进而分析敌酋的欲求在于通贡，即想从互市中得到好处，“虏中生齿浩繁，事事仰给中国，若或缺用，则必需求；需求不得，则必抢掠。”以聚拢的强悍骑兵冲击分散戍守的弱卒，其胜负便可料知。仇鸾请求世宗派人至蒙古晓谕，允许互市，并说如此则既可使之“感恩慕义”，又可抵消各边私自与敌人交易结纳之弊。世宗深以为然，命兵部议奏。

然不管怎样说，互市是以后的事，眼下则首先要抵御敌军的入寇。

---

① 《明世宗实录》卷三六四，嘉靖二十九年八月丁丑。

秋八月，俺答所部至古北口要塞，以数千名骑兵正面进攻。都御史王汝孝督兵抵御，城墙上箭如雨下，檑木滚石，使敌骑无法靠近。俺答命部下假装继续进攻，却派精骑悄悄离开，在黄榆沟一带拆毁城墙，实然出现在明军身后。京营兵大惊溃逃，争先恐后地奔入山林中躲避。俺答挥师入关，大掠怀柔、顺义两地，长驱直入。

### 三、通州抗敌

古北口距京师仅两百余里，沿途又几乎无戍守军队。巡按御史王忬闻讯急奏知朝廷，并赶往通州，组织官民抵御，又将潞河上的运粮船转移他处。半夜时，敌骑果然赶到，在河东 20 里处结营。王忬派人即行奔往京师报信，城门紧闭，信使顺着一根绳子爬上城头，气喘吁吁地请求救兵，可朝廷哪里有兵？

此时的京城内不过四五万将士，又大多是老弱之属。就这些人，还被勋贵、提督、太监等人留在家中护卫、役使，不让编伍防城。召集起来的军卒急到武器库领铠甲和兵仗，管库太监又照规定要钱，不发给。兵部尚书丁汝夔至此始奏禀世宗，惊慌失措，令世宗极是反感。

世宗此时正痴迷斋醮，连该年的正月初一都不临朝，闻讯震惊，迅速作出部署，诏命吏部侍郎王邦瑞、定西侯蒋传提督九门；集文武大臣分守各门，每门 13 人，严密防卫；又另敕都御史商大节率科道官召募军队，很快就形成一支近四万人的义军；又令召集至京应武试的各地武举千余人，分派给各位大臣，以供策应。同时飞檄召诸镇兵，速赴京师勤王。

因王忬令船只都提前开走，俺答的骑兵阻于通州的白河，一时无舟楫渡河，便在河西扎营，纵兵四出劫掠。密云、怀柔、三河、昌平各州县饱受蹂躏，京师戒严。王忬率少数人死守通州，频频告急,朝廷派都御史王仪前往救援。

京师气氛惶惶然,召募的义军多系苍头、火夫之类,素无训练,又缺少将领统管,乱哄哄,整天喧闹。礼部尚书徐阶奏请世宗将关押在狱中的得罪将官戴纶、李珍、麻隆、曹镇、欧阳安等放出,令领兵立功,外地被关押的名将如刘大章、周益昌、时陈等也应召用,并急召仇鸾统领大同镇兵入卫,等等。世宗一一采纳。

八月十八日,也就是蒙古骑兵侵至通州城外的第二天,仇鸾即率二万大同镇兵赶到,与敌人在河两岸相对列阵。各路勤王之师也陆续赶到城下,朝廷松了口气,便把城外的京兵调入城中,以防内患。谁知蒙骑绕到西山一带,抢掠烧杀,烈焰浓烟,至夜间更是半天皆红。世宗在西苑登高瞭望,哭喊之声亦隐约可闻。西北一带多内侍太监的私第园林,他们见家产被毁,围在世宗左右哭泣,诉说领兵将帅懦弱怯战,文臣畏敌误国,任由敌骑在京郊猖狂,不敢与之交锋。世宗默然不语,心中实已恨极,下旨严责兵部。

二十日,吏科都给事中张秉壶上奏,以敌虏逼近城下,中外戒严,城中又传说混入敌人细作要烧草厂粮仓,请求世宗不要再居住"宫苑偏浅"的西苑,"早还大内"。① 世宗以为临事慌张更不宜于稳定,不听。同一天,世宗下旨说城外百姓因乱入城者甚多,"米价顿贵",要求户部"亟发米五万石,每石定价银五钱,会官发粜。"给事中王德、御史李逢时认为每石五钱还太贵,请求定为三钱五分,并禁富民屯积,诏从之。

当天,世宗还诏令都御史杨守谦与仇鸾"调度京城各路兵马,相机战守",并悬示赏格:

> 获虏酋首十颗者,升世袭都指挥使,赏银一千二百两;

① 《明世宗实录》卷三六四,嘉靖二十九年八月辛巳。

获虏首一颗，升一级，赏银一百两；

能奋不顾身冲锋破敌者，虽无斩获，且亦超升二级。[1]

世宗很希望帝国的军队能痛快淋漓地击溃蒙骑，然将贪兵弱，积重难返，勤王之师虽众，却都各坚壁自保，不敢出战。世宗一再督令兵部及都御史杨守谦出战，均无消息。

## 四、临朝一言不发

这时，京师九门皆有守门大臣，由公侯勋戚领衔，加上各部大臣及中级部官，共同管理。城外敌骑出没，百姓蜂拥入城，而守门军士唯恐敌人细作混入，常将大门紧闭，白日也不敢打开，使得逃难百姓无法入城，哭声震天。世宗几次下旨令守门大臣不要在白天闭门，但又要他们严密搜检验看，以免放进间谍。

俺答见明朝大军聚集，不愿久居城下，便让俘虏的太监杨增持汉文书信入城转呈，请求通贡。世宗把该信让大学士严嵩、李本看，又召集徐阶入西苑，一同议事。世宗问：现在形势如此，应如何办？严嵩还要给世宗吃宽心丸，故作轻松地说：这是一帮抢食的饿贼，不足为虑。徐阶说：如今虏骑在城下杀人放火，怎能说是抢食？正应该议防御之策。

世宗看了看徐阶，曰：卿说得对。又问：俺答求贡的文书何在？严嵩从袖中拿出文书。徐阶说：如今虏骑驻扎近郊，而我兵力空虚，似应权且答应其要求，只怕其将来贪得无厌。世宗曰：只要对社稷有利，皮币珠玉非吾所爱。徐阶说：若止是皮币珠玉倒还可，万一还不满足又怎么办？世宗悚然而惊，郑重地问他应如何应对。徐阶献计，应以俺答求贡文书为汉文，真伪难辨之由，让他退出边外，另持番文文书前来，方可答应。此事往返间，

---

① 《明世宗实录》卷三六四，嘉靖二十九年八月辛巳。

四方援兵已到，我方则可战可守。世宗也只得采用此议，令出朝与百官共议。严嵩趁机奏称中外臣民都盼望皇帝视朝，拨乱反正。世宗笑笑说自己出朝并不难，但显得有些突然。徐阶马上奏说大家盼皇帝视朝已久，绝不突然。世宗这才答应“明日视朝”。①

礼部尚书徐阶召集文武百官在朝廷议事，朝中大吏多慌了手脚，众说纷纭，一直议到日当午，也还没有个结果。国子司业赵贞吉甩着袖子大声喊道：“城下之盟，《春秋》耻之。既许贡则必入城，倘索要无已，奈何？”徐阶搪塞说相信皇上必有良策。赵贞吉慷慨陈言，认为世宗应御正殿，下诏引咎，将建言各官放出冤狱，激励将士奋勇杀敌，方可以退敌。在场监听的内侍把这番话转述给世宗，世宗很受感染，召贞吉入左顺门，钦命他为左谕德兼监察御史，奉敕宣谕诸军。又给他五万两银子，让他视情况赏赐。

赵贞吉受敕谕之后，前往拜见严嵩，严嵩闭门不见。赵贞吉大怒，喝斥守门者。恰此时赵文华来到，赵贞吉又斥责了赵文华几句，转身而去。严嵩大恨，撰敕书时便不让赵贞吉督战，又不给他一兵一卒护行。赵贞吉毅然出城，往诸军营中宣谕上意，散金赏将士，因敌骑到处活动，便匆匆回朝复命。世宗早从严嵩处听到对赵贞吉的不满，说他全无筹画之才，只是借机为沈束等人喊冤。如今见他空手而归，散去五万两银子而全无战功，龙颜大怒，当即将赵贞吉廷杖贬窜。

徐阶召廷臣议俺答求贡之事，亦在闹哄哄中结束。徐阶知世宗心情，故于上议中绝不提允贡之说，认为应派员晓谕敌酋，命其敛兵出境，具表悔罪，否则“惟有励将集兵，以大兵致讨，必

---

① 《明世宗实录》卷三六四，嘉靖二十九年八月壬午。

使匹马不返，以泄神人之怒。”这番话让虚荣的世宗看了很受用，即降旨曰：

> 虏酋入犯，神人共愤。如议集兵剿杀，不得轻信伪书，致堕虏计。①

愤激之情，见于敕旨，也为兵部大臣后来被诛斩留下伏线。

通政司使樊深上言御虏七事，其中指责仇鸾与蒙骑相持日久，不闻一战，“系主将养寇要功”，请求派人责斥。世宗正借重仇鸾之际，即将樊深罢斥。

二十二日，俺答部由巩华城进犯明朝皇陵，转道掠夺西山、良乡，危及保定。世宗出御奉天殿，百官穿公服行叩拜礼。世宗面色阴沉，始终不发一语，仅令礼部尚书徐阶奉敕谕至午门，由鸿胪寺官向群臣宣示，曰：

> 今虏酋听我背叛逆贼入侵畿地，诸当事之臣全不委身任事，曰：“上不视朝，我亦不任事。”……朕中夜之分亦亲处分，辅赞大臣日夕左右，未顷刻有滞于军机，而朝堂一坐何益？欺天背主之物，科道官通不一劾，且胁我正朝大内，恐吓朕躬，美名市美，非党即畏奸臣，敢欺君父！②

敕谕语气严厉，暗伏杀机，命令科道官举劾误事懦怯之官，并要求群臣献破敌之策，“再如昔玩视，并以军法行刑”。

### 五、解严后的杀戮

世宗是一位很高傲的君主，俺答骑兵入侵京师，劫掠烧杀、纵横京畿的暴行，深深刺痛了他的心。

大敌当前，世宗压抑着自己的愤怒，调集一切力量，充当首

---

① 《明世宗实录》卷三六四，嘉靖二十九年八月甲申。

② 《明世宗实录》卷三六四，嘉靖二十九年八月癸未。

都保卫战的总指挥。正是他以极果决的态度，否决了接受俺答通贡请求的议和之举。世宗还听从吏部提议，起复了原任总督陕西三边军务尚书杨守礼、原任宣大总督侍郎刘源清、兵部左侍郎史道、右副都御史许论等，催促他们速赴京听用，明显传递出对兵部尚书丁汝夔的不满。汝夔不自安，请求以侍郎谢兰暂理部事，自己亲督诸将出城御敌。世宗不允。

此时世宗最信重的武将为咸宁侯仇鸾，钦命为平虏大将军，统领诸道勤王之师，又赐予蟒衣玉带和封记，封记上写道："朕所重唯卿一个，得密启奏进。"然仇鸾只是派人到俺答处以金帛求退兵，亦不敢出兵抵抗。有时为报功邀赏，竟割下死了的敌人的脑袋，送到朝廷。严嵩正与之勾结，当然不会泄露。

诸路勤王兵都是轻骑奔赴京师，不及携带粮饷，城中供应又困难，诸军便抢掠百姓，以仇鸾的大同军最为严重。都御史王仪曾命部下逮捕抢掠的军人，世宗却敕令由仇鸾自己约束部下，王仪亦因此遭恨入狱。仇鸾更是骄横。

几日后，俺答引军向西。蒙古骑兵带着抢掠到的金帛财物和男女百姓，打算由白羊口夺关出塞。诸道兵十余万骑，眼睁睁看着，不敢向前发一箭。俺答至白羊口，见明军守将据险防御，无法出关，丢弃了一些抢来的妇女和牛羊，折向东南。在昌平北，俺答与仇鸾的军队突然遭遇。仇鸾惊慌失措，军列不整，被敌骑冲杀得七零八落，死伤千余人。若非裨将戴纶、徐仁拼死相救，仇鸾自己几乎被杀。俺答击溃大同军，长驱而去，再由古北口夺关出塞。

仇鸾命部下取平民之首，进京报功。各道兵不敢追杀，只是跟在敌人屁股后面。此时俺答部骑兵已极为疲惫，又要拉着抢来的东西，散漫拖拉，一点也不像个军队的样子。但明军仅有少数将领敢于抵御或向前厮杀，而大队则是将蒙骑送出关塞了事。

京师解严。

世宗怒无所出，对误事大臣的清算即告开始。此时兵部尚书丁汝夔和侍郎杨守谦已被逮入诏狱，法司定丁汝夔“守备不设”，杨守谦“失误军机”，依律秋后斩决。世宗犹嫌太轻，“以刑部侍郎彭黯、左都御史屠侨、大理寺卿沈良才议狱迟缓，各杖四十，降级五等”，①其余刑科给事中张侃等则各杖50，催令将丁汝夔、杨守谦斩立决。

丁、杨二人被押赴刑场。先是蒙骑入侵之时，世宗催促出战，丁汝夔向首辅严嵩问计，严嵩劝他不要出战，说如失利在都城之下，则后果难测，丁汝夔遂不敢主战。而杨守谦以孤军与俺答大营相峙，无后继部队，丁汝夔又告诫不得轻战，亦不敢战。其余各军也都坚壁自守，并以丁汝夔、杨守谦为推辞，流传禁中，世宗因此决意杀二人。情况急迫时，丁汝夔向严嵩求救。严嵩拍着胸脯说：“我在，必不令公死。”及至见世宗怒极，则不敢救助。到临刑前，丁汝夔始知为严嵩出卖，但仍愿意独立承担责任，使兵部郎中王尚学免去一死。在赴市途中，丁汝夔问：王郎中免乎？恰王尚学之子王化在旁，谢曰：由于丁公大恩，免矣。丁汝夔叹曰：汝父劝我速战，我为政府误。汝父免，我死无恨。②闻者落泪。丁汝夔在这次事变中是一个替罪羊，但他毕竟有着高贵的人格，宁愿死，也不愿冤枉自己的部属。他所恨的是阴险的严嵩，政府，便是指内阁首辅严嵩。

“庚戌事变”中的最大获益者为仇鸾。他最早派人驰报敌情，又最早率勤王之师赶到，又始终与敌军列营相峙，都让世宗感到满意。仇鸾深受帝眷，因“功”被加升太保。他整顿兵马，

① 《明世宗实录》卷三六四，嘉靖二十九年八月丁亥。

② 《明史》卷二〇四，丁汝夔传。

表示一定要出塞击虏，以报入侵大仇。世宗很赞赏，命仇鸾入掌三大营，委以统摄京营的大任。

仇鸾奏请驻扎在宣大之间，整顿兵甲，待冬月大举出塞，以扬国威。兵部侍郎史道、户部尚书孙应奎、工部尚书胡构等上议愿协助仇鸾筹备兵事，"兴问罪之师"。世宗大悦，一切如议。反攻俺答的计划进展得有声有势，举朝瞩目。

冬十一月，仇鸾率诸镇兵由宣大出师，声言要直捣俺答巢穴。轰轰烈烈，但最后也只是"稍出近塞，夜袭敌营，斩老弱数级而还"。[①] 此后，仇鸾又奏请广集兵粮，于明年大举征北，再次鼓起了世宗复仇雪耻的热情。后经徐阶等劝说，此事便不了了之。

## 第五节　边祸再炽

俺答所部在京师之郊饱掠而去，从此既尝到了甜头，又对明朝军队尤其是京营的战斗力极为蔑视，入侵便成为其取得财物的主要手段。消息传开，其他蒙古部落也纷纷移帐就塞，想要占些便宜。

### 一、仇鸾病死后传首九边

仇鸾以贿赂买通俺答不入侵大同，却无法以同样手段保护京师。京师满目疮痍，世宗一腔愤怒、大开杀戒之际，竟把仇鸾当成国家栋梁，委以督守京师的重任。仇鸾只好以大话来满足皇帝的虚荣心，也保住自己的地位。他从各镇边军征调了六万

① 《明史纪事本末》卷五九，庚戌之变。

部队到京师，宣称要出塞北征，扫清虏患，但实际上只是虚晃一枪，做做样子，几乎一无所获地回到关内。

三十年(1551)四月，俺答派其养子托托来京师请求互市。仇鸾和严嵩都极力奏请世宗批准这一要求，以便有时间做大军征北的准备。马市设立了，蒙古的入侵也暂时停止，而仇鸾的远征计划却总得不到实施。世宗的耐心受到折磨，开始对这位说大话而无实绩的统兵大将怀疑厌烦。

另一方面，俺答却是欲壑难填。六个月后，俺答提出要用牛羊换粮食。明朝拒绝了他的要求，并将其使者逮捕起来。俺答入侵又告开始。

三十一年(1552)正月，俺答再次入侵大同。巡按御史李逢时奏请讨伐，世宗很以为然，诫令将士“今后一意战守，如仍前观望，重惩不贷”。[①] 但佩大将军印的仇鸾懦弱畏敌，不敢发兵征讨，又觉得有通市可恃，也不令部下严加防御。二月，俺答骑兵万余人直入边塞，在怀仁大肆抢掠。大同总兵徐仁等拥兵观望，只有中军指挥使王恭率部下死战，不敌而亡。俺答饱掠后，押着抢掠的牛羊财物从容离去。

消息传入京师，世宗命逮徐仁等至京师，罢巡抚都御史何思，严令罢马市。仇鸾害怕受惩处，于四月率师出塞，在威宁海一带袭击俺答，结果又是大败而归。

七月，俺答入侵蓟州。仇鸾因背上生疽，不能出战，又不肯辞去大将军一职。世宗命收其大将军印，令总兵陈时代行其权，仇鸾大是恚恨，病重而死。时世宗已怀疑仇鸾有通敌之嫌，派陆炳密访其奸事。恰好仇鸾病死，其亲信时义、侯荣等惧祸叛逃，在边塞上被抓获，审讯中对仇鸾贿赂俺答之事供认不讳。世宗

---

① 《明史纪事本末》卷六〇，俺答封贡。

震怒,命将仇鸾开棺枭首,传送九边,布告天下。俺答闻知明军有备,引兵而去。①

以英察自诩的世宗一旦发觉受骗,其愤怒便是如此地不可抑制。仇鸾虽死,世宗还要戮尸传首,惩处他的家人,要用最残忍的方式表达其愤憎,虽然此时的仇鸾已无法知觉那枭首之痛。

## 二、古北口抗敌的胜利

三十二年(1553)十月,尝到甜头的蒙古铁骑卷土重来,这次唱主角的是把都儿,纠集打来孙所部,共号称20万骑,再次兵临古北口。烽火相传,京师又是人心惶惶。

世宗鉴于庚戌之变的教训,对战事非常重视,废寝忘食,听取各关隘卫所的战报。他还亲派使者到前线观察战斗状况,以尽快了解最准确的消息。此次总督蓟辽战事的为兵部右侍郎杨博,可谓得人。杨博久任兵部,堪称能员,后超擢甘肃巡抚,以功进右副都御史,曾上书参奏仇鸾贪罔之罪。仇鸾通敌事发,所荐兵部尚书赵锦以罪戍边,杨博回京主持部务,针对庚戌敌军侵入路径,妥为布置。大敌当前,杨博亲自披甲登古北口城墙,指挥将士防御。蒙骑想方设法攻城墙,沿边几十里,“百道共进”,②杨博指挥若定,随处据墙垣击敌,敌人始终无法得逞。如此四天四夜,杨博衣甲不解,率部浴血奋战。敌人曾一度由孤山口登上城墙,官军退屯虎头山。至夜,杨博令敢死队怀利器袭击敌营,使之惊扰不定,仓皇退军。

这些都被世宗密派的内侍看在眼里,回去禀报皇上,世宗大为欣慰,亲令发一万两银子犒劳将士,并赐杨博一袭战袍。杨博

---

① 《国朝献征录》卷一〇,仇鸾本末。

② 《明通鉴》卷六〇。

在前线朗声宣示圣谕，分发赏赐，诸将士人人振奋，勇气倍增。

敌骑由于没捞到财物，仍徘徊在关外百余里处不肯去。杨博几次派敢死之士夜袭敌营，放火焚其营帐，火光连烧数十里，把都儿等只好撤军。[①] 明军获得了一次难得的防御胜利，杨博也成为让敌人惧怕的名将。

### 三、百箭攒身黄侍郎

明嘉靖间，财政问题一直困扰着朝廷，困扰着户部官员，愈是到中晚期，就愈是这样。入不敷出，是内阁大僚乃至皇帝的精神恐惧，更是户部官吏们必须解决的现实难题。于是，各种削减开支的方案被提出，被实施，一些原有的矛盾在这中间变得更为激化。

南京户部侍郎黄懋官，就是这个矛盾激化过程中的牺牲品。

南京的戍军，称为“南营”，是为卫戍南京、防御倭寇而建立的。原来规定官军的月米，为有妻者一石，无妻者六斗，每至二、八月一石折价为五钱银子。三十七年（1558）马坤为南京户部尚书，减为一石折银四钱，诸军已不满。而侍郎黄懋官又刻薄无情，常侵害军士利益。每月各卫呈送支饷册子，他总是反复盘问逃亡人数，又停发了新兵名为“妻粮”的补贴。军士们更觉不堪忍受。

三十八年（1559），南京周遭地区发生了严重的旱灾，米价腾贵，一石竟至八钱银子。这样，折色银四钱便只够买米半石。士兵请求仍按原数发给粮米，有司不肯。而常例在月初发给各军粮饷，至三十九年（1560）二月的中旬，黄侍郎仍不发给。这天，振武营军士在出操时大乱，众人喧哗呼喊着从操练处奔出，

---

① 《明史》卷二一四，杨博传。

包围了黄懋官的宅第。黄懋官听说兵变，急忙跳墙逃走，却在惊惶中由高墙上摔下，仆伏在地上爬不起来。乱军一哄而上，将他杀死。

乱兵越聚越多，又把黄侍郎的尸体悬于街市牌楼之上，乱箭射之，以解心头之恨。乱兵又围住兵部尚书张鏊，逼他犒赏众军。张鏊惊慌之下，竟不知如何回答。恰诚意伯刘世延赶到，晓谕众人不要乱来，局势稍稍安定。

当日，南京九卿紧急会议，商量对策，而暴乱的军士包围了议事之所，危险一触即发。兵部侍郎李遂宣称：昨天黄侍郎之死，我亲眼看到他是自己跳墙摔死的，非军人杀害。诸军只是不应残害和辱弄其尸体。但这算不上叛乱，应如此奏报朝廷。乱军心安，还要求赏赐。李遂软硬兼施，答应补发妻粮、月粮，每人给予一两银子，乱军散去。

南京兵变就是这样被平息，朝廷不予调查，亦不做惩处，让此事静静地过去。只有苛剥成性的黄侍郎，成了这次事件中唯一的牺牲。

# 第十五章　倭寇与海寇

在明帝国统治下的多数岁月中,湛蓝的海域常常是走私贸易的平台,也常是血腥厮杀的战场:海寇出没,海氛四起。嘉靖间,来自海上的入侵变得更为残暴和频繁,劫州掠县,漂尸相连,富庶的江浙地区渐渐变得千疮百痍。战火由此蔓延,南至广东、福建,北至山东、辽东,万里海岸线处处闻警,史称“沿海倭乱”。

嘉靖皇帝始终未忘记平定倭乱,明朝军队也与海盗和倭寇进行着艰苦卓绝的战争。忠臣烈士前仆后继,进行了比北部边疆更惨烈的厮杀。一些将星暗淡了殒落了,又一些耀眼的将星冉冉升起。就在这个战场上,朱纨、王忬、李天宠、张经、杨宜、曹邦辅、胡宗宪等帅帜迭易,一个个下场凄惨;也是在这个战场上,俞大猷、戚继光、卢镗、汤克宽所统领的军队浴血奋战,杀敌卫国,战功卓著,“戚家军”更是威名远扬。

嘉靖朝是明代倭乱为祸最烈的时代,可也就是在这一时期,大股倭乱被基本平定。世宗在斋祀和玄修中,对沿海倭乱有一种特别的关注。正是他,以其特有的果决(或曰偏执)指挥并打赢了这场战争。

## 第一节　首任海防提督含恨自尽

所谓“倭寇”,实则是一种倭寇、海盗、奸商和境内悍匪的杂烩。其中真正的倭寇不过十分之二三，甚至更少。祸乱的导火索在于海上贸易，大明王朝称之为朝贡，有着严格的时间、人数和地点限制。这种方式难以满足双边贸易的需要，便逐渐出现一些内外勾结的走私，发展为海上抢劫。倭寇和海匪结合为一体，由开始的战战兢兢，到后来的呼啸来去，在虚弱的大明海防中横冲直撞，不仅在沿海岛屿上建立了基地，且沿江深入，震动南京，成为明帝国的巨大祸患。

## 一、"去中国衣冠之盗尤难"

嘉靖二十五年(1546)，海氛又炽。

此时，市舶久罢，凡番货运到，必悄悄住在与之勾结的商人之家，私下交易。商人大多奸滑局骗，负债不还。多者欠银万两，少的也有几千，讨要得急了，便躲匿起来。倭商接受教训，便与贵官家交易，谁知贵官家往往更黑。倭商及随行人员泊住近海岛屿等着索债，日久穷困，便在海上出没为盗。有时也到贵官家报复，焚烧房舍，杀掠抢劫。贵官家惧怕，便鼓动当事者出兵驱逐，而当出兵之前，又故意泄露给倭人，从中谋利。

如此设骗，时间久了，倭商尽知个中欺诈，更为怨恨。便盘踞岛中，伺机劫掠。渔民中生计困迫者加入其列，失职下级官吏及不得志的儒生也与之相通，勾引其入侵沿海州县。福建人李光头、歙县人许栋等一时并起，占宁波外的双屿岛为主要据点，与倭商勾结获利。

二十六年(1547)七月，南赣巡抚朱纨改任浙江巡抚兼提督福建海防军务。朱纨为正德十六年进士，清廉刚直，勇于任事，在四川和福建任上屡立战功，朝中荐举他的人很多。当时浙江、福建海防空虚，战船、哨船存留的不过十分之一二，漳州、泉州两巡检司的弓兵也仅存千人，不到应有的四成。故倭寇往来剽掠，横行海上，无所顾忌，局面十分严峻。朱纨到任后，上疏奏请禁海，将所有的双桅大船都毁掉，隔断了陆上与盘踞岛屿的倭寇的联系。又命严申保甲制度，练兵纠察，组织联防，一旦发现海盗的窝主，即行诛杀。朱纨在奏折中有一段极精彩的话：

> 去外国盗易，去中国盗难。去中国濒海之盗犹易，去中国衣冠之盗尤难。①

他敏锐而深刻地看到海盗作乱的根源：有了衣冠之士贵官之家的策动主谋，才有群盗的啸聚海上，设点贸易；有了中国群盗奸商的勾连私通和挑拨煽动，才有倭寇的入侵和烧杀掠抢。朱纨把调查到的与倭寇勾结暴富的一些贵官家中主恶上奏朝廷，请予以诫谕和惩办。但这些贵官之家在朝中多有靠山，奏章递上，即如石沉大海。

## 二、收复双屿岛

春天到来，海寇的活动又见频繁。朱纨积极筹备进攻海盗据点双屿岛，命副使柯乔、都指挥使黎秀分兵驻扎于漳州、泉州和福宁，防止群盗逃脱；再命都司卢镗统福清兵，由海门进攻。

正当用兵之时，日本国贡使周良率六百余人，于三月间驾海舟一百余艘前来，留驻港湾，请求往京师朝贡。旧例：此类朝贡以10年为期，来者不得超过百人，海舟限于三艘。似此一支大型船队，所属人员非常芜杂，与盘踞近海岛屿的海盗关系复杂，稍有不慎，便有可能勾结作乱。朱纨极为慎重，先告知违规之处，再友好接待，登录船号货物，要周良自行向礼部申请。并将周良及主要头目安顿于宁波嘉宾馆，以等待朝廷批复。朱纨上奏朝廷，礼部提出的处理意见很稳妥：日本入贡的日期未到，且

① 《明史》卷二〇五，朱纨传。

来的人与船都严重超额，现驻扎在海滨，动向叵测。但其表书言词恭顺，离规定贡期也不远，若严加拒绝，则航海远来之辛劳值得同情；可如果一概接纳，又有当年宗设、宋素卿之乱的教训。宜依照嘉靖十八年之例，批准50人进京，其余留于宁波嘉宾馆，量加赏犒后令回国。①

就在周良等留驻等待期间，有一封匿名信投入馆中，“称天子命都御史起兵诛使臣，可先发，夜杀都御史”。② 这封信还真地到了日本使臣手中，宁波府推官张德熹知悉内情，却不告诉朱纨。由于朱纨处理得有理有节，加以防范严密，使其未能达到目的。

四月，卢镗在九山洋一带海域与海盗相遇。经过激战，日本人稽天、中国巨盗许栋均被擒获，许栋的党羽汪直领残余之众逃遁。卢镗收复双屿岛，筑要塞，留兵守卫。后来抵达的载货番船无法进入港湾，又舍不得离去，分别停泊在南麂、礁门、青山诸岛。

双屿岛被官军收复，豪势之家因通倭致富的一条重要渠道被堵住，对朱纨极为痛恨，便散布谣言说卢镗抓获的人都是良民，并非贼党。同时到衙门要挟，欲以胁从被掳为由保出某些罪犯。朱纨不听，执法坚定，势要之家更为害怕。

### 三、一国非之

朱纨是一位难得的海防大员，也是一位忠心国事、刚直不阿的良将。但他的所作所为，已严重触犯了江浙沿海的权豪势要之家。这些势家上连朝廷，下结海寇，构成了特殊的利益集团，

① 《明世宗实录》卷三三七，嘉靖二十七年六月戊申。

② 《明世宗实录》卷三四六，嘉靖二十八年三月壬申。

朱纨已成了他们的眼中钉。

这个利益集团的核心，即所谓“中国衣冠之盗”，亦是朝野俱存，上下呼应。

日本贡使周良得到朱纨的妥善安排，等待朝廷批准入贡。谁知主管此事的福建籍人林懋和提出应令其退回，朱纨上疏请求应守信用，以制驭诸番。而此时朱纨在朝中的支持者夏言已被诛，福建、浙江籍的朝官们则受家乡人的影响猛攻朱纨，周良被勒令停泊在海岛上，等候入贡时期到后再进宁波港。御史周亮、给事中叶镗又上言将朱纨巡抚一职改为巡视，削弱其职权，吏部即行题准。

朱纨很愤怒，他上疏论“明国是、正宪体、定纪纲、扼要害、除祸本、重决断”①六件事，语言愤激，更为朝中大臣所不喜。朱纨坚决地实行着自己的职责，指挥所属军队扫清残居沿海小岛上寇盗。每捕获一人，即行诛杀，绝不宽贷。其中有一个是朝廷中掌刑法的官员之父，朱纨也毫不客气，一刀了账。

二十八年三月，朱纨督所部进攻停泊福建外海的一支海盗船队，俘获盗首李光头等 96 人，传令于军前审讯明白，连同“佛郎名王及黑白诸番、喇哒诸贼”，②一同斩首。至此，浙江、福建沿海全部平定。

海氛消弥，海寇就戮，剩余的也都远远逃窜，闻风丧胆。而朱纨的灾难也在胜利声中降临。先是钦差大臣、严嵩私党赵文华威逼利诱，企图使其就范，朱纨不听。御史陈九德弹劾朱纨“残横专擅”，世宗受到影响，命将朱纨罢职。此时的朱纨已久病在身，带病杀敌，不能得到褒奖，还落得个免职待罪的下场，使

---

① 《明史》卷二〇五，朱纨传。

② 《国朝献征录》卷六二，都察院右副都御史秋厘朱公纨圹志。

他充满悲愤。归卧萧寺，穷病困扰。听说兵科都给事中杜汝桢前来按问，朱纨的自尊心更受到强烈刺激，他慷慨流涕，决心不受公堂之辱，自己结束衰残的生命，遂强支病体，写下《俟命词》：

> 纠邪定乱，不负天子。功成身退，不负君子。吉凶祸福，命而已矣。命如之何？丹心青史。一家非之，一国非之。人孰无死，维成吾是。①

一个公而忘身，抱病杀贼的名将，竟落得“一家非之，一国非之”，竟落得“仰药死”，②岂不悲哉！

## 第二节　王忬再振海防

大明帝国经过近200年的涵养积聚，经过一届又一届开科取士、仕途历练，已是人才辈出。客观说来，世宗走的也是一条任贤用能的人才路线，尽量根据业绩选用官员。但由于性格太过专断，他也往往凭一时一事之成败，凭一己印象，不经过考察程序，对某人直接委以重任。王忬正是如此。

### 一、海患再炽，王忬紧急赴职

良将衔恨而殁，海上劫波又起。

朱纨在二十八年十二月十六日自尽，帐下大将柯乔、尹凤、卢镗亦以“擅杀无罪”，“系福建按察司待决”。③ 朱纨死后，朝

① 《国朝献征录》卷六二，都察院右副都御史秋厓朱公纨圹志。

② 《明史》卷二〇五，朱纨传。

③ 《明史纪事本末》卷五五，沿海倭乱。

廷不再设巡视大臣，其耗费心血建立的海防队伍被遣散，海上设置的卫所和捕盗船也被一一撤除。

三十年之后，浙江巡按御史董威、宿应参先后上疏，请求放宽海禁。世宗命下兵部尚书赵锦复议，随即批准。自此以后，船主和土豪更为高兴，变本加厉地私相贸易，有司不敢禁。由是倭人源源赶来。经营贸易已不再吸引他们，便与中国的巨奸大滑及亡命之徒纠集一起，公开抢掠。次年夏日，倭寇进犯台州，攻破黄岩，又大肆劫掠象山、定海诸地。浙东骚动。

当年秋，倭乱的消息不断传到京师，廷议复设巡视重臣。世宗想起了庚戌之变中临危用命的王忬，命他提督闽浙沿海军务。时王忬以佥都御史出任山东巡抚才半年，闻命即日整装赶往浙江。

世宗对王忬寄望甚隆，命他“提督军务巡视浙江兼管福兴泉漳地方，仍敕许便宜调发兵粮，临阵按军法从事，巡按御史毋得干预挠沮”。① 同时还为他调配了两个得力助手，担任分守浙直参将，一位是琼崖参将署都指挥佥事俞大猷，一位是中都留守司管操指挥佥事汤克宽，都是一时名将，俱听从王忬节制。

这份任命虽予以大权，但长长一行中，关键词是“巡视”，让人易生临时或过路之感。赴职路上，王忬想到海防久废，浙人又柔弱难以应战，而自己的资历职位亦不足统领抗倭大事，便上疏陈请，说明要害，希望扩大裁决权。世宗立即照准，改巡视一职为巡抚，以提高权重。

世宗对王忬充满希望，他心目中的王忬还是那个在京郊迎敌而进、临危不惧的年轻御史，是一位国家的栋梁之材。王忬也不负君王之托，轻装简从，奔赴海防前线，没有一丝犹疑和恐惧。

---

① 《明世宗实录》卷三八七，嘉靖三十一年七月壬寅。

## 二、任用名将

到职之后，王忬即往第一线视察卫所和驻军，但见军伍不整，士气低沉，衙署破败，触目一片惨楚境状。

整顿海防首先要振作军心，振作军心必须起用名将。俞大猷与汤克宽二人屡经战阵，而福建、浙江军中亦不乏名将，如卢镗、尹凤等皆胸有韬略，勇敢善战，唯因事牵连，或抑于下僚，或羁押在狱中。王忬与俞大猷、汤克宽誓同效忠职事，询问备倭大计，虚心相待。又奏释卢镗、尹凤诸将，深加抚慰犒劳，激励他们为国效力。整顿军务，渐有起色。倭寇进犯温州，被汤克宽所部杀得大败而逃，俞大猷则领兵出击，主动进剿盘踞在昌国卫的海盗，将其赶走。两战皆捷，官军的士气开始振作。

此时倭寇的大首领为汪直。汪直，安徽人，犯法后亡命日本，往来海上，以足智多谋，渐成为船主中的魁首，深得倭寇敬服。倭人勇敢憨直，对生死看得很轻，作战时赤裸上身，提刀直往前冲。而他们的头头则大多是浙江、福建一带人，所率大群数千人、小群数百人。众寇推尊汪直为大首领，其次便是徐海。汪直等在普陀诸岛结寨，常常出来袭击官军。王忬派间谍探明海岛情况，乘夜出师，俞大猷率精锐为前锋，汤克宽指挥巨舰配合，直抵普陀山汪直老巢，纵火焚烧。倭寇仓皇驾船逃命，官军跟随而击，斩首 150 多级，生擒 143 人，烧死淹死者无数。恰在此时，海上大风突起，汪直等乘乱驾船逃窜。

都指挥使尹凤正奉命勒兵海上，汪直等逃到福建的表头、北茭洋面上，又被尹凤截杀，斩首百余，生擒二百多人。捷报先后传到京师，世宗大喜，命赏赐金帛。

汪直、毛海峰等溃败，散居在远离海岸的岛上。汤克宽率兵搜索海岛，追捕逃匿，斩获甚多。但沿海各处倭寇仍多，汪直重新纠集倭寇及漳州、泉州的群盗，乘巨舰一百多艘，向北侵犯，沿海数千里同时告警。上海、南汇、吴淞、乍浦等卫所被攻破，苏州、松江两府被劫掠达二十多处地方。寇首萧显尤其狡猾狠戾，率领蛮勇倭寇400名，在南汇、川沙大屠杀，又进逼松江。王忬派卢镗长途奔袭，斩萧显，其残部逃入浙江，被俞大猷全部剿灭。就这样，前后俘获和斩杀者三千余人。

胜利消息飞报入京，世宗大喜。

### 三、公布“海防赏格”

经过如此数战，临海百姓的惧倭心理渐渐改变，民间的组织如沙兵队（以淘金户为主干）、广兵队（以两广商户为主干）纷纷涌现，在倭寇到时自发抵抗，保护村市。

为形成一种全民战争，王忬奏请世宗批准，颁布《海防赏格》：

> 一、斩真倭从贼一人，赏银十五两；次从贼首，二十五两；渠魁，五十两。
>
> 一、擒斩漳寇、海寇为从者，赏银三两，次剧贼首五两，船主、渠魁二十两；酋首为众所服者五十两；其夺获贼艘大者五两，中者二两，小者一两……
>
> 一、善用火器击杀舵工贼首，令其引遁及击破寇舟于未接之先者，大舟赏银二十两，次者十两，小者五两；若有献奇取捷、批亢捣虚者虽无斩获，并以功论。
>
> 一、临阵被创者给银一两，被杀者给银五两，复其家，有先登陷阵而死者给银二十两……①

对处于抗倭前线的士卒和闽浙沿海百姓，这道赏格不独是一种激励，亦为那些杀敌殉国者的家人提供了生活保障，一时士气

---

①《明世宗实录》卷三九三，嘉靖三十二年正月戊寅。

大振。

七月，太平府同知陈璋在独山率兵击败倭寇，斩首一千多，残敌由海上逃走。

十月，倭寇进犯太仓州，攻城不克，便到处劫掠。有一股约三百人，占据崇明岛，因缺船无法离开。佥事任环率300新兵前往征剿，亲穿铠甲，与士兵同甘共苦，路过家门也不与家人诀别，誓与敌人决死一战。倭寇乘夜间四出活动，任环所部也在夜间出动，伏击追杀，浴血与之战。有一次他与队伍失散，躲在沟中，倭寇路过却未能发现，次日晨士兵才找到他。任环赢得了部下的爱戴，人人效命死战，重创敌人。

汤克宽调下邳、漳州兵攻崇明残敌，失利，死伤约四百人。官军染上瘟疫，无法再攻，只好网开一面，放倭寇逃走。倭寇突围而出，大掠苏州、松江各州县。一支在宝山遇汤克宽舟师，被击败，倭寇全军覆没。另一队到兴化，杀死千户叶巨卿，被知府黄士弘击溃歼灭。

王忬在浙江，健全卫所，修筑海防，激励诸将。有功则推恩荐扬将士，失利则独自承担。于是将士人人用命，皆思杀敌立功，以死报国。王忬又派员广为打探摸底，凡沿海豪富之家通倭谋利者，均逮治关押，去掉倭寇的耳目。倭寇从此不再了解中国的虚实，不知该从哪里下手。而盘踞海岛者又往往缺少粮食火药，只好逃遁。王忬又令沿海郡县筑城，陆续建成三十多座城池，使倭寇不易攻掠。

浙江渐次安定。

三十三年(1554)春，蒙古入侵大同，督抚苏祐、侯钺因失利被逮，世宗又想起王忬，擢升他为右副都御史巡抚大同，调离浙江抗倭前线。

## 第三节　祭海与狼兵

王忬改任大同巡抚，接替他任浙江巡抚的是徐州兵备副使李天宠，而另委南京兵部尚书张经总督军务，便宜行事。由设提督到改设总督大臣，足见世宗对海防越来越大的忧虑。

### 一、张经征调狼兵

的确，沿海的局势是严峻的。倭寇自王忬调任、卢镗罢职，重又集结登岸。孟宗堰一战，官军中伏，都司周应祯以下四百多人被杀。倭寇乘势占据石墩山，四出劫掠，进攻嘉兴城，被副使陈宗夔击败，逃入乍浦，又与另一股海盗会合，进犯海盐等县。官军忙去围剿，倭寇又折向东，入海至崇明岛，在夜间袭破县城，杀死知县唐一岑。倭寇从崇明岛进犯苏州，在王江泾杀败官军，都指挥使夏光中箭死，纵横劫掠数县，至吴淞始被俞大猷击败。

倭寇两万余人占据柘林、川沙诸处，新倭又源源而至。这时参将李逢时、许国率领从山东召募的六千民枪手赶到，与敌人相遇于新泾桥。李逢时率部下冲击，倭寇败逃，官军追杀，斩首八十余级。许国见李逢时立功，亦率部进击，乘胜深入，未想中了敌人的伏击，官军溃败，落水淹死者达千人。

全面负责东南海防的是南京兵部尚书张经。他是一位经验丰富的帅才，举正德十二年进士，历仕科道、太仆寺少卿、右副都御史协理都察院事。嘉靖十六年以兵部侍郎总督两广军务，讨平断藤峡叛乱，“抚定安南”、“平思恩九土司及琼州黎”，[1]在当

---

① 《明史》卷二〇五，张经传。

地威望甚高，进兵部尚书。后丁忧归乡，再起为南京户部尚书。江浙倭患，朝廷以张经有治军经略之才，命总督江南、江北、浙江、山东、福建、湖广诸省军事，委任甚重。

张经到任，每日选将练兵，积极备战。因江浙及山东兵屡败，呈请调狼兵和土兵参战。狼兵，指从广西俍人（今壮族）中选练的军队，号称勇猛善战，能以少击多。土兵，此处则指从南疆各土司招募的军队。此处又有从湖南、四川招募的苗兵，从河南招募的毛兵（每人带一用兽皮做的箭囊，状如葫芦，故名），以及素有勇悍称号的漕卒。这些军队奉调陆续开往浙江。张经久督军事，又深知倭寇大势已成，急切难以剿灭，采取了积聚力量的策略，以期在最后的决战中尽扫来敌。

然而随着倭寇危害日甚，朝中主战（而且是速战）之声越来越高，世宗也渐渐失去耐心。

## 二、赵文华祭海

世宗对沿海倭乱深为关切。三十三年三月，倭寇转掠通州（南通）、泰州，焚烧抢劫各盐场，并骚扰青州、徐州。山东、辽东多处报警，朝廷震动。兵科都给事中王国祯上疏反对招降汪直，兵部亦上本辩解，称："臣等欲悬以重赏，归为我用，非示弱也。"①世宗认为王国祯说得对，下旨命"一意剿贼，胁从愿降者贷以不死，贼首不赦"。② 主剿派的呼声渐占上风。

六月，漕运都御史郑晓上疏，分析了倭寇中大多为中国人，因有勇力智谋而无出路，这才甘心从贼。他认为应命地方官招募义勇，网罗民间人才，发给月米，授以官职，同时出榜招降从倭

---

① 《国朝典故》卷三七。

② 《国朝典故》卷三七。

者，许立功赎罪，以从根本上解决祸乱之源。世宗批准。

八月，南京太仆寺卿章焕上言，提出备战于乡的战略，即在居要害处的乡镇筑城池，练乡勇，清查内奸，收抚豪杰。世宗亦御笔准行。

虽由臣下建言，采取了一系列措施，真正让世宗感兴趣的且寄以希望的，则是祭海神。严嵩义子、工部右侍郎赵文华上疏献备倭七事，第一项便是祭海神，呈请派官至江阳、常熟祭祀海神，以平定倭寇。这种荒谬的建议，对笃信道教的世宗却是搔到痒处，次年二月，即派赵文华往江苏、浙江祭海，兼督察沿海军务。

不久，屯居柘林的倭寇夺得船只，进犯乍浦和海宁，攻陷崇德，又转而抢掠塘西、新市、横塘、双林、菱湖等市镇，“杭城数十里外，流血成川”。① 而巡抚李天宠束手无策，紧闭城门，唯一能做的只是招募健勇从城上缒下，烧毁近城民居，以免为敌所用。时张经大帐驻嘉兴，援兵不能及时赶到。兵备副使阮鹗等竭力防御，也只能使杭州城免于失陷。

战火遍野，生民涂炭。致仕在家的佥都御史张濂痛伤愤恨至极，上疏描述这种战争景状：“夫堂堂会城，闭门旬日，已有垂破之势。徒以意得自满而去，更无一兵一旅阻其去来。贼寇野心，欲如谿壑，能保其不复至哉？臣恐贼退之后，又复收拾残伤首级，虚张功次，以欺陛下，仍有从而庇之者，则罚罪之典又移而为赏功之命矣。”②正是这本疏章，使远在京师、渴望胜利的世宗对张经和李天宠深深失望，甚至痛恨。

四月，赵文华至松江祭海神，刚到浙江，即对备倭诸事指手画脚。他首先弹劾浙江巡抚李天宠酗酒误事，以致嘉兴、秀水等

---

① 《明史纪事本末》卷五五，沿海倭乱。

② 《明史纪事本末》卷五五，沿海倭乱。

处失利。世宗命将李天宠除名，擢胡宗宪为浙江巡抚。

张经危矣！

张经从骨子里看不起赵文华，更瞧不上这位钦差大臣装模作样的祭海。他是一个清醒务实的统帅，也是一个自尊自信的人，明知文华为当今权相严嵩的义子，可就是不买账。作为总督军务的兵部尚书，他认为自己才有决定军事行动的权力。

## 三、张经、李天宠被诛杀

朝廷调集的军队陆续赶到。

最先赶到的是广西土官妇瓦氏统领的狼兵一部，抵达苏州后即请求出战，张经不准。东兰诸地兵也随后赶到。张经命瓦氏兵归总兵俞大猷指挥，东兰、那地、南丹兵归属游击将军邹继芳，归顺、思恩、东莞兵归属参将汤克宽，分别驻扎在倭寇的三面，等待水顺、保靖兵来集结，以成合围之势。

赵文华到，与胡宗宪一起，不断地催促张经进兵。张经认为敌人狡悍而且人数众多，应等永顺、保靖兵开到，四面夹击，方保万无一失。赵文华邀功心切，急欲向世宗奏报喜讯，再三催张经进击，张经置之不理。赵文华大恨，遂秘密上疏，指责张经挥霍军饷，畏贼失机，打算在倭寇饱掠开走后，围剿剩余敌人以报功。世宗询问首辅严嵩，而严嵩早得赵文华私信，更为添油加醋，称苏州、松江一带百姓怨恨张经。世宗大怒，下诏逮治张经。

赵文华发出密疏不久，永顺、保靖兵赶到前线，张经命卢镗率狼兵和土兵由水陆两路夹攻，在石塘湾大败倭寇。群倭望北逃走，俞大猷领兵邀杀，敌人死伤更多，逃至王江泾，永顺宣慰使彭翼南攻其前队，保靖宣慰使彭荩臣在后掩杀，倭寇大败，被斩首近两千，淹死者也约略相当。残倭大惧，由柘林弃巢入海而逃。

自有倭患以来,这是最辉煌的一次胜利。

捷报传到京师,兵科给事中李用敬、阎望云等早知要逮治备倭主官之事,紧急上言:“今获首功以千计,正倭奴夺气,我兵激奋之时,宜乘势捣柘林川沙洼之巢,以歼丑类。若复易帅,恐误机会。请姑召还锦衣卫使者,待进兵后视其成绩与否,从而逮经加罪未晚也。”①世宗受严嵩影响,认为张经听到文华弹劾后才被迫开战,更觉其欺罔不忠,杖李用敬二人,斥为民。

世宗不久又有些疑惑,再次询问严嵩。严嵩最擅于此类应对,说曾问过家乡在浙松的徐阶和李本,“皆言(张)经养寇损威,殃民糜饷,不逮问无以正法”;又说瓦氏对不能立即参战很气愤,说是赵文华与胡宗宪合谋进剿,而张经冒功。世宗不再怀疑。张经被逮至京师,详细陈述用兵始末,申诉:“任总督半载,前后俘斩五千,乞赐原宥。”②世宗不听,竟下狱论死。

这年十月,张经与李天宠同日被斩。

广西来的狼兵和土兵素来难以约束,在正德时多次发生过祸害地方的状况,只因敬畏张经,斗志高昂,此时见大帅在获胜后被杀,加上头目陆续死于战事,很快军心涣散,混乱不堪,反成为当地的麻烦。果于诛杀的嘉靖皇帝、偏听偏信的嘉靖皇帝、暴烈寡恩的嘉靖皇帝,即位后一直孜孜于识别和使用治国之才,却又因简单轻信,使许多英才含冤而死,殊为可惜!

### 四、走马灯般的总督大臣

赵文华除掉不听话的张经和李天宠,使东南沿海的文官武将都不寒而栗。世宗则以为赵文华忠心报国,命铸造督察军务

---

① 《明世宗实录》卷四二二,嘉靖三十四年五月癸丑。

② 《明史》卷二〇五,张经传。

大印，派人亲至浙江，在军中赐之。从此，赵文华地位在总督以上，更加横行无忌。

接任总督的为右佥都御史、苏松巡抚周珫。当年二月，周珫曾上疏陈述备倭的“十难”和“三策”，留给世宗较深刻的印象，张经得祸，即擢周珫为兵部右侍郎、总督军务。周珫起家科道，任都察院右佥都御史驻守昌平时，即被弹劾“滥冒京堂”，本事不大，受制于赵文华。胡宗宪时为浙江巡抚，想得到总督一职。赵文华便上疏论周珫庸碌，而盛赞和举荐宗宪。世宗遂将周珫削职为民。可叹周珫作为一任总督，在职仅34天。

取代周珫的却不是胡宗宪，而为杨宜。杨宜亦由科道进身，曾多次任职南京，三十三年正月以巡抚河南时平乱有功，升南京户部右侍郎总督粮储，这次改授兵部右侍郎兼右佥都御史，代替周珫。杨宜接受前任的教训，对赵文华多曲意奉承。文华则更加轻狂，视总督大人如无物。

这时江浙境内外地士兵甚多。狼兵不听约束，到处劫掠，亦成为当地百姓的一大祸害。川兵与山东兵私下斗殴，几乎把前往制止的参将杀死。而酉阳兵在高桥被倭寇击溃，夺船逃回苏州，无法禁止。赵文华把这一切都归于总督杨宜的无能，上疏请罢之。杨宜被免职闲住。杨宜到任也不过半年，好在他处处讨好赵文华，下场还不算太惨。

倭寇此时往南京进犯，破深水城，至宜兴。应天巡抚曹邦辅统兵御敌，倭寇抵挡不住，逃奔苏州的浒墅关。俞大猷、任环引兵击之，倭寇进据陶宅。曹邦辅督兵围陶宅，数战不利，倭寇逃往太湖，副将何卿被击溃，曹邦辅驰援，将残敌全歼于太湖，先后俘斩六百余人。赵文华欲据功为己有，未知邦辅已先奏知朝廷。文华怀恨在心，上疏称曹邦辅掩盖失败，违抗节制，幸给事中夏栻、孙浚为之力争，邦辅才得无罪。

赵文华素为奸邪小人，一朝得志，便气焰嚣张，无所不为。他在备倭前线颠倒功罪，牵制兵机，收受贿赂，使将吏人人自危，无心作战。是以虽征兵半天下，而倭寇越剿越多，无法遏止。赵文华也知平倭甚难，想快点离开。正好川兵在周浦大败群倭，俞大猷又在海上大获胜利，赵文华便宣称水陆成功，江南平定，请求还朝。世宗大悦，诏许还朝。

谁知赵文华刚回到京师，各种失败的消息便跟随而至。世宗怀疑赵文华奸欺，几次问到严嵩，严嵩多方为之解释。世宗仍不太相信，一次亲自问到赵文华，文华嫁祸于督巡非人，并举曹邦辅为例。曹邦辅竟为此罢官。当逮捕他的锦衣卫到吴中时，属吏请他带上所存的俸钱，曹邦辅一笑挥之，毅然就道。

## 第四节　总督胡宗宪

毋庸讳言，嘉靖时的官场腐败已经非常严重。腐败官场必然形成复杂的政治格局，而复杂政局自然会产生一些杂色人物。他们随风而转，长袖善舞，才华卓著但品格不高，目标明确而不择手段。然激于民族大义，借助时势推动，他们也会挺身而出，为国建功立业。

胡宗宪就是这样一个杂色人物。他的成功与最后败落，都带有鲜明的时代特征，带有嘉靖朝的戳记。

### 一、胡宗宪继任总督

胡宗宪应是一位文武双全的难得之才，是一个勇于任事，也能乱中求胜、稳定一方的帅才。

宗宪为安徽绩溪人，举嘉靖十七年进士，先任知县，选科道，其任宣大巡按御史时,曾单骑抚慰乱卒,止息了一场即将发生的叛乱,亦可谓有胆有识。后胡宗宪任浙江巡按,赵文华奉诏祭海兼督察军务,骄横恣肆,总督张经、巡抚李天宠都不买账,独胡宗宪处处亲附巴结,与之谋划计宜,关系极为密切。李天宠罢,胡宗宪超升为右佥都御史、浙江巡抚。杨宜再罢,又升胡宗宪为兵部右侍郎、总督沿海四省军务。

胡宗宪为帅之初,幕府所属的部队仅三千人,多老弱不可用者。张经所征召的客兵(狼兵、土兵、毛兵、漕卒等)已先后令归原籍,剩下的只有从四川调来的容美土兵千人,及参将宗礼所率的800名河朔之兵。而倭寇与海匪则合起来有数万之多,战火绵延数千里,局势甚为严重。

此时海盗最主要的首领为汪直和徐海。汪直最先引诱倭寇进犯中国,获利甚丰,于是亡使之徒从各岛纷纷赶来。后被官军杀伤众多,有的全岛所至竟无一个生还者,死者家属便生怨恨。汪直不敢再往日本,便与其养子汪滶以及叶碧川、王清溪、谢和等占据五岛自保,人称老船主。胡宗宪派遣门客蒋洲、陈可愿往日本晓谕日本国王,在五岛遇汪滶。经汪滶介绍,二人往见汪直,汪直待之很是恭敬周到。

胡宗宪与倭寇屡经血战,深知单靠用武很难根本解决问题,打算招抚敌酋,上疏请求传谕倭寨。世宗同意。胡宗宪与汪直都是安徽人,打算招降他,便命手下将汪直的母亲和妻子从狱中放出,妥为安排。汪直听蒋洲说了这些情况,又知母亲和妻子均安然无恙,大为高兴,派汪滶护送陈可愿归,转告胡宗宪说:“俞大猷绝我归路,故至此。若贷罪许市,吾亦欲归耳。但日本国王已死,各岛不相摄,须次第谕之。”①

① 《明史》卷二〇五,胡宗宪传。

胡宗宪对汪激很是礼遇，劝他杀倭立功。汪激很受感动，率部众大败盘踞在舟山岛的倭寇，又攻占其他岛屿。宗宪上疏为其请功，赐金币，令归五岛。汪激自此与胡宗宪通同一气，暗地里告知徐海将要入侵的消息。

## 二、河朔兵血战徐海

徐海率领一大股海上悍盗，其势力虽不如老船主汪直，而横行无忌则过之。

不久，徐海果然引诱大隅、萨摩二岛的倭寇来犯，分掠上海、瓜洲、慈溪，而他自己则与陈东、麻叶领一万多人攻乍浦。徐海气焰极为嚣张，登岸时把船统统烧掉，表示再不要回到海上。胡宗宪早有准备，令河朔兵自嘉兴入驻胜墩，列阵而待；令吴江水兵在前截击，湖州水兵在后尾追；而自领帐下义勇及容美土兵驻塘栖。徐海奔皂林，浙江巡抚阮鄂领兵赶到，命参将宗礼率河朔兵冲杀，敌人退却。

过一会儿，徐海派数百悍勇之寇再来冲阵，又被击败。敌人大怒，悉数来攻，漫川遍野，呼叫前进。阮鄂见情势紧迫，仓皇中乘小船逃入桐乡城。宗礼与裨将霍贯道领兵死战，扼守要道，敌寇三次冲阵，均被杀退。杀至日暮时分，敌人死掉数千人，士气低落，只得退走。

宗礼、霍贯道所领为河朔之兵，在交战中失去向导，无法转移到有利地形去休整，将士们饿到天亮，再与敌人接战。海盗从树上张望，看到官军仅孤垒残壕，并无其他援兵，便以一半在正前方进攻，另一半绕到官军背后夹击。霍贯道为一员骁将，见敌人涌至，大呼杀敌，垒中箭簇齐发，官军以一当十，又击杀近百人，霍贯道亲手劈杀十几人。敌人很惊怖，连徐海也中矢受伤，准备弃战逃跑。正在这时，官军的火药用尽，敌人蜂拥而入，霍、宗二将仰天长叹,死于阵上。

### 三、招降书与离间计

官军溃败,徐海进围桐乡。胡宗宪不敢前往解救,便引兵还杭州,派指挥夏正持汪激的书信劝徐海投降。徐海见信大惊,问:老船主也降了吗?

时徐海受伤未愈,也有归降朝廷之意,便对来使说:兵分三路进攻,不由我一人做主。夏正说:陈东已另有所约,所担心的只有您这一路了。徐海一听,便对陈东产生了怀疑。而陈东闻知徐海营中有胡宗宪的使者,也很吃惊,二人遂生嫌隙。夏正趁机说服了徐海。

徐海派使者到杭州,向胡宗宪谢罪,同时索要财物。胡宗宪满足了他的要求。徐海便释放了俘获的 200 名官军,从桐乡撤围。离开时,徐海派人对守城官军说:徐公与胡总督有约,撤围而去;城东门为陈东所部柘林盗,不听约束,请多提防。

城上官兵将信将疑。天亮时,徐海部众果然撤走。而陈东所部素来悍勇,仍猛烈攻城,盗众抬撞竿撞城,又造高大木楼,推近城墙,跃下搏杀,战斗异常惨烈。桐乡令金燕精明果决,城中早储备了大量的兵仗火药。巡抚阮鹗提刀在城上日夜镇守,又招募敢死队,杀敌甚多。勇士沿撞竿攀缘而上,杀死木楼中盗寇。铁匠则熔化铁汁,浇城下之敌,使倭寇不敢靠近。

陈东百计攻城,均无突破,又听到徐海已撤的消息,不敢恋战,也撤围而去。桐乡终于解围。被围之日,阮鹗日日盼望胡宗宪援兵,而官军驻扎在斗门、乌镇、王家、石门及崇德,远者二三十里,近者仅十几里,均不敢向前与倭寇接战。阮鹗由此产生了对胡宗宪的不满,引兵东渡钱塘江,开向江北地区。

胡宗宪为了离间敌酋,假造麻叶给陈东的书信,相约袭击徐海，又故意让该信落入徐海手中。陈东和徐海更为互相怀疑和戒备。这时，胡宗宪又派人对徐海说：如果公已经降附朝廷，吴淞江有贼，为何不前往袭击，以立功勋？况且公军中无船，夺其舟也可备用。徐海觉得很对，率部众攻袭，斩首三十余级，残盗乘夜逃脱，徐海未能夺得其舟。而俞大猷奉命在海上截杀，尽歼倭寇，焚烧其舟。

徐海心中害怕，派弟弟徐洪来幕府质问，并献所戴飞鱼冠、坚甲、名剑及其他珍宝玩好。胡宗宪热情地接待了徐洪，给予重赏，命徐海擒拿麻叶、陈东，许功成后奏给世袭之爵。胡宗宪又用财帛首饰收买徐海的两个爱妾王翠翘和绿珠，使之日夜规劝徐海擒拿陈东以报效朝廷。徐海贿赂萨摩王的弟弟，果然将陈东捉拿献于胡宗宪幕府。

为患已久的海寇巨魁陈东被打入牢狱，等待他的当然是极刑。徐海自以为建了大功，对胡宗宪竟然有了些信任和亲切感。

## 四、骗杀徐海

世宗以江南倭乱日久难平，议再派大臣督师。严嵩感觉到皇上对赵文华已有些不满，便让文华上疏，恳切请求往江南视师，并说江南人翘首期待他的前往。世宗批准，命赵文华以工部尚书兼右副都御史，总督江南诸省军事。赵文华再至东南沿海，胡宗宪对之极为奉承，赵文华在军事上一窍不通，也要依赖胡宗宪，两人相交甚欢。

此时徐海非常窘迫：投降朝廷，又担心日后有变；返回海岛，则难免被诸酋长所杀。且俞大猷统水军纵横海上，越海亦大不安全。陈东之党与徐海结仇，又不断来袭击。胡宗宪认为有机可乘，便派人对徐海说：胡公自然要宽大，但赵尚书认为您罪恶大，何不诱倭酋出海，令官军俘斩千余人，以表示对赵尚书的归顺呢？徐海且信且疑，又没有别的办法，便与兵备副使相约某日某时引众出海，举火为号，而官军埋伏在乍浦城中，见信号即出击。及至当日，果如此施行，官军斩杀盗寇近百，淹死无算。

徐海以为已几次为朝廷立功，请求率部下诸酋长入平湖城谒见赵文华、胡宗宪等；宗宪答应。双方约定八月二日为期。谁知徐海怕督府设下伏兵，率甲士数百人提前一天便来到，命于平湖城外列阵，自己率酋长百余人全副武装入城，请求总督大人接见。赵文华害怕，不想见，胡宗宪恐生他变，强许之。于是徐海率众进入，列队向北朝赵文华、胡宗宪、阮鹗等叩首，口称："死罪，死罪！"徐海尚不识宗宪，使者以目示之，又叩首再拜。胡宗宪离座，以手抚徐海的头说：朝廷就要赦免你，切不要再生事。赵文华等厚赏之，令出。

这种请降方式还是野性未驯，不独令城中人惊恐不安，就是赵文华、阮鹗等也大为不满，合谋要诛杀徐海，以绝后患。徐海住东沈庄，又令裨将辛五郎归岛，以为外援。胡宗宪先以计骗住在西沈庄的陈东余党攻徐海，又令卢镗率水兵以计擒辛五郎。赵文华调集六千军队围沈庄，督军进击。徐海知事变，掘深壕自守，立木栅数重，官兵不敢入。阮鹗自是要报桐乡之仇，强令进攻。俞大猷从海盐攻破东沈庄，又追杀到梁庄，乘风纵火，倭寇大溃，斩获一千六百多，徐海落水淹死。永保兵俘翠翘和绿妹，问徐海在何处，二妾哭指其沉河处。于是士卒争先下河，捞出徐海尸体，斩首献总督之前。

徐海原为杭州虎跑寺和尚，雄踞海上五年，自称"天差平海大将军"，至此方被平定。赵文华飞疏报捷，称说是世宗皇帝赞玄之功，并献所俘徐洪、陈东、麻叶、辛五郎及徐海之首。世宗大喜，行告庙礼，加文华少保，宗宪右都御史。

赵文华被召还朝廷，胡宗宪还任总督。后阮鹗调福建巡抚，胡宗宪兼任浙江巡抚。当年冬,胡宗宪令俞大猷扫平舟山之寇,两浙倭乱渐平。

## 第五节　汪直被诛与胡大帅获罪

剿与抚,战与和,通贡互市与严密封锁,是当时使用甚多的军事词汇,也是争执不休的政治话题。王守仁在思田曾遇到这一问题,翁万达在宣大提出此类难题,现在的胡宗宪也面对同样两难的课题。

说到两难,一般又不在剿与抚的选择,而在如何取得皇上的信任,如何防止皇上的突然改变,如何在皇上变卦时能全身而退。

### 一、以抚为主

三十六年(1557)正月,胡宗宪以总督军务兼浙江巡抚,集军政大权于一身。胡宗宪精明干练,又深知官场之诀,上结严嵩、赵文华,倚为朝内靠山;在下则善待良将如俞大猷、卢镗等,用其效死立功。是以胜则告捷受赏,败亦有人包沮,不受惩罚。

胡宗宪的最妙一招便是对倭寇的离间和招抚。他对汪直的招降卓有成效,而对徐海、陈东之辈招谕加离间的方略,更让人啧啧叹羡。现徐海等已被彻底歼灭,而汪直仍雄踞海上,与日本各岛密切联系,又时时派人潜往大陆内,成为帝国的心腹之患。

胡宗宪对汪直的处置表现得很犹豫:在私人情感上,他感谢汪直的配合和帮助,剿灭徐海,汪直应是有大功的;在道德良心上，是他晓谕劝降，释其母与妻，许诺保证，因此精神上负载亦重；更重要的则是在帝国疆域的安全上，胡宗宪深知汪直的实力和影响，深知掌握或说利用汪直的好处，也知道搞翻了的危害。凡此种种，都决定胡宗宪对汪直以抚为主的政策取向。

然皇帝怎么想？

世宗朝，总督军务一职虽权重位尊，而总督大人的下场却大多令人寒心，朱纨、张经，甚至此前的曾铣、仇鸾，皆是数积大功的统兵大帅，其终局却个个惨凄。世宗向不亲自统兵，却从未放弃对将帅的制约，生杀予夺，恩威并至。然“恩”不过晋秩加封，“威”则是砍头戮尸啊！

胡宗宪的支持者是赵文华，文华的支持者则是首辅严嵩。赵文华赞同胡宗宪的策略，也认为应赦免汪直，再利用汪直的力量，去镇压或降服其他海盗。有赵文华在朝中上下其手，胡宗宪无疑是吃了一粒定心丸。他继续招谕汪直，许以若降将予以都督一职。其门客蒋洲留在倭寇中，亦不时对日本诸岛游说。这年春，日本山口、丰后两岛岛主听从蒋洲招谕，前来入贡，并归还被掠走的人口。胡宗宪上奏朝廷，世宗令厚赏来使后遣还本国。对胡宗宪的招谕政策，无疑也是一种鼓励。

及至当年秋，情况突变。问题出在一向被宠信的少保兼太子太保、工部尚书赵文华身上。

### 二、赵文华获罪

在封建王朝中，很难有不褪色的荣耀，很少有不更易的信任和恩宠。

世宗自信是个有眼光和定见的君王，正因为如此，他不能容忍臣子有任何欺蒙。愈是受其宠任的大臣，一旦被他发现欺骗与不忠，惩处就愈来得猛烈。

赵文华受宠日骄，小人得志，对内侍贵近者，甚至对严世蕃渐不如以前恭敬谦逊，引起普遍反感。世宗派人赏赐赵文华，正遇到他在家醉酒，接待礼数颇为不周，世宗听说后很恼火。西苑建新阁，逾期未能建成，世宗也对掌管工部的赵文华心中不快。一日，世宗在御苑登高览胜，见西长安街新起一宅第很是雄伟高大，问侍从：那是谁的宅第？

左右回答："赵尚书新宅也。"

又一人在旁边说："工部大木，半为文华作宅，何暇营新阁！"①

世宗听了，对赵文华更为反感。这年四月间，恰好奉天、华盖、谨身三大殿火灾，②世宗令早日修复，赵文华难以办到，一拖再拖。世宗又听说赵文华在连年视师剿倭中贪污受贿、邀功请赏等不法事，开始考虑将他罢免斥逐。恰赵文华上章称病告假，世宗即亲笔批道："今大工方兴，司空乃其本职。赵文华既有疾，其令回籍养病。"③制书颁下，举朝称贺，唯在抗倭前线的胡宗宪因利害相关，心情颇为沉重。

世宗虽将赵文华罢归，仍觉得未尽其罪。但此时科道官基本掌握在严嵩手中，并无人弹劾文华，世宗心头之怒也无处发泄。正在这时，赵文华之子、锦衣千户赵怿思在斋祀期间请假送父归里。世宗规定此间不准上疏奏事，览奏大怒，将赵文华削职为民，其子戍边。

世宗怒犹未解，又以礼科失职（未能及时弹劾纠举），将都给事中谢江等六人廷杖罢斥。赵文华在九月间离京归乡，时已

---

① 《明史》卷三〇八，赵文华传。

② 《明会要》卷七〇，祥异三·火灾。

③ 《明世宗实录》卷四五〇，嘉靖三十六年八月辛丑。

重病在身,心情又危惧郁闷,遂死于归舟之中。死时肚破肠流,其状甚惨。后经审核,赵文华侵盗军饷达十万四千两之多。世宗命抄没其家,令其子孙还债。至万历十一年(1583),此债尚未还出一半,有司代请赦免,神宗不许,又把赵文华另一个儿子发配充军。此是后话。

赵文华获罪罢归,胡宗宪的招谕政策失去了一个强大的内援。世宗对严嵩也产生不满甚至怀疑,责备他没有上报赵文华的罪行。① 在这种情况下,严嵩也不敢为赦免汪直说话。世宗一则深恨倭寇的劫掠和骚乱,一则从徐海被歼受到鼓舞,决意要彻底剿灭倭乱,平定海寇。

## 三、汪直请降与被诛

罢斥赵文华的当月,日本山口岛都督源义长遣使者奉表谢罪,送回一些被掳人口和明朝使者及出海哨探夷情的军士。使者声称前后侵犯沿海者皆为中国奸商勾引小岛夷众,丰后太守源义镇等不知详情。

胡宗宪将此事上报朝廷,说此事为门客蒋洲所为,又说这些日本来使情况欠详,“丰后虽有进贡使物,而实无印信勘合;山口虽有金印回文,而又非国王名称。”胡宗宪说这是由于蒋洲不识国体造成的,请求“宜量犒其使,以礼遣回,令其传谕义镇、义长转谕日本国王,将倡乱各倭立法钤制,勾引内寇一并缚献”,② 然后才允许请贡。世宗令礼部议。礼部认为应优待来使,然传谕与转谕一事不可轻易实行,宜令浙江布政司移咨义镇等,令转告其国王。世宗准行。

---

① 《明世宗实录》卷四五〇,嘉靖三十六年八月辛丑。

② 《明世宗实录》卷四五〇,嘉靖三十六年八月甲辰。

十月，汪直与日本人善妙等率一支大船队抵达舟山群岛，派使者与胡宗宪约定投降事宜，并宣称要为朝廷肃清海上盗寇，以赎死罪，同时请求通商贸易。胡宗宪考虑再三，还是答应了汪直的请降。

及至约定之日，只有前往招谕的蒋洲来到，汪直及毛海峰、叶碧川诸魁首均未来。一时传言四起，浙江人听说汪直率倭寇大队前来，惊慌不安。巡按御史周斯盛请求罢贡和逮回蒋洲，胡宗宪不敢包庇，更不敢大意，命逮蒋洲，并向海岸调集军队。蒋洲在狱中陈述招谕的过程，表示汪直降意甚诚，其未能按时到，一定是被海风阻住。

汪直所乘之船果然是被台风损坏。未过多久，汪直改乘巨船，率头目数十人赶来，停泊于定海港。见岸边军队集结，便派其子汪滶前来质问。胡宗宪再三解释，汪直不信。胡宗宪又让汪直之子写书信相招，汪直说：孩儿真傻。有你父亲在，官府才会厚待你。父若前来，则合门被杀而已。

疑信之间，汪直提出要一贵官为人质。胡宗宪马上派指挥使夏正与汪滶同往，汪直向来与夏正有交情，便不再怀疑。

汪直率党徒叶碧川等至胡大帅的总督府请降，胡宗宪隆重接待，命军中指挥使负责其食寝，让其乘轿出入，并供应其船中人酒肉蔬米，真是热情周到。胡宗宪多次与汪直恳谈，盟誓守信，以释其疑惑。在内心深处，胡宗宪也的确想赦免汪直，以盗寇制盗寇，获得长治久安。他说服汪直先入按察司狱，以示服罪，尔后上疏朝廷，提出“或曲贷直等死，充沿海戍卒，用系夷心，俾经营自赎”。巡按御史王本固强烈反对招安汪直，而江南人言汹汹，都说胡宗宪收了汪直、妙善等金银数十万。胡宗宪闻说恐惧，急令人追回前疏，尽改疏文，“言直等实海氛祸首，罪在不赦，今幸自来送死，实藉玄庇。臣等当督率兵将，殄灭馀党，直等惟庙堂处分之”。① 他把诱获汪直之功归于皇上赞玄修醮所致,声称汪直命该自绝,再不以一言保护。

世宗对汪直等人必欲诛之,在胡宗宪疏章上亲批“直元凶不可赦!”并严令胡宗宪进兵擒剿余寇。胡宗宪不再犹豫,密令将汪直处死。

汪直被斩,官军四面围舟山岛。汪滶和敌酋谢和残酷地杀害了做人质的夏正,负隅抵抗,官军死伤甚多,无法攻占该岛。汪直久居海上,又很受海盗尊敬,徒众效死卖命者甚多,至此群起作乱,官军难以收拾。

三十七年春,大队倭寇从日本各岛开到,与汪直旧部联合入侵。福建连连告急,千户魏兵、高洪战死。倭寇进逼福州,巡抚阮鹗不敢抵御,只好以库银贿赂倭寇,用新造的六艘大舟让其满载而去。

京师又开始不断地收到警报和失败的消息,世宗严旨责斥宗宪。胡宗宪惧怕,急上疏陈述战功,并表示不久便可扫清倭寇。兵部认为胡宗宪有意欺骗,科道官也接连上疏弹劾胡宗宪贻误战机,纵寇南侵。世宗怒,下旨申斥胡宗宪,并将俞大猷等削职,命军中效力,克期破贼。

## 四、胡大帅自尽

当是时,胡宗宪总督府俨然东南沿海的最高军政机关,人称“帅府”,宗宪则被呼为胡大帅。

胡宗宪果毅坚强,每遇战事,都戎装临阵,立于矢石之间,指挥若定。倭寇围杭州城,胡宗宪登城临视,从墙堞间探身俯察敌情,三司官员皆两股战战,怕为流箭射中,胡宗宪则显得从容

---

① 《明世宗实录》卷四五三,嘉靖三十六年十一月乙卯。

不迫。

胡宗宪擅权术，通过赵文华的关系结交严嵩父子，赵文华死，更是极力巴结严氏，每年进贿赂无数。世宗喜祥瑞，胡宗宪在舟山获白鹿，上献朝廷。这一下可真是搔到世宗的痒处，他开心之极，即行告庙之礼，赏胡宗宪甚厚。不久，胡宗宪又献白鹿，令幕僚徐渭作表。世宗更以为盛世吉兆，“告谢玄极宝殿及太庙，百官称贺，加宗宪秩。”①

献祥瑞竟成了胡宗宪的护身符，后倭寇劫掠福建，科道官一再弹劾宗宪，世宗不独不加罪，反而认为胡宗宪因献祥瑞得罪群臣，遭到嫉恨。胡宗宪不但得到慰谕和褒赏，官也越做越大，加太子太保，升兵部尚书，再加少保。胡宗宪也不断进献世宗所钟爱的吉祥物，献白龟，献五色灵芝，献各种秘术，以邀欢固宠。

严嵩父子倒台，徐阶主持内阁，对胡宗宪的弹劾重又开始，致使胡宗宪终被逮治。然世宗没忘其平倭和献瑞之功，不忍加戮。宗宪长系狱中，悲愤抑郁，终于四十四年(1565)十一月死去，②据载亦是自杀。③

此时东南沿海的倭乱已基本平定，戚继光和俞大猷这两颗耀眼的将星亦正升起，二人都曾是胡宗宪的部下，得其信任和擢拔。正是戚继光和俞大猷，指挥军队，浴血奋战，终于基本荡平了海寇。

---

① 《明史》卷二〇五，胡宗宪传。

② 《国朝献征录》卷五七，少保胡公传。

③ 《明史纪事本末》卷五五，沿海倭乱。

# 第十六章　权相与忠仆

嘉靖二十一年(1542)秋八月,严嵩以礼部尚书兼武英殿大学士,参预机务。六年之后,他在内阁倾轧中完胜夏言,使之在凛冽寒风中尸横长街,自己则满面谦恭地登上首辅之位,从此年直到四十一年(1562)五月,在位达15年之久。

自朱元璋在洪武十三年(1380)罢中书省,明朝也就没有了丞相。严嵩被称为明朝的第一个权相,大概是指他独掌阁权,号令六部,培植私党,营私纳贿等行径。清人修《明史》,于"奸臣传"择选甚严,"必其窃弄威柄、搆结祸乱、动摇宗祏、屠害忠良、心迹俱恶、终身阴贼者,始加以恶名而不敢辞"。以之对应严嵩,几乎每一条都相吻合。

但在世宗那里,严嵩又只能算是一个忠臣,一个勤谨温顺的忠仆,一个效力终生的老奴。这个忠仆曾享有过巨大权力和财富,竟有些忘了上面有个明察刚断的皇帝。一旦失去了皇上的宠信,所谓权相,转瞬间便成了断了脊梁骨的可怜老狗。

## 第一节　"柔奸变幻,簸弄一世"

古代史著多以类论人,每又在各类中加以细化。奸臣的类型亦多,如严嵩,则被称为"柔奸"。因为杀父之仇,明代大文人王世贞恨透了严嵩父子,竟为之撰写长篇传记,字行间恨意淋漓。《明史·严嵩传》几乎全出于世贞原稿，却删去很能说明其性格的一句，曰："善自卑屈，至士大夫入谒，人人慰劳，务得其欢心。"①这大约就是柔奸吧。

柔奸之为恶，不在其柔，而在其奸。柔者状其灵活身段，奸者则指其品性行为。然面对恩威难定的皇上，严嵩主要的本领是将顺与恭谨，是步步紧跟和处处效忠，是陪侍斋醮的昼夜辛劳和撰作青词的绞尽脑汁……总之主要是一个"柔"字。而其子世蕃则利用乃父职权，插手六部、援引私党、招权纳贿、残害忠良，做尽奸恶之事。柔奸，应是严氏父子的合称。

## 一、由隐居到高升

严嵩为江西分宜人，身材高大瘦削，眉目疏朗，声音洪亮，一副儒者气概。他于弘治十八年（1505）中进士，入选庶吉士，列名甚前，入翰林院读书。庶吉士，又称庶常、吉士，典出《尚书·立政》，意谓上列各官皆属祥善之辈。明太祖取消中书省，以庶吉士称翰林院、承敕监的新科进士，永乐后专属翰林院。有明一代颇重翰林文学之臣，渐而至非翰林不入内阁，故一旦入选庶吉士，便被视之为储相。此一届庶常 29 人，三年散馆，其中 6 人授翰林院编修，严嵩列第二人。严嵩的庶常馆同窗亦多后来的朝中重臣，如翟銮，先于他 15 年入阁，好不容易熬到首辅，却被新阁僚、老同学严嵩很快搞下台去。这是后话。

而当年的严嵩还是个读书人，钦点编修，应说是春风得意，他却接连请求归家养病，隐居钤山读书，如此一晃就是 10 年。证之朝廷情状，实在也属严嵩的一种聪明抉择。其时正德皇帝一味胡折腾，身边先有刘瑾，后有钱宁、江彬，皆巨奸大恶，朝中

---

① 王世贞：《嘉靖以来内阁首辅传》，《丛书集成初编》，中华书局 1991 年版。

诤臣死于其手下甚多，而严嵩退居故乡山林，啸风吟月，作了不少诗，文辞古奥，大得士林美誉。

世宗入继大统，三个月后议开经筵，严嵩被推选为第一批经筵官。同兼经筵的有杨慎、李时、顾鼎臣，还有他在庶常馆的三个同窗，皆一时俊彦。10 年的悠游林下，严嵩与他们已地位悬殊，徐缙、翟銮已为侍读，穆孔晖为侍讲，而自己仍是六品编修。参预经筵，天颜咫尺，本是极好的机会，哪知一个月后，严嵩即升任南翰林侍读而去。虽说是署掌院事，但远在南京，终日无事，忽忽又近五年。其间张璁、桂萼等人在南京发动议礼，杨慎等人在北京领头哭谏，廷杖流放，血雨腥风，严嵩虽两边都没参与，倒也看尽政治风景，看透官场险恶，看了个明白透彻。

嘉靖四年五月，严嵩应召进京，升任国子监祭酒。按资历，他尚不够担任皇家大学的校长，只因首辅费宏是其同乡，私相荐引。后费宏被攻去职，严嵩的任职也是其一条罪状，他上疏辩解，总算没被牵连。

两年后，严嵩再次参预经筵。这次的侍讲阵容更为豪华，新贵张璁、桂萼都在其中。仪表堂堂、学识渊博的严嵩显然给世宗留下了好印象，不到一年，就升任礼部右侍郎。其时世宗一脑门子议礼，礼部之重远超其他各部院，简于此任，有一种很大的倚信。该部尚书为李时，待人仁厚宽平，严嵩亦敬事之。

就职礼部的第二个月，严嵩即奉世宗之命，前往承天祭告显陵，树碑，上尊谥。严嵩在承天待了整整半年，思虑周密，处事敬慎，不辞辛苦，将一应事宜料理得停停妥妥。回朝后，严嵩似乎找到一个最佳话题，连续上疏，其中有如下一段：

天眷陛下，灵异非一：恭上册宝，其辰熯云酿雨，及改题之际，灵风飒然，若神灵仿佛而来下；奏安神床，前夕愁霖彻宵，及行礼之际，祥曦散彩，群臣欢庆而动色。至于白石产枣阳，有群鹳集绕之祥；碑物入汉江，有河流骤涨之异。此两事尤为殊特。昔太宗文皇帝建碑孝陵，得美石于阳山，学士胡广有记；营建北京，得大木于蜀，有巨石当道，夜闻吼声如雷，石划自开，木由中出，敕胡广撰神木山之碑。今奇产灵贶事适相类，不有纪载，后世何述？①

通篇马屁精，又写得那么真诚，文采富赡，可视为后日青词之先声。此时世宗已开始热衷于斋祀，每天清晨在宫中拜天祝祷。严嵩此疏，将皇上与永乐皇帝相比附，也是搔到痒处。由是世宗龙心大悦，即予准行，对这位礼部右侍郎大有好感。

严嵩又奏称应在襄阳增设递运所，应增加卫辉以南往承天各驿站的马匹。总之，他要向皇上证明承天在自己心中的分量，藉以表达忠诚。同时，他还上疏描述路上所见南阳饥民的困苦状况，请求减税赈济，以在民间邀取贤名。此后，严嵩官运亨通，数月后即迁礼部左侍郎，再两年，改吏部左侍郎。时方献夫为吏部尚书，因事引疾归乡，吏部缺主官，世宗遂以严嵩主持部务，寄托着很大期许。

## 二、赐读《明堂或问》

吏部"掌天下官吏选授、封勋、考课之政令"，"视五部为特重"，②而严嵩以文学侍从出身，转任国子监和礼部，一下子真有点儿承担不起。两次推升官员，都被世宗否决。更为严重的是，一朝权在手，其贪念便尔显露。仅两月过去，就有言官弹劾，虽未点严嵩的名，话可是毫不客气，指出吏部"升用非人，有徇情受嘱而心怀贪得"。世宗大概也有些不满意，很快就让他去了

① 《明世宗实录》卷九六，嘉靖七年十二月丁酉。

② 《明史》卷七二，职官一·吏部。

南京，先任礼部尚书，几载后改为南吏部尚书。留都的六部，说好了是干部储备，说实了是打入另册，哪有什么事情，平居冷清寂寞，转眼又是五年。

十五年夏，世宗提出重修《宋史》，李时已成为内阁首辅，推荐严嵩堪当此职，诏命调任礼部尚书兼翰林学士。这时的礼部尚书夏言已入阁，重点负责各项大工。严嵩举进士虽早，对夏言执属下礼，极其恭敬谨畏，获得其欢心，得以主持礼部日常事务。世宗想将自己的父亲配祀明堂，又要称宗入太庙。严嵩与群臣计议，提出一些不同意见。世宗大不悦，自撰《明堂或问》，令廷臣拜读反思。严嵩顿时惶恐不安，尽改前说，又卖力地制订礼仪细则，总算博得世宗的一点赞许。从此之后，严嵩更是完全摒弃了自尊自爱，一切顺从皇帝，一切讨好皇帝。世宗尊上昊天上帝尊号、宝册等，严嵩都是忙前忙后，奏称天上出现五色祥云，作《庆云赋》、《大礼告成颂》，宣传鼓吹，文辞华美，让世宗煞是喜欢。

不独严嵩，朝臣多数如此，整个朝廷都弥漫着一种颓靡谄媚之风。老严所能胜出者，还在于擅于揣摩帝意，在于他能吃透世宗的性情与好恶。十六年春，世宗奉母拜谒山陵，仪仗鲜明，重臣簇拥，太后老娘风光无限，皇上儿子也觉得美滋滋的。偏严嵩想到一招，请求内阁及九卿大臣到蒋太后跟前行五拜三叩头礼，随行科道官见没有参与的分儿，也集体呈请。世宗龙颜大悦，同意扈从大小官员一体随班行礼。

严嵩外貌儒雅谦和，也以这种姿态，获得上司的信任。李时素来与人为善，夏言则生性强横，作风霸道，一开始对老严也是深信不疑。能尔如此，要领仍在一个“柔”上。严嵩以柔上邀帝意，以柔巴结上司，也力图以柔为自己塑造一个善良形象。可朝内外都不乏明眼人，台谏官早早便盯住了他，不断有人上章弹劾。严嵩能言善辩，只要有人说他不好，必加以辩解，哓哓呶呶，搞得科道反感，皇上也很不耐烦。户科给事中胡汝霖有一段针对性言论：

> 先时大臣被论列者惶恐待罪，乞恩求退而已，是非付之廷议，用舍听自上裁。大臣进退体貌当如是也。尚书严嵩秽行既彰，招致论列，辄为具奏自明。此皆鄙夫饰辞文过，名为辞避，实幸陛下或偶信之，不加谴斥，以持其禄位而已。臣愚谓奏辩之风不息，则无以存大臣之体，廉耻之节不立，则无以励小臣之行。士趋日下，往而不返，陛下虽欲臻唐虞三代之治，谁与共成之？①

所指为严嵩，所及则当时大臣之体和政坛风气。疏入，世宗阅后深以为然，下旨："今后大臣被劾宜省己，勿得强辩。"此疏见于十六年六月，严嵩已被论为"秽行既彰"，而一贯喜欢根查穷治的世宗，对此未加追究。

### 三、柔靡与凶横

严嵩对皇上更加恭顺勤谨，对其指派的事情无不竭尽全力。十八年春的南巡，世宗既是总导演，又是台上的主角，而严嵩则担任了舞台监督，关注细节，尽心尽力，料理周密，在一系列礼仪上没出任何差错。礼成之后，是他提议百官奉表称贺，夏言认为不妥，再加奏请，世宗欣然批准。回京后，又是他疏请为钟祥题"显亲达孝之城"匾额，世宗谦虚一番，亦御笔亲题。扈从大臣多多，哪一个不想在皇上跟前表现表现？夏言和郭勋岂不擅于揣摩上意？比起老严，还真有点儿跟不上。

忠顺与贪酷，常常是宠臣性格的两面。对皇上有多忠顺，对

---

① 《明世宗实录》卷二〇一，嘉靖十六年六月壬戌。

下僚就会有多贪酷。从承天扈从回京后，严嵩倚仗帝眷，贪赃枉法之事渐多。这还要承蒙他那个天才儿子严世蕃，①居然敢把索贿扩展到各地王府。礼部掌管宗藩请恤乞封之事，都要经世蕃手办理，见其中多有情弊，便乘机大索贿赂。严世蕃也多次到各部走门子，闹得父子俩秽名远扬。南北科道官纷纷上章弹劾，严嵩装模作样地辞官，以守为攻，在辞呈上巧加辩解，且给自己涂脂抹粉。十八年秋，严嵩以被论自陈，曰：

为人臣于今时，必使主孤立自劳，率皆观望祸福。②

明明是被论贪婪，却扯到对皇上的一腔忠诚上。而世宗从来都有这种看法，认为自己操心国事，认为众多臣下不能效劳与分忧。就这么诡谲的一句，竟让皇上大为感叹，曰"此言已尽矣"。

嘉靖一朝，由于世宗的刚愎自用和果于刑戮，愈到后来，辅弼大臣中身段柔软者愈多。即如严嵩之类以柔成名者，亦有明眼人指出其实质上的贪酷凶横。二十二年六月，吏部尚书许瓒率部属劾奏翟銮、严嵩干扰诠选，世宗偏向老严，责斥吏部。吏科给事中周怡激切上言，"陛下日事祷祀而四方之水旱灾伤未能销，岁开纳银之例而府藏未能实，蠲租之令数颁而百姓未能苏，选将练士之命时下而边境未能宁"，③进而指出责在内阁：

今嵩威灵气焰凌轹百司，市权揽势，凡有陈乞，云集其门，先得其意而后闻于陛下。中外之臣不畏陛下，惟知畏嵩也。銮则依违委靡，不能主张，其气势之弱，虽不足驱人之趋附，而名位之先，亦不足为嵩之妨碍。瓒两世三居吏部，可谓世臣，虽曰小心谨畏，而直气正色不能预销权位要求之

① 《国朝献征录》卷一六，大学士严公嵩传："世蕃尤险悍慓猾，每谓天下才唯已与陆炳、杨博而三。"

② 《明世宗实录》卷二二九，嘉靖十八年九月庚戌。

③ 《明世宗实录》卷二七五，嘉靖二十二年六月壬寅。

> 心，弱亦甚矣！

此处“弱亦甚矣”，《明史》改为“柔亦甚矣”，极为妥帖。① 严嵩是柔而不弱，翟銮和许讚则可称柔弱了。

严嵩表面上谦冲淡泊，能做到卑躬屈膝，内心里则褊狭歹毒。与夏言相争时，他的恶行被对手抓住，严嵩便与儿子至夏宅中，长跪不起，使夏言生鄙夷怜悯之心，放其父子过关。而严嵩则深心衔恨，密结党羽，等着夏言出事。河套之议，成了曾铣和夏言的颈上绳索，收紧这个绳套的正是严嵩。他与陆炳联手，找到了关在狱中的甘肃总兵仇鸾，怂恿他上疏攻击曾铣。曾、夏二人死去，仇鸾出狱，对严嵩以父子相称，恭谨至极。后仇鸾在庚戌之变中勤王立功，总督京军三大营，渐渐骄横，不大买严嵩的账了。严嵩恨极，却能不动声色，忍耐等待，及见皇上对仇鸾有所反感，这才与陆炳勾结，密疏相奏，揭发仇鸾通敌之事，致其死后被开棺戮尸。

严嵩一介书生，无经世济民之才，亦无经世济民之志，唯有恭谨事上，取得世宗的爱宠。他处处揣摩世宗的喜憎好恶，以结欢心。夏言任首辅时曾加“上柱国”。三年后，世宗在自己生日来临之前，颁旨给严嵩亦加称此号。就在万寿圣节这天，严嵩上疏恳辞，曰：

> 臣伏蒙圣恩加上柱国，臣不胜疑惧！《传》曰：“尊无二上。”上之一字，非人臣所宜居。国初虽设此官，亦不轻授。当时左相国徐达为开国勋臣第一，亦止为左柱国。累朝旷而不置，纵使特恩，臣子所当力让。昔唐太宗藩邸时曾为尚书令，唐世臣子无敢为尚书令者，至代宗朝以郭子仪有大功特拜斯职，子仪固让不受。臣虽识昧古今，颇知敬畏，乞皇

① 《明史》卷二〇九，周怡传。

上特免此官，仍著为国典，以昭臣节。[1]

这样的诚恳表态，这样的借机效忠，这样将皇上与唐太宗相提并论，怎能不让皇上喜欢！世宗大为开心，赞扬他"敬出心腑"，允许辞免，将其子严世蕃擢升为太常寺卿。

世宗"英察自信，果刑戮，颇护己短"。[2] 严嵩深知主子的个性，若要想解救某人，必先顺着皇上的意思对其大加抨击，然后再委婉地为其解释，让其觉得不忍心；若要陷害某人，严嵩常也先称赞其一些长处，再如不经意地提及相关密事，使皇上觉得被刺中痛处而动杀机。久而久之，士大夫渐渐为严嵩所控制，争相攀附。当时称吏部文选郎中万寀、兵部职方郎中方祥为严嵩的文武管家，而在他面前，六部尚书大都小心谨慎，不敢违拗。

## 第二节　杀不尽的诤臣

也就在严嵩入阁的当月，两京科道官便开始激切上疏，弹劾严嵩，一直到其倒台。严嵩被论为当时的"四凶"之一，被讥为"不当乘君子之器"。

弹劾严嵩及其子严世蕃的朝官前后不下数十人，绝大多数被斥受谴，有的竟惨死狱中。或也正由于此，世宗从未彻底信任过严嵩。在他心目中，老严既比不了张璁的忠直清廉，又比不了夏言的精明干练，其贪婪和阴柔，也瞒不过无处不在的厂卫密探。但世宗喜欢老严的听话和卖力，以此依赖和容忍了他，直到有一天觉得再不能容忍为止。

---

① 《明世宗实录》卷三六四，嘉靖二十九年八月辛未。

② 《明史》卷三〇八，严嵩传。

## 一、“盛世之四凶”

世宗显然不太喜欢科道官。自嘉靖三年的左顺门大廷杖，两年后又有李福达之狱，受创最重的便是科道官。杖棒翻飞，血肉迸溅，言官们的满腔忠诚也随之减弱甚至褪色。张璁曾被钦命兼掌都察院事，也是受皇上之命，来管住这些多嘴讨嫌的言官。

后来内阁倾轧，朝纲败坏，众多言官成为阁老的鹰犬，吠影吠声，丧尽宪台风范。但有中华传统道德文化的浸润，朝中也始终存在着不畏杖戮、毅然上疏的正直官员，如死于直谏的太仆寺卿杨最，如号称“三忠臣”的杨爵、刘魁和周怡，都名垂史册。

严嵩秉政期间，招权纳贿，具体操办者就是严世蕃，引起朝野正直之士的切齿痛恨。言官开始弹劾严氏父子。最先发起冲击的是南京吏科给事中王烨、御史陈绍。二十一年十月，两人劾奏严嵩“贪婪狡狯，又加以鄙恶之子世蕃招权纳贿，煽助虐焰”，①说这样的人居于内阁，必为国家之祸。严嵩疏辩并求退，一篇妙文再次搔到世宗敏感处，御批“诸攻卿者主使报复，朕具悉之”。皇上要表达自己的洞察秋毫。所谓主使者，当指七月间革职的夏言。

就在这个月，宫内发生了震惊中外的“宫婢之变”。世宗险遭不测，尚未康复，巡按四川御史谢瑜弹劾严嵩的奏章又到。谢瑜在严嵩任礼部尚书时即劾其“欺君罔上，钳制言官”，此时更奋身上疏：

> 昔舜诛四凶，万世称圣。今(张)瓒与郭勋、严嵩、胡守中，圣世之四凶。陛下旬月间已诛其二，天下翕然称圣，何

① 《明世宗实录》卷二六七，嘉靖二十一年十月庚寅。

不并此二凶，放之流之，以全帝舜之功也。[1]

世宗刚刚经历杀身之险，嘴上不承认，内心应也颇有反省，览此一疏，若有所思，没有马上做出反应。严嵩遂上疏自辩，说："大圣贤不世出，大奸恶亦不世出，臣虽不肖，何至有四凶极大之恶。"[2]言外之意，是指谢瑜诬蔑在世宗的英明统治下，竟出现了"四凶"。经此轻轻一拨弄，弹劾之锋便指向当今圣上。世宗虽未完全上套，亦产生很大反感，慰留严嵩，叫他不要堕入"中伤之计"，而对谢瑜则严加申斥。

严嵩又是个睚眦必报的人，惟其时入阁未久，不敢明显地报复。三年之后的考察中，严嵩密令主考者将谢罢黜，废弃终身。严嵩的报复大多张弓引满，待时而发，既置所恨者于死地，又避免倾陷报复之嫌。嘉靖二十年八月御史叶经曾弹劾严嵩收取重贿，为交城王府辅国将军朱表柙谋郡王之爵等事，使严嵩很惊慌，竭力遮掩才得无事。两年后，叶经受命监山东乡试，严嵩摘录其试策中所谓"诽谤"之词，激怒世宗，诏逮叶经，廷杖八十，使其不久后死于杖创。[3]

## 二、暗算老同学翟銮

夏言被遣归乡后，内阁只剩下翟銮和严嵩。二人同年进士，同入翰林院庶常馆读书，又于世宗即位后同为第一批经筵官，也算是有缘。惟严嵩未及进讲，即往南都任职，翟銮则一直为文学侍从之臣。翟銮"长身玉立，音声炳烺，进退周旋皆有常度，规

① 《明史》卷二一〇，谢瑜传。

② 《明世宗实录》卷二六七，嘉靖二十一年十月戊戌。

③ 《明史》卷二一〇，叶经传。

陈启沃切中机宜”，[1]大受世宗眷注。嘉靖四年七月升为翰林学士，10天后，会推为南吏部右侍郎，世宗即加点用，在批红后才发现“南京”二字，大吃一惊，即命司礼监追回。世宗说：这样一位善于讲学的人，岂可离开朕的左右！再两年推举阁僚，世宗降谕：“用銮者，于朕为学有益。”[2]这时的老严，还在南京冷曹仰望星空呢。

既在朝中，又有左顺门的前车之鉴，翟銮对皇上也会顺应和吹捧，从来不敢坚持什么。那时的翟銮居官清廉，做事谨慎，努力在文章上下功夫，绝不多揽是非。世宗颇懂得优容羁縻之道，一般臣子上书言事，要经过通政司办理，而对辅弼近臣特赐专门的银质印鉴（即所谓银记，又称银图书），用以密折奏事。赐给翟銮的两枚银章，一曰“清谨学士”，一曰“绳衍辅德”。那时，也曾蒙钦赐银记的张璁、桂萼被皇上的信任鼓舞，常常密封上疏，而翟銮独独一无所言。世宗有些不满意，问他为什么，翟銮俯身叩头，回说：陛下圣明，臣听命顺应都来不及，哪还有其他建议呢？此等面谀之词，翟銮说得恳切，世宗听得舒服，而在士林中则难免疵议。

十二年十一月，御史冯恩以星变论列大臣，说到翟銮的一段颇含讥刺：

> 翟銮附势依权，持禄保位，筮仕有“京油”之号，入阁著模棱之讥。然虽不能为国荐贤，亦未见其嫉害忠善，古有伴食中书，此其人也。[3]

语言虽涉刻薄，倒也有几分恰切。翟銮没有大臣架子，语言幽

---

① 《国朝献征录》卷一五，光禄大夫柱国少傅兼太子太傅礼部尚书谨身殿大学士石门翟公銮行状。

② 《国朝献征录》卷一五，翟公銮行状。

③ 《明世宗实录》卷一四三，嘉靖十一年十月丙申。

默，有时与同僚或下属开开玩笑，人缘颇佳。京油子也罢，伴食中书也罢，都还能证明翟銮的不奸不坏，从不害人整人。他居官清廉，体恤下属，提携晚进，是一个良善之辈。这样的人，在喜欢密疏和告讦的世宗眼里，可能被欣赏，却不会被信重。

十二年底，翟銮丁母忧去职，三年后竟然未加召回。翟銮在山东诸城老家每日悬望，一大家子老老小小，又没有多少积蓄，日子渐渐过得困顿不堪，观念也起了大的变化。直到十八年春世宗要南巡，须简用重臣巡视九边，夏言推荐翟銮，世宗大约也觉得这位老臣比较可靠，即加批准。老翟重新出山，以兵部尚书兼右都御史衔充任巡边使，“诸边文武将吏咸守节制，且赍币金五十万犒边军，东西往返三万余里”①。在家乡历尽清寂的翟銮再登高位，有权有钱，各边大员争相趋奉，馈赠金银珍异，以至于竣事回京时，竟装了一千多车。翟銮以此结交打点，很快重新入阁。这时的严嵩已是礼部尚书，在皇上那儿也大获宠信，老翟的回归挡了他的上升之路。

三年后夏言革职，翟銮继任首辅，严嵩以礼部尚书兼武英殿大学士入阁，此后整整两年时间里，内阁只有这同学二人。65岁的翟銮熟于宦场，早看清严学弟温润外表内的强烈权欲，很能谦逊避让，说了算的常常是严嵩。而权力之争，仅仅靠逊让是不够的，严嵩岂是甘居次辅之人？他已看出皇上对老翟的不满意，也自觉积累不少资本，便开始暗中搜罗翟銮的不法事例。果然机会来了！二十三年会试，老翟周密安排，两个儿子汝俭、汝孝同科高中，又故作姿态地请辞读卷官。严嵩唆使言官劾奏，指出翟銮的请托作弊之迹，更指出其二子和两个同学被安排在一间号房，后与姻亲焦清、老师崔奇勋同时取中。世宗令下吏部和都

① 《明史》卷一九三，翟銮传。

察院核查。翟銮上疏辩解，请求复试以验清白，并说到自己入直西苑的辛劳，乞求皇上恩典。世宗一向容不得作弊欺诈，尤容不得引功诿过，见疏勃然大怒，即加痛斥：

> 銮被劾有旨参看，乃不候处分，肆行扰辩，屡屡以直无逸为辞。同夏言禁苑坐轿，止罪一人，全不感惧，敢以撰科文赞玄修为欺朕！内阁任重，不早赴，以朕不早朝，并君行事。二子纵有轼、辙才，岂可分明并用？恣肆放僻如此，部院其参阅治罪，不许回护！①

世宗是一个算总账的人。科场作弊案一出，翟銮的多年辅弼侍从之劳就此勾销，原来不便说的一些不满也都成为罪责。世宗立命将翟銮削职为民，将他的两个儿子及焦清、崔奇勋除名，一干主考分考官员也都给以严厉处分。

内阁只剩下老严一人，这年的他已经63岁，精神矍铄，状态好得出奇。

### 三、“臣之心事有皇上知之”

世宗常也会显现感情脆弱的一面，有了痛苦会向人倾诉，有了疑虑会找人商量，得意之处也要寻找认可赞美。身边的内侍太监自然无不趋奉，却不够格与之作精神沟通。世宗的倾诉对象只能选择内阁大臣。拣阅实录，可发现世宗与多位辅臣都有过真诚交流，当面交谈或文字往来，恳切直率，如切如磋，也是他最愉悦最性情的时刻。杨廷和、杨一清、张璁、夏言，甚至翟銮，都有过这样的际遇，而与世宗沟通最多的则是严嵩。

二十四年（1545）四月，巡按福建御史何维柏上疏，“论劾大学士严嵩奸邪宜罢”，所举例证多与世宗崇信道教、招徕术士相

---

① 《明世宗实录》卷二八九，嘉靖二十三年八月甲午。

关。严嵩一一批驳：

是皇上听说盛端明通晓药石，亲自询问其姓名和学养造诣，钦命起复退闲家居的端明再入朝，何维柏竟然说是由臣力荐；

是皇上看了顾可学进献的秋石方书，"有旨令其暂住臣家，臣曾奏请命之别馆居住"，维柏竟然说由臣招纳豢养；

有关庙制大典，皇上知道郭希颜的立庙之议与臣言甚相矛盾，维柏竟然说臣阴主希颜之议。

世宗一向以英断自持，反感乃至痛恨臣下的操纵。以上所举三例皆是实情，皆是皇上所了解或直接嘱办，严嵩所为仅在于推波助澜。而维柏只知其一，不知其二，以此作为抨击老严的证据。严嵩写道：

> 臣之心事，有皇上知之而臣下不及知，有在廷臣僚知之而远方不及知者。①

看似分辩，实际反驳，又借以向皇上剖白心迹，申说冤屈。严嵩受弹劾甚多，每次必加辩驳，每次辩驳都能抓住对方的疏漏，亦都在于表白自己的忠贞。此次亦然奏效，世宗阅后又是一番感动，御批："维柏虽曰劾卿，实奸欺巧诈，以伺觇朕意，岂可中彼之计！"即令锦衣卫官校将何维柏捕械来京，为老严出气。

严嵩之辩也柔，开篇先扯出自家"心事"，一副剖肝沥胆的情态。而这句话的意思也有多层，翻转读之，即：皇上的心事，惟有臣严嵩知之。

---

① 《明世宗实录》二九九，嘉靖二十四年五月乙丑。

## 第三节　沈炼与杨继盛

俺答铁骑蹂躏京畿、饱掠而去的庚戌之变，带给一向高傲的世宗极大羞辱，极大刺激。他两次令群臣会议国事，真正敢说话的也不过寥寥几人。严嵩虽不足以安定邦国，却很能钳制人口。一场皇上要求的大讨论很快转向，个别言论出格的官员被收拾，随着蒙骑的退走，一切也就回到原状，回到老严掌控中。而世宗在诛杀兵部尚书丁汝夔、侍郎杨守谦，杖责刑部、都察院和大理寺高官后，自觉出了一口恶气，重回西苑的斋醮大业。

正是由于经历了这次兵灾，看清老严误国误军的真面目，一些正直之士奋起予以揭露。前有沈炼，后有杨继盛，各以其态度的决绝和遭遇的惨烈，被称为忠臣之首。

### 一、锦衣卫中的好汉

还是在俺答兵临城下，以入贡相要挟之际，廷臣奉旨计议。国子监司业赵贞吉抗言反对许贡，提出“朝廷所急在收摄人心”。一时无有响应，只见角落一人挺身而起，表示赞同。主持会议的吏部尚书夏邦谟喝问：你是什么官职？回曰：“锦衣卫经历沈炼也。大臣不言，故小吏言之。”[①]经历是锦衣卫中的文职，掌管文件收发等，在衮衮诸公中的确算是小吏一个，却也敢于发声。世宗派来潜听的内侍记住了赵贞吉，却好像没记住他，后来贞吉曾被委以重任，而沈炼献策杀敌，没有被理会，或皇上压根就没有看到他的奏章。

---

① 《明史》卷二〇九，沈炼传。

自称小吏的沈炼，亦两榜进士出身，由于生性疏狂，顶撞上司，在知县位置上蹉跎甚久，不得已转任锦衣卫，入仕十余年才是个从七品小官。掌领锦衣卫的是都督同知陆炳。这位当今圣上的少年玩伴一向爱惜人才，对沈炼很是欣赏，常带上他一起与严世蕃聚饮。世蕃喜欢在酒宴上侮弄客人，以大杯强逼人饮。沈炼嫉恶如仇，反过来灌世蕃酒。世蕃为其豪气所慑，倒也不敢计较。这就是沈炼。如果别人，赶上这样与权相之子结交的机会，又是自家上司的好友，还不知怎样巴结；而他，了解到严氏父子的种种不堪，内心只有鄙夷。

没过几天，刑部郎中徐学诗激切上书，认为大奸柄国为祸乱之本，揭发在京师有警时，严府以“大车数十乘，楼船十余艘”往老家转移资产。书中对严嵩形象有一段精彩描绘，说他——

> 威权足以假手下石，机械足以先发制人，利势足以广交自固，乘机构隙足以示威胁众，文词辩给足以饰非强辩，精神敏给、揣摩巧中足以趋避利害，而弥缝阙失、私交密会、令色脂言足以结欢当路而缄夺人口。①

这段话在不同史籍中颇见文字差异，但都写得简约犀利，一个大奸人形象随之跃然于纸上。学诗请求“罢嵩父子，别简忠良代之”。② 世宗览奏后颇为所动，询问方士陶仲文。仲文素与严嵩相交，便说他因尽忠于皇上而受孤立，学诗则是因私报复。世宗命逮徐学诗，下诏狱拷讯，所劾车船运金银南行之事出于传闻，收受贿金也难以举证，诏令削籍为民。严嵩被此事搞得很被动，上疏求去，又代世蕃请求回籍。世宗不许。

沈炼见是这种情况，心中郁闷，一日与尚宝丞张逊业饮酒，

---

① 《明史纪事本末》卷五四，严嵩用事。

② 《明史》卷二一〇，徐学诗传。

说到严嵩坏政，不禁慷慨斥骂，痛哭流涕，遂激切上言：

> 昨岁俺答犯顺，陛下奋扬神武，欲乘时北伐，此文武群臣所愿戮力者也。然制胜必先庙算，庙算必先为天下除奸邪，然后外寇可平。今大学士嵩，贪婪之性疾入膏肓，鄙愚之心顽于铁石。当主忧臣辱之时，不闻延访贤豪，咨询方略，惟与子世蕃规图自便。忠谋则多方沮之，谀谄则曲意引之。要贿鬻官，沽恩结客……①

沈炼历数严嵩十大罪，请求将严氏父子及吏部尚书夏邦谟罢斥，以谢天下。劾疏到通政司，照例先转老严阅看。严嵩从容布置，在皇上跟前做足铺垫，说沈炼任知县时如何坏事，平时如何醉酒胡说。世宗很生气，斥沈炼"恣肆狂言，排陷大臣"，令锦衣卫拘系杖责。幸赖陆炳暗中保护，才没有死于杖下。

沈炼被谪居靠近边塞的保安。当地百姓对沈炼很敬重，争献粮米居舍。沈炼在那里办学收徒，也教习乡人骑射，讲说忠义，又缚草人，上写严嵩之名，酒醉时率子弟射之。又一次他居然骑马到居庸关口，戟指南向，大骂严嵩后痛哭而返。严嵩闻知，命宣大总督杨顺诬陷为白莲教惑众，竟将沈炼杀于宣府，后又杀其二子沈衮、沈褒。

杀戮和廷杖并未吓住所有的朝官。三十二年(1553)三月，巡按御史赵锦上呈长篇奏章，请罢严嵩，以应天变。当时世宗正因供奉青词宠近严嵩，命将赵锦逮入锦衣卫狱，削职为民。

## 二、"外贼"与"内贼"

庚戌之变后，仇鸾请开马市。时任兵部员外郎的杨继盛以为大耻未雪，便议和示弱，是辱国之举，即上疏奏互市有十不可、

① 《明史》卷二〇九，沈炼传。

五谬，并说："陛下宜奋独断，悉按诸言互市者，发明诏选将练兵，不出十年，臣请为陛下竿俺答之首于藁街，以示天下万世。"①

杨继盛，容城人，嘉靖二十六年进士，以学识得徐阶、韩邦奇等激赏，有名公卿间。其疏文很使世宗心动，便令成国公朱希忠、咸宁侯仇鸾与大学士严嵩、徐阶、吕本及兵部官议。仇鸾闻说大怒，努目攘臂，骂骂咧咧。诸大臣遂称已遣官往敌营，不便中止。世宗还有些犹豫，仇鸾又进密疏，这才将杨继盛下诏狱，后贬为狄道典史。狄道远在甘肃边境，番汉杂居，杨继盛在此教化民众，甚得人心。

仇鸾通敌事发，世宗又想起杨继盛，升其为诸城知县，一月后调南京户部主事，再三日迁刑部员外郎。这种快速升迁与严嵩相关。老严恨仇鸾的嚣张凌越，对杨继盛首先弹劾仇鸾很赞赏，迅速擢升其职，以引为私人。不久，又将他改任职权甚重的兵部武选司员外郎。岂知杨继盛对严嵩父子更其痛恨，抵任刚一月，即修本弹劾严嵩。其妻哭劝，以为此举必死无疑，杨继盛不听，沐浴斋戒三日，毅然入朝上疏，弹劾严嵩"十大罪"、"五奸"。疏章以俺答为外贼，严嵩为内贼，认为"未有内贼不去，而可除外贼者"。继盛之疏正气如虹，却在最后犯了朝廷大忌，说：

> 愿陛下听臣之言，察嵩之奸。或召问裕、景二王，或询诸阁臣。重则置宪，轻则勒致仕。内贼既去，外贼自除。虽俺答亦必畏陛下之圣断，不战而丧胆矣。②

明朝制度：皇太子与皇子仅限于礼仪性活动，一律不得参预

① 《明史》卷二〇九，杨继盛传。

② 《明史》卷二〇九，杨继盛传。

政事。且此时太子已殁，裕王、景王隐然成争立之势，世宗极为敏感。由于杨继盛疏中引用“二王”，使世宗大怒，即命将之逮入诏狱，严刑拷问是何图谋。杨继盛坦然不惧，答曰：“非二王谁不慑嵩者！”严嵩密令手下拷问出指使者。继盛说：“尽忠在己，岂必人主使乎！”①狱成，杖一百，送刑部定罪。

杨继盛性格刚烈，入狱时，好心者赠以蚺蛇胆，要他在行杖时服用以免恐惧，杨继盛断然却之，一笑受杖。杖后疼痛难熬，他摔碎牢中磁盆，用来割下身上的腐肉和断筋，吓得执灯狱卒浑身颤抖，而杨继盛意气自如。

## 三、“独宰相一孙乃骁勇冠三军”

杨继盛长系狱中，其忠正浩然之气感染了良知犹存的朝臣，救援活动在各个社会层面上展开。他的疏章震动朝廷，触到皇上的痛处和忌讳处。严嵩乘机煽惑，说必然有人乘机而起，犯上沽名。世宗盛气以待，决心找几个人的整治示众，第一个出头的，便是继盛的上司、兵部武选司郎中周冕。

凡弹劾疏章中涉及事项，照例是要相关部门一一核查的。杨继盛劾章第五项，是兵部尚书欧阳必进等人，为严嵩之孙严效忠假冒军功事：

> 边事之废坏，皆原于功罪赏罚之不明。嵩为辅臣，乃为垄断之计，欲令孙冒功于两广，故先置伊表侄欧阳必进为总督，姻亲平江伯陈圭为总兵，乡亲御史黄如桂为巡按，朋奸比党，诪张为幻，先将长孙严效忠冒两广奏捷功升所镇抚，又冒琼州一人自斩七首级功造册缴部。其后效忠告病，乃令次孙严鹄袭替。鹄又告并前效忠七首级功加升锦衣卫千

---

① 《明史纪事本末》卷五四，严嵩用事。

户，今任职管事。效忠、鹄皆世蕃豢养乳臭子也，而假报战功，冒滥官爵，以故必进得入为工部尚书，圭托疾得掌后府，如桂得迁太仆寺少卿。此冒朝廷之军功五大罪也。①

明代的弹劾制度较为严密，世宗对此监管甚严。杨继盛以疏章中犯忌入狱，然他所提到的各项却要一一核查。遵旨下兵部查验，严世蕃自己拟好奏草，派人送给武选司郎中周冕，要求他照抄复奏。这位权相之子历来如此骄横，也历来畅行无阻，没想到撞上了周冕。

周冕也是铁骨铮铮一条汉子，任御史时两次上疏抗争，被逮治远谪，终是气节无改。他被这种肆无忌惮的欺诈行为所激怒，毅然上书，痛揭其中奸弊：

如效忠果斩首七级，则当时状称年止十六，岂能赴战？何军门诸将俱未闻斩获功，独宰相一孙乃骁勇冠三军？如曰效忠对敌，胫臂受创，计临阵及差委相去未一月，何以万里军情即能驰报？如曰效忠到京以创甚疾故，何以鹄代职之日，止告不能受职？……如曰效忠功当并论，例先奏请，何止用通状，而逼令司官奉行？②

周冕深知上疏之险，先期将事件原委调查得清清楚楚，指出既无严效忠其人，又无斩首七级之事，完全是老严亲信编捏的一个骗局。疏章印证确凿，论列严密，宣称严世蕃的题草仍在，也声明“臣虽得罪，死无所恨”。

此疏一上，严嵩等人大惊，千方百计地遮掩，诬说周冕为挟私报复。世宗受其影响，认为周冕不等兵部核查公议，私自上奏，显然是对原来受处分之事不满，令将其逮问削籍。至于军功

① 《明世宗实录》卷三九三，嘉靖三十二年正月庚子。

② 《明史》卷二一〇，周冕传。

云云，皇上大人也不再追究，借老严的请求，免了严鹄的官。严效忠一案假里套着真，真的就是这个严鹄，他才是老严的亲孙子。

## 四、继盛之死

兵部郎中周冕为杨继盛获罪去也，案卷转刑部，该部正直官员亦尽力挽救。侍郎王学益秉承严嵩之意，拟以“诈传亲王令旨律”，定为绞罪。郎中史朝宾与之争论，指出疏中并没有亲王令旨，指责当权者枉法害人。严嵩即令贬史朝宾，刑部尚书何鳌不敢违抗，遂定案。

但世宗还在犹豫。他对杨继盛扯上“二王”很恼怒，又心知这是一位忠直之士，只是把他打入死牢，并未下决心要杀他。严嵩见朝中同情继盛者极多，本也想做做样子，给他留条生路以邀名。而鄢懋卿以为养虎贻患，说动严嵩，遂决意杀之。两年后，都御史张经坐失事大辟，严嵩令将杨继盛附名上奏，得旨秋后斩决。

消息传出，中外痛惜。蓟辽总督王忬之子王世贞找到严世蕃，托为求恳不应，便毅然代继盛之妻代拟疏草。继盛妻伏阙长跪，泣血上疏，请求代丈夫一死，曰：

> 臣夫继盛误闻市井之言，尚狃书生之见，遂发狂论。圣明不即加戮，俾从吏议。两经奏谳，俱荷宽恩。今忽阑入张经疏尾，奉旨处决。臣仰惟圣德，昆虫草木皆欲得所，岂惜一回宸顾，下垂覆盆。倘以罪重，必不可赦，愿即斩臣妾首，以代夫诛。夫虽远御魑魅，必能为疆场致死，以报君父。①

世贞以文采为“后七子”的领袖，所撰疏文既避开世宗及严嵩的

---

① 《明史》卷二〇九，杨继盛传。

痛处,又沉痛哀婉,剖心沥肝,赤诚如注,欲以此打动皇上。岂知此疏被人扣下,不准报与皇上。三十四年(1555)十月,年仅40岁的杨继盛被押往西市,临刑赋诗:

浩气还太虚,丹心照千古。生平未报恩,留作忠魂补。

观者涕泣,闻者落泪。杨继盛就义后,世贞亲临治丧。王忬时在边镇,闻讯也大骂严嵩。幕府里岂无奸邪之徒,很快就添枝加叶地飞报京城,又埋下一段祸根。

### 五、除掉王忬

王忬是皇上的爱将,也是严嵩在朝中的对头。他出身官宦世家,博学多识,果决警敏,对于严氏父子很有些瞧不上。其长子世贞才华茂著,二子世懋亦中进士。而严嵩之子科举不利,诸孙均不成器,常因此加以斥责,使世蕃又羞又恨。王世贞与严世蕃表面应酬交游,实则很瞧不起,饮酒时借词讥讽,世蕃更加含恨在心。

世宗是在庚戌之变中发现的王忬。当时朝廷一派惊惶,而王忬以巡按御史赴通州御敌,临危不惧,措置有方,使强敌的攻势受挫,也为保障京师立了大功。世宗深加眷注,即擢为右佥都御史。后王忬巡抚山东,提督浙江军务,统兵抵御倭寇,再升右副都御史巡抚大同,加兵部右侍郎,代杨博总督蓟辽,进右都御史。一路升擢,都证明世宗很器重王忬的才略。

当时内阁中除严嵩之外,还有徐阶和李本。李本处处依附严嵩,徐阶则依违两间,隐然成为严氏一大政敌。而王忬与徐阶相交颇密,严嵩岂有不知。

王忬总督蓟辽军事,正值边界多事之时。打来孙、把都儿部屡犯边关,广宁总兵殷尚质、迁安副总兵蒋承勋先后战死。世宗开始认为王忬不足以统兵抵御入侵,命严嵩与兵部计议防守事宜。严嵩上疏提出应令王忬选补额兵，操练战守，不得专靠他镇援兵。兵部条列之事，也大抵与严嵩相同。世宗下旨切责王忬，命他抓紧练兵，整顿部伍。

兵部尚书张博要调蓟镇入卫兵受宣大调遣，世宗批准，王忬以京师重地，古北口等关又无险可守提出异议。世宗大怒，重提练兵之事，命兵部派员清查蓟镇额兵情况。兵部郎中唐顺之奉命前往，归奏额兵九万多，实有五万七千，还包括老兵疲卒。严嵩又乘机渲染边兵入卫的种种害处，世宗对王忬更为不满。

三十八年(1559)二月，朔风劲吹，杀氛又起。蒙古把都儿、辛爱诸部聚集会州，兵马熙攘，毡帐相连，声言要东侵。王忬接到警报，急率兵往东防御。未想敌军声东击西，从防守薄弱的潘家口侵入，渡泺河向西，在遵化、迁安、蓟州、玉田一带大肆掳掠，京师大震。王忬急回军扑救，敌军已饱掠五日，满载而去。世宗大怒，先令其停俸自效，后又逮入诏狱，钦定为斩刑。

爱之深必恨之切。王忬毕竟一文人，不能认真练兵，亦不能深入了解敌情，临事轻率，几次失误军机，令世宗大为痛恨，认为辜负信任。加上严嵩伺机进谗，终导致被诛杀的悲剧。王世贞听到此一消息，从山东青州任所赶回北京，与弟弟世懋日夜跪在严嵩宅第前流泪求告。严嵩假惺惺地宽慰，暗中则毫不手软。世贞兄弟又身穿囚服，跪在路边向过往的大臣叩头求救，惟此时已没一人敢为之说话。

第二年冬，王忬被斩于西市。

## 第四节　谁更了解皇上

如果说入阁早期的严嵩以柔持身、柔以行奸，则随着世宗对他的倚信加深，随着他在朝中的亲信爪牙渐盛，随着他对儿子世蕃越来越听从，其身上的戾气也越发浓烈。也就是从庚戌之变开始，严嵩对敢于纠劾他父子的官员痛下杀手，如沈炼、杨继盛，先后都死于非命。

这种杀机和戾气不仅仅属于老严，应是一个贪腐集团、一个权势和利益集团的暴戾。如陷害沈炼，主要是严世蕃会同宣大督抚在运作；而严嵩原想留下杨继盛以邀名，又是胡植、鄢懋卿劝他消除遗患。但作为当朝首辅的严嵩，专政既久，阴柔化为阴狠，清除掉沈炼和杨继盛，以及同情者王忬，又始终警觉观察着内阁中的同僚。

## 一、都要揣测帝意

自成立之日起，作为权力中枢的内阁就没停息过明争暗斗。斗争的手段各式各色，无所不用其极，其目的则只有一个，更多地掌握权力。君王的喜憎决定着内阁斗争的胜负，聪明的阁僚谁也不会忘记这一点，不会忘记在政治倾轧中高扬起“忠君”的大旗。

自十八年南巡后，世宗便经常不临朝，中年后更是如此，却始终没放松对朝政的掌控，凡遇国家大事，不可不问世宗。内阁首辅有票拟之权，但所谓“票拟”，还是要将拟定之辞附于本章进呈，由皇帝裁决。世宗从未放弃过裁决权，在严嵩主阁期间亦如此。

严嵩所能做的便是柔佞和顺从，是在顺从中塞进自己的私货，是乘世宗或喜或怒之时恰当进谄，提拔援引私党或打击排斥异己。一句话，就是揣测帝意。

严嵩仕世宗朝 42 年，其间入内阁凡 20 年，后 15 年为首辅，是嘉靖朝居位最久的一位首辅。就中的秘诀，便是他十分了解世宗。世宗的性情脾气、喜怒哀乐，世宗的价值观念、行为方式，世宗的精神疮疤和语言忌讳，严嵩都非常熟知，由是也举措得宜。

世宗迷信道教，长期服用丹药，使性格更为暴躁偏执，事有不当意，便动刑戮。在这样一位君主统治下是很危险的。但严嵩自有区处，那便是凡事尽量由皇上决定。如夏言被斩后，内阁只剩下严嵩一人，为了表示自己不擅权，严嵩即上疏请求世宗钦定协辅（即内阁大学士）。朱厚熜很满意严嵩的谦谨，命其“姑少待”。至二十八年（1549）二月，严嵩重申应选协辅，世宗命吏部推荐廷臣五六员。于是吏部遵旨廷推6人：吏部尚书闻渊、南京吏部尚书张治、吏部左侍郎翰林院学士掌院事徐阶、南京兵部尚书韩邦奇、礼部右侍郎欧阳德、国子监祭酒李本。

世宗命严嵩由6人中选用，以示信重。严嵩则马上表示：古代只有天子才能决定宰相人选，本朝制度则是廷推后由皇帝钦定，故“非臣所敢拟议”。① 严嵩的做法很能讨世宗欢心，于是钦定张治、李本二人入阁，对严嵩的宠信则有增无减。

### 二、“踢皮球”的老手

世宗驭下严苛，不允许略有失误，廷臣和阁僚往往因事得咎，严重者至杖责、流配甚至杀头。严嵩也有一套太极之术，便是该承担责任时让别人做决定。庚戌之变，俺答提出互市的要求，世宗召见严嵩等问计，严嵩马上表示：“此礼部事。”把球一脚踢给主管入贡事务的礼部尚书徐阶。而徐阶也深得个中三昧，随即便说：“事虽在臣，然需皇上主张。”②又巧妙地把烫手的

---

① 《明世宗实录》卷三六四，嘉靖二十九年八月壬午。

② 《国朝典故》卷三七。

山芋呈至皇上手中。后世宗在入贡上反悔,却没有内阁大臣因此得罪。

而兵部尚书丁汝夔则远没有徐阶精明圆通,上了严嵩的当,而成为替罪羊。时俺答骑兵破关而入,纵横京畿地区,羽檄频传,各镇勤王之师亦先后轻装赶到,世宗催促诸将出战,丁汝夔亦请求出京督战。请示严嵩,严嵩嘱其不要出战,说:“塞上败或可掩也,失利辇下,帝无不知,谁执其咎?寇饱自扬去耳。”①汝夔认为有道理,不敢主战,诸将闭营观望,敌骑横行京门之外,杀掳无算。待蒙骑撤退后,世宗怒兵部无能、边将怯懦,欲大行诛戮有罪之臣。丁汝夔害怕,向严嵩求救,而原来拍胸脯担保的严嵩竟一句话也不敢说。丁汝夔被押到西市论斩,才后悔被严嵩出卖,大呼:“嵩误我!”②

严嵩表面上提出把行政权力归还给六部尚书,实则处处安插亲信,培植私党。其对于弹劾自己的人,往往加以密讯,追究主使者。时间一久,世宗多有耳闻,对他开始憎厌,而对礼部尚书徐阶渐渐依赖宠信。

### 三、未入阁的劲敌

以阴柔和诡诈纵横朝廷、包苴政务的严嵩终于遇到了一个劲敌——徐阶。徐阶身材短小,生得文静雅致,颇有权略,平时藏而不露。可他也有骨头很硬的表现,前《更定祀典》一章中所叙其反对更改孔子祀典,便是一例。徐阶虽早年仕途受挫,毕竟是一位相才,在地方上做得风生水起,大得民意,由延平推官迁黄州同知,再擢浙江按察佥事、按察副使。皇太子出阁,召拜司

---

① 《明史》卷二〇四,丁汝夔传。

② 《明史》卷二〇九,杨继盛传。

经局洗马兼翰林院侍讲。徐阶又回到中央政府，回到素称清贵的翰林院。经历一番仕途坎坷和10年外省漂泊，他在政治上更成熟，升迁的速度也更快：由国子监祭酒、礼部右侍郎，又改为吏部侍郎。

与吏部高官闭门谢客的通常做法不同，徐阶折节下士，常延客长谈，询问边疆和各省的详细情况，使很多地方官倾心追随。二十八年二月，徐阶进礼部尚书兼掌翰林院事，自此常常应召入侍。世宗很喜欢徐阶的勤勉恭谨，供奉青词，多以徐阶所作最称意，由是大得帝心，召直无逸殿，赏赐飞鱼服、御膳等，与内阁大学士相同。廷推徐阶为吏部尚书，世宗不愿让其离开左右，故不准。

因夏言曾力荐徐阶，严嵩也就把他当成潜在政敌，见其渐得上宠，亦不免暗中忌恨。方皇后死去，世宗欲让其灵位先祔庙，下礼部议。徐阶抗言皇后无先入庙者，疏上，世宗甚怒，徐阶惶恐谢罪。世宗又命徐阶往邯郸落成吕仙祠，徐阶借故缓行，后由他人代往，世宗也心中很不快。擅于等待的严嵩终于发现了良机。一日，世宗单独召见严嵩，说话间谈到徐阶，严嵩平静地说："（徐阶）所乏非才，但多二心耳。"①便是暗指其请立太子事，世宗深以为然。

徐阶的处境一下子变得很危险，不敢再与严嵩争锋，处处恭谨驯顺，以消解其敌意。而更主要的，徐阶千方百计地奉迎皇上之意，精心写作青词，讨其欢心。近侍素来为徐阶拉拢结交，也寻找各种机会为他进美言。世宗的怒气渐渐化解，重又宠信徐阶，不久，加徐阶少保衔，进兼文渊阁大学士，入参机务。②

---

① 《明史》卷二一三，徐阶传。

② 《明世宗实录》卷三八三，嘉靖三十一年三月辛卯。

这种结果真令严嵩愕然。他本来已掘好陷阱，张开机括，只待埋葬这个政治对手。未料其对头一跃而过，纤毫未折，竟然直入内阁。严嵩遇到了一个真正的对手。他擅于上结帝意，徐阶亦为世宗宠信；他待人阴柔险巧，徐阶亦谦和其表，不动声色；他处处设置牢笼，徐阶亦时时密加提防，且敢于反制；他网罗爪牙，徐阶广交直臣与能士，亦注意结纳大内近幸……他们都是皇上亲用依赖的重臣，然严嵩老了，而徐阶则年富力强；严嵩及其党羽误国害民，而徐阶则尽力保护善类，广结善缘。

徐阶进入内阁，凡事谨慎，听从老严部署，不敢与之对抗。但严嵩对其政治实力和手腕都很清楚，又岂能为表面文章所瞒过？这时仇鸾通敌行贿之事开始泄露，严嵩认为机会来了，——徐阶与仇鸾曾同时入直无逸殿，很有交往，正好借整仇鸾之机牵连上徐阶。谁知内部传来密信：正是徐阶密疏揭露仇鸾的罪状。严嵩闻知愕然，嫌忌转深。

世宗追戮仇鸾，对徐阶更为信重，多次与他计议边事。在世宗心目中，严嵩为多年老臣，地位还是在徐阶之上。比如他曾以五色灵芝授给严嵩令炼药，而不给徐阶，理由是他兼吏部尚书，政本所关，不应参与此事。此话别有一分爱重，可徐阶仍能体味到皇上的疏离感，诚恳请求，也得到炼药的委任。①

杨继盛弹劾严嵩，因疏中有“二王”字样，下锦衣卫狱。严嵩私下让陆炳追究主使者，意在怀疑徐阶。徐阶从容告诫陆炳，让他不要涉及皇子的事情中，以免招大祸。他还把这番话直接告知老严，吓住了严嵩。后吴时来、董传策等再攻严嵩，他们或是徐阶门生，或为其同乡，严嵩辩解时明指徐阶为幕后主使者。世宗不予理睬。

---

① 《明史》卷二一三，徐阶传。

严嵩终于感到危险的临近，恐惧心渐渐取代多年的自信，意识到内阁中的主次地位已发生变化。严嵩毕竟是严嵩。有这么一天，他在府中设盛宴，独独请徐阶一人，亲自举杯劝酒，叙说往事，忽命世蕃和孙辈起身对徐阶跪拜，说：我也活不了几天了，家中人全靠您今后给口饭吃。说完语音哽咽，老泪纵横。[①]

徐阶急起身逊谢，连称不敢。一向审慎深沉的他当然记得夏言的前车之鉴，知道这种跪拜泣语的场景曾在夏府上演过。他面露惶恐，语意谦逊恳切，听不出有一丝儿应付。徐阶也毕竟是徐阶。

## 第五节 严嵩被逐

严嵩老了，世宗的这个忠仆老了。60 岁时他可以打点精神，陪着尚属青年的皇上斋醮烧炼，可以写出一篇篇华美空疏的文章，80 岁的他，实在是有些跟不上了。

嘉靖四十年（1561），严嵩已 82 岁。年逾八旬的老严还是这么辛苦，每天，甚至一连许多天在西苑的直庐待着，随时听从皇上的召唤，以示忠心无改。而世宗仍在中年，对长生的追求更为急迫，斋祀活动更是花样翻新，严嵩精力和智力两不济，常常文不对题，问非所答。老严老矣！

### 一、有学有术严世蕃

其实很久以来，严嵩就有些力不从心了。但他有一个颇有神通的儿子。前人多讥严世蕃不学有术，实则冤枉。世蕃堪称

---

① 《国朝献征录》卷一六，大学士严公嵩传。

乃父的智囊，应说是有学有术。

严嵩仅有一子世蕃，虽未能考取进士，倒也读了不少书，文词清畅，兼有一肚皮狡狯机诈。史书论大严、小严，常谓小严之坏，甚于大严。严嵩窃居高位，柔佞谄谀；世蕃则呼朋引类，诈变百出。父子俩表里朝政，相辅相成，从未想到收手，直到一场宫火，烧光了他们的幸运。

世宗统治下的紫禁城，大小火灾不断发生，尤其在中后期，不知是由于斋祀还是祸起炼丹，多少都透着几分怪异。四十年正月，世宗所居的西苑万寿宫忽然烈火大作，焚烧一空。世宗只好暂居在低矮狭窄的玉熙宫，心中悒悒不乐。大臣们请他还居大内，世宗不听。严嵩奏请移居南内，南内宫室简陋，又是英宗长期被幽锢的地方，世宗大不高兴。徐阶与工部尚书雷礼疏请营建新宫，世宗很满意，此后凡军国大事皆咨询徐阶，不再与严嵩商量。

八十余岁的高龄，使严嵩无法再精力充沛地接受皇帝召问，无法在皇上垂询时投其所好，无法撰写出那颗粒圆润、字字珠玑的斋文。他开始不可抗拒地走向衰老和迟钝，不得不越来越多地依赖儿子。严世蕃狡猾细密，凡世宗旨意严嵩不可解处，总能窥清底蕴，奏对如意。世蕃还有内线，平日私下买通内侍，皇帝身边有一点消息都来报知，每报信一次又必有重酬。世宗每次要问些什么事，世蕃早预先得知，做足了文章，令皇上很是喜欢。

世蕃借其父之势，也开始一路升迁，先是任尚宝少卿，进太常少卿、太常卿，俨然小九卿之一，后又进工部左侍郎，随乃父入直西苑。严嵩专擅朝政，诸司以事呈请裁决，严嵩必说："与小儿议之。"后来朝中无行之人便群然趋附，聚集在严世蕃身边。九卿以下朝官若想见其一面，常常要等上十来天。有的在门房由早晨等到晚上，还是得不到见面。严世蕃熟知朝官和地方官职的油水大小，据以决定收贿的多寡，一旦开价，便一点也不许少。

严世蕃开始大造私第，占有三四个坊巷，环以数十亩水塘，珍禽异树，酣歌美酒，一日日在其中纵妓淫乐。士大夫侧目而视，正直的谏官连章上疏，严嵩父子长期得到皇上庇护，浑似不倒翁一般，由是也更加横行无忌。

就在这年夏天，严嵩的老妻欧阳氏死了。她是一个善良本分之人，临终时劝严嵩父子收敛行迹，多结善缘。老妻的遗言感情深笃，令严嵩若有所愧。严嵩也想对儿子严加约束，又如何约束得了？依礼制，世蕃应护送母亲之丧归家乡并守墓三年，可严嵩又实在离不开他，便以独子为由，请求留在身边照顾。世宗准许。但世蕃丧服在身，不能再入直西内、代父票拟。有时世宗旨到，严嵩不知如何对答，急派人出宫问其子，而世蕃正拥妓豪饮，含糊应之，往往不称上意。

世宗也听说不少世蕃淫纵不法的传言，对他大是厌恶。一天，世宗与术士蓝道行闲谈，问到辅臣贤否，蓝道行假借箕仙之口，陈说朝中有奸臣弄权。世宗说：如果真是这样，上天为何不惩罚他？蓝道行说：留待皇帝正法。世宗默然，心有所动。①

## 二、邹应龙上疏

严嵩失欢的消息传出，朝臣中正直之士自备受鼓舞。御史邹应龙即上疏弹劾严世蕃，历数其收受贿赂、交通近侍及各种不法情状，请求将其下大理寺审讯。疏中涉及严嵩“植党蔽贤，溺爱恶子”诸事，并慨然表示如自己所言失实，愿斩首谢罪。疏入，世宗谕令严嵩致仕，御批一段文字，不无伤感：

---

① 《明史》卷三〇七，蓝道行传。

嵩小心忠慎，祗顺天时，力赞玄修，寿君爱国，人所嫉恶既多年矣。却一念纵爱悖逆丑子，全不管教，言是听，计是行，不思朕优眷。其致仕去，仍令驰驿，有司岁给禄米一百石资用。疏内有名各犯，锦衣卫逮送镇抚司拷讯。①

世宗之旨，犹如一声霹雳，严嵩父子顿时呆若木鸡。老严岂甘如此，即刻上疏请罪，更主要的是辩解。世宗说：已念你二十余年赞玄之忠勤，给以减罪优待，为何还要为儿子说话呢？说到严世蕃，世宗用的字句是“凶儿”、“逆邪细丑，欺上谤君，日甚一日”，实在是厌憎至极。老严当然能读懂，不敢再护犊子，“自引治家不严之咎，请即重谴”。世宗念着旧情，仍让他致仕回乡。

朝廷中严嵩之党甚多，很快打听到扶乩之事，重金收买宫中近侍，揭发蓝道行怙宠招权等事，一击而中。世宗命将蓝道行逮入诏狱，主审是刑部侍郎鄢懋卿及大理卿万寀，二人皆严嵩亲信死党，私下令蓝道行诿罪徐阶，骗说可保其无事，并许以金银富贵。蓝道行此时倒是毫不含糊，高声说道：“除贪官，自是皇上本意；纠贪罪，自是御史本职。何与徐阁老事！”②二人见大势已去，害怕祸及自己，只命法司从轻拟处，坐严世蕃收赃银800两，发配雷州卫，其子严鹄、严鸿及爪牙罗龙文、牛信等分戍边远卫所。世宗岂能相信这等小小数额，念及父子俩多年效劳，不再追究，且特旨宽宥严嵩一孙严鸿为民，令照顾爷爷的生活。

严嵩倒矣，徐阶并未掉以轻心。在严嵩离京前，徐阶亲到严府探望，说了很多宽慰的话，对世蕃也礼数有加。回到自己府中，其子说：父亲大人受他们之辱已到极点，正是报仇之时。徐阶假作生气，对儿子大骂：若不是严氏，我便没有今天，怎么能负

① 《明世宗实录》卷五〇九，嘉靖四十一年五月壬寅。

② 《明史纪事本末》卷五四，严嵩用事。

心与严家为难呢！果然府中有卧底者，严嵩得知后略觉心安。

徐阶真也能做到滴水不漏，在老严还乡后，一直有书信问候，往来不绝。

### 三、皇上提出退位

严嵩被罢归乡里，朝中却未能平静下来。第一个不平静的人便是世宗皇帝自己。

世宗的个性也是一个矛盾的组合体。他刚愎果决而又多疑善变，躁烈无情而又经常念旧。对严嵩亦如此。严嵩在朝中专擅事权，在皇上跟前则是一意趋奉，允忠允诚，如随身之老犬。严嵩被罢归，世宗温旨抚慰，又让其乘传返乡，很留有一些君臣情分。这也正是徐阶小心翼翼，在严嵩出阁后仍不敢不谨慎的原因。

果然，仅仅过了五天，世宗的情绪便起了变化，他追思及严嵩的赞玄之功，想起君相共处的快乐时光，现斯人垂暮获谴，自己也年事渐高，忽然生出一种怅惘寂寥的思绪，无法排遣。他召见徐阶，“欲遂传位，退居西内，专祈长生”。[①] 天哪，皇上又要“辞职”了！

这时的世宗体衰多病，对长生之追求益发走火入魔，如果真能禅位，对国家和他本人都是一件好事。可这其中真假参半，分明也有一种试探考察在焉。徐阶何等聪明，当然是“极言不可”。世宗便说：

> 卿等即不欲违大义，必天下皆仰奉君命，阐玄修仙乃可。严嵩已退，伊子已伏罪，敢有再言，同邹应龙者俱斩。[②]

---

① 《明世宗实录》卷五〇九，嘉靖四十一年五月丙午。

② 《明史纪事本末》卷五四，严嵩用事。

果然是试探，且已料得徐阶不敢顺水推舟，核心仍在于斋醮和玄修。严嵩可去，玄修不能去。世宗早也看透群臣想否弃玄修的路数，先予警告。正欲振臂奋袖、扫除严嵩余孽的谏官被吓住了。严嵩早得密报，与其死党备受鼓舞，又要有一番作为了。

然毕竟已是徐阶当政，不光劝阻抚慰了皇上，剪除严嵩余党的工作也在有条不紊地进行。当年六月，大理卿万寀、刑部侍郎鄢懋卿被劾罢斥，太常少卿万虞龙被降调。九月，刑科给事中赵灼弹劾工部侍郎刘伯跃、刑部尚书何迁、右通政胡汝霖、光禄少卿白启常、副使袁应枢；吏科给事中沈淳弹劾湖广巡抚都御史张雨；刑科给事中陈瓒弹劾右春坊右谕德唐汝楫、南京国子监祭酒王材，俱于十七日诏令革职闲住。

# 第十七章　青词宰相

嘉靖晚期，内阁集中出现了一批专以写作青词为职的大学士，如袁炜、李春芳、郭朴等，被称为“青词宰相”。这是世宗晚年朝政的一大奇观，是以斋醮挤兑国务、视内阁如同文秘的集中体现。

以青词而择选阁僚，以辅相主撰斋文，自世宗中期开始。这一状况越来越突出和强化。夏言、严嵩包括徐阶之发身，与青词关联亦多，其任首辅后长时间入直西苑，虽说是陪皇上修醮为主，但毕竟是兼而为之，与袁炜诸人不同。正是由于大臣的趋奉媚顺，世宗将当初私人化、小圈子的斋醮提升于大政之首，扩大为举国体制。

## 第一节　终生与俱的诗文喜好

在明代皇帝中，世宗应是对文化典籍阅读较多、文学修养较高的一位。幼年在乃父兴王教导下苦读诗书，加上天资聪明颖悟，奠定了坚实的基础；少年时入主皇宫，因为议礼的需要，不仅要详加参阅礼臣和张璁等人那引证繁冗的疏章，还往往亲自翻检古籍，披览摘引，俨然已成为礼法方面的专家。世宗真心地喜好诗文，尤其是喜好美文，而讲求富丽华美的青词，则是美文的一种功利化极端化呈现。

## 一、醮事与斋文

青词，又作“青辞”、“斋词”、“斋文”、“绿素”。本为道士做法事时用以上奏天庭或征召神将的符箓，用朱墨书写在青藤纸上，故称。此类符箓当然是一种虚幻荒诞之物，装神弄鬼，骗人钱财。可那些笃信神灵、渴慕长生的封建帝王却每每乐此不疲，土木兴作，焚修祷祀，倾国民之膏血，化烟化灰，洒向渺渺虚空之中。于是，青词的撰写成为翰林学士们的一种职责，亦成为其显示才学、卖弄聪明、邀欢结宠的一条捷径。

李肇《翰林志》称：“凡太清宫道观荐告词文用青藤纸，朱字，谓之青词。”证明了大唐御用文人对写作青词的重视。后世推而广之，使成为一种文体。如前蜀杜光庭所拟《皇太子为皇帝修金箓斋词》：

> 青词奏御，俾金慧以韬光；
> 丹表通真，致珠囊之叶度。①

这就是青词，一种措辞华美、对仗讲究、装填各种典故和学问，语意又虚渺飘忽的文学体裁。

大明得天下，朱元璋曾严禁淫祀，其中特别申禁青词：“僧道建斋设醮，不许章奏上表，投拜青词。”②至洪武二十四年(1391)六月，明太祖命清理释道两教，再次申明“道士设斋醮，亦不许拜奏青词”。③ 泥腿子出身的朱元璋，大约不喜欢青词在形式上的做作，又是青藤纸，又是朱字，又称“奏御”“拜奏”，处处僭拟皇家格范，是以严加限制。

然青词生来就与宫廷关系密切，怎会长期远离阙下？至天

---

① 见《广成集》，中华书局“道教典籍选刊”，2001 年版。

② 《明太祖实录》卷五三，洪武三年六月甲子。

③ 《明太祖实录》卷二〇九，洪武二十四年六月丁巳。

顺七年(1463)春,英宗对首辅李贤说听到“空中有声”,认为是上天谴告,打算让真人张元吉设醮祈祷,命李贤撰作青词。① 李贤是一位有大智慧的老臣,景泰时得君崛起,英宗复位后不独无损,且在复杂政治背景下长期担任首辅。从君臣一番对话,可知命阁臣乃至首辅写作青词,绝不是第一次出现。

到了成化期间,斋醮和青词在宫中已很常见,也没见到什么人出来反对。直到宪宗驾崩,御史陈榖等上疏弹劾李孜省等人祸乱宫廷,青词与斋醮、烧炼一起被批判,“书朱字符而入宫,用玉图书而称旨,黄袱进誊写之妖书,朱砂养修炼之秘药,奏青词呪诅于便殿,建寺观震动于乾宫。气焰薰天,名教扫地”。② 这种情形,比世宗晚年有过之而无不及。

世宗肃皇帝崇用青词的最早记录,当见于嘉靖二年四月,科道上言反对在钦安殿设醮,提及太监崔文“请圣驾拜奏青词,是以左道惑陛下,请火其书,斥其人”。③ 这些疏章让年轻的皇帝有些发蒙,有些不好意思。也说明开始时的斋醮是秘密进行的,目的是为皇上患病禳解,所用青词应出自道士之手。

至嘉靖十年冬,钦命在钦安殿启建祈嗣醮事,便有点大张旗鼓。而礼部尚书夏言引前代之例,积极要求负责“奉迎青词及监视法事”。世宗俯允,诏以“礼部尚书夏言充祈嗣醮坛监礼使,侍郎湛若水、顾鼎臣充迎词导引官”。④ 至于撰作青词的,似乎仍是道流。

---

① 《明英宗实录》卷三四九,天顺七年二月丙戌。

② 《明孝宗实录》卷二,成化二十三年九月丁未。

③ 《明世宗实录》卷二五,嘉靖二年四月癸巳。

④ 《明世宗实录》卷一三二,嘉靖十年十一月癸酉。

## 二、大臣中的文学知己

世宗所宠信的议礼诸臣，如张璁、桂萼等人，似乎没有谁写作青词，说来也不为什么，只与他们缺乏文采有关。

因议礼之功，世宗对张璁自是恩宠有加，遗憾的是张璁略少诗才，议礼诸臣如桂萼、方献夫也不以吟诵见长。世宗喜作诗，写后即命大学士费宏为之润改，并嘱为唱和，编成诗集，命署“内阁掌参机务辅导首臣”之衔，颇见尊礼。张璁等不无嫉恨，桂萼上疏曰：“诗文小技，不足劳圣心，且使宏得冯宠灵，凌压朝士。”[①]多少使世宗有些扫兴，便在吟诗作赋之时，干脆将他们晾在一边。

嘉靖五年一个夏夜，世宗在平台召见内阁大学士。费宏和石珤、贾咏先到，世宗对他们说看到所和之作，也为诸臣各拟一首，希望能得到辅导，然后将亲笔题在龙笺上的诗页一一授予。新入阁不久的杨一清随后赶来，世宗待之更为亲切，赞扬他提督陕甘三边之劳，郑重表达倚信之意，也以一诗相赐。四老臣匆匆赶来，没想到竟有此意外恩典，一起顿首致谢。朗月当空，夜风清凉，年轻的君主与一班老臣在平台上谈诗说赋，一派和悦景象。

这是世宗用心朝政、也留心词赋的时期。他写给几位辅臣的诗，既能关乎军政之事，又能契合各人特征，有褒奖也有期待。其赐首辅费宏的诗为：

> 眷兹忠良副倚赖，舜皋仿佛康哉赓。朕缵大服履昌运，天休滋至卿其承。沃心辅德期匪懈，未让前贤专令名。

赐石珤诗为：

> 黄阁古政府，辅导须才良。卿以廷荐入，性资特刚方。

① 《明史》卷一九三，费宏传。

在木类松柏，在玉如珪璋。可否每献替，忠实无他肠。

赐贾咏诗为：

卿本中州俊，简在登台衡。君臣际良难，所贵德业并。

朕固亮卿志，夙夜怀忠贞。卷阿有遗响，终听凤凰鸣。

赐杨一清诗有云：

迩来西陲扰，起卿督边方。宽朕西顾忧，威名满华羌。

予承祖宗绪，志欲宣重光。卿展平生猷，佐朕张皇纲。

次日，费宏等上表称谢，自然少不得一番赞美。世宗的批答很诚恳，说自己要想继承发扬祖宗大业，只有依赖旧臣辅佐；说这几篇成于万几之暇的小诗，赐予各位，也是希望君臣交修，共成化理之意。若以此就说像古帝王，实在是称颂太过。

世宗还曾多次赐诗给九卿大臣。就在平台赠诗前月，刑部尚书赵监以疾致仕。陛辞时，世宗以诗页见赐，让臣下艳羡不已。御史郑洛借以上言，称赞是“虞廷赓歌之风，地天交泰之会”，建议推广到一些老臣如谢迁、林俊、孙交身上，“特降宸章劳问，以示不忘咨访时政”；又建议赦免因议礼获罪的官员。世宗无意采纳，但也未加怪罪。

杨一清入阁后，世宗又发现一位文学知己。一次元宵节前夕，世宗命杨一清作《上元诗》进呈，有“爱看冰轮清似镜”一句，世宗觉得似中秋景色，提笔改成“爱看金莲明似月”。两相比较，后者尚不如前，但皇上能为润改诗句，也是难得宠遇。杨一清上疏感谢，称说：“曲尽情景，不问而知为元宵矣。”①老臣之夸赞，当然使青年天子很开心。

① 《万历野获编》卷二，御制元宵诗。

## 三、顾鼎臣的步虚词

由于父亲的影响,也由于自幼多病,世宗的文学喜好带有许多道家色彩。道家的设醮焚修,一般都带有明确的目的性,世宗亦然。他在宫内建醮,一开始是为了祛病,后来为了求子,再后来则是为了长生。这也是大略言之,其间目标多重,另如祷雨、驱鬼,甚至预测战事输赢、祈求战争胜利,莫不迷信此道。世宗一念至诚,对斋坛所用符箓、斋文等文字的要求逐渐提高,唯恐词不当意,上渎天听。顾鼎臣便是第一个由此进秩,而大获宠遇者。

顾鼎臣,字九和,昆山人。弘治十八年(1505)状元,授翰林院修撰,升左谕德,嘉靖初为侍讲,得以接近世宗并受到眷注,拜礼部右侍郎。《明史》本传:

> 帝好长生术,内殿设斋醮,鼎臣进《步虚词》七章,且列上坛中应行事。帝优诏褒答,悉从之。词臣以青词结主知,由鼎臣倡也。①

步虚,指道家所谓神仙的凌空步行。"中夜集五灵,步虚款天关。"②描绘的正是想象中凌空漫步的情景。而"步虚词",即道家为降神和送神,设坛时唱经礼赞之词,也就是青词。"道士写将行气法,家童授与步虚词"。③ 法坛高建,烟云缭绕,道士披发仗剑,踏罡步斗,凭虚指划,若见神人凌空御风而行。步虚词正是伴着舒缓高旷、幽深邈远的音乐而起,把祝祷者带入那如梦如幻的神仙境界。

顾鼎臣进《步虚词》之事在十年十二月,其时所奉斋醮是为

---

① 《明史》卷一九三,顾鼎臣传。

② [明]刘基:《升天行》。

③ [唐]王建:《赠王处士》。

皇上祈嗣,而主旨非长生。充任逢迎青词导引官的老顾忠于职守,却在肃立时听出了门道——斋文(即道士所写青词)太也粗陋！鼎臣急急上献一疏,写得典雅清丽：

> 皇上设醮先日,阴云解剥,化晷熹微,至二之日,冽风不兴,云物一色,爰降瑞雪,旦夕未已。万口欢传,以为皇上精诚格天之所致也。因进《步虚词》七章。①

所呈正是世宗喜爱的文字,正是第一流青词。状元出手,果然不一样,虽事谄谀,却写得典雅真纯。其带来嘉靖青词的重大转折,皇上一经发见,便将此事着落在礼臣身上,渐而至交给内阁专管。此处可见出科举一甲与二三甲之别,不在学问,而在才情文采也。

步虚词由来亦久远。宋代文莹《玉壶清话》卷八写一位大臣急于进用,趁内廷醮祭日进步虚词 10 首,中有"玉堂臣老非仙骨,犹在丹台望泰阶"之句,皇帝体味到其底蕴,即予擢拔如愿。至明世宗,这种提升和嘉奖更为迅速。顾鼎臣久历官场,升迁甚缓,而自从以青词获皇上欢心后,不数年便司铨选,掌詹事,入参机务,加封保傅。顾鼎臣以自己的际遇向熙熙攘攘的朝官们,指引了一条"终南捷径"。

同样是祈嗣,同样见降雪,更多朝臣见不出有啥祥瑞。就在顾鼎臣上疏大获褒奖后,御史喻希礼上言,提请皇上赦免议礼获罪诸臣,以利"和气蒸熏,前星垂耀"。世宗认为有怨望诅咒之嫌,令大臣议处。而又一位御史石金上疏,举王守仁之例,请皇上免除独断,重视公论,"重颁恤典,宥诸臣之罪,宽假生还。"也说到因反对议礼得罪之臣。世宗甚怒,下礼部拟罪。夏言时任礼部尚书未久,对下属有庇护之责,上言称二人的章奏迂腐偏

---

① 《明世宗实录》卷一三三,嘉靖十年十二月乙酉。

执,但也都是通常之论,没有恶意,请皇上宽宥或稍加诫饬。世宗更怒,斥责夏言"专务徇私,不图报主",令将两御史"逮送镇抚司,严刑鞫治"。①

就在这一天,礼部左侍郎湛若水上言,写得也是花团锦簇,大体也是要皇上少管政事,涵养精血,"目多视五色则散于五色,耳多听五声则散于五声,心多役百为则多散于百为"。话语虽不同,实质与石金所奏多重复。若水为三朝老臣,以治理学著称,世宗不便处罚,又很恼火,批其疏曰:"尔既欲朕收敛精神,便不必如此烦扰!"②对这位以讲学名世的大儒,他一向没有什么好感。

## 第二节　无逸殿旁的直庐

自嘉靖十年(1531)秋,世宗就常在无逸殿接见大臣,观稼、讲学、问政皆有之。迁居西苑之后,国家政治军事的决策中枢自然从大内迁来,内阁大学士集体或轮流在这里值班,称作"入直"。无逸殿最早成为皇帝披阅章奏和召见重臣的地方。为了办事方便,附近很快建起一批供值班高官工作和歇息的房子,是为"直庐",有时也叫"直房"。

### 一、入直的荣耀和辛劳

阁臣和一些重臣入直内廷,本是历朝相沿之朝廷规制。世宗即位不久,便有老臣建言,请择选文学侍从之臣入直,以备垂

① 《明世宗实录》卷一三三,嘉靖十年十二月戊子。

② 《明世宗实录》卷一三三,嘉靖十年十二月戊子。

询顾问，暇时谈点儿历史文化。① 而当初朱元璋设殿阁大学士，要的也就是一个顾问兼秘书班子。至嘉靖朝，内阁逐渐拥有较多的事权，由辅臣渐而演变为宰辅，演变为权相，然大学士作为文学侍从和顾问的基本职能，并无改变。

所改变的，是其由文学侍从变为斋醮侍从和青词撰文。于是“入直”一词，开始有了更多内涵，也有了更多名目，称为“直赞”，②称为“赞直”，③称为“直撰”，④更多时称为“撰文”。这是入直与赞玄的结合，是广义的文学侍从之职的专门化，也是青词撰写的高规格提升。试想，让这些两榜出身、赫然鼎甲，又长期供职翰林的大学士精心拟稿，比道士、方士之流的因循拼凑，岂止强过数倍？

首辅和阁僚入直，当然要帮助皇上处理军政大事，起草诏谕，但自嘉靖中期以降，一项重要职能便是撰作青词，以及陪同皇上做大小醮事。第一个这么做的当是夏言。凡所需应制之作，多交给夏言。世宗为邵元节建真人府，落成时命夏言作记，刻于石。在这一个时期，夏言所撰青词和应制文最使世宗满意，其受宠获益也非他臣可比。⑤

十八年正月，夏言担任首辅，同在内阁的只有曾上献《步虚词》的顾鼎臣。当年正是老夏揽下斋醮监坛和奉迎青词的活儿，也给了老顾一个露一手的机会，哥俩包办内阁，又遇到皇上迷信日甚，能不勉力承担！但世宗要求素严，年近六十的老夏做

---

① 《明世宗实录》卷二十，致仕大学士王鏊谢疏：“陛下睿哲自天，春秋鼎盛，讲明圣学正其时也。乞于便殿之侧修复弘文馆故事。妙选天下文学行义著闻者数人，更番入直，命内阁大臣一人领之，如先朝杨溥故事。”

② 《明世宗实录》卷四一三、四三〇、四七八均见。

③ 《明世宗实录》卷四〇三，嘉靖三十二年十月壬寅。

④ 《明世宗实录》卷四九一，嘉靖三十九年十二月壬寅。

⑤ 《明史》卷一九六，夏言传：“初，夏言撰青词及他文，最当帝意。”

起来亦吃力。仅数月后，就出现典礼使用旧稿和撰稿稽迟两项失误，世宗一怒之下将他免职，并命缴回历年所赐图章和谕旨。夏言极为惶恐，幸天意回转，算是虚惊一场。①

大臣入直西苑，是一种莫大荣耀，也非常辛苦。为了与昊天上帝及诸仙沟通方便，世宗选择于夜间活动，或祈祷，或修行，渐渐习惯，每至四更后才睡。② 皇上如此，臣下自不敢安卧大睡，很快也就排定一个新的作息制度：一切章奏文书均在夜间呈送，在直诸臣于子夜会商拟票，上报御批。这是一种旷日持久的晨昏颠倒，皇上第二天可以补觉，阁部大臣则不能不参加一些常规性活动，便有些疲于应付。

在直与轮值不同，指的是同时入直，一般为三员阁臣。多数情况下全部内阁成员也就是三位，因此常会一连数月在直，得不到歇息。我们看翟銮、夏言、严嵩获罪后上疏辩解，无不以长期在直为证据，说明自己无法抽身作弊。在直虽是实情，不能搞鬼则属诳语，故世宗阅之必怒。而老严在二十四年八月辞加少师恩衔，自谦"臣等连岁在直，不过撰述文字微劳"，③也是入直时间长的证明。

世宗岂不知在直辛苦，岂不通人情世故？其待赞直大臣甚为优宠，升职加俸，奖赏殊多，兹仅举一例：

> 嘉靖三十九年八月甲午朔，上谕吏部曰：直赞诸臣效诚年久，未有嘉与，何以重君上事帝之典？赐爵禄：二臣（严）嵩、（陆）炳岁加禄米二百石；辅臣（徐）阶加兼太子太师，（李）本加少傅秩，吴山加少保；卿贰（郭）朴、（茅）瓒、（袁）

---

① 《明世宗实录》卷二二四，嘉靖十八年五月己巳。

② 《明神宗实录》卷七八，万历六年八月庚寅。

③ 《明世宗实录》卷三〇二，嘉靖二十四年八月丁酉。

炜各支正二品俸；少卿（严）讷、（李）春芳、（董）份各升礼部右侍郎仍兼学士。嵩左右朝夕，其子世蕃仍兼支尚宝司卿俸。①

这样的奖赏，这种明确以"直赞"为题的特奖，绝非一次两次。

## 二、武大臣弄文

赞直大臣又不仅仅选取文臣，还有武将。这当然不是指疆场引军厮杀之辈，而是公侯勋戚者流，是勋戚中那些文辞娴雅的人。早期入直西苑的武大臣首推郭勋和崔元，两人都颇有文采，鞍前马后地效劳多年，深得皇上信重，兼以统领禁军，直赞与拱卫相结合，也算是一时之选。

嘉靖二十年三月，宗庙灾，九庙一时俱焚。巡视皇城科道官胡汝霖等上言各官不积极赴救，并开列了一个高官先后赶到现场的名单。世宗下旨令核查。郭勋、崔元与翟銮、严嵩等合疏上奏，说火灾时正在内坛供事，很快奔赴太庙救火，督同各庙内臣抢出神主。至长安门开，胡汝霖等与诸臣始入救。作为他们的见证人，世宗曰：

卿等力竭斋诚，赞朕祷雨，日夕左右，夫谁不知！彼说者正指是。且祷为民食，非声色游娱，非卿导谀，纵使皋、夔生今，亦是如此。②

这是勋旧武臣参与直赞、且列名大学士之前的证明。不久后郭勋入狱监毙，崔元也于二十八年六月病逝，随侍大员中不能有文无武，便又增加了提督十二团营及五军营的成国公朱希忠。

朱希忠为永乐朝功臣成国公朱能之玄孙，嘉靖十五年袭爵，

① 《明世宗实录》卷四八七，嘉靖三十九年八月甲午。

② 《明世宗实录》卷二四八，嘉靖二十年四月壬戌。

世宗在卫辉遇火，是他与陆炳一起将皇上救出，以故大得宠眷。他虽一直掌管禁军，但出身公侯之家，文学修养也很高。南巡途中，世宗曾让他奉和御制诗，希忠在舟中援笔立就。世宗对辅臣感叹，认为勋旧之裔，竟有如此人才。希忠能豪饮，折节下士，处事又勤勉谨慎，尤其让皇上满意的是其精通礼典，能做到有问必答，而“不问即终不言”。① 正由于此，希忠始终得到世宗信任，也是出席和主持各项典仪最多的勋旧之一。

三十三年七月，世宗命自己的姐夫、驸马都尉邬景和，方皇后之弟、安平伯方承裕，以及左都督陆炳入直西内，②三人皆武职，掌领五军都督府和内廷大汉将军等。如果说郭勋、朱希忠为勋臣之后，已故的崔元和邬、方二人皆属亲臣。至于陆炳，乃世宗乳母之子，亲近友爱远过三人，自不待言。好一个嘉靖皇帝，管自把直赞斋醮的荣誉遍赏近臣，也不去想别人愿不愿意。

### 三、在直诸臣的吃住行

嘉靖三十四年前后，南北多事，烽烟相连，世宗极为关切，责成有司认真应对。而兵部尚书聂豹平日推诿搪塞，至秋后则弄来一沓各地捷报，称作皇上事玄之功。一开始世宗还挺高兴，后来逐渐厌烦，严旨禁止。当年二月，世宗传谕，说聂豹年龄太大不堪重任，令“在直八臣”讨论兵部尚书人选。在直八臣，即当时直赞西苑的重臣之数，应包括内阁大学士严嵩、徐阶、李本，勋戚朱希忠、方承裕，武臣陆炳，以及吏部尚书李默、礼部尚书王用宾。

数月前，邬景和以懈怠被免入直，接着革职回原籍，不然便

① 《国朝献征录》卷六，成国公追封定襄王谥恭靖朱希忠神道碑文。

② 《明世宗实录》卷四一二，嘉靖三十三年七月戊午。

是在直九臣了。这么多大臣住进西苑，吃住行都是问题，却也难不住皇家，很快就安排妥当。

先说住。遵照皇上旨意，内官监在无逸殿不远处为在直诸臣修造了直庐。开始时是一些简易低浅小屋，与内阁院内贴墙的两排直房相仿，临时值班室的样子。后来竟要常年累月居住，看见老臣们辛苦，世宗加以关心，首辅和阁僚所居都大为改观。如严嵩，有了一个独立院落，设立了门房。① 虽不详院内有多少房子，征之高拱直房有16间，且言“前此入直之臣并未有此”，② 当也就是10间左右吧。

至于吃，应说安排得更好。三十八年春，世宗在内廷狠抓节俭，命核查光禄寺钱粮，撙节支出。严嵩汇报每年可省十七八万两银子，又提出在直诸臣的伙食问题，“日赐酒馔三桌，计银二两余”。他说各臣都有常禄，光禄寺又有供给，不应该再增加在直之费，请悉停罢。世宗深感欣慰，“准日支一桌”。③

真正的问题在于行。西苑偏于一隅，与文渊阁相距甚远，还隔着一汪大水，考虑到这一点，世宗曾针对性地赐各臣骑马或肩舆。肩舆者，状如座椅而穿以两长木杖，舁举肩上，略如今日之滑竿，虽免步行，乘坐颇不舒服。夏日曝晒，冬月风霜，大员们常常要回阁部办事，便悄悄改为小轿。二十一年夏，世宗再次责斥夏言，说他擅自在禁苑乘轿，说他不戴香叶冠，并曰：

---

① 《明世宗实录》卷三六四，嘉靖二十九年八月，“（赵）贞吉廷议罢，盛气谒大学士严嵩于西苑直中，嵩辞不见，贞吉怒叱门者。会通政赵文华趋入，顾谓贞吉曰：公休矣，天下事当徐议之。贞吉愈怒，骂曰：汝权门犬，何知天下事！嵩闻大恨。”

② 《明世宗实录》卷五六五，嘉靖四十五年十一月，“臣（高拱）蒙皇上隆恩进阁入直，赐以直房前后四重，为楹十有六，前此入直之臣并未有此，而臣独得之。”

③ 《明世宗实录》卷四六九，嘉靖三十八年二月乙卯。

朕不早朝，彼亦不入内阁，军国重事径自私家而专裁之。王言要密，岂宜人臣视如戏具！①

骂的是首辅，其实阁老们大多如此。两年后翟銮二子同科取中，世宗降旨谴责，也是新账旧账一起算，内阁办事懈怠和禁苑私自乘轿，都被翻腾出来。

## 第三节　青词之锋

自打世宗爱上斋醮，爱上青词，也就为朝臣开启了一条青词之路。这是一条升迁的捷径，得帝意者可快速达到高位；也是一条倒霉的黑洞，能让不小心的人粉身碎骨。青词，作为写在青藤纸上的斋文，有时竟像那三尺青锋，将厄运带给衮衮诸公。

### 一、难侍候的君主

世宗严苛专横、糅不进沙子的性格，在对青词的要求上也充分展现。他对斋祀所用青词几乎每篇都读，读得细，标准高，不允许撰稿人有半点懈怠，稍有不慎，便会万劫不复。

第一个倒霉蛋应是夏言。二十一年七月夏言因事罢斥，严嵩便成为撰作青词的第一高手。《明史》称："言去，醮祀青词，非嵩无当帝意者。"②他也因此被提升为首辅，主持阁事，号令群臣，好不得意。没想到二十四年七月夏言复入阁，严嵩再降为次辅，二人仇隙已深，明争暗斗。夏言加意奉上，却忽视了一个至关重要的方面，即撰作青词。

① 《明世宗实录》卷二六三，嘉靖二十一年六月辛巳。

② 《明史》卷三〇八，严嵩传。

当时夏言与严嵩二人同在西苑直房入直,多疑善察的世宗常派小内侍在半夜时前往窥探。至则见夏言多呼呼酣睡,而严嵩早得密报,端坐灯下制作青词,反复斟酌,务求妥帖工稳。《明史纪事本末》卷五四:

> 初,言与嵩俱以青词得幸。至是言已老倦,思令幕客具草,不复简阅,每多旧所进者。上辄抵之地,而左右无为报言。嵩则精其事,愈得幸。言以是益危。

以青词晋身的夏言,早忘了还应以青词保位,但严嵩未忘。当夏言命人代笔,自己放心大睡之时,严嵩则秉烛夜作,焚膏继晷,务求意新词美,以称皇上之意。严嵩在写作青词,亦是在锻铸利刃,用华美渊雅的词章夺取君主的爱宠,而将政治对手送入地狱。

内阁的倾轧真是无处不在。撰作青词,是一条取宠之道,是一条固宠之道,竟也是一条杀人之道。夏言的被杀,与其不能再结撰出令皇上称意的青词亦大有干系。当他朦胧进呈那些枪手代拟的劣作,而世宗阅后怒掷于地时,应说是杀机已动、杀气已浓了。

## 二、清除政敌的利器

写于青藤纸上的斋文,代表着人间天子对昊天上帝的诚敬,世宗就是这样看待青词。笃信道教的他希冀着上天赐福,渴求那本来虚妄的长生之道。他在斋祀中倾注入自己的血忱,用青词述说着自己的夙愿,与诸天神仙进行着魂灵的对话。

正由于此,如若世宗发现臣下不虔心撰作,都会愤恨憎恶。他会立即处置,就像将邬景和遣返老家;也会记在心底,到时候算账,如前面提到的夏言之死,以及后面要讲的程文德之罢免。

时序交替,报应轮回,内阁的争斗永远不会歇息,青词也继续被作为清除政敌的利器。严嵩暮年,内阁中新增了潜在的对手徐阶,两人的较量亦从撰写青词开始。二十八年六月,徐阶以礼部尚书入直无逸殿,撰青词以赞玄,所作最得世宗嘉悦,以至于每日召对,赏赐同于内阁大学士。廷推徐阶为吏部尚书,世宗不愿意让其离开左右,不予批复,后加封他为太子太保,使之进入内阁。而严嵩渐渐老去,文思迟滞,再难写出漂亮的斋文。其子严世蕃能代父拟票和答旨,却限于才质,作不出青词,因此恩宠渐移,帝心加厌。徐阶则正当壮龄,精心结撰,谨慎事玄,逐渐取代了严嵩在世宗心目中的地位。

徐阶也遇到过政治危机。方皇后崩,世宗思其有救命之功,想让她先行祔庙。徐阶主礼部,抗言反对,引起世宗反感。严嵩又乘机挑拨,徐阶一时处境险恶。除对严嵩格外恭谨外,徐阶更注意的即是用心写青词。《明史》卷二一三:

> 阶危甚,度未可与争,乃谨事嵩,而益精治斋词迎帝意,左右亦多为地者。帝怒渐解。未几,加少保,寻进兼文渊阁大学士,参预机务。

因为所写青词使世宗满意,徐阶不仅渡过了一次政治难关,且晋秩加衔,成为内阁大学士。

### 三、撰文班子中的理学家

世宗不仅拥有一个庞大的青词写作班子,还注意为这个班底选配各类人才。

三十三年夏,世宗在诏令邬景和、陆炳等勋戚入直的同时,还选用了四位大臣卿贰撰文,“仍择侍从文学之职四人,不之直,只撰述文帙”。[①] 这是青词写作班子的又一次扩编,也是中

① 《明世宗实录》卷四一二,嘉靖三十三年七月戊午。

选各位的一次人生际遇。四臣为吏部左侍郎掌詹事府事程文德、礼部左侍郎掌翰林院事闵如霖、吏部右侍郎郭朴、礼部右侍郎吴山。排在第一的程文德学养深厚,当也较受重视。

程文德举嘉靖八年进士第二名,授翰林院编修。他的同年三鼎甲,似乎都有点儿不合时宜:十一年十月,探花杨名以弹劾汪鋐被逮治拷讯,严刑之下吐露疏章经文德看过,并为改订文字,结果是杨名谪戍,文德降边方杂职;十九年岁末,状元罗洪先上疏请朝皇太子被斥免职。惟洪先与杨名贬居乡里,再不赴召,而文德自边僻小职渐渐上升,历郎中、按察副使、南京国子监祭酒,复入京为礼部右侍郎、左侍郎兼翰林学士,再转吏部左侍郎掌詹事府事。如此快速进入执政核心,一是其学问人品得到公认,更主要的则是皇上觉得当初对之有些冤枉。世宗就是这样,一时或加严谴,过后常也会后悔,会设法找补。

文德少时读书穷理,长从王守仁游,笃信致良知之说。① 入西苑撰写青词,对他来说真是一种精神折磨,常也在撰文时夹带讽劝。世宗岂读不出,然文中皆属大道理,也不便发作。而程文德终是难以承受,恰南京吏部缺尚书,便寻求往任。世宗见到吏部拟任的奏章后极不高兴,认定他想脱身而去,命改为南京工部左侍郎,以示薄惩。文德倒也坦然接受,临行前上疏辞行,"劝帝享安静和平之福"。一番发自内心的忠爱话语,竟触怒皇上,斥为谤讪,黜为民。②

---

① 《明史》卷二八三,程文德传。

② 《明世宗实录》卷四一九,嘉靖三十四年二月癸未。

# 第四节　严府的末路

自嘉靖四十一年(1562)夏严嵩被逐,内阁首辅就换为徐阶。以探花入仕的徐阶文字古雅,擅能结撰青词,以此深得皇上眷注。更为重要的,他是一个意志坚定、学识渊博、视野开阔、心机深沉的人,是一个在官场中翻过跟头的人,是一代名相。

作为严嵩的长期潜在对手,徐阶深知严氏父子的能量和翻盘的可能性,遂周密部署,雷霆一击,将他们及其党徒送上绝路。

## 一、退而不忘魏阙

严嵩被罢归故里,亦想以青词回转天子之心。他在皇上生日时往铁柱观建醮,索要道士蓝田玉所藏符箓多种,加上自己所作《祈鹤文》,派人往京师进呈。世宗颇受感动,"优诏答之,仍赐银币"。① 过了一段时日,严嵩又上疏乞怜,请求将严世蕃及严鹄从戍所放归。世宗认为严嵩身边有孙子严鸿侍养,不许所请。

严世蕃被发配雷州,刚走到庾岭以南的南雄地方,便私自潜回。其党羽罗龙文亦潜逃内地,严世蕃与之朝夕相聚,招纳亡命之徒,宣称要取邹应龙和徐阶之头,以泄心头之恨。徐阶闻知,严加防备。世宗也很快知道了世蕃自编伍逃归江西老家之事,却并未即行处置。

这对消息灵通的严世蕃是一个鼓励。他渐渐故态复萌,在袁州大兴土木,家人也横肆不法,欺侮州县。一日,袁州推官郭

---

① 《明史纪事本末》卷五四,严嵩用事。

谏臣因公事到严府，恰遇府中正兴造园亭，工匠千余人，煞是场面宏大。严家仆人督工，见郭推官到，傲慢无礼，连站也懒得站一下。工匠中有人嘻嘻哈哈地以瓦片掷打郭谏臣，家仆也不加制止，有的还说：京堂科道官到主人门上候见，谁敢不规规矩矩，这位大头大脸的是谁呀？

郭谏臣不堪其辱，写揭帖呈给巡按御史林润。林润即继邹应龙后弹劾鄢懋卿者，平日深恨严嵩父子不法，即上疏告世蕃家居不法、诽谤朝政、聚众谋变等事。世宗对严世蕃素来厌憎，即批令林润将世蕃与龙文逮捕至京。

林润得旨，即令郭谏臣等分头抓捕，而自驻九江，勒兵备变。此时严世蕃尚有一子绍庭为锦衣卫官，刺探得消息，派家人紧急驰报，劝乃父快去雷州戍所。世蕃这才慌了手脚，打点行囊要动身。尚未起行，郭谏臣已领兵来到，械具套头，绳索加身，将世蕃连同罗龙文一起押往京师。

林润令袁州府详具严氏不法横暴之状，又上疏历数严世蕃父子之罪，曰：

> 世蕃罪恶，积非一日。任彭孔为主谋，罗龙文为羽翼，恶子严鹄、严珍为爪牙。占会城廒仓，吞宗藩府第，夺平民房。而又改釐祝之官以为家祠，凿穿城之池以象西海。直栏横槛，峻宇雕墙，巍然朝堂之规模也。袁城之中，列为五府：南府居鹄，西府居鸿，东府居绍庆，中府居绍庠，而嵩与世蕃则居相府。招四方之亡命，为护卫之壮丁，森然分封之仪度也。总天下之货宝，尽入其家。

此时由于内忧外患和营建太多，朝廷入不敷出，世宗常感到巨大的经济压力，在内廷提出节俭省费，见疏必盛怒。而拟疏者如知皇上之心，处处以严府与皇宫比附：

> 世蕃已逾天府，诸子各冠东南，……而曰朝廷无如我

富；粉黛之女，列座骈居，衣皆龙凤之文，饰尽珠玉之宝，张象床，围金幄，朝歌夜弦，宣淫无度，而曰朝廷无如我乐。甚者，畜养厮徒，招纳叛卒，旦则伐鼓而聚，暮则鸣金而解。郭宁三、刘相谊、洪斗、段回等数十百人，明称官府，出没江广，劫掠士民。

该疏主要说严世蕃及党徒家丁，但也没放过老严：

严嵩不顾子未赴伍，朦胧请移近卫。既奉明旨，居然藏匿，以国法为不足遵，以公议为不足恤。世蕃稔恶，有司受词数千，尽送父嵩。嵩阅其词而处分之，尚可诿于不知乎？既知之，又纵之，又曲庇之，此臣谓嵩不能无罪也。①

长疏气势如虹，要害在于两点，即纳贿和聚集亡命。世宗命法司讯明具闻。时严世蕃以待罪之身居京中府第，闻知毫不紧张，淡然说："任他燎原火，自有倒海水。"他私下聚集党羽，嘱科道官中的亲信删去疏中"聚众通倭"之说，而宣称迫害杨继盛、沈炼之事，②说是一旦提其此事，严氏必然彻底垮台。

狡诈的严世蕃，又设下一个政治死套。

## 二、徐阶指点迷津

朝臣中果然有不知是计，急切切进入其圈套者。

不是吗？严氏父子长期把持朝政，劣迹斑斑，却以残害忠良，尤其是杀害杨继盛、沈炼令天下唾骂，人神共愤，诚其大罪之首款，怎能不加劾举！

负责此事的三法司长官，刑部尚书黄光升、左都御史张永明、大理卿张守直也都认为陷害杨、沈为严氏父子之大罪，据此

① 《明史纪事本末》卷五四，严嵩用事。

② 《明史纪事本末》卷五四，严嵩用事。

草疏，同到徐阶府上议之。徐阶已知此事，问疏稿在哪里，随从文吏从怀中取出呈上。徐阶阅读一遍，含笑夸写得甚好，请三人入内庭，又屏退左右，这才问：诸位说严公子是应当死，还是应当生？

三人回答：死也不足以赎罪。

徐阶问：那么如此立案，是要他死呢，还是要他活？

三人说：提出杨继盛、沈炼两案，正是要他以死抵罪。

徐阶缓缓说道：恐怕不是这样吧。其害死杨、沈之事虽然引起天下公愤，然二人均由皇上敕准论死，难道皇上会承认自己错了？一旦皇上看到此处，便会怀疑法司借弹劾严氏归过于自己，圣心必然震怒，上疏者都将遭不测，而严公子及党徒则会悠哉游哉地骑马离京啊。

黄光升等听后愕然，问徐阶该如何办。徐阶从袖中拿出自己拟好的疏章，三人读后敬佩不已。徐阶即命文吏在密室抄录，盖上三人印章，火速呈入西内。

## 三、权奸末路

严世蕃早探知会审三法司原疏稿的内容，自以为得计，与罗龙文开怀畅饮，等待着时来运转。岂料经徐阶改后的疏中只字不提杨、沈之事，而专写严世蕃交接倭寇，阴谋外投日本，怨望诽谤等事。刑部尚书黄光升等列衔呈文，疏曰：

> 世蕃负性悖逆，横恣不道，生死朝廷之威刑，乃敢假之以恐喝于外；爵赏国家之名器，乃敢鬻之以敛货于己。自中外百司以及九边文武大小将吏岁时致馈，名曰问安；凡勘报功罪以及修筑城墉必先科克银两，多则钜万，少亦不下数千，纳世蕃所，名曰买命；每遇大选急选推升行取等项，辄遍索重货，择地拣官，巨细不遗，名曰讲缺；及已升官履任，即

搜索库藏，剥削小民，金帛珍玩惟所供送，名曰谢礼。甚者户部解发各边银两，大半归之世蕃，或未出都而中分，或已抵境而还送，以致士风大坏，边事日非，帑藏空虚，闾阎凋瘁，贻国家祸害。迄今数岁未复曩年。

皇上重青词，流风所及，三法司的定案报告，也写得四六间见，韵藻铿锵。奏章还写到严世蕃通倭酋、通罪藩、违制建造之事，拟斩，量追赃银二百万两。世宗曰："此逆情非常，尔等皆不研究，只以(林)润疏说一过，何以示天下后世?"三法司不敢放松，一番拷讯，又提出一大堆新证据。世宗令将世蕃、龙文即时处斩，尽数追没赃款赃物，也对老严深加谴责："严嵩畏子欺君，大负恩眷，并其孙见任文武职官，悉削职为民。"①

徐阶行事机密而又迅速，严世蕃虽耳目众多，对后来的变化竟一毫不知。帝命下，二人这才相抱痛哭。家人请严世蕃写遗书给父亲严嵩，世蕃握笔颤抖，竟连一个字也写不成。京师中人闻知皇上敕斩严世蕃，人心大快，纷纷带着酒到西市看行刑的场面。朝野称誉徐阶能翦除巨恶，徐阶则皱着眉头说：严嵩杀害夏言，我又杀其子，日后必会有人不能体谅，天知我心呵！

严世蕃被诛杀，严嵩与孙辈的官秩皆被削夺，接下的追缴赃款持续多年，搞得江西一省骚然。可怜严嵩一世显赫，在暮年衣食无凭，或往故交门上觅食，或在墓舍冷庙栖身，如此竟又挨过两年，终凄凉死去。

---

① 《明世宗实录》卷五四四，嘉靖四十四年三月辛酉。

## 第五节　源源不断的青词写手

作为一种文体,青词非一般粗通文墨者所能掌握,却给熟阅典籍、历经科考的翰林学士以驰骋才华的机会。在《明史·袁炜传》中有这样一段话:

> 自嘉靖中年,帝专事焚修,词臣率供奉青词。工者立超擢,卒至入阁。时谓李春芳、严讷、郭朴及炜为“青词宰相”。

聊聊数笔,对嘉靖晚期的内阁和阁僚们作了形象的描述。

世宗晚年,赞玄与否,成为其衡定忠奸美恶的重要标准。翰林院官几乎无例外地要供奉青词,写得令皇上称意,便打开了升迁甚至入阁之门,于是便出现了所谓“青词宰相”。

### 一、袁炜才情

嘉靖晚期,内阁的一个重要的变化,便是由宰相(即内阁大学士)写青词而转为“青词宰相”。本节开篇所列四位大学士,都出身翰林,因善于撰作青词入选,入阁后又注意在青词上下功夫,遂有是称。

在四人中,袁炜入阁较早,在写作青词上也最有名气。《万历野获编·嘉靖青词》:

> 世庙居西内事斋醮,一时词臣以青词得宠眷者甚众,而最工巧最称上意者无如袁文荣炜、董尚书份。然皆谀妄不典之言,如世所传对联云:
>
> 洛水玄龟初献瑞,阴数九,阳数九,九九八十一数,数通乎道,道合元始天尊,一诚有感;岐山丹凤两呈祥,雄鸣六,

雌鸣六，六六三十六声，声闻于天，天生嘉靖皇帝，万寿无疆。

这种文字虽属“谀妄不典”，真写起来也非易易可为。作者显然对道流杂术等烂熟于心，又有很高的文字技巧，顶真续麻，再嵌以吉祥数字，归结于敬神颂圣，将“嘉靖皇帝”与“元始天尊”比并对仗，怎不让世宗开怀！

**二、取财之途**

文人的机智常又令人感叹，谁能料到：青词还是一种取财之途。这要从醮仪前的书写扁对、符篆谈起。

似此类联句和青词，书写时也极事奢华，隆重之至。据载：举醮前先预备大案，命擅书法的制敕房中书官书写门坛扁对，扁对全部以金泥（金屑和制之墨）来写。案上预备数十大海碗金泥，操笔的中书官例用提斗大笔，饱蘸之后，又故作不顺手状，令另换一笔，写完一副对联，有时竟要换几十支大笔。而这些满蘸金泥的所谓“废笔”，①便成了书写者的财产，归家清洗，或可得一二两黄金，居然成为薪俸不高的中书官的一个致富之道。

浙江嘉兴人谈相，便以精擅书法得用，由鸿胪寺序班而詹事府录事，升光禄寺少卿，再升光禄卿制敕房办事，成为皇帝近臣。似他这样杂流出身的官员是不得荫子的，但谈相常在皇上身边，禁不住他反复乞求，居然荫一子为国子生。二十九年八月，谈相升为文华殿办事工部右侍郎，一跃而为卿贰。谈相乞假归葬，世宗让他办完丧事赶紧回来，而谈相屡次称病，一拖再拖。世宗等得怒不可遏，命遣官校逮送法司，以违命论死。

晋身卿贰的杂流，在皇上眼中仍是杂流，得意时可不次超

① 《万历野获编》卷二，青词宰相。

升，一旦厌憎，处置起来毫不留情。

### 三、小人儒

当撰写青词成了选择阁僚的重要标准，翰林院乃至内阁都显得有些可怜，成为小人儒的汇聚之地。

四十四年（1565）四月，吏部尚书严讷入阁，世宗寻求代严讷任吏部者。当时董份以工部尚书行吏部左侍郎事，为最应接任的人选。董份与严讷、高拱、陈以勤等同选庶吉士，然阿附严氏父子，“为人贪狡无行”，①却因青词与袁炜齐名，大得世宗宠信，势头甚健。首辅徐阶看到了这一点，急忙说动世宗，起复因父丧家居的原任吏部尚书郭朴。董份未能当上吏部尚书，由此而阻住了其入阁之路，内阁也少了一位青词宰相。

最典型的青词宰相是袁炜。

袁炜，字懋中，浙江慈溪人，嘉靖十七年会试第一，廷试第三，授翰林院编修。后进侍读，又蒙特简入直西苑，撰写青词，最使世宗满意。三十五年二月阁臣推举全元立掌南京翰林院，世宗特旨用袁炜。而袁炜则上疏恳辞，表示愿意供奉西苑，不愿升官。世宗大喜，立即擢升他为侍讲学士，刚两月又亲手写诏，再升为礼部右侍郎。

世宗喜欢袁炜所作青词，连带也喜欢上他本人。袁炜虽称“性行不羁”，②却也是一位拍马屁的专家，把皇上伺候得舒舒服服，他的官运自然也一路亨通：三十六年加太子宾客兼学士；三十九年以供奉恩加俸二等，进礼部左侍郎；四十年二月调吏部左侍郎，一个月后即迁礼部尚书，加太子少保，当年十一月进太子

① 《明史》卷二一三，郭朴传。

② 《明史》卷一九三，袁炜传。

太保、户部尚书、武英殿大学士，入直文渊阁。

袁炜才思敏捷，又深知世宗的脾性及喜怒，故所作常以质量兼速度取胜。世宗玄修，作息不定，常在半夜命小内监执斋题到，命写青词，袁炜举笔立成。遇到中外呈献祥瑞，袁炜即写文章极力赞颂。有一次世宗因所养的一只宠猫死了，心中痛惜不已，命词臣写斋文悼之。袁炜所写青词中有“化狮为龙”之语，使皇上化痛为喜，奖赐甚厚。

皇帝的宠眷使袁炜沾沾自喜，盛气凌人，渐渐对自己的座师徐阶也不放在眼里，而在文章上更为自负。袁炜与徐阶同为《承天大志》总裁官，诸学士撰稿，袁炜常给改得面目全非，也不同徐阶商量。诸学士愤愤不平，徐阶则不愠不火，听之任之。袁炜评价他人的作品很刻薄，讥诮斥骂，率意为之，朝中人对他既畏惧，又厌恶。袁炜死后，徐阶把他改过的文字重新删去，亦算是一报还一报。

## 四、最后的入选者

袁炜在四十四年（1565）春病重，三月告病归，死于返回家乡的路上。徐阶在此之前便提请增补阁臣。世宗又想起严嵩父子，曰：

> 今只以直赞卫者代用，此官宜三四员，成祖之制有谓者。嵩专政二十年，我常谓彼公诚，却不识其欺君肆诳，而畏恶子逆物可怒。①

可以看出，世宗也在说服自己，以彻底抹去对老严的深长记忆。

袁炜的死令世宗难过，但朝中自不缺青词人才，接下来钦定入阁的是严讷和李春芳。两人都是长期任职翰林，也可以说是

---

① 《明世宗实录》卷五四四，嘉靖四十四年三月辛亥。

青词出身。严讷，常熟人，二十二年十月以庶吉士出馆，授编修。当时吴中数经倭寇劫掠，再加上天灾，百姓死逃近半，当局则仍旧逼收赋税。严讷实在不忍坐视，上疏为民请命。世宗读了他的疏章后很感动，尽依所请予之，同时也从其疏文中发现了一个文章高手。李春芳则是以试策优秀，被世宗钦点为二十六年状元，当时便留下深刻印象。三十五年四月，世宗"诏升翰林院侍读严讷、修撰李春芳俱翰林院学士，右春坊右中允董份供撰玄文"，并专门对辅臣讲了一番话，实录记载：

> 上以讷等供撰效劳，特谕辅臣曰：今大小官以私情乘空铨除无数，侍上者乃千百人中一二耳，讷、春芳各升学士，以重玄场供事者，份补撰文。然自是官词林者多舍其本职，往往骛为玄撰以希进用矣。①

就此亦可知，严、李两位早就在皇上身边撰写青词了。而在四十三年闰二月，两人与董份再受命"俱直西苑"，由一般撰玄的文学侍从变为入直大臣，此后更是大受恩宠，迅速升迁。

进入内阁时，严讷为吏部尚书。继任者郭朴未到任，严讷只有仍兼部事。这真是辛苦之极。内阁大堂在文华殿对面，赞玄撰文的直庐在西苑，而吏部大堂则在午门之外。严讷白日在内阁或吏部办公，夜晚则在直庐当值，昼夜不停地奔波操劳。供奉青词，又不能不小心谨畏，如履薄冰。② 如此不出几月即积劳成疾，久治不愈。当年十一月，严讷疏请归家乡养病，徐阶也为他说情，世宗只好准予离职。

李春芳经世宗钦点状元后，任翰林院修撰，即蒙特简入西苑

---

① 《明世宗实录》卷四三四，嘉靖三十五年四月丁巳。

② 《国朝献征录》卷一六，太师李文定公春芳传："讷所为斋词，唯恐不称上意，惴惴至成疾……"

撰写青词。春芳为人恭慎,做事认真,居官廉洁,深得皇上眷注,自翰林学士升至内阁大学士,均由世宗特旨。在近半个世纪的历史长河中,如果把明帝国譬喻为一只巨船,则世宗始终是发号施令的船长。是他赋予了内阁远超以往的权力,也是他始终监督掌控着内阁,尤其是内阁大学士的选用和废弃。

嘉靖四十五年是世宗生命的最后一年,三月间,吏部尚书郭朴、礼部尚书高拱同时入阁。这时阁中首辅为徐阶,次辅李春芳,加上两位新阁僚,形成四人内阁,是为嘉靖朝最后一届内阁。

郭朴与高拱都是河南人,郭家安阳,高则新郑。二人为同乡,在内阁中应值得注意。郭朴举嘉靖十四年进士,授编修,参预纂修《会典》,三十二年署翰林院,再进礼部右侍郎,供奉西苑撰写青词,后历职吏部左侍郎兼太子宾客、太子少保、南京礼部尚书、吏部尚书,有着显赫的宦场资历。高拱晚于郭两科举进士,三十一年为裕王(即后来的明穆宗)直讲,三十四年升侍讲,三十九年进太常卿兼署国子监祭酒,两年后擢礼部左侍郎,再升为礼部尚书,入西苑撰作青词。

又是两个文章高手,又是两个"青词宰相",又是沿着斋醮和青词的路子上来的。有意思的是,二人由首辅徐阶推荐入阁,入阁却互为依托,不大买徐阶的账。

徐阶久经政治风浪,对此处之泰然。

# 第十八章 “二龙不相见”

在即位后相当长的时间里，子嗣问题一直令世宗头痛伤感。

未有子嗣之时，青年皇帝是那样地渴望与焦灼，朝思暮求；儿子的出世，曾带给他极大欢乐快慰，带给他自信与充实，可转眼又是因其患病而陷入忧急，因其早殇或病亡陷入悲痛；幸而存活长大，建储之议又让他烦心。

二龙不相见，是其最为信赖的道士陶仲文的忠告，而在接连两个皇太子死去后，更成为他凛遵恪守的人生信条。但那些朝中大臣，包括他的宠臣不信这个，立储是一种制度性需求，内阁和礼部大臣承受着巨大的舆论压力，从而不得不向皇上请求。愈是到晚年，立嗣之争就愈严重地折磨着世宗，折磨着辅弼大臣和九卿士大夫，自然也折磨着他那硕果仅存的皇子——裕王朱载垕。

## 第一节 皇嗣难存

一个王朝的兴衰，或也可由皇嗣的多寡看出端倪。想大明建国立基，太祖朱元璋于南北转战、席不暇暖之际，仍生了 26 个儿子，且绝大多数长大就封。而承平日久，尤其是在孝宗之后，皇嗣一下子成为难题，嫔妃众多而子女稀少，费尽辛苦出生而轻易早夭，几乎是每一任皇帝要面临的状况。世宗继位前期，最悬挂的事莫过于此。

## 一、与大臣讨论性生活

对许多封建帝王来说，子嗣问题都是至为头痛的。大内那宫殿台阁、回廊曲槛中像潜伏着无尽的杀机，幼小的生命，龙子龙孙，在这块土地上是那样地难以成活。

世宗16岁时在张太后主持下大婚，显然是一桩缺少爱情的婚姻。至六年冬月，陈皇后和张、方二妃仍然没有身孕。辅弼大臣未免忧急，杨一清上疏请皇上保养精神，不要上朝太早，最后巧妙地把话题转到储嗣上，要皇帝注重这件事。话虽说得隐讳婉约，世宗却听得明白，敕谕中有此一段文字：

> 卿开导储嗣，言造端夫妇，诚不可不重。朕于后与二妃皆以礼接之，以道率之，亦以正御之，而于多欲之戒、色荒之惧，每兢兢焉。今婚礼告成将近七载，深虑承传为重，恐罹不孝之罪也。因此故切谕之，庶见朕不敢忽之微意耳。①

真实地表明了他对储嗣的渴望心理，以至于情急之下，将自己与后妃的性生活也向内阁大臣通报。

这之后，世宗对储嗣更为重视。老天不负苦心人，转过年的夏月，陈皇后已身怀六甲。世宗欣喜之下，少不得对皇后优渥有加，常到后宫中陪坐，二位宠妃也自觉收敛，亲奉汤茶。曩遭冷落的陈皇后在怀孕后亦脾气大长，因嫉妒摔茶杯，触怒世宗，竟至于惊悸成病。腹中胎儿没保住，皇后也凄惨死去。世宗又愧又怒，草草就葬了这位元后，谥曰悼灵。

这是世宗的第一个孩子，由于胎死腹中，尚不知是男是女。陈皇后的谥号，礼部与台谏都曾争之，世宗不听。然斟酌“悼

---

① 《明世宗实录》卷八三，嘉靖六年十二月壬申。

灵”二字文义，倒像是祭悼那个未能出生的孩子。

## 二、采选淑女与册封九嫔

由此往后，再不见子嗣的迹象。继立的张皇后久不举子，世宗即位已10年，却仍未有子嗣。加上其本人又时常患病，朝野为之焦虑。九年十月六日，与世宗感情甚笃的首辅张璁上言：

> 古者天子立后，并建六宫、三夫人、九嫔、二十七世妇、八十一御妻，所以广储嗣也。伏惟中宫皇后正位有年，前星未耀，嗣续未蕃。臣愿皇上当此春秋鼎盛之年，广为储嗣兆祥之计……①

世宗很快就采纳了这一建议，其在御批中表示了对张璁“忠爱诚切至意”的夸赞，并说：“朕大婚将十年，元配又失，嗣承久虚，深用忧惧，每廑圣母之念。”由是可知，世宗之母蒋太后望孙之心更为迫切。

世宗令礼部“速拟应行事宜以闻”。礼部请派遣本部官二员、司礼监官二员往南北直隶、凤阳等处采选。世宗称“此举专为广嗣续”，不必派内官，命礼部主持此事。于是，礼部派四位官员到各地选秀女，各官认真尽职，加以地方官鼎力相助，仅用一个月，就将采选来的1258名淑女带到京城。②

经过了繁复的审查程序，最后由蒋太后亲自目测确定，选中淑女30人，再从中“慎选九人，以充九嫔”。③ 十年三月，朝中举行了隆重的册封仪式，世宗衮冕告太庙、世庙，然后换皮弁服，接受百官行礼；负责册立九嫔礼仪的正、副使身穿吉服，奉制文和

---

① 《明世宗实录》卷一一八，嘉靖九年十月壬戌。

② 《明世宗实录》卷一一九，嘉靖九年十一月辛卯。

③ 《明世宗实录》卷一二二，嘉靖十年二月庚辰。

节册至九嫔宫，九嫔迎于宫门外，随至宫中拜位，女官宣读册文，九嫔虔敬受册，然后八拜，送使节出宫门，具服随皇后至奉先殿谒告列祖列宗，最后才到皇帝前谢恩。

这次册立的九嫔为方氏、郑氏、王氏、阎氏、韦氏、沈氏、卢氏、沈氏、杜氏，容貌心智，各有擅长。此时一律头戴九翟冠，身穿大彩鞠衣，纤腰摇曳，花容含羞，使世宗很是满意。

九嫔的选拔很有成效，几年后皇子迭生，大多出于她们之中，有生育之功者即加皇妃或贵妃称号。

## 三、并蒂瓜与瓤中蔓

就在当年九月，新选入宫内的九嫔尚未见动静，广平府曲周县却传来一个好消息。

原来素来以甜瓜著称的该县，有位瓜农在田里发现了两对并蒂瓜，待其成熟后剖开，还有一瓜竟在瓤中生出枝蔓。县丞侯廷训以为祥瑞，依样绘图，奏知朝廷。世宗也觉得很奇特，觉得很像是嘉禾、瑞麦之类祥瑞，询问礼部官员是何征兆。礼部尚书为夏言，岂不知皇上心思，遂引经据典，报称是“本支繁衍之兆”。世宗大喜，“亲献内殿”，并赐侯县丞官衣一袭。①

类似的上献并蒂瓜之事，早在洪武年间即出现过，礼部奏“连蒂之瑞”，朱元璋说：“草木之瑞，如嘉禾并穗、连理合欢、两歧之麦、同蒂之瓜皆是。以归德于朕，朕不德不敢当。”②说得真好！博览群书的世宗显然没看到太祖这番话，否则不光不信这图上的甜瓜，连后来的嘉禾瑞谷也都免了。

上献并蒂瓜图的是该县县丞。一个地方出了祥瑞之物，知

---

① 《明世宗实录》卷一三〇，嘉靖十年九月戊寅。

② 《明太祖实录》卷七四，洪武五年六月癸卯。

县不报，竟由县丞上报朝廷，亦有蹊跷。可说到这位侯廷训，那可是大有来历。廷训与张璁同科进士，在议礼上却势同水火，是该科88名联署反对议礼的带头人。至嘉靖三年，议礼大局已定，张璁已入京任翰林学士，左顺门已发生哭谏惨案，在南京礼部任主事的侯廷训心中不服，私刻自己关于议礼的文章为一册，寄与京师的友人。此事很快被察知，下诏狱拷讯，幸亏他13岁的儿子赴阙声冤，冒死救父，以孝心感动了世宗，才得以贬官保命。

岁月匆匆，转眼过了七年，同年张璁已经入阁五载、任首辅两年，侯廷训竟还是一个小小县丞！并蒂瓜和瓢中蔓的出现，给了他一个机会，一个多年反思后改过的良机，但路途遥远，鲜瓜难以保存，便想出绘图呈报的主意。写到此处，笔者感慨万千，又觉得不忍责怪这位县丞，谁能知道他在这些年，承受了多大的精神和生活压力。

我们没看到侯廷训的奏章和附图，可设想一定写得花团锦簇，两榜进士出身者大多有这种本领。世宗阅读时的心情应是愉悦的。他应该还记得侯廷训，即便忘了，也会有人提醒，但欢喜之下，皇上原谅了这位旧日的捣乱分子，特赐予一袭官袍。

皇上钦赐官衣可非小事，廷训如枯木逢春，慢慢也就升迁起来。

### 四、祈嗣之醮

为确保在子嗣上“广种多收”，除了多选嫔妃，笃信道教和方术的世宗，又想起向上天的神灵祈祷。祈嗣坛迅速地在后苑的钦安殿建成。这是一个花木葱茏的御花园，是嘉靖前期修醮的主要场所。夏言有诗赞之：“钦安殿前修竹园，百尺琅玕护紫垣。夜夜月明摇凤尾，年年春雨长龙孙。”①大约写于随从皇上斋醮的时候，诗写得一般般，却也一副青词腔调。

那时国内和南北边境尚称平静，为皇上祈嗣，便成为帝国的首要政治任务。十年十一月，世宗对时任首辅的李时说：

> 卿等以朕建醮祈天，求生哲嗣，为国重典，朕闻圣人有曰“不孝之罪，无后为大”，今朕大婚十载，近册九氏，嗣祥未兆，乃遵祖宗故事修醮以祈。顾君臣一体，况卿等爱国之心甚切，昨有请，已分遣廷臣祷之岳镇，但恐扰民耳。兹欲又侍朕行礼，醮坛其悉听之。②

可见出世宗的忧急，更可见出一众大臣的积极姿态：遍祷域内五岳四镇，出于大臣们的建议；侍奉皇上在祈嗣坛行礼，是文武重臣的请求。世宗很感动，认为臣下“爱国之心甚切”。

祈嗣是一场宏大法事。所有登坛的道士均赐给净衣一袭，真人和道官加赐“纻丝衣一袭”或“绢二缣”。礼部尚书夏言提议，通常的春祈秋报，都有礼官负责撰写青词和全程监督，祈嗣大典“事体崇重”，也应如此。世宗谕称祈嗣醮“为国重典”，规格还应提升，并亲自指定了有关职司。

于是蟒服玉印、总领道教的邵元节主持醮事，夏言任醮坛监礼使，礼部侍郎湛若水、顾鼎臣充当迎词导引官，郭勋、李时、王宪、汪鋐、翟銮等文武大臣每日轮流上香。而为了显示诚敬，世宗在醮仪的第一天和最后一天都亲临行礼，跟随皇上身后的则是那些军政大员。

夏言又呈请皇上，令在廷文武百官一律致斋行礼，以感格上天，世宗欣然谕可。

---

① 夏言：《桂洲诗集》卷二二，《续修四库全书》第一三三九册。

② 《明世宗实录》卷一三二，嘉靖十年十一月丁丑。

## 五、早夭的皇第一子

所有这些努力终于得到回报，十二年八月十九日，丽嫔阎氏生下皇第一子。世宗刚刚度过 27 周岁生日，真是高兴极了，谢天告祖，要求臣下三天不得奏事，以安静享受得子之乐。新生儿刚七天，世宗即诏告天下，曰：

> 朕以一人仰承皇天洪眷，缵嗣皇祖丕图，即位于今已讫一纪，大婚之后又越十年，每思传位之久虚，若履薄冰而战惧。上廑圣母伫望之深，下遗臣民引领之至，朕心震惕，朝夕匪宁。昨岁元辅建策慎选淑女，以备妃嫔之御，用广嗣续之求，朕请慈命，闻于祖考，卜吉，纳九氏以用资繁衍之祥，助烝尝之职者。乃于今年八月十九日皇天降祉，祖宗鉴荫，朕第一子生，属丽嫔阎氏出，是皆皇考圣母钟祥积庆而衍及孙谋者也。①

他把得子归功于父母积德积庆所致，充满喜悦，也显得如释重负。世宗宣布大赦，起复赋闲官员，宽减当年赋税，蠲免拖欠，奖励学校，并分遣翰林院、科道、锦衣卫及鸿胪寺官谕知各王府。

皇子满 20 天，世宗便忙着命礼部议皇子庙见、命名等礼仪。命名那天，世宗身穿皮弁服于乾清宫升座，张皇后率丽嫔行四拜礼，侍立，保姆抱皇子由寝宫至殿内，世宗降座，执皇子右手，赐之名。他为自己的第一个儿子取名朱载基，期望之重，由“载基”二字可知。

可未过几天，小载基就开始生病。蒋太后视孙如珍，每日来探视，常流连到中夜仍不愿离去。而世宗迎送陪侍，因此着凉发热，连时享礼都免去了。延挨到十月十日，皇长子一命归阴，搞得世宗和蒋太后都伤心至极，谥为“哀冲太子”。

---

① 《明世宗实录》卷一五三，嘉靖十二年八月乙未。

## 第二节　皇太子载壡

皇第一子早夭，带给世宗和母亲蒋太后的打击是沉重的，此后又是漫漫三年的等待，至十五年十月六日，皇第二子诞生，出于昭嫔王氏，后宫和整个朝廷再次充满喜庆。

这是一个与世宗一样有着吉祥传说的皇子，是一个自小就与众不同的皇子，也是他惟一一个很早就册为太子的皇子。世宗对该子寄予了很大期望，也倾注了很多心血，以至于在太子逝后，对父子之情竟也像是看得淡薄了。

### 一、精选民妇为保姆

前车之鉴，记忆犹新，世宗对上天的再次赐予珍惜非常。他亲自定下祭告郊庙的礼仪，颁示礼部，又不顾体弱，亲自率文武大臣到南郊祭告昊天上帝，又遍祭九庙、奉先殿、崇先殿、方泽等，又令百官自本月七日至十五日，朝参和办事俱穿吉服，还额外赏赐礼部尚书夏言银簪花红，当是奖励其祈嗣之功。

岂料两日后，京师一带地震，"有声如雷"，世宗怀疑是上天加谴，忙降谕停止贺喜，宣称自己"即行修省，自今日始青衣黑带，静处三日"。① 夏言请求皇上在修省之后，御奉天门受百官贺，世宗思忖良久，方才答允。

世宗派翰林院官通报各王府，又派使者谕知朝鲜等属国。但他对诏告天下比前次慎重，定在皇子满月之日即十一月六日。世宗在这天亲临奉天殿，接受百官朝贺，诏告天下，又是一番大

---

① 《明世宗实录》卷一九二，嘉靖十五年十月辛卯。

赦和遍示恩赏。病退乡里的张璁差人上表称贺，世宗很为老臣的忠诚感动，赏赐甚多。

这个皇子又被理所当然地称为“元嗣”，命名礼在两个月后举行，世宗在内阁开拟的名字中选定了“壡”字。壡，通叡、睿，有聪慧、圣明之义。为确保儿子能健康长大，世宗又想到宫人不尽可靠，命礼部在民间选无丈夫和子女之累的妇女进宫当保姆，一次竟选了二十多人。① 他还命宫中道士于玄极宝殿建“祇答洪庥金箓大醮”，连续折腾七昼夜，用的是当年祈嗣醮的同规格仪式和官员。此一醮事名为答谢上天，实则重在祈求保佑。因祷祀之功，道士邵元节竟被加授礼部尚书，给文官一品服色和俸禄。

## 二、储祥屡现

十六年元月二十三日，刚刚过完元宵节，康妃杜氏产生皇第三子。对这个儿子，世宗似乎并不是太重视，仅命郭勋、李时等代行告庙礼。但几天后，还是从礼部之请，御奉天门接受文武百官的祝贺。

二月清明节，世宗奉母亲章圣皇太后至京郊祭陵。先是礼科都给事中李充浊等上疏劝止，认为皇嗣出痘刚平复，新生皇子更需养护，皇上和皇太后不宜远离；也说到行宫皆以苇席搭盖，值天气阴湿，对圣母身体也不利。世宗不愿改变祭陵之行，斥责李充浊多事多嘴，“所言不识人情，父子之间岂待人劝也”。②

祭陵之行庄严而又愉快。二月二十九日，宫使来传报皇第

---

① 《明世宗实录》卷一九四，嘉靖十五年十二月庚寅：“上以宫人不谙保护皇子，命礼部选民间妇无夫子系累者二十余人入宫。”

② 《明世宗实录》卷一九七，嘉靖十六年二月己巳。

四子生，世宗当即命笔，作《嘉喜歌》颁示扈从大臣，命之赓和以进。① 这个皇子来得更是时候，次日即蒋太后生日，竟成了世宗献给慈母的最好礼物。刚接任礼部尚书的严嵩极会逢迎助兴，请求扈从大臣至蒋太后前行五拜三叩头礼。世宗当即允准。六科十三道跟着恳请，建议扈从大小官员"一体随班行礼"，世宗降诏许之。群臣朝服鲜洁，容颜恭逊，齐整整地排列在阶下，司礼喝赞，拜跪如仪，蒋太后大是开怀！

返回京师，朝中居守大臣及各官又请求称贺，道是"储祥屡见，本支繁昌，实宗社无疆之庆"。② 世宗心情愉悦，一概允准。

礼部具上皇第三子命名、剪发仪注，世宗认为"命名仪比元子当有差"，令再拟。适皇四子生，严嵩等请同时命名，世宗令内阁开拟，遂于乾清宫举行仪式，赐皇第三子名载壡，皇第四子名载圳。世宗连得皇子，多年焦灼惶惧之情一扫而光，遂举行典礼，将载壡生母昭嫔王氏进封贵妃，载圳生母靖嫔卢氏进封靖妃，以示宠异。又补封了淑嫔、宜嫔、徽嫔、裕嫔、雍嫔。唯载壡生母康妃杜氏没有加封③，大约在于她已经册立为妃子，再加便是贵妃，而世宗并没有这么想。

对长期渴求子嗣的世宗来说，嘉靖十六年是一个大丰收的年份，嫔妃们似乎在开展竞赛，争先恐后地生儿育女。八月，肃妃江氏生皇第五子，接着就死去。④ 当月懿妃赵氏又生出皇第六子，世宗不顾足疾，亲至玄极殿、皇祖庙、皇考庙奏告，又命郭勋、夏言等代告七庙。⑤ 十二月，雍妃陈氏生皇第七子，世宗亲

① 《明世宗实录》卷一九七，嘉靖十六年二月戊寅。

② 《明世宗实录》卷一九八，嘉靖十六年三月辛卯。

③ 《明世宗实录》卷一九九，嘉靖十六年四月辛未。

④ 《明世宗实录》卷二〇三，嘉靖十六年八月辛亥。

⑤ 《明世宗实录》卷二〇三，嘉靖十六年八月甲戌。

至皇祖庙和皇考庙祭告。遗憾的是这两个儿子都未活满一岁，很使世宗惋叹痛惜。

两年后，荣妃赵氏生皇第八子，仍是早夭。世宗对这些夭折的骨肉仍充满慈爱，一律追加封谥。

### 三、册立大典上的怪异

当然，最令他重视的皇子还是载壡。其刚满周岁，勋戚和辅弼大臣等就奏请"册立东宫"，世宗以年龄太小，未予准行。

十八年正月，世宗欲南巡承天，一则是老母生前嘱托，一则是出巡需要，打算册立刚刚两岁多的载壡为皇太子，在留守大臣辅佐下监理国事。隆重的册立大典于二月一日举行，同时册封第三子载垕为裕王，第四子载圳为景王。当天中午，"日下有五色云现，长径二丈，形如龙凤，是为卿云"。① 史籍多有类此天人感应的记载，倒也不足为奇。

而一桩真正奇怪的事就在册立大典上发生。《万历野获编·宗藩·太子册宝》：

> 是日大礼甫举，内臣司宝册者，各奉所赐归。而裕王册宝误入太子所，其青宫宝册，乃为裕邸所收。中外骇怪。

青宫，指皇太子宫；裕邸，即裕王在宫中所居。在此类朝廷册立册封大典上竟然会搞错宝册，消息传开，许多人为之错愕，以为冥冥中或有一种天意在焉，后来果然"应验"。

二十四年二月，皇太子已虚龄 10 岁。世宗命礼部拟太子加冠及讲学之礼，礼部尚书费寀具仪以闻，获得批准。后来费寀觉得加冠礼行之过早，上疏请暂停冠礼，让太子先以童服出阁读书。世宗降敕责斥费寀不谙事体，但此事却拖了下来。二十五

① 《国朝典故》卷三六。

年正月，贵州道御史周冕上疏请皇太子出阁讲学，世宗素来反感臣子掺和自己的家事，认为讲学典礼应由他来钦定，与外臣无干，将周冕贬窜云南，以惩其“轻妄奏渎”之罪。

### 四、陶仲文的预言

由皇上动议，又由皇上阻挡，太子出阁讲学和加冕礼便一天天拖了下来。究其原因，则在于陶仲文提出“二龙不相见”之说，对世宗产生了很大影响。什么是“二龙”？则谓皇帝，世间真龙也；太子，未来之天子，亦龙也。二龙相见，必有一伤，因劝皇上不要早立太子。

嘉靖一朝，世宗身边的真人、道士、术士，也如走马灯一般转换，真正能得到皇上信任，能全君臣始终之交的只有两人，一是龙虎山上清宫道士邵元节，再一就是由元节推荐的陶仲文。仲文精擅符水诀，皇太子出痘，为做祷祭，很快就痊愈，由是大得名声。世宗南巡，邵元节老病不能从行，陶仲文则一路紧随，于河南卫辉见旋风绕辇，预测当夜有火，果然应验，从此更得宠异。陶仲文初奉召时已然六十多岁，美髯飘飘，仪表庄重，知识渊博，话语温润，举凡道教和神仙之学，足备顾问。正是他善意和认真地提醒世宗，皇宫中不宜并存两条龙，化解之道，便是不要急于册立皇太子。既而已立太子，陶仲文再次对世宗说太子有仙气，不可以常人待之。

与秉一真人的说法相呼应，昭嫔也说怀孕时曾做一梦，见一星冠羽服的神人给与她一个婴孩。及其降生，这位太子的确也有些异事，“生而灵异，不喜纷华靡丽，小心斋慎。尝见上，叩头曰：儿不敢。时时举手曰：天在上。上奇其不凡”。[1] 这样一个

---

① 《明世宗实录》卷三四六，二十八年三月丁亥。

儿子竟是大有来历么？开始时世宗当是将信将疑。陶氏所言之前多有灵验，其也不得不信；但历朝多立皇太子，皆未见有异，怎么轮到自己就不能呢？

十八年正月，世宗敕谕礼部拟呈册立皇太子和册封二王仪注。此时蒋太后刚刚去世一个多月，谕旨一再提到母亲对册立太子的愿望，“前体慈圣面训”，“近遵皇妣日切之训”①，想是蒋太后逝前必多次催促。同时还有“文武群臣累请”，这一个“累”字亦称双关，是大臣有多次请求之累，皇上被催逼得也累啊！恰好要南巡承天，也就赶在离京前的二月初一，册立了皇太子。册立归册立，世宗心中的狐疑终是无法消除，便以一个“拖”字应付，其在冠礼上的出尔反尔，根子便在这里。

### 五、太子的冠礼与猝死

到了二十八年，皇太子载壡已 14 岁，世宗在这个年龄已作为兴世子监国了，而 10 年前便已册立的太子，却还没有加冠和读书。世宗既迫于舆论，又心存侥幸，勉强同意为皇太子举行加冠礼。还是严嵩细心，建议皇太子应对整套仪节先作演习，世宗即加批准，令从二月二十五日进行第一次演练，以后每五天一练。新任礼部尚书徐阶极其负责，而跑到皇上那里卖好的则是老严，他在首次演习后即行报告，说皇太子状况很好，只有跪拜起伏有些生疏，其他都中规中矩，世宗听了很是喜欢。

三月五日，经过皇太子两次演练后，礼部呈上最后版本的仪注，世宗当即批复。当月十三日，又有臣下上奏文华殿已用黄瓦，太子在那里受百官朝贺，有些不妥。世宗想了一下，以侍卫为由，取消了文华殿朝贺。十五日，东宫冠礼隆重举行，一切按

① 《明世宗实录》卷二二〇，嘉靖十八年正月甲午。

部就班，行礼如仪，庄重热烈。但“二龙不相见”的心理阴影仍在，世宗还是决定不御正殿，不与加冠的儿子同时出现。

尽管采取了这些防范措施，冠礼之后两日，皇太子突然病重，百般诊治无效，遽然辞世。

皇太子之死，对世宗有很大打击。实则此前太子已病了一段时间，加冠时勉强支撑，好不容易才对付下来。可世宗并不这么认为。他后悔不该颁行册立和加冠之礼，更后悔没有听陶仲文之言。众大臣上了许多安慰他的奏章，世宗一律不理，独在陶仲文奏疏上批曰：

> 览卿奏慰，朕复何言？早从卿劝，岂便有此！太子非常，人不识耳。然厚烷、吕时中辈诽谤朕躬，一曰久不教训我等，一曰辅臣不可谀悦。皆谓朕既不早朝，又不教习太子。朕受天明命，承大道运，岂为小人所讪！因思太子年十四，或可渐举储仪，故令所司如例先行冠礼，岂期太子超凡，遂长往。且其于人世纷华一不好玩，动有仙气，今果乃。或谓何不任其素性，朕思身已受谤，又累太子，岂可久藏禁中，须如祖宗故事一一举行，宁为不慈，终不失正。嗟今失矣！彼纸上虚谈之物，能疗之乎？太子舍我，亦非背者，知朕心之不得已。①

满纸痛切，满纸追悔！既回顾了自己的心路历程，又详细解说了身为天子的不得已，有嫌絮絮叨叨，正说明他心中的巨大悲伤。痛失爱子之际，世宗又想起母亲在世时对长孙的疼爱，自责为不孝。

---

① 《明世宗实录》卷三四六，嘉靖二十八年三月丁亥。

## 第三节　并立的“二王”

皇太子英年早逝，死得又是这么蹊跷，陶仲文“二龙不相见”的告诫，一下子演为残酷现实，让本来就迷信方术的世宗如五雷轰顶。他还有两个儿子，再不愿失掉其中的任何一个，当然也不愿由那“命硬”的儿子克了自己，自此便不提册立太子之事。

皇太子是国本之所在，直接影响到朝政的稳定，尤其是影响到皇帝驾崩时权力能否和平交接，因而是朝臣至为关心的头等大事。皇上不急众臣急，总要利用各种机会提出问题，奏章接着奏章，请求接着请求，把个世宗皇帝也弄得不胜其烦，不胜其扰。

### 一、二王同体

徐阶是在二十八年二月十五日升为礼部尚书的。记下这个日子，是想说其颇有几分特别：四天前，世宗刚刚任命南吏部尚书张治以此职兼内阁大学士，很快又把这个在他看来最重要的部交给徐阶。当时徐阶的职务为吏部左侍郎兼翰林学士掌院事，世宗如此急匆匆将他升掌礼部，大约也是想把皇太子的冠礼办好。未想到人算不如天算，素有几分仙气的太子驾鹤西去，空留给乃父无限悔恨。

太子逝后，皇宫中还剩有两位皇子，两位已然册封为亲王的皇子，即所谓“二王”。二王并立，本来的皇第三子裕王，在册封时就改称皇二子了，此时则成了皇长子。而景王顺序亦升为皇二子，他与裕王同岁，仅比哥哥晚出生一个月零几天。裕王的生母杜氏地位平平，而景王之母卢靖妃颇受世宗爱宠，随侍左右。

朝廷内外疑虑纷纷，都不知世宗究竟是何主张。

类此立储大事，礼部责无旁贷，是以大小九卿中其他人可以缄默，礼部尚书不可。徐阶深沉多智，遇大事则敢于担当，接连三疏恳请皇上册立太子。前两疏未见，第三疏于三十年二月题呈，略曰：

> 皇子年已十五，选婚讲学实惟其时。宜先正其名号，乞容臣等遵例择吉，表请册立。①

在徐阶看来，裕王虽仅年长一月，依伦序立长不立幼，当为太子。但他深知皇上秉性，只是说两位皇子年龄大了，该是选婚和读书的时候了；也说到应先正名号，即对“二王”有所区别，但并没有明说应立裕王为皇太子。

这是世宗最为敏感、最不愿意谈的话题，可两个儿子一天天长大，不能不有一个安排，只好询问首辅严嵩。严嵩也说早立太子为好，并举成祖时册立皇太孙之例。世宗重新提起“己酉春事”，即两年前那次让他追悔莫及的太子冠礼。严嵩赶紧解释，说载壡在那之前一直得病，行走起坐都很困难，又说“天授元良，自有定数”，不可一概而论。世宗觉得有些道理，在徐阶疏章上批了“知已”二字。徐阶看到希望，马上呈上相关仪注。不料世宗说：知已，不是要实施的意思。②

到了该年秋，严嵩见礼部奏疏卡在那里，只好亲自出马，说了几句圣意难测、君父保爱之类，接着便是一大堆实际操作的困难，如皇子选婚的重大复杂，如出府和之藩前的各项准备，更重要的是太子与亲王在礼仪上的差别，恳请皇上早作决断。世宗

---

① 《明世宗实录》卷三七〇，嘉靖三十年二月己未。

② 《明世宗实录》卷三七〇，嘉靖三十年二月己未：“上下阶疏曰：‘知已。’阶乃择以本月七日表请，因列上其仪。上曰：‘知已，非行事之谓。’既而，掌詹事府事礼部尚书孙承恩亦以为请，上竟不行。”

未予回应。

转过年来,徐阶再一次上言:说皇子已经16岁,选婚和讲学实在不宜再拖了。同时,他再一次提出应该先举行册立大典,确定名位。徐阶岂不知皇上心思,但职司所在,无可推却,疏中用了“谨昧死请”,显得有些悲壮。严嵩等入直西苑的四位大臣也一起联署,请求皇上采纳礼部之议。

世宗不悦,反问道:二王各以皇子之礼举行冠婚,有何不可?你们如此逼君不已,想干什么?他令礼部具仪上奏。徐阶等又说:若二王同日行礼,恐怕执事人众不便,请以长幼为序,冠礼和婚期先裕王,次景王。并建议暂于皇城内举行婚礼,然后出府居住。

世宗召见严嵩,问他:出府成婚是惯例,岂宜暂居宫内?严嵩说:先年曾有五王同行冠礼,一起出府成婚之例,但都属于名位相等、日后都要之国的亲王。而今事体不同,二王伦序已定,必须慎重处置。世宗仍坚持自己的观念,曰:

> 二王同体,如何又欲分别?其俱以三月行冠礼,选婚候敕行,府第即修二所,不许违慢。①

严嵩不敢再作分辩,默然退下。

## 二、出府与成婚

三十一年二月,世宗力排众议,诏于三月一日为裕王、景王同日行冠礼。礼部呈上二王冠礼仪注,世宗基本照准,仅删去御奉天门受百官朝贺一节,他自己显然不愿意太多参与。

裕王和景王的冠礼终于如期举行。世宗虽尽量回避,却派出一个最高规格的主礼班子:驸马都尉邬景和作为二王的亲姑

① 《明世宗实录》卷三八一,嘉靖三十一年正月甲辰。

父，代表皇帝祭告奉先殿；成国公朱希忠、英国公张溶持节掌冠；大学士李本、尚书徐阶赞冠；大学士严嵩宣读敕旨。按照往例，加冠典礼在奉天门东庑廊、左顺门之北举行，鸿胪寺和内侍先期布置停当，并进行了演练。所有各项都是一样的：香案二，冠席二，醴席二，帷幄二，盛有翼善冠、皮弁冠、九旒冕的匣子也都是两个……礼部和相关各监寺严格遵循皇上指令，两位亲王统一规格，所有形式不加差别。

但实施过程毕竟有先后，可以同日加冠，同场举办，却无法同时。裕王在先，景王在后，这个顺序还是一种区别。礼部仪注中还做了点伏笔，即二王同拜皇父、各拜母妃之后，景王要向皇兄裕王行四拜礼。世宗不会看不到这个环节，但也实在没有理由取消，也就由他去了。

当年八月，世宗令二王同日出阁讲读。

九月十七日，世宗命礼部为二王同时选婚。

虽说是处处显示“二王一体”，在世宗心里自有一本底账。就在下旨选婚前一天，他谕令工部选一处分封之地，曰：“朕二子将举婚礼，一王留京，一王封国。宜择建国之处，即查例以闻。”①虽未说明哪个儿子留京，哪个封国，还是给群臣很大鼓舞。工部回复：封国重典，历来皆由钦定。世宗乃择定于湖广德安府，敕内官监太监曹臻同工部员外郎楼镇前往办理。

选婚事宜进展迅速。五天后，礼部上奏已初选良家女 1200 人，集结于诸王馆，接下来由司礼监同宫人选择，锦衣卫千户李铭女、顺天府民王相女入选。礼部官员看后可能不太满意，奏称亲王婚礼应再扩大选婚范围。世宗曰“不必又扰民”，令将二女“择日送进”。

---

① 《明世宗实录》卷三八九，嘉靖三十一年九月乙未。

十一月,礼部奏请二王婚礼在皇宫举行。世宗不同意,令在各自的王府举办。

三十二年正月,天气晴和,严嵩等几位大学士趁皇上高兴,请求在春天为二王办婚事,世宗提出“仲春为美”,要他们交代监寺筹备。严嵩又提出诸王馆“府第浅窄,出府未免与外人易于相接”,建议二王都留在禁中成婚。世宗不悦,说你们既受外议影响,干脆举办册立大典好了。老严当然不敢接这个话茬,只说于宫内成婚为好。世宗说若不出府,既会害了二王,也会害了朕。严嵩见皇上动了气,只好委婉相劝,将自个和礼部的担忧和盘托出,无非是为圣上考虑,为未来的储君考虑,也为二王的安全考虑,一派赤诚。世宗不为所动,认为天意难违,叫他们不要再渎奏。

几天后,礼部拟上二王婚礼仪注,又提出一个问题,婚礼上的醮戒词有两种:“往迎尔相,承我宗事”,是为继承大宗者所言;“往迎尔相,用承厥家”,则是为承家者所言。请求皇上予以定夺。同时还提出庙见、回门等事。世宗览之不悦,斥之欺扰烦渎,再次下诏:“二王一体行礼,勿复违扰。”①

所谓“一体行礼”,指的是同以亲王规格举行婚礼,而非同日举办,派遣主婚的大臣亦不同。二月初三,册封裕王妃,初八裕王在文华殿受醮戒,行迎亲礼,接着出宫就府。而景王则是初八册封王妃,十一日受醮戒,行迎亲礼,然后出府。虽说前后脚,倒是裕王离开皇宫还早了几天。

## 三、“国本默定”

在二王出府一事上,世宗所一直坚持的一体,故意显示出的

① 《明世宗实录》卷三九三,嘉靖三十二年正月己亥。

平等，令朝臣感到惶惑，也大为沮丧。

但仔细考察，就会发现裕王和景王的待遇还是有一些不同，主要是王府讲官的选择。世宗命翰林院编修高拱和检讨陈以勤为裕邸侍讲，改国子监助教尹乐舜、郑守德为翰林院待诏，任裕邸伴读，以中书舍人吴昂、吴应凤为侍书，是谓全用翰林。依本朝通例，这个规格的讲官阵容只有皇太子才可配备。

至于景邸讲读官，就要差一些成色：讲官为翰林院检讨孙世芳、林濂，没有编修；两位伴读中有一个原是邢台县学教谕。这个班底略高于一般的亲王，但显然无法与裕邸相比。

世宗在前一年九月间即颁发诏旨，确定一王留京，一王之藩，并为在湖广德安府选定藩国，命内官监会同工部前往营建。缘此两端，朝臣们又受到鼓舞，认为“国本默定”。所谓默定，当然是指裕王虽未蒙册立，实则世宗早已在心中确定了其继位之权。

宫廷的事情常又是复杂的。德安的王府整饬一新，而景王却住在京师，久住不去，世宗亦不提让其之藩的事。三十三年正月，裕王之母杜康妃病逝，礼部所拟丧仪比一般妃子稍加隆重，世宗立即下旨令裁减。

次年十月间，裕王得子，这是裕邸第一子，也是世宗第一孙。礼部拟请诏告天下，世宗又认为于礼不合，仅命遣官告庙了事。

莫非世宗又要生出变故？

### 四、“妖言律”下的游魂

群臣又开始忧心如焚，而其担忧不是没有根据的。

二王出府，国本未定。景王内有母亲承宠，外有近幸鼓动，对皇太子之位跃跃欲试。而裕王载垕新遭母丧，加上生性内向，对严父畏惧有加，甚至连例应得到的赏赐也不敢请示，生活拮据，情绪郁结。世宗则一意玄修，对二王的问题态度暧昧。于是朝中猜疑又起，群臣各有依附，连首辅严嵩也举棋不定，不知该把宝押在哪里。

裕王府的侍讲官和亲从为保全裕王载垕，真可谓煞费苦心。迫于无奈，王府中人以一千两黄金贿赂严世蕃，世蕃甚喜，对户部说了一下，一下子便拨给三年例赏。有过这种情况，严世蕃自然对裕王缺少应有的恭敬，一次闲聊，对裕府侍讲高拱和陈以勤说：听说殿下近来有些糊涂，都说了我老爹些什么呀？高拱还在故意打哈哈，而以勤则正色相告：

> 国本默定久矣。生而命名，从后从土，首出九域，此君意也；故事，诸王讲官止用检讨，今兼用编修，独异他邸，此相意也。殿下每谓首辅社稷臣，君安从受此言？①

陈以勤的话真真用心良苦。其把裕王的名字，解释为世宗赐名时即有立储之意，显然与事实情理欠通；而把选用编修为裕王讲学归为严嵩之意，并说裕王称严嵩为“社稷臣”，更非由衷之言。但这番话讲得十分堂皇且得体，使素性狡猾的严世蕃也疑信兼半，不敢有所造次。

三十九年二月，以失职家居的前左春坊左中允郭希颜耐不住寂寞，开始要有所行动，主题也选择了裕王。郭希颜，嘉靖十一年进士，选庶吉士，出馆后长期任翰林院检讨，十八年二月选配东宫官僚，升为右春坊右赞善。此官为太子辅导之职，是未来皇帝的执政班底，以常理当谦抑谨慎，而希颜不然。过于热衷的他显然不想等待那么久，趁着集议庙制的机会，希颜积极发声，提出孝宗和武宗压根不应进入“四亲”之列，说什么“侄不祀伯，

---

① 《明史》卷一九三，陈以勤传。

弟不祀兄，固也”，①言辞走得比谁都远。世宗虽不采纳，倒也对他生出几分喜欢。之后郭希颜两次被论，世宗都加以保护，仅让他转任外官。

本来想一鸣而飞升，未想到却改为外任，郭希颜心中不爽，把账算到严嵩头上，恨之入骨。二十八年八月，他将自己有关庙议的文章辑印成册，又写了一份弹劾严嵩的奏章，送往京师。疏文引传言“宁负天子，毋忤大臣”，又说自己得罪了大臣云云。世宗有些烦，斥其“牵引谬论，复行渎扰”，②责备了几句，仍然没有治罪。

郭希颜是一个攀附投机的人，又是个险恶嚣悍的人，却远不是老严的对手，未久即被找了个茬子免了官。乡居多年，郭希颜对严嵩的仇恨有增无减，也知朝野对严氏父子的痛恨，先密派下人往京师张贴匿名帖，声称严嵩要谋害裕王，引得群情骚动，议论纷纷。这之后，郭希颜上疏，文字间东绕西绕，无非请求安储和分封，最后写道：“每叹古者忠臣不退耕而忘君，烈士不避戮以直谏，是故在廷不言，在野不容不言。惟圣明仰慰祖宗九天之望，深思圣母一脉之托，察臣愚始终为主之无他，赦草莽言计自臣始，则士岂有不向风刎首而争效阙下者哉！”③如此一说，似乎赤胆忠心，先行占尽地步，让皇上难以论罪。早有人说希颜生性“轻险”，视之果然。

对待这样的人，严嵩也很慎重，票拟下礼部讨论。世宗不悦，问是什么意思，又说你们若觉得其言有理，干脆郊庙告行何如？严嵩弄清楚皇上的态度，便说希颜疏意可疑，当令礼部会三

---

① 《明世宗实录》卷二八五，嘉靖二十三年四月癸巳。

② 《明世宗实录》卷三五一，嘉靖二十八年八月甲子。

③ 《明世宗实录》卷四八一，嘉靖三十九年二月丁巳。

法司议。世宗进而指出疏本内有“建帝立储”四字，质问：

夫立子为储，帝谁可建者？

世宗极为敏感，向来注意疏章之措辞。一句“建帝立储”，大约郭希颜写得顺手，未及深思，却让皇上动了杀心。很快，郭希颜散布匿名帖之事也水落石出，法司拟坐“妖言惑众律”，世宗诏所在巡按官即时处斩，仍传首四方枭示。

郭希颜这位退闲官员，不去安享林下之福，妄论储嗣，原是想一石二鸟，当时即便不能取悦皇上，日后新帝登基，也会东山再起。机关算尽太聪明，可怜其正在家中大宴宾客，巡按御史率兵来到，当场拿下，当场斩决，取其首级而去。只把一个血淋淋无头尸首，留给他惊恐万分的妻子儿女。

妖言，在古代是个可怕的罪名，又有着很宽泛的内容，匿名黑帖即其一。希颜自以为得计，未想到落得个枭首传示，游魂难回故乡。

## 五、景王之藩

郭希颜人头落地，却以其卑微的生命为代价，迫使世宗对立储之事表明态度。

表面上，郭希颜并非因所言储贰之事获罪。世宗却缘此一疏，知晓朝野对景王留京的犹疑，于当年十月颁旨给内阁：“景王府已成数年，当遵祖宗大制令之国，何久不举行？”[①]严嵩岂不知皇上心思，如此举动，无非是因郭希颜疏中直言所激，用以察看朝臣究竟如何想。

严嵩私下里暗示礼部尚书吴山，要他出面挽留景王。吴山

---

① 《明世宗实录》卷四八九，嘉靖三十九年十月壬寅。

虽与严嵩同乡，做人却有忠奸曲直之分，正色回答：“中外望此久矣！”①礼部有这样的尚书掌管，相关人员迅速拟出景王之藩仪，上奏朝廷。世宗无奈，只得批准。

其他各部对此事亦盼望久之，故旨意一到，立刻进行办理：吏部请示如旧制设置王府官僚，兵部请示选派锦衣卫官充当王府仪卫司、群牧所、典仗所官，工部请派员往德安修葺府第，不几时之藩各项事宜便井井有条。世宗只得令报可。实录于此处记载：

> 是时上春秋高，国本未建，二王并居外邸，形迹相似。景王母妃在上左右，又行奥援。虽天意圣心自有攸属，而群情恫疑，皇皇靡定，奸邪之党日夜窥伺观望，幸天下有变，而欲以钓奇取富贵。有识之士深以为忧。忽闻夜半中旨涣颁，京师士民踊跃称庆。天序既定，群邪顿消。②

真实反映了吏民对二王并存的疑惧。

景王就藩，实非皇上本意，世宗对景王的喜欢似乎远超出裕王，于是那些呼喊请求景王之藩者便令其厌恶。司礼太监黄锦与吴山颇有交情，一天悄悄对他说：“公他日得为编氓幸矣，王之藩，非帝意也。”③编氓，即平民百姓。三个月后，吴山因言事获罪，被免官。

## 第四节　真龙与潜龙

景王离京往德安的藩国，是在四十年(1561)二月，到达则

---

① 《明史》卷二一六，吴山传。

② 《明世宗实录》四八九，嘉靖三十九年十月壬寅。

③ 《明史》卷二一六，吴山传。

是五月间。京师至德安路途与至钟祥差不多,竟然走了三个月,这里面既有游山玩水,当也有极大的不情愿。离京之前,景王携王妃入宫向父皇辞行,又往裕邸向哥哥作别,行四拜礼。裕王也到弟弟府中送别,行二拜礼。以上都是按照礼部拟呈、世宗批准的程序行事,没见出多少兄弟亲情。

离京之藩的景王,仍然是一条龙,一条排在皇位继承第二顺位的潜龙。而当时的大明帝国,世宗是真龙天子,裕王为第一顺位的继承人,却也没有得到父亲的任何承诺,也只能算是一条潜龙。

## 一、裕王府的“裕”

素来讲究文字,喜欢玩味文辞的嘉靖皇帝,当初册立皇太子、册封二王之时,赐给老三载垕(实际已是老二)的王号为一个“裕”字。裕,字义甚美,指富饶、充足、宽裕、宽容等。《明穆宗实录》卷首述其儿时抓周,世宗与后妃诸嫔摆设许多小物件以试其志向,载垕“首取龙旗画鼓及五行石,每取,辄进世宗”。世宗大为惊异,也很开心。笔者倒觉得可能是出于母亲康妃的教习,否则小小孩童,怎么会知道父皇的志趣喜好呢。

据实录,裕王载垕生得也是“丰神秀朗,举止端庄”,一副帝王气象。可与太子哥哥和景王弟弟相比,载垕似乎要木讷沉闷一些。大约世宗看这个儿子不太灵光,未寄与太大期望,要他做个仁善亲王,宽宽裕裕过一辈子,也就是了。

没想到这个老实孩子着实命硬,第一个哥哥早死,载垕由皇第三子升为第二子。第二个哥哥已立为皇太子 10 年,居然也死了,载垕成为皇长子。按照大明皇室的嗣位法,依从前此各朝的惯例,载垕理所当然地被视为储君。

世宗的心情必然是复杂的。陶仲文“二龙不相见”的理论,开始时特指庄敬太子的来历不凡,引申为不宜早立太子,却也并不涉及何人将继承皇位。而自幼聪明过人,一生英察自信的世宗,当不会情愿将皇位传给老实懦弱的载垕。他还有一个同样年纪、只小一个月的儿子,那可是机灵透亮多了。作为一朝天子,作为一个父亲,世宗能不有些犹豫吗?但立嫡立长的祖宗成法俱在,他这样一个精通礼法的皇帝,也找不出理由来否定,只有去拖。

只这一个“拖”字,可就使裕王吃足了苦头。他做了二十多年的皇长子,却没有做过一天太子,没享受过一天皇嗣的富贵尊荣。如果说景王还有亲生母亲在皇帝身边,常会有一些帮助照应,则裕王生母早亡,颇显得孤苦伶仃。从前面所述行贿严世蕃、打通户部一节,可知裕王府真的经济拮据,日子艰辛,妄担了“裕”的虚名儿。

但从另一方面讲,载垕的王府又名副其实,那就是府中人才济济,在朝廷得到群臣的广泛支持和同情。严嵩虽称奸狡,在裕王问题上始终未见使坏,不管是出府还是婚读,都能陈述正面意见,策应礼部,甚至几次与皇上争辩。这当然有其为子孙后世考虑的因素,但亦有持正和不趋从的一面。世宗的心思他最为了解,设若老严顺着运作,巧为调度布置,裕王危矣!

另一位裕王的“贵人”当属徐阶。徐阶器量深沉,人情练达,世宗晚年时以恭谨受眷注,惟在裕王事情上再三忤旨,执拗地请求册立皇太子。论其“虽任智数,要为不失其正”,大略在这种地方。正是这位先任礼部尚书、后来继严嵩任首辅的徐阶,担当了裕王在内阁最坚定的支持者,也对世宗的最后决策有着较大影响。

当然,与裕王几位利益最相关,因而也是铁杆队伍的,是裕王府官员,尤其是那些文学侍从之官。先后任裕邸讲读官的高拱、陈以勤、张居正、殷士儋，皆一世之名臣，也都做到了内阁首辅或大学士。正是这个以高拱为首的班底，一腔忠贞，出谋划策，既低调平和又团结坚忍，帮助也鼓励裕王度过了困难时期。

## 二、藏匿于裕邸的第三条龙

景王之国后，对皇嗣的觊觎并未打消。使骑往返，仍密切注视着朝廷的变化。裕王留京，但仍是裕王，仍然住在皇宫之外的诸王馆，他不曾轻松，不敢也无以奢华。他难得见到父亲一面，唯有在高拱、陈以勤等辅佐下，"益敦孝谨"，[①]"夔夔藩邸"。[②]好在裕王载垕生性仁厚宽和，处处谦谨恭敬，总算无事。

但也有突然之厄：三十四年十月四日，裕王第一子出生，出于王妃李氏。当时裕王尚在母丧中，有涉不孝，父皇很不高兴。幸詹事府少詹事尹台引用明太祖《孝慈录序》，解说嗣续为朝廷大事，不应限于常礼，这才没有发作。但对礼部所拟"告于郊庙、社稷，诏告天下，令文武群臣称贺"诸仪，世宗明确指出："此所具仪太孙之礼也，岂可不俟君命？"仅命告庙而已，其余皆不许。[③] 文武群臣以皇第一孙诞生，纷纷上贺表，世宗大为敏感，虽不加回应，却读得很仔细。他认为掌詹事府的吏部侍郎闵如霖疏中有谤语，下旨责问，如霖不敢辩解，被降俸三级，并且将他赶出西苑的青词写作班子。[④]

当时的大臣敢有毁谤么？很少人有这种胆量。世宗的吹求作色，实际上是神经过敏导致，是拿闵如霖扎筏子给他人看。

---

① 《明史》卷二一三，高拱传。

② 《国朝献征录》卷十七，光禄大夫柱国少傅兼太子太师吏部尚书武英殿大学士赠太保谥文端松谷陈公以勤墓志铭。

③ 《明世宗实录》卷四二七，嘉靖三十四年十月壬戌。

④ 《明世宗实录》卷四二七，嘉靖三十四年十月乙丑。

皇长孙在四年后死去，经严嵩说项，追封为裕世子。再两年，裕王又有了第二子，亦不满一岁而死。前后的几年间，裕王的长女、次女先后出生，又先后死去。其第二子和第二女都查不到出生的记录，大约在于当时不敢呈报。

四十二年（1563）八月十七日，裕王的第三子出生，与世宗的万寿节只差几天。裕王照例不敢奏知父皇。这年四月西苑玉兔生子、七月白龟卵育，廷臣都纷纷上表称贺，而皇孙降诞，竟没人敢于入奏皇上。裕王既不敢为请命名，亦不敢请行剪发礼，致使皇孙长发如丝，藏匿于裕王府中。

这是又一条龙，是日后继裕王（穆宗皇帝）即位的万历皇帝。其时世上已并存着三条真龙天子，信奉“二龙不相见”的世宗连儿子都不要见，又如何谈得上孙子呢！皇宫之外的裕王父子都只能作为“潜龙”，蟠伏蹑迹，韬光敛彩。

### 三、景王病逝

景王的封地在湖广德安，是世宗亲叔父岐王的旧藩，其府邸当也是在原岐王府基础上的整修翻新。这是一个不太吉祥的所在，世宗把小儿子封在这里，真不知是怎么想的。或许有一种宿命在焉，景王同叔祖祐棆命运相仿，也是没有子嗣，也是年纪轻轻就一病不起。

四十四年（1565）正月，景王载圳病逝于德安景王府中，年仅28岁。世宗为之辍朝三日，命诚意伯刘世延前往谕祭。景王无子，其灵柩归葬京师的西山，宫眷移居京邸，封除。至此，皇嗣问题才算最终解决，因为世宗只剩下了唯一一个儿子裕王。

对景王的夺嫡之念，世宗早已察知。他没加处置，也说明其对究竟选哪个儿子继位未下决断。景王大概要比老实懦弱的裕王机敏干练得多，使得自视才智甚高、也爱重人才的世宗很犹

豫。唯景王福祚不长,短寿早亡,才使问题自行了结。一日,世宗在宫中对首辅徐阶谈起景王,说:

此子素谋夺嫡,今死矣。①

话语冰冷刻薄,见不出一丝丧子的痛惜。这就是世宗,看似坦诚直言,实际上又不无试探。徐阶肃然无言,唯默默点头。

皇储之争就这样结束了。

但裕王仍未被册封为太子,仍居住在宫外的王府中,世宗仍未放弃一向坚守的传嗣信条:二龙不相见。

---

① 《明史》卷一二〇,景恭王载圳。

# 第十九章　孤独的晚年

春花秋月，时序播迁，入继大统时不足 15 岁的朱厚熜一天天迫近生命的迟暮。总括其生命历程，伴随他的是将近半个世纪的朝廷大政，是倭寇舟侧的海氛，是蒙骑蹄下的烟尘，是凶险环生的宫廷，是争讼无尽的内阁，是边卒的叛乱、饥民的造反，是各种各式、说好说歹的奏折与疏议……

上天赐予他至高无上的皇位，又仅赐予他一个普通人的体魄智慧。当他对纷纭繁冗的朝政不堪担荷时，便开始了逃遁。这是与其堂兄明武宗在实质上差别无几的精神逃遁。他用斋醮焚修筑起一道网，希冀把自己同整个社会间隔开来，在颂圣的道情乐声中获得灵感和欢娱，也获得长生。但最后，获得的是孤独。

世宗在精神上或曰心灵上是寂寞的。与其作风的专擅冷酷、情绪的激烈多变、性格的狐疑多猜相表里的，是他在精神上的孤独。这份孤独是他从僻远兴邸带进京师的，还是在九重宝位上逐渐酿成的？似乎一下难以说得明白。但有一点可以肯定：其是与嘉靖一朝相始终，且无以排遣的。

## 第一节　吉地在西苑

世宗在皇宫内居住的第一个地方，是东侧的文华殿。约半年后乾清宫修好，即行迁入，一住就是 20 年有余。其间在嘉靖八年秋，乾清宫内西七所曾有一场火灾，世宗很重视，却没有搬家，当晚在露台祷祭天地，令百官修省。折腾了一番，也就过去了。

二十一年十月的宫婢之变，世宗大难不死，对深宫凶险更有了足够认识。除却昭告天下和祷神告庙，还作出一个惊人举措，即将寝宫迁至西苑（又作“西内”），群臣无敢阻拦。从此之后的 24 年，再不住回大内的乾清宫。

### 一、西苑的农桑

在明代的北京城，西苑是一个相当空阔的所在，今日的景山、中南海、北海都包括其中。这里的仁寿宫，曾是永乐皇帝为燕王时的旧宫，所谓龙兴之地，在世宗看来大是吉祥。而大内的乾清宫，则是历代皇帝升天的地方，他本人又在此遭逢凶变，是以非离开不可。

自嘉靖九年起，世宗即令在西苑种植桑树和建蚕室。十年春，一年一度的皇帝亲耕礼之后，给事中王玑上言，说天子亲耕的要点在于供菜粢、知稼穑、惜财用和引领百官重农，而目前的做法纯粹流于形式。世宗认为有理，令大臣提出改进措施。其时礼部尚书为李时，很快提出建议，认为西苑地方空旷，应选可耕之处种植谷麦，皇上于春种秋收之际可亲临视察，收获的谷物还可供应祭祀。世宗欣然接受，命户部选募农夫，暂定一顷 10 人，在这里种谷麦，并在户部专设“提督西苑农事”之职。此职由于接近皇上，最重视时竟给予户部尚书衔，并以户部侍郎和郎中督理专管。① 历来亲耕亲桑之类仪式，不独皇帝皇后，整个皇

① 《明穆宗实录》卷三记载：隆庆元年正月，撤除户部侍郎督理西苑农事一衔。

室和朝廷百官多受其累，主其事的礼部更是诸务繁杂，今见皇上愿意将亲耕改到西苑，倍感鼓舞，又提出皇后亲蚕礼也在西苑为便，呈请御批。

几天后的一个下午，世宗紧急召见首辅张璁和礼部尚书李时，要二人速到西苑，太液池畔早有内侍操舟等待，渡往仁寿宫。世宗说农桑为国家重务，想在此宫之前建土谷坛，宫后建蚕坛，要听听他俩的意见。二人极力赞成，接着便出外相看方位和环境，以为很适当。世宗很高兴，命在昭和殿后厢赏赐酒馔，待其入谢时，明确告知："北郊蚕坛，卿不必奏请，即移文工部拆之。"①这可是一个简政减负的重大举措，二人不胜欣喜。

世宗又拿出所写有关农桑的小赋，要他们阅读润色，二人请求出去拜读，回来后又是一通赞颂，世宗更是愉悦，要二臣赓和。次日，张璁持恭和之作来，世宗对他说了一番很贴心的话，大意是希望像汉文帝与贾谊那样，君臣坦诚相见，互敬互爱；说自己年纪轻，经历和见识都少，要他像"周公爱成王"那样尽心辅导；又说他昨天太过谦逊，在朝堂之外更应该像家里人一样。

有了皇上的重视和内阁首辅等重臣响应，原来僻静清幽的西苑一下子热闹起来。而"提督西苑农事"及以下兼理、专管官员，也成为炙手可热的要职。十六年秋，西苑大田丰收，提督西苑农事户部尚书李廷相和兼理西苑农事太仆寺少卿张玩被赏赐。二十二年八月，泰安知州马逢伯奏献瑞麦嘉禾，世宗大喜，令择吉奏谢于玄极宝殿，献于祖庙。这是一个信号，也是一种刺激。管理西苑农事之臣由此看出门道，令人去田中检点，也发现瑞谷若干，急急上奏皇上。世宗以"禁苑之秀，又当雩祷礼

---

① 《明世宗实录》卷一二三，嘉靖十年三月己丑。

成”,[①]认为是上天恩赐,意义非凡,大加赏赐。从这一年开始,随着皇上对祥瑞的沉迷,西苑大田的重心渐渐从知稼劝农潜移,西苑农夫开始努力培育良种,皇家禁苑不断出现献嘉禾瑞谷之举:

二十七年七月,“西苑奏登嘉谷双穗七十五本”,[②]世宗命成国公朱希忠献于太庙,文武群臣于奉天门称贺。

二十八年八月,世宗“出西苑瑞谷一百六本示辅臣”,[③]令谢天告庙,免去群臣庆贺一节。

三十三年七月,“西苑产嘉谷三穗双穗百十有五本”,恰好郑王府盟津王子佑橏也派员呈献“嘉谷双穗者七十八本”,世宗命择日告献祖庙。[④]

三十五年七月,“西苑进一茎双穗瑞谷九十五本”,[⑤]世宗命择吉献太庙。

三十七年闰七月,“西苑进瑞谷一本三穗者一、双穗者五十五”,居然出现一株三穗,更是加倍吉祥,世宗命告献太庙,群臣表贺。[⑥]

上有所好,下必甚焉。但皇上对瑞谷的喜爱倒不是件坏事,激励了各地官员对农业高产的重视。西苑作为皇帝亲耕之地,作为皇家的农业试验田,致力于培育双穗乃至多穗谷物,也真的有了可喜收获。

---

① 《明世宗实录》卷二七七,嘉靖二十二年八月丙子。
② 《明世宗实录》卷三三八,嘉靖二十七年七月庚子。
③ 《明世宗实录》卷三五一,嘉靖二十八年八月壬寅。
④ 《明世宗实录》卷四一二,嘉靖三十三年七月戊申。
⑤ 《明世宗实录》卷四三七,嘉靖三十五年七月辛未。
⑥ 《明世宗实录》卷四六二,嘉靖三十七年闰七月庚辰。

## 二、从土谷坛开始的营建

与天子亲耕、皇后亲桑等重视农桑的思路相适应，西苑的土谷坛、蚕坛很快建成。世宗于命名素来重视，经过一番斟酌讨论，将土谷坛改称帝社、帝稷。

而所谓帝社、帝稷和先蚕之坛，都不仅仅是一个祭坛，而有一系列附属建筑。如与观农、庆成相配合，世宗命建豳风亭和无逸殿，以供世宗在春、秋两季行祈报礼。而实际上，这里很快就成了他喜爱的一个垂询、讲学场所。十四年八月，世宗观农省稼之余，在无逸殿召见大学士费宏和李时，心情甚好，命往殿宇内外游览。这些新增建筑处处呈现着皇上的个性色彩，呈现着他在那一时期的志趣追求：

> 殿东壁书《无逸》篇，北壁则皇考所作《农家忙》诗，上跋其后，述王业以农功为重，欲子孙万世念创造艰难；豳风亭东壁，书《七月》诗，北壁则上所题《豳风图》长句；东西小亭二碑，上自制文，述创建殿亭之故，而自儆尤切。①

读后可见，农桑丰歉在青年皇帝心中之分量。

还在十一年秋，就有工部侍郎陈奏西苑"鼎建太多，乞从节省"，世宗断然否认，称所建"俱系敬天为民重务"。② 如果说早期的西苑工程多与农桑相关，自世宗迁居西苑，更是大兴土木，营建无休，则改为崇道和斋醮。《万历野获编·列朝·帝社稷》：

> 自西苑肇兴，寻营永寿宫于其地，未几而元极、高元等宝殿继起。以元极为拜天之所，当正朝之奉天殿；以大高元为内朝之所，当正朝之文华殿；又建清馥殿为行香之所，每

---

① 《明世宗实录》卷一七八，嘉靖十四年八月乙巳。

② 《明世宗实录》卷一四二，嘉靖十一年九月丁卯。

建金箓大醮坛，则上必日躬至焉。凡入直撰玄诸傥臣，皆附丽其旁，即阁臣亦昼夜供事，不复至文渊阁。盖君臣上下，朝真醮斗几三十年。

由于该书辑集刊行于清康熙年间，引文中"元"字，本来皆为"玄"，是所谓玄报宝殿、大高玄殿的简称。这些还算是"敬天为民重务"么？皇上认为当然是的，不容置疑。

世宗徙居西苑，西苑便成了皇帝问政之地，成为帝国的政治权力中心。相应的宫、殿、亭、阁迅速建起，皇后和后宫妃嫔自然要随行，原乾清宫所藏历朝重宝法物、十七御宝等，也都移至西内永寿宫。

西苑较之宫室密集、曲径回廊的皇宫大内，显然添了许多大自然的妙美景致：景山、琼华岛、太液池，丽山秀水，茂林修竹，都会使居住者的心情开朗娴雅，了却在大内宫墙里的郁塞憋闷。世宗早就喜欢上了这个地方，曾多次陪母亲来西苑游春，在太液池嬉水，在琼华岛宴集，吟诗作赋，忘却尘世之扰。及至搬到这里，他便几乎没怎么回大内。

### 三、赞玄事醮的活跃身影

西苑是世宗赞玄事醮的"洞天福地"。

世宗迁居西苑后，刻意焚修，基本上不再临朝，所有朝廷事务均经内阁大臣票拟进呈，经御批后再作处理。而与内阁大员联络的便是皇帝的近侍太监。缘此一端，内侍的地位便渐渐提高，以至于后来的内阁首辅如严嵩、徐阶等，都对之极尽笼络之能事，与杨廷和、张璁和夏言主阁事时形成鲜明对比。

只有在俺答兵临北京城郊，京畿告急、王师大溃的非常之时，世宗才在群臣请求下离开西内，出御奉天殿，降敕严责诸大臣。很有些被胁迫感的他心中愤怒，始终不说一句话，略一现身即起驾而去。群臣则在午门跪听宣敕，两股战战，不知会有什么灾难降临，后敌军退走，京师恢复了稳定，世宗也继续做他的焚修梦。

然世宗又始终没放弃皇帝的权杖，始终行使着帝王的权威。无论是内阁大学士还是他身旁的近侍，都不敢不经准许轻举妄动，不敢决策也不敢欺瞒。世宗尽管白日多睡，但夜间修玄服药之后，又不忘阅读疏章、奏议，时而垂询追问，搞得入直的阁僚也不敢怠忽。

西苑环境清幽，是世宗修身养性、赞玄事醮的好地方。这里的山水树木常将宫殿间隔开来，移步换景，往往有幽雅神秘之感，而宫殿亭阁的匾额和名色又增添了许多道家意趣，如：仙禧宫、仙乐宫、仙安宫、玉熙宫、天元阁、昭祥阁、圆明阁、集瑞馆、迎祥馆、朝元馆、凤祺馆、始阳斋、清一斋、凤和居、鸾鸣居、朗瑞居、驭仙堂、演妙堂、金露亭、龙湫亭、一阳亭、万仙亭等。洞天福地，仙台秘府，都来苑中，都来目下。

这些牌匾的命名大都与世宗相关，有的由他审定，更多的是他直接题名。而最为喜用、出现频数最高的是“祥”、“瑞”二字，在西苑随处可见，寄托着嘉靖皇帝的精神追求，也见证了那种难以言喻的空虚无助。

皇后和嫔妃女眷虽也随居西内，但对她们的活动空间，却又有着严格的限制。在世宗焚修事醮的地方，是不许宫眷进入的。世宗命在这些地方挂上告示牌，明禁宫眷入内。

### 四、嬉玩引燃永寿宫

明代皇宫主要由三部分组成：紫禁城作为皇宫主体建筑群，称大内；西苑，在西华门内，又称西内；南内，指皇城中的小南城，永乐时称为东苑，英宗从蒙古回归，曾被软禁于此。在世宗看来，大内凶险，乾清宫为列祖列宗升天的地方，自己也几乎被人勒死；南内不祥，既出现过幽禁真龙天子的事实，又发生过夺门的阴谋，大非善地；西内则是永乐皇帝以藩王起家的龙兴之地，加以湖面阔大，草木清幽，最适于焚修事天。

四十年（1561）十一月，世宗寝宫永寿宫夜间突然失火，火势甚猛，禁卫抢救不及，服御法物和先世珍宝均焚于火中。起火的原因，据说是由他和新临幸的尚美人嬉玩引发。尚氏豆蔻年华，性格开朗，引得老皇上童心大发，竟在貂帐内为她演示小烟火，没想到引燃延烧，先是帷帐，接下来是陈设器物，以致不可收拾，整个宫殿都在烈焰之中。

世宗毫发无伤，那位小小年纪的尚美人肯定吓了一大跳，但与当今圣上共同历险化劫，当会更增爱宠。这时也见出住在西苑的好处，永寿宫虽毁于火，由于其地空旷，没有连带其他宫室受灾。

群臣当记得四年之前大内的火灾。先因大旱，世宗率人在雷坛祈雨，当夜大雨来临，正欣喜间，雷电引燃奉天门，三大殿和文楼、武楼接连毁于烈焰。世宗惊惧自责，下罪己诏。而这次火灾，竟然烧了皇上寝宫，尽毁宫中宝物，让世宗痛心不已。然在这种时候，世宗常能从另一方面解释上天恩威，即对自身的眷佑。他诏谕礼部，说自己在成祖初宫住了约二十年，能够安心玄事，遭遇火灾又得到祖宗庇护，令于十二月择日祭告郊庙、社稷。礼部请令百官斋戒修省，世宗坦言招灾致非“在于朕躬”，而永寿宫并非正朝，不必修省。

世宗仓促移居玉熙宫，该宫亦在西苑，其地偏东北，宫室低湿狭小，心中不快。后又移居玄都殿，亦不能满意。大臣们乘机奏请世宗还居大内，他决然不许。无奈之下，严嵩请世宗移居南内。南内主要宫殿为崇质宫，俗称黑瓦厂，英宗自蒙古释还后曾被景泰帝幽禁于此殿多年，世宗对老严的建议极为反感。徐阶则称建三大殿所余木料甚多，应很快能把永寿宫修好，世宗这才回嗔作喜，立即命徐阶子徐璠以尚宝寺丞主持营缮事。一年后，修复工程完毕，更名万寿宫。就在这里，世宗住到他生命的终结。

世宗最后离开西苑，是在其驾崩的前日。这时的他已神智昏迷，任由阁臣和勋贵做主，把他抬回了大内，抬回了其厌恶恐惧的乾清宫。他逝后不到一个月，万寿宫即被拆除，西苑的那些新建殿阁多被毁弃，“先撤各宫殿及门所悬匾额，以次渐拆材木，……未历数年，唯存坏垣断础而已。”①

西苑，又成了往日的西苑。只有万岁山大高玄殿还供奉着三清圣像，供奉着昔日世宗修玄的御容。

## 第二节　长生多歧路

当世宗弥留之际，首辅徐阶密与翰林学士张居正商酌，为皇上拟写遗嘱，其中有一句，曰：“只缘多病，过求长生。”极是得体，也较为确当。

正如许多“先帝遗言”都为他人代笔，即将升天的嘉靖皇帝也没能看到自己的遗言。设使世宗能客观地回顾总结一生，梳理中年以后作为，也会觉得这是一种最接近事实、最委婉、也最善意的说法。

---

① 《万历野获编》卷二，斋宫。

## 一、多病造成的惧死症

世宗的一生,最花费时间和本钱的追求,应说是长生。

嘉靖之前的历代明朝皇帝,除了太祖朱元璋(逝年71岁)、成祖朱棣(逝年65岁)之外,没有一个活到50岁,多数在30多岁就撒手西去,而武宗竟连子嗣都没能留下。世宗的父亲兴献皇帝也是中寿而逝,两个嫡亲叔父死得更早。世宗在入继皇位之时,同时继承的,当还有这一家族性的对早死的恐惧。

世宗是一个体弱多病的人。少年时多病多灾,又系独子,乃母呵护有加。及入主大宝,又几次经历大病:先是在嘉靖二年正月,"上不豫,百官赴左角门问安。"①不豫,天子有病的讳称。一般说来,应该是病情有点重的说法。实录记载嘉靖皇帝经常患病,可宣称"上不豫",仅仅那么几次。

此时的世宗方才大婚不久,连续得病,臣下认为与纵欲有关。大理寺卿郑岳上疏,直言皇上应"遵圣祖寡欲勤政之训,宫寝限制,进御有时,清心省事"。② 要是在后来,郑岳肯定难逃毁谤罪名。

十九年冬,世宗久病不愈,翰林院编修罗洪先等三人各上疏,请求在来年元日大朝贺后,"请皇太子出御文华殿,受文武百官朝贺"。时掌礼部者为严嵩,如何不知此类疏章的后果,即批为:"谬妄!"而世宗亦抱病降敕:

> 朕方疾后未全平复,遂欲储贰临朝,是以君父为不能起者。罗洪先等狂悖浮躁,姑从宽,俱黜为民。③

罗洪先这位嘉靖八年的状元、当时的文坛翘楚就此被贬黜,同列

---

① 《国朝典故》卷三五。

② 《明世宗实录》卷二五,嘉靖二年四月庚寅。

③ 《国朝典故》卷三六。

名“嘉靖九子”的唐顺之、李时春也一起卷铺盖回家,都在于无意中触犯了世宗对死的禁忌。

也有于无意中投其所好者。一次召太医院使徐伟察脉,徐伟见皇上坐小榻之上,衮龙袍长裾曳地,畏避不敢向前。世宗问他为何不前,徐伟答曰:皇上龙袍在地上,臣不敢进。世宗听后很愉快,引衣出腕,命徐伟摸脉。诊视完毕,赏赐甚厚,并降手诏给在直庐的阁臣,曰:

> 伟顷呼“地上”,具见忠爱。地上,人也;地下,鬼也。①

对一句普通的话如此解析,真真匪夷所思。后来徐伟知此,亦是又惊又喜,恍若再生。

## 二、玄修之梦

世宗对长生孜孜以求。他派人到全国去察访秘术,征召高士,予以高官厚禄。堂堂礼部尚书一职,不仅是他选用阁臣的重要台阶,也是他对道家高人的奖赏。如邵元节拜礼部尚书,赐一品服,卒赠太师。陶仲文拜礼部尚书,“一人兼领三孤”,②供给伯爵的俸禄。其他封为“高士”、“真人”者,更难以计数。

人主有所偏好,幸门洞开,江湖上的方术之士涌向京师,献宝献瑞,以谋求贵显。而勋戚大臣亦多方搜求,推荐给世宗,以邀欢固宠。术士们百千其技,令人眼花缭乱,但综合起来,亦不外设醮和丹药两途。

设醮祷祀,往往有着很明确的功利目的。如世宗早年无子,邵元节奉命建祈嗣醮,“越三年,皇子叠生,帝大喜”。③ 从此邵

---

① 《万历野获编》卷二,触忌。

② 《明史》卷三〇七,陶仲文传。

③ 《明史》卷三〇七,邵元节传。

元节便恩宠不衰。又如世宗在十九年秋冬之际病重，陶仲文为建醮祛病，后痊愈，陶氏也愈见信用。

然更多的醮仪，则为世宗求长生而设。《明史·陶仲文》：

> 帝自二十年（按：应为二十一年壬寅）遭宫婢变，移居西内，日求长生，郊庙不亲，朝讲尽废，群臣不相接，独仲文得时见，见辄赐坐，称之为师而不名。……帝益求长生，日夜祷祠，简文武大臣及词臣入直西苑，供奉青词。

如此行事，世宗也知道与为君之道相悖，也知道会引起朝臣的议论。他常常降谕辩解，总然是长生事大，便顾不得这许多了。

为了能专心祈求长生，世宗至少两次向臣下提出“休假”或曰“辞职”。先是在十九年八月，郭勋将方士段朝用荐举给世宗，号称能以烧炼术化银，且说以此仙银制成杯盏碗盘之属，用之可以长生，世宗大悦。段朝用在蒙召见时对世宗说：“帝深居无与外人接，则黄金可成，不死药可得。”世宗竟深信不疑，敕谕廷臣，令皇太子监国，曰：“朕少假一二年，亲政如初。”此谕一出，举朝惊愕。太仆寺卿杨最上疏抗谏，说：“神仙乃山栖澡炼者所为，岂有高居黄屋紫闼，衮衣玉食，而能白日翀举者？”①明白地讽谏追求神仙长生术的愚妄不经。世宗勃然大怒，立下诏令逮治，杨最竟死于重杖之下。世宗痛恨逆鳞之臣，激怒之下常令锦衣卫拷讯，但对直臣的谏诤，心底也有一分敬重，一旦其伤重死去，也觉得追悔感伤。杨最死了，太子监国之议，世宗再也没有提起。

第二次在四十一年，严嵩罢归后，世宗忆及其赞襄修玄二十余年，现竟离京远去，心中很不畅快。近侍中原与严嵩亲近者乘机进言，称说严嵩离朝则无人赞玄。世宗心有所感，对朝政益为

---

① 《明史》卷二〇九，杨最传。

厌倦,便向首辅徐阶提出退位。《国朝献征录》卷十六:

> 上忽忽不乐,手谕(徐)阶及次辅袁炜,欲退奉事玄,如法传嗣,治安天下。令拟诏行。①

徐阶与袁炜等当然不敢真的拟诏颁行。皇上退位事大,在明朝历史上从未有过,谁知皇帝是真是假,是否考察试探?世宗见他们不敢拟诏,又降谕严责。徐阶见躲不过,只得上言:"退而传嗣,非独臣等不敢闻命,天下皆不敢以为然。"②世宗的语气这才缓和下来,曰:"卿等不欲,必皆奉君命,同辅玄修乃可。"③一场皇帝的"辞职"风波这才度过,而其目的,还是要辅臣一如既往地拥护玄修。

### 三、服药狂

为追求长生,世宗不惜以万金之躯,服食那毒性很大的所谓丹药,后来竟发展到了见丹即服的地步,成了一个不折不扣的服药狂。

世上的长生术种类繁多,神药、不死药、金丹、仙露之类,更是五花八门,争奇斗怪。可也真难为了世宗。蓝道行告诉他服饮朝露可延年,世宗便命人采集,长期饮用;胡大顺诡称有吕祖亲授的三元大丹,他也想尝尝。他服食过赵文华献的仙酒,服食过顾可学用童子尿炼制的秋石。他还要请南阳著名道士梁高辅作导引,还要穿朱隆禧所制的香衲,还要阅读那数不尽的长生秘术如《万寿金书》、《诸品仙方》、《养老新书》等等。④

世宗对服药的迷信和追逐已近乎痴狂,不顾一身系天下社

---

① 王世贞:《大学士徐公阶传》,另见《嘉靖以来内阁首辅传》卷五。

② 《国朝献征录》卷一六,大学士徐公阶传。

③ 《明史》卷三〇八,严嵩传。

④ 《明史纪事本末》卷五二,世宗崇道教。

稷之安危，几乎有药必服，吃完了还要追要。影响所及，一些王府也跟着崇道服药。徽王载抡自父辈就与陶仲文关系密切，用南阳方士梁高辅之术炼女癸和药，命其进京献于世宗，封载抡为真人，梁高辅封为通妙散人。高辅自此攀升皇上的高枝，使徽王很不快。后来世宗得知徽邸有存货，命梁高辅驰往索要，载抡不给他，而让陶仲文转呈。高辅衔恨，举报徽王不法之事，仲文也不敢代转，世宗讨药不得，又得知徽王劣迹斑斑，便令削去其爵位，把他关入凤阳宗人狱，徽王闻讯自杀。①

还有一个例子牵扯到严嵩。老严义子赵文华从术士王金处获得百花仙酒，献给世宗，又诡称其师严嵩因饮用该酒而长寿。世宗喝后觉得甚好，便责问严嵩为何不献来？幸亏严嵩分辩清楚，才得过关。后文华宠贵，又进方士药，世宗吃完后派小内监再往讨要，文华拿不出来，由是也渐渐失欢。②

西苑，还是世宗炼丹和制药的所在。世宗晚岁兼信扶乩（又称"箕仙"、"扶鸾术"），一日，世宗于秘殿亲自扶乩，乩语称"服芝可以延年"，即下诏问礼部何处产灵芝，如何能得到。礼部尚书吴山博引《本草》、《黄帝内经》、《汉旧仪》、《瑞命记》诸书，云山雾罩一通，最后说："皇上体道奉玄，诸福之物，可致之祥，无不毕至。则夫芝草自将应时挺生，远近必有献者。历代皆以芝为瑞，然服食之法未有传，所产地亦未敢预拟。"③世宗下诏，令往五岳及道教名山太和山、龙虎山、三茅山、鹤鸣山去采。不久，即有宛平县民奏进灵芝五本，世宗甚喜，赏以银币。自是以往，臣民献芝草瑞物者纷纷而至。

---

① 《明史》卷三〇七，朱隆禧传。

② 《明史》卷三〇八，赵文华传。

③ 《明史》卷三〇七，顾可学传。

影响之下,四方献灵芝者接踵而至,苑中堆积如山。太多的芝草成为内侍一项发财业务,他们夹带而出,卖与商家,再有人买来献于皇上,如此循环不息。世宗也知宫内储存灵芝甚多,令赐予内阁大学士严嵩和李本,并赐给秘方,让他们炼药进呈。这居然也成为一种新式恩宠,时任吏部尚书的徐阶没获得炼药权,心里不安,恳切提出请求。世宗的解释是"卿阶政本所关,不相溷也"。在世宗显然还有此原则:因为关系到朝廷大政,主管吏部的徐阶不宜加入炼药之列。而徐阶则惶恐请求,声言:"人臣之义,孰有过于保天子万年者,且非政本而何?"精诚所至,"上乃亦授之芝使炼药"。①

**四、"先天丹铅"与纵欲**

世宗不能算是荒淫的皇帝。他与其堂兄武宗有着严格的性格差异,即没有声色犬马之爱好。但世宗有时又表现得像个纵欲狂,常要白昼行欢,或一夜御十余女子,其反常行为概由其服食丹铅所致。

所谓"红铅",是一种以处女第一次经血炼制,再配以参茸等制成的丸药,又作"红丸"、"丹药"。为收集少女经血炼制这种"不死药",世宗在方术之士的蛊惑下大量从民间征召少女入宫。陶仲文就曾两次主持选秀女事宜:三十一年冬,从京师地区采选 8 至 14 岁少女 300 人入宫;三十四年九月,又采选 10 岁以下的少女 160 人。这些少女都被用来提炼内丹,所谓"供炼药用也",两个月后,有司又从湖广、承天府选进民女 20。四十三年正月,又选录宫女 300。年少宫娥月月被采用经血,日日又要早起采集晨露,备受摧残和侮辱。明王世贞《西城宫词》其七:

---

① 《国朝献征录》卷十六,大学士徐公阶传。

两角鸦青双箸红，灵犀一点未曾通。

自缘身作延年药，憔悴春风雨露中。①

那些身体尚在发育中的女孩，以少女之躯供炼药之用，提炼成荒谬之极的“先天丹铅”，心中的屈辱及由此而生的怨愤，可想而知。

世宗对服食“先天丹铅”乐此不疲。这类丹药一般由铅丹(四氧化铅)和砒霜(天然的三氧化砷)构成，调和以参茸等大补之物，使服用者感到强健、轻松，内心燥热，有一种强烈的性冲动。

就在这时，世宗还未能弃绝女色。这位衰病老人似乎要以此证明自己的豪壮，继续临幸那如云的秀女。《万历野获编》记载：

世宗一日诵经，运手击磬，偶误捶他处。诸侍女皆俯首不敢仰，唯一幼者失声大笑。上注目顾之，咸谓命在顷刻矣。经辍后，遂承更衣之宠，即世所称尚美人是也，从此贵宠震天下。时年仅十三，世宗已将耳顺矣。其后册拜为寿妃。拜后百余日，而上大渐。说者归罪寿妃，微以汉成帝之赵昭仪云。②

这位尚美人就是和皇上一起嬉玩，引燃了永寿宫者。世宗与她的相处是欢乐的，或也谈不上爱情，可就帝王来说也算不得丑恶。唯世宗那对青春的眷顾与痴迷，当是这对帝妃恋、老少恋的一点亮色。

这类弄险兼凑巧的媾合，这样年轻的宫姬，嘉靖后宫中所在多多，沈德符还写道：

---

① 王世贞：《弇州四部稿》卷四七，文渊阁《四库全书》第一二七九册。

② 《万历野获编》卷三，封妃异典。

后宫姬侍列在鱼贯者，一承天眷，次日报名谢恩，内廷即以异礼待之，主上亦命铺宫以待封拜，列圣前后皆然。惟世宗晚年西宫奉玄，掖庭体例，与大内稍异。兼饵热剂过多，稍有属意者，间或非时御幸，不能尽行册拜。于是有未封妃嫔之呼。①

所言“非时御幸”，即无论何时何地都要选宫女交媾，有时一昼夜竟有几人乃至十几人，令内廷连记名封拜都忙不过来，便将她们统称为“未封妃嫔”。直至世宗驾崩，还有不少未来得及封号者。

长生和纵欲是一组不可调和的矛盾，而服食红铅，又必然导致纵欲。世宗所宠信的那班方士又极力怂恿，称说在与处女的交合中可获取旺盛生命力，这便是“采阴补阳”之说。在采补术的蛊惑下，世宗无所顾忌地占有妃嫔和婢女，希冀在稚嫩的身体上获得阳刚之气，却越来越虚弱。

这是必然的虚弱，是一条速死之道。明陈继儒《眉公见闻录》卷六称世宗“志在长生，半为房中之术所误”，信然。

## 第三节　最后的岁月

嘉靖四十年(1561)之后，伴随着永寿宫的失火，伴随着严氏父子的免职逮治，以及严嵩党羽鄢茂卿、万寀等人罢斥，世宗对朝政越来越厌倦，对方术的效用和长生之途也疑云重重。他感觉到日益浓重的衰弱，觉察到身边有不少骗子和骗术，常常处于焦躁烦乱之中。

---

① 《万历野获编》卷三，封妃异典。

然直到生命的终点，世宗都没有稍减对上天和上仙的尊崇，没有终止对长生的求索尝试，同样，也没有放弃作为一国之君的基本责任。

### 一、访求仙术和符箓

世宗是一个多疑的人，更是一个坚忍固执的人。他深信方术灵异和长生不老术，认为所有法术的失败，都在于术士有高下优劣之分，而不在于法术本身。他对挖空心思来京营求者越来越不信任，认定真正的高士必然隐居于名山大川，便选派能员去各地访求。《明史纪事本末》卷五二：

> 四十年二月，分遣御史王大任、姜儆、奚凤等往天下访求仙术异人及符箓秘方诸书。

核以《明世宗实录》，奚凤未见记载，而姜、王二人于三十六年八月同选御史，半年后实授，王大任为云南道御史，姜儆为浙江道御史，二人受命访仙问道在嘉靖四十一年十一月。巡按御史"代天子巡狩，所按藩服大臣、诸府县官之考察，举劾尤专，大事奏裁，小事立断"，[1]职司甚重。此时则有了一项特殊使命，进而专称"采访法秘御史"。二人大约也是欣然受之，能不辱使命，"王大任奉命陕西、湖广，招致方外士王金等，能合内养诸药。姜儆奉使江西、广东，亦得能通符法者还"。[2] 实录中则详细记载了他们的积极努力和阶段性成果：

四十二年正月，"姜儆进所访法秘书二十帙，诏留览"。[3]

当年三月，"王大任奏进法秘书五册二十种，诏留览"。[4]

---

① 《明史》卷七三，职官二·都察院。

② 《明史纪事本末》卷五二，世宗崇道教。

③ 《明世宗实录》卷五一七，嘉靖四十二年正月庚子。

④ 《明世宗实录》卷五一九，嘉靖四十二年三月庚子。

四月，“姜儆奏进法秘书十七种一百四十二册”。①

八月，世宗降旨，以二人访求玄秘之劳，加俸一级。

四十三年十月，王大任、姜儆经过整整两年的专访，满载回京，诏升翰林院侍讲学士。据当时人评论，其所得法书、秘书，以及“法士唐秩、刘文彬等数人，皆赘书庸术”。② 世宗在这方面颇具慧眼，加以“法秘”必读，法术必验，早知道没有什么真玩意儿，但为了鼓励引导，还是赐第京师。于是，“来京师献宝显技者亦日众”，“丰城人熊显进仙书六十六册，方士赵添寿进秘法三十二种，医士申世文亦进三种”。③ 就中伪诈颇多，皇上仍令薄加赏赐。

已在求索长生的路上跋涉了约30年，世宗岂能不知其渺漫难求？即便他不愿去想象，也总有个别批鳞之臣要来提醒。这位执拗任性的皇帝在不可逆转地走向衰老、一种可以时刻感知的衰老，又在衰老中渴求着奇迹出现，焦灼烦躁，时而大动杀机。

## 二、对术士的诛戮

在疾病的不断侵扰折磨中，世宗度过人生的最后几年。长期服食丹铅，使得他已严重地铅中毒。其难以理解的暴躁、偏执、残酷，其朝令夕改、迁延反复、忽善忽恶，都可从丹铅中毒上找到依据。

大多数情况下，世宗是一个明白人，对那些簇拥身边的术士，往往要做各种考查测试，且令内侍严密监视，一经发觉作伪和私弊，即毫不怜悯地将其处死。段朝用烧银术的诈伪被其弟

① 《明世宗实录》卷五二〇，嘉靖四十二年四月丙子。

② 《明世宗实录》卷五三九，嘉靖四十三年十月甲戌。

③ 《明史》卷三〇七，王金传。

子揭穿，世宗大怒，将其下狱论死。[①] 龚可佩本来很受信重，“帝命入西宫，教宫人习法事，累迁太常少卿”，一旦被闻知嗜酒(为醮事之大戒)，即逮下诏狱，横死杖下，“尸暴潞河，为群犬所食”。[②] 蓝道行以扶鸾术得宠，密侍左右，后来世宗听说其“怙宠招权诸不法事”，[③]查验得实，即将他下狱监毙，毫无宽恤。

四十四年五月，被斥回籍的道士胡大顺希图进用，伪造《万寿金书》一卷，诡称吕洞宾作，自己在扶鸾时得到。并说有吕祖所授三元大丹，“用黑铅取白，名曰先天水银，锻之则成清霞玉粉神丹，服之却疾不老”，派其子胡元玉携带入京，通过宫中道士蓝田玉、罗万象，再买通内官监太监赵楹，献给世宗。

蓝田玉原为江西铁柱宫道士，以进法秘，授道箓司左演法，与左正一罗万象同以扶鸾术得幸，侍奉皇上在西苑做法事，因与赵楹结交。当时三人很受信用，代为献上书和药。所谓扶鸾，又称扶乩、扶箕、箕仙，以木架沙盘，降神画字，示人吉凶。世宗最信此等方术，但对胡大顺却打一问号，随口说了一句：既然说是乩书，扶乩者为何不来？蓝田玉等见皇上有兴趣，便诈传密旨相召。胡大顺急急来京，上疏求见。世宗对胡大顺早有怀疑，在他演示降神时令人严密监看，大顺无以作弊，扶鸾而鸾凤不来，只能推三搪四。

世宗将此事告知徐阶，询问他的看法。徐阶见皇上已生疑虑，便说此类扶乩术只有在内外勾结时才应验，否则便茫然不知，对此类扰乱宫廷的妖孽，应加重治。世宗认可他的话，再联想到蓝田玉进水银药和诈传密旨诸事，命将胡大顺、蓝田玉、罗

① 《明史》卷三〇七，段朝用传。

② 《明史》卷三〇七，龚可佩传。

③ 《明史》卷三〇七，蓝道行传。

万象等一干人下锦衣卫狱审讯。然而到了结案时，他又想从宽处置，与徐阶商量。徐阶说："圣旨至重，若听凭诈传，他日半夜出寸纸有所指挥，将若之何？"①世宗醒悟，令从重拟罪。赵楹不知圣意转移，从台后现身台前，密疏为之说情。世宗命司礼监拷讯，悉知这伙人与近侍太监勾结欺蒙之事，俱论斩。朝野闻之大快。

### 三、从天而降的仙桃

帝王的愿望，常是很容易实现的。世宗渴望出现奇迹，果然就有奇迹发生，这便是荒唐至极的天赐仙桃事件。

原来随侍近幸见皇上郁郁寡欢，心中着急，为使老爷子能够振作起来，便生出一计：四十三年五月的一个夜晚，世宗正倦坐中庭，若思若寐，似闻一物划空而下，落身后帏幄中。小太监奔趋而至，手执一鲜莹寿桃，左右皆称亲眼见桃子从空中落下。世宗大喜，曰："天赐也！"命修迎恩醮五日。醮事结束的第二天，又有一桃降下，当夜又称宫中玉兔产二子。世宗认为"生"是吉兆，谢玄告庙。过了没几天，御苑寿鹿亦生出两只小鹿，群臣表贺。世宗以为"奇祥三锡，天眷非常"，精神也为之大振。②

内宦见如此伎俩竟能使龙心大悦，便依计而行，又创出许多新花样。四十四年六月，传报原兴献帝世庙前殿柱础生出灵芝，灿然金色。世宗欣喜异常，即命奏玄告庙，诏谕礼部，赐已废世庙名曰玉芝宫，命重新整修，奉设睿宗和蒋太后御位，以高士包存兰兼提点奉事香火。这株灵芝显然来历诡异，未久即干硬跌落，可也没影响皇上的情绪，一应礼仪和修造事宜都加紧进行。

---

① 《明世宗实录》卷五四六，嘉靖四十四年五月辛酉。

② 《明世宗实录》卷五三四，嘉靖四十三年五月乙卯。

从此而后，皇宫又多了一处重要的祭祀场所。

八月，世宗万寿节后，内侍在寝宫偷偷放了两丸丹药，故意使其发现，世宗又是一番欣悦，降谕礼部：

> 顷二日，朕所常御褥及案上有药丸各一，盖天赐也。其举谢典，告诸神。①

真是一种病态，一种心理变态。对生的渴思和对死的恐惧，使世宗脱离了正常的思想轨道，药物中毒的折磨，也令其常常会丧失起码的判断力。自诩为一代英主的世宗，竟尔昏聩愚痴到如此地步。

## 四、不杀海瑞

嘉靖四十五年(1566)元日，是世宗皇帝在世间的最后一个春节，他在病中，照旧没有临朝受贺。文武百官早已习惯了皇上这种过年的方式，身着朝服班列于皇极门前，行五拜三叩头礼，上表称贺。虽皇上不在场，谁也不敢缺勤，谁也不敢马虎。大家都知道，除却主礼大臣和纠仪御史，现场必还有一些监视的眼睛。

正月十一日，世宗严旨令南京兵部尚书即振武诸营都督会同操江，演练兵马以备倭寇。

十六日，大风扬尘，世宗降谕内阁："今日风色甚异，传示本兵，预防兵火。"②兵科给事中邢守庭上言边备弊端，世宗即批转兵部，令严督各边，速加整顿。

十九日，诏令清查军器、鞍辔二局军匠实数，"逃故者勾捕，老弱者更代，冒滥者裁革"。

---

① 《明世宗实录》卷五四九，嘉靖四十四年八月壬午。

② 《明世宗实录》卷五五四，嘉靖四十五年正月戊申。

也是在这个月，四川白莲教起事，伪号大唐大宝元年，连破七州县，费好大力气才被扑灭。首领蔡伯贯被擒后，交待与李福达颇有渊源。想此类让皇上不爽的事情，是没有人禀报的。

可世上总有正直之臣，总有不怕死的诤臣。二月一日，户部主事海瑞奋身上疏，用最直接、最激烈的语言历数世宗的失误，尤其是抨击他对斋醮的迷信。疏中说：

> 陛下则锐精未久，妄念牵之而去，反刚明之质而误用之。至谓遐举可得，一意修真，竭民脂膏，滥兴土木。二十余年不视朝，法纪弛矣；数年推广事例，名器滥矣；二王不相见，人以为薄于父子；以猜疑诽谤戮辱臣下，人以为薄于君臣；乐西苑而不返，人以为薄于夫妇。吏贪官横，民不聊生，水旱无时，盗贼滋炽。陛下试思今日天下，为何如乎？①

批判的锋芒直指向君临天下的皇上，明言“天下之人不直陛下久矣”。这些话，都让世宗触目刺心。

海瑞又指出失误的根源在于迷信斋醮，疏文中两次提及仙桃、仙药：

> 陛下之误，大端在修醮。修醮，所以求长生也。自古尧、舜、禹、汤、文、武，未有能久于世者，亦未见汉、唐、宋方士有存至今日者。陶仲文，陛下以师呼之，今既死矣。至于天赐仙桃、药丸，怪诞尤甚。此左右奸人肆其欺侮也。②

海瑞指出妄求长生之举，实在是自欺欺人，祸国殃民。

他还提到已被罢斥的严嵩，说：“严嵩有一不顺陛下者乎，昔为贪窃，今为逆本。”上有所好，下必甚焉，官场一派从谀阿顺之风——

---

① 《明史》卷二二六，海瑞传。

② 《国朝典故》卷三八。

> 乃醮修相率进香，天桃天药，相率表贺，兴宫室则工部极力经营，取香觅宝则户部差求四出，陛下误举，诸臣误顺，无一人为陛下一正言焉。①

这样的政坛，这种政坛风气，必然导致社会动荡和生民涂炭。

海瑞在这里提到了家，说天下本天子之家，而斋醮烧炼的行为就是不顾家。他还引用了一句民谣，一句与世宗年号相关的民谣："嘉靖者，言家家皆净而无财用也。"②

这大概是嘉靖一朝最尖锐犀利的疏章。世宗读后如雷霆之怒，将疏章掷之于地，向左右喝道：快去抓住他，别让他跑了！侍在一侧的是司礼太监黄锦，躬身奏曰：此人素有痴直之名。听说他上疏时，自知必死，便买了一口棺材，与妻子诀别，在朝门等着判罪，家中僮仆都逃光了。他是不会逃走的。

黄锦为从龙入京的兴府旧人，历御用监太监、内官监太监、提督东厂司礼监太监，掌司礼监近二十年，是一个深受倚信的内廷大珰。世宗对兴府老臣甚好，但约束甚严，这些人一般都规规矩矩，黄锦亦谦谨平正。执掌司礼监之后，他与两任首辅严嵩和徐阶都很密切，却谨慎地不参与内阁争斗。四十一年五月发生了与他有关的两件事：一是当年考选庶吉士作弊严重，把钱都送到他那里，黄锦密报皇上，世宗取消了这次考选；二是严嵩以万金行贿黄锦，让他揭露术士蓝道行，使之下狱论死。③ 不知是受人所托，还是读海瑞疏后为之感动，黄锦有心搭救，深知皇上秉性的他干脆直言相告，可谓激劝也。

果然，世宗听后反倒冷静下来，默然半晌，复又取疏读之，一

---

① 《明世宗实录》卷五五五，嘉靖四十五年二月癸亥。

② 见《海瑞集》上编《治安疏》。《明世宗实录》卷五五五、《明史·海瑞传》节略该句。

③ 《明世宗实录》卷五〇九，嘉靖四十一年五月丙午。

日之间读了好几遍，时而被疏中文字激怒，欲下令逮治；时而为其忠诚切直之气打动，感慨叹息。这边没有动静，那边海瑞也等得一头雾水，最后只好回家。世宗曾对左右说："此人可方比干，第朕非纣耳！"①

世宗最忌忤逆。皇后一言不合，他便斥骂鞭笞。杨最上疏犯颜，当廷杖责，人已打死，行杖仍令如数打满。但对于直戳其痛处的海瑞，他却因受刺激过甚，反有些清醒了。

这时世宗已渐病体沉重，疏中言词始终萦绕在他心头。他对首辅徐阶说："海瑞言俱是。朕今病久，安能视事？"素来刚愎自信的世宗能承认海瑞说得对，也是痛苦反思的结果。他意识到玄修的失误，又自愤愤不平。曰："朕不自谨惜，致此病困。使朕能出御便殿，岂受此人诟詈耶！"②对疏中那些激烈言词，世宗耿耿于怀，认为海瑞辱骂了自己，犹豫了几个月，最终还是下诏，以"詈主毁君"罪名逮捕海瑞，命锦衣卫拷问主使者。刑部拟海瑞死罪，世宗却又留中不批。

世宗一天天衰弱下来，朝野挂心着皇帝的健康，也关切海瑞的命运。户部有位名何以尚的司务，揣测皇上无意杀掉海瑞，便上疏请将其释放。司务为从九品小吏，这位何兄亦举人出身，却与海瑞的文字功底相差太远，人品也颇为低下，"疏中所言谬悠疏诞无可采者，又自叙奉命购买龙涎香以供上敬事玄修之用，今已得四十两云。是又欲以诡道希合，为自解之地。"③世宗虽衰病不堪，头脑仍然清晰，能从海瑞疏中读出忠义，也能由何某一疏见出投机取巧和沽名钓誉，立命决杖一百，逮入锦衣卫狱，日

---

① 《明史》卷二二六，海瑞传。

② 《明史》卷二二六，海瑞传。

③ 《明世宗实录》卷五六三，嘉靖四十五年十月辛巳。

夜拷问审讯。高傲而不可触犯的世宗皇帝，终于找到了一个出气筒。

也就在同时，世宗命将已经关入诏狱 18 年的沈束释放，让人颇感意外。

沈束以谏事得罪严嵩入狱，历经折磨而不死。明代诏狱规定，人犯所需由家人供应，这样的长监，其家属更是苦不堪言。严氏父子倒台，沈束一案看到曙光，其妻张氏上言陈情：多年在京寄居旅舍，与小妾潘氏靠纺织供应丈夫衣食，公公年已 89 岁，在家乡朝不保夕，身边无人照顾；而更苦的是潘氏，来归时丈夫已入狱，誓不改嫁，一年年过去，生活凄苦万状。她表示自己愿代夫系狱，让丈夫能回家与老父送终。这篇陈情文，悲苦淋漓，直可与杨继盛妻所呈相比并，不知是何人代写？

其时已没有任何理由继续关押沈束，各法司也为说情，世宗就是不放。这位很在意他人评价的皇帝，也不会忘记那些打入诏狱的逆鳞之臣，令狱卒每天记录其行为语言，称为“监帖”，上呈御览。有一天喜鹊在囚室前叫，沈束随便说了句“岂有喜及罪人耶”，世宗见奏有所感动，趁下旨逮治何以尚之机，竟把沈束给放了。

## 第四节　九重法宫

还是在嘉靖十五年（1536）的春天，世宗就开始与臣下讨论规划自己的陵寝。这时他还未满 30 周岁，显然是早了一些；但他已做了整整 15 年大明皇帝，依着皇家“预作幽宫”之传统，似乎也该提上日程了。

是时大礼和祀典陆续论定，世宗意气风发，正试图光大帝业之际，对陵寝建设，提出简约的原则。忽忽30年过去，世宗已到达生命的迟暮，衰病兼至，这个位于十八道岭的幽宫，亦即参酌使用了许多道教因素的九重法宫，终于派上了真正的用场。

## 一、再回故乡的心愿

世宗的性格是有些孤僻的，且愈是接近人生的终点，其内心便愈加孤寂凄单。

他经历了繁华荣贵，也经历了凶变岁厄；他享受了至高无上的尊崇，也一直不太情愿地承担着国家社稷的重负；他听惯了洋洋盈耳的谀词，也不得不听那时或而至的逆鳞之言；他曾长期自豪为人世万物的主宰，现在却感到那无以抗拒的虚弱，感到死神正渐渐狞笑着逼近。他还要挣扎，要抓住天仙的云裾和生命的常青藤。在生命的最后时期，他越来越思念自己出生和成长的地方，思念钟祥。

四十五年二月十八日，即海瑞上疏的18天后，世宗降谕徐阶，说自己想去承天府走一趟。徐阶以为世宗是试探一下，便劝说皇上身体虚弱，禁不住路上劳顿。谁想世宗却是当真，近幸太监已备好路上所用的帐幕粮饷，禁卫六军也穿上铠甲，准备启行。徐阶再蒙召问，方才极力阻止。世宗对这次南巡考虑得很周全，主要目的是拜祭父母，以及往诞生地“取药服气”。他说：

> 朕病十四月矣，不见全复。兹就《大志》（即《承天大志》）成一，南巡承天，拜亲陵，取药服气。此原受生之地必奏功。诸王不必朝迎，从官免朝，用卧辇，至七月还京。①

他期望这次南巡能使自己恢复健康，能使自己摆脱已一年多的疾病困扰。对自己的身体状况，看来他也不无忧虑，便提出免

① 《明世宗实录》卷五五五，嘉靖四十五年二月庚辰。

迎、免朝、乘卧辇等系列措施。

徐阶坚决地阻止了这次南巡。作为首辅，他与严嵩相同的是都很了解皇上，也都深得倚重；不同的是老严一味察言观色、顺从旨意，徐阶则常会发表一些真实看法，有时也敢于和善于坚持。这也是世宗看重徐阶的地方。世宗固执地认为南巡必能为自己带来健康，要他作速安排路途各项所需。徐阶称不管是为了皇上，还是为国家考虑，都不敢奉谕，又说：

> ……己亥迄今二十七矣，皇上自度精力何如彼时，岂禁长途劳顿？圣躬天佑，亦岂必待远行而后臻万康之庆也。己亥之前，边境无事，彼时尚命大臣行边及增京城并居庸等处守备，今边境多虞，兵马积弱，而六飞远狩，根本空虚。万一狡逆窃发，圣驾在外，能无惊扰？此其可大虑者。伏乞深留圣思，毋致轻举以贻后悔。①

深知皇上性情的徐阶，不躲不闪，直接指出：远行的最大障碍在世宗的身体状况，以及整个国家的不稳定。两个主要理由都是实情，很具有说服力，致使世宗终于放弃南巡。但他却由此增添了越来越浓的乡思，常对左右说起承天，说起幼年时的事情，说起 27 年前的南巡，幻想着能回去看看。

安陆（后来的承天府），永远是朱厚熜缅怀的家园。甚至在入朝登基 45 年后，他在魂灵深处仍把皇宫当作客地，当作凶地，而把安陆视为真正的家园和吉壤。

## 二、精心打造的永陵

世宗的陵寝选定在十八道岭（后改名阳翠岭）南，用三年多时间基本建成，史称永陵，是仅次于长陵的一座规模宏伟的明代

---

① 《明世宗实录》卷五五五，嘉靖四十五年二月庚辰。

皇陵。

永陵规模之大，耗费之巨，在诸陵中堪称前列。但又不能完全说是世宗之意。山陵兴造的一开始，世宗往天寿山拜谒诸陵，顺道往阳翠岭察视陵工，和他同往的还有圣母蒋太后。返回途中，世宗在行宫接见大学士李时和礼部尚书夏言，命他们在陵寝建造上要力求节俭，不事奢华。《明世宗宝训》卷八：

> 初，上谒陵还，召见辅臣李时、尚书夏言于行宫，谕以务建（减）寿宫规制，谓宜略仿长陵，重加抑杀。纸衣瓦棺，朕所常念。其享殿以砖石为之，地中宫殿器物等旧仿九重法宫为之，工力甚巨。此皆虚文，且空洞不实，宜一切厘去不用。

朱厚熜一直把起家藩邸、夺得天下、定鼎北京的先祖朱棣作为榜样，更定庙号，去宗称祖，甚而至以其旧王府为吉地，住进其旧宫。他的要仿照长陵规制，又要比长陵大大缩减，应是心里话。这番话很有点儿道家意味，世宗在斋醮上不惜花费，但平日自奉甚简，对身边内侍约束极严，所谓“纸衣瓦棺”，表达的就是简约之义。

大臣们自有做臣子的原则，“诸臣议奏：皇上亲为卜兆，惓惓以避尊节财为谕，执谦虑远，臣等所当将顺。但恐过于贬损，无以称臣子尊崇之礼。其享殿、明楼、宝城拟请量依长陵规制，其地中宫殿等项仍请稍存其制，实皆臣子无已之诚。”①皇帝有逊辞之德，大臣有诚笃之义。于是永陵大工照拟定的图式进行，享殿、明楼、宝城的规格基本参照长陵，但在精致上亦远过之。如宝城的雉堞，长陵与各陵皆用砖砌，永陵则一律用整块花岗岩，打磨光洁，起伏转角处严丝合缝，精细程度远超过长陵，更不

---

① 《明世宗实录》卷一八七，嘉靖十五年五月辛未。

用说其他帝陵。

地宫，又叫作地中宫殿、寿宫，是一座陵寝的核心所在。上谕所谓“仿道家九重法宫为之”，想是主事者为拍皇上的马屁，刻意加入了大量的道教因素，弄得玄而又玄。未想到世宗不喜，论为“此皆虚文，且空洞不实”，各有司必再有一番忙碌，加意修正，以体现皇上，亦即该墓主人的信仰和追求。九重，极言高与深，既用于道家，亦用于皇家；法宫也如此，道家称天上宫阙，人间指紫禁城。永陵地宫究竟什么样子虽不得而知，但从其地面建筑遗存，从丹墀中的汉白玉浮雕、明楼主碑特殊形制的基座，仍可发见鲜明的道家色彩。

嘉靖十五年前后，大工频兴，皆劳师兴众、急如星火，当朝天子的山陵应是重中之重。世宗为此在工部实行两尚书体制，加左侍郎甘为霖尚书衔，专督大工。这位甘兄也是个马屁精，次年六月林庭棉致仕，例应他回部管事，可甘为霖上疏恳辞，请求“专董山陵工役”。① 世宗见疏甚喜，“优诏许之”，自此再有人说甘为霖贪婪，一律不理。

陵工浩大，所用石材巨大，常要以旱船拖拽，需用工匠人役甚多，许多京营和锦衣卫士兵也被派往工地。十六年十月，京城寒甚，应甘为霖之请，诏给“山陵工所锦衣卫三千营并耀武等营官军衣鞋五千一百二十一副”，②可见一斑。也就在两个月后，武定侯郭勋参奏陵工迟缓，世宗一怒之下，将工部尚书甘为霖、内官监太监温玺俱革职闲住，工部郎中李仁、太监王朝下锦衣卫拷讯。世宗对营建陵寝之事备加关注，容不得半点儿懈怠。

---

① 《明世宗实录》卷二〇一，嘉靖十六年六月乙丑。

② 《明世宗实录》卷二〇五，嘉靖十六年十月癸酉。

### 三、渐渐逼近的死神

嘉靖四十五年有两个十月。第一个十月，世宗的身体状况尚可，关心的事情还很多：

户部呈进三块直径过尺的绿玉，他命留作制宝玺，要求再“购白浆、水碧二色以进”。

对严嵩亲信的追究继续进行，大理寺卿万寀充军边卫，刑部右侍郎鄢茂卿被逮治。世宗认为严府财产被转移，严旨追索，这些个党羽也就跟着倒了霉。

询问户部尚书高燿当年盐银上缴情况，高燿称岁额只有六十万两，还有一半没缴，“请以五万进”，世宗有所不满，也无可奈何。

世宗还下诏依照奉先殿规制增修显陵祾恩殿，任命杨博为吏部尚书并发了一通感慨，处置了陕西边防失事官员……凡此诸端，多是在他患病状态下所为。就在下旬的某一天，世宗在深夜登上万法坛对天祝祷，忽然落雨，开始时淅淅沥沥，渐渐大起来，一心虔敬的他不许张伞，坚持把法事做完。结果是连淋带冻，中了风寒，竟呕出白沫清水三盂，从此卧病在床。世宗尚未意识到死神的临近，对徐阶说：

> 若元气得全复幸甚；若不得还旧日之者，必须人乳之类缓进药，得一二亲密得力之人，方可望复。此夕少，今一以仰天恩佑庇焉。①

这段话已有些语义不连贯，却仍能见出他对生的渴望与迷茫。当月三十日，世宗病势转重。

闰十月，世宗卧病万寿宫，仍坚持处理批复各类奏章。巡按陕西御史方新上疏，历数内忧外患、天灾人祸，抨击奇祥瑞应之

---

① 《明世宗实录》卷五六三，嘉靖四十五年十月丁亥。

荒诞，建议皇上“镜古察今，戚然自责”，“痛加修省”，且于文末设问“陛下自视为何如主也”？此一疏虽不如海瑞激切，亦是对皇帝的明确批判，是对朝政的全盘否定。世宗“怒其狂渎妄言，黜为民”。① 由此可见，当今圣上心中已少了杀气。

闰十月初三，世宗期待已久的紫宸宫建成，但他已没了折腾的心气，仅仅令人告谢，百官则不敢懈怠，齐整整往皇极门称贺。二十八日，万寿山举办盛大法事一阳大典，为皇上祈寿祈福。

进入十一月，世宗的病情更加沉重，奏章中已不再能见到他的个性化批语。该月十九日，吏科都给事中胡应嘉等论劾新入阁的大学士高拱不忠。高拱为裕邸老臣第一人，精强练达，然心胸狭窄。其时继嗣已定，继位格局已成，原裕王府一班文学侍从已逐渐位居险要，高拱更是一马直前，四十四年七月升礼部尚书，不到一年便入阁。内阁大臣入直西苑是极辛苦的，轮值者夜间不得回家，在直庐候旨。这让尚没有儿子的高拱感觉难熬，将家搬到西华门附近，习惯于夜间焚修的世宗白日多睡，他便乘皇上睡觉时偷偷回家，与姬妾相会。胡应嘉素称倾险，察知后具奏弹劾，并说：

> 皇上近稍违和，大小臣工莫不吁天祈佑，冀获康宁，而（高）拱乃私运直庐器用于外。似此举动，臣不知为何心？②

高拱惊出一身冷汗，急加辩解。幸此时世宗已久病昏聩，稀里糊涂，高拱得以过关。

胡应嘉与徐阶为同乡，高拱以为是徐阶在背后怂恿推助，对二人恨之入骨。

---

① 《明世宗实录》卷五六四，嘉靖四十五年闰十月己丑。

② 《明世宗实录》卷五六五，嘉靖四十五年十一月乙亥。

### 四、回到乾清宫

丹铅之毒深入了世宗的神经和骨髓，他却仍饥渴地服食着丹铅。晚年的世宗更加孤独，八子五女的他至此仅剩下一子一女。而他仍固执地信守着“二龙不相见”之说，既不册立裕王为皇太子，亦不准裕王进宫居住。他用冷酷包裹起亲情，生怕再失去最后一个儿子，或也怕儿子妨害自身。

十二月十四日清晨，世宗病情转危，进入弥留状态。西苑偏僻，不是个举行大丧的地方，守候在侧的辅臣勋戚决定将皇帝移入大内乾清宫。此际的世宗已昏迷不醒，但格于“二龙不相见”的戒条，没有人敢提议请裕王入见。就在这天中午，世宗行至其人生的尽头，驾崩于乾清宫。

徐阶等急派员往裕府报信，启请朱载垕入宫，以主持大丧。裕王急忙换上丧服，具黑翼善冠、青布袍、黑角带，由东安门踉跄奔入，至乾清宫释去冠服，披发号哭，跪拜于乃父榻前。二龙终于相见，却已是天人相隔。

世宗是一个思虑周详的人，却在久病之后，完全没想到生命会如此结束。他太过相信上天的神灵，太过相信斋醮的作用，太过相信各类丹药，也太过相信自己的判断。同许多帝王一样，这是一次没有充分思想准备的死亡，他没留下任何遗言。尚清醒时他不会意识到要死，而一旦进入弥留状态，他又丧失了意识。

隆庆元年（1567）三月，世宗被隆重安葬在永陵，这是他生前 11 次亲往阅视督建的陵寝。九重法宫再一次被打开，世宗钦命入葬的孝烈皇后方氏已等他近 20 年，但一同进入的还有另外两位皇后：孝洁陈皇后和孝恪皇太后杜氏。前者为嘉靖元后，以命运悲惨备受同情；后者一生默默无闻，此时因子而贵，皆迁葬于此。

这多少有些与世宗生前之愿相违了。

## 第五节 “世宗始终盛事”

世宗是一个幸运的帝王，入继大统时朝中有杨廷和，而驾鹤西去时则有徐阶。此二人皆社稷才，既有着超强的掌控政局能力，又不失其正，敢于也善于作为。所谓“世宗始终盛事”，指的是他的即位诏和遗诏，前者为杨廷和手笔，后者则徐阶一力作成。

自四十一年五月接替严嵩，徐阶一直是内阁首辅，非常了解、也最接近晚年的世宗。世宗在疾病的折磨中度过最后几年，始终不放弃帝国之舟的总舵，而徐阶作为其最得力的大副，颇能扶危救正，保驾护航。世宗对徐阶的感情仿佛对当年严嵩，却多了一些敬重。

### 一、密草遗诏

就在世宗昏迷病榻、奄奄待终的时候，起草遗诏之事在极秘密地进行。以当时情状，遗诏不得不早作预备；然皇帝尚在，不得令旨而代拟、拟稿中又多有忌讳，万一皇帝醒转康复，那可是诅咒君上的大罪。当时内阁有大学士四人，首辅徐阶不与其他三人商议，密召裕邸侍读学士张居正，连夜写成遗诏。次日皇子裕王入宫主丧，徐阶即呈上诏草，请嗣君阅示。裕王生性老实厚道，还没从突兀的角色转换中回过神来，哪里有什么异议，立刻照准。

十二月十五日，即世宗崩逝的第二天，以大行皇帝遗诏颁告天下，曰：

朕以藩王入继大统，获奉宗庙四十五年，深惟享国长久，累朝未有，乃兹弗起，夫复何憾？但朕念切惓惓，唯敬天勤民是务。只缘多病，过求长生，遂致奸人乘机诳惑，祷祀日举，土木岁兴，郊庙之祀不亲，朝讲之仪久废，既违成宪，亦负初心。迩者天启朕衷，方图改辙，而遽婴疢疾，每一追思，益增愧感。盖衍成美，端仗后贤。丧礼依旧制。①

遗诏对嘉靖朝的弊政作了一个综述：无穷尽的斋祀，无休止的兴建营作，久废的郊祀和朝讲，都在检讨之列，也以世宗遗言的形式予以反思否定。遗诏中还宣示了一系列纠正措施：

自即位至今建言得罪诸臣，存者召用，殁者恤录，见监者即先释放复职；方士人等查照情罪，各正刑章；斋醮、工作、采买等项不经劳民之事，悉皆停止。②

这是嘉靖一朝最为人诟病的几项积弊，徐阶一一写入遗诏，以世宗的名义予以补救。首先是那些因忠谏受冤辱的“建言诸臣”，仍活着的即时召用，已死者则赐予恤典，录在史册。遗诏坦承所有这些弊端的产生，都在于其多病后追寻长生，致被奸人乘机欺蒙。因又明令停止各类斋醮和采买，并将那些活跃于京城和宫中的方士逮治正法。

遗诏中明确由裕王朱载垕继承皇位：

皇子裕王，仁孝天植，睿智夙成，宜上遵祖训，下顺群情，即皇帝位。③

这是一份简明扼要的遗诏，“朝野号恸感激，比之杨廷和所拟登极诏书，为世宗始终盛事云”。④ 而具体说来，杨廷和所拟即位诏，篇幅巨大，条目众多，更像一份新朝政改纲要；徐阶起草

---

① 《国朝典故》卷三八。

② 《明世宗实录》卷五六六，嘉靖四十五年十二月辛丑。

③ 《明世宗实录》卷五六六，嘉靖四十五年十二月辛丑。

④ 《明史》卷二一三，徐阶传。

的遗诏，则言简意赅，揭示和纠正重大弊端，重在收拾人心。各美其美，都应当算作盛举。

徐阶真可称为世宗的忠诚老臣。他深知世宗朝的种种弊政已丧尽人心，而若待新帝登极诏中革除，既使世宗“克终之德未劣”，又令穆宗“不能无疑于改父”，①便抢先一步，把这些都写入遗诏，让世宗以最后一诏纠正自己的失误，“凡斋醮、土木、珠宝、织作悉罢，大礼、大狱、言事得罪诸臣悉牵复之”。② 如此一来，世宗终于有了个光明的归结。

## 二、盖棺之论

十二月十六日，大殓，上大行皇帝尊谥，为“钦天履道英毅圣神宣文广武洪仁大孝肃皇帝”，庙号世宗。《明世宗实录》在最后一卷对其一生作了概述，算是一种盖棺之论：

> 正德之末，政在权幸，盗贼蜂起，海内骚动。上方龙潜藩邸，深鉴其弊。及入践大统，乃赫然发命诛除巨奸，革去镇守内臣，清汰冗滥，诸凡弊政以次尽罢，海内欣欣若更生焉。大礼议兴，廷臣各以所闻见，曹起而争，其称引陶濮故事者附丽尤众。上覃思礼典，观其会通，一以人伦天序为主本，而折衷于孔孟，然后群疑涣然，徽称宗祀之仪始定，礼官奔走受成事而已。尝念国家太平百余年，而礼文草创未应古始，乃悉按三礼旧文，摘抉疑义与时制不合者，自郊丘百神分合、正配之位及陵庙烝尝、帝后耕蚕、先圣贤崇祀诸礼，皆约会经义，内断于心，廪廪追三代而上之。论者谓明兴以来，文治之盛未始有也。

---

① 《国朝献征录》卷十七，内阁六，高拱。

② 《明史》卷二一三，徐阶传。

追崇大礼和更定祀典，是世宗前期所做的两件大事，当时争议很大，后世多予负面评价，此处称之为明朝“文治之盛”的高峰。

对世宗的文学喜好，文中也给以很高评价：

博综经史，尤深于《尚书》，殿亭榜额皆取《洪范》《无逸》字义名之，所著《敬一箴》、《五箴注》及《钦天记颂》诸篇，大抵渊源于《虞廷》之执中、《伊训》之顾諟，而纂言属意，直抒自得，往往有发前儒所未发者。

斋醮祷祀为嘉靖朝大弊，为害甚久，撰文者却将之与世宗的体恤百姓结合一体：

初年勤于政治，每旦自问省两宫，延见群臣之外，退而惟思得失，孜孜以敬天恤民为务。或雨暘稍愆，则宵分露祷，深自谴责。贫民无告者为设糜粥之，施药疗之。诏书数下，每言及有司酷刑苦役，上干天和，一篇之中必三致意焉。

世宗对九边和东南沿海的关注，对各种复杂局面的整治，对将士功罪的奖惩，也被记上重重一笔：

尤重边防，四方有警，许所司以不时白奏，亲自筹决。内则更营制，戢叛兵，将吏功罪一切无所贷假，用能北障胡氛、南清海沴，妖民豪酋旋发而殪，盖实繇庙谟先定云。

至于他任用仇鸾、赵文华之举，也以一句“无所贷假”遮过。由此，撰者写到世宗的严厉：

亲礼儒臣，平台召对、西苑赓歌，蔼然如家人父子。然终不少借以威福，群臣中虽素贵有宠者，不敢以隐情疑事尝试上前。如大学士张孚敬、尚书霍韬并议礼首臣，才名籍甚，上指孚敬则曰“不爱惜人才”，指韬则曰“偏执，必坏部事”。乃后人臣人品心术，卒如上言。其他勋戚近侍，朝为肺腑，暮或谴诛，雨泽露而威风霆，虽四荒万里之外廓如也。

的是世宗，是被后世敬称为“肃皇帝”的世宗。而作为其基本品质且影响及施政的“孝”，则在最后被提出：

上神功盛德不可缕指，综其始终大要：以严驭吏，以宽治民，以[为]经术为师，以法律为辅，以明作修内政，以安静饬边防。其于稽古考文之事，尤为备谨。而皆发之孝思，本之敬一，故功成制定，华裔向风。中兴大业，视之列祖有光焉。享国四十余年，追慕献皇献后如一日，每遇时节忌辰，侍臣窃窥，圣容惨怛，承享精虔，无不泣于下者。晚年留意玄理，筑斋宫于西内居之，乃宸衷惕然，惓惓以不闻外事为忧，批决顾问，日无停晷，故虽深居渊穆而威柄不移。升遐一诏，悔艾尤深，真可谓神圣不世出之主矣！①

这篇评述当作于《明世宗实录》编纂成书之际，不一定出自徐阶之手，仍可见与先皇感情极深。其在议礼、斋醮虽有所保留，要之皆从正面阐释，以赞美为基调。所谓“以严驭吏，以宽治民，以经术为师，以法律为辅，以明作修内政，以安静饬边防”，一经拈出，真还觉得有那么回事，至于“神圣不世出之主”，就显得太过了。

忽忽一百余年过去，当所有这一切已成为前朝旧事，清朝廷开馆为前明修史，对明世宗的评价是这样的：

世宗御极之初，力除一切弊政，天下翕然称治。顾迭议大礼，舆论沸腾，幸臣假托，寻兴大狱。夫天性至情，君亲大义，追尊立庙，礼亦宜之；然升祔太庙，而跻于武宗之上，不亦过乎？若其时纷纭多故，将疲于边，贼讧于内，而崇尚道教，享祀非经，营建繁兴，府藏告匮，百余年富庶治平之业，因以渐替。虽剪剔权奸，威柄在御，要亦中材之主矣。②

---

① 《明世宗实录》卷五六六，嘉靖四十五年十二月壬寅。

② 《明史》卷十八，世宗二・赞。

大礼和大狱，是明世宗一生引以荣耀的两件壮举，为使后世能够全面认知认可，专门选编了档案文献集，《明史》中都给以基本否定。其把内忧外患的责任放在世宗头上，谈不上很客观，也不算太冤枉。

然编者还是承认世宗的“天性至情”与“威柄在御”，一部《明史》中也多处为之分解和惋惜，批评杨廷和等人执拗任气。论世宗为“中材之主”似也不太准确，要之，这是一位禀赋甚高的帝王，是一个学者化的皇帝，一个有责任心、敢担当的君主。世宗人品端正，才情卓著，只是多走了些人生和治国的弯路。比较而言，还是徐阶等人对他的了解更深一些。

**三、一朝天子一朝臣**

世宗崩逝 12 天后，裕王即皇帝位，是为穆宗。

拟写新帝的登极诏书，亦由徐阶主持，却有一个集议过程。原裕邸文学侍从之臣大多参与讨论，而高拱更是当仁不让，对于赏军，尤其是大臣去留提出不少意见。徐阶基本上不加采纳。且由于世宗遗诏先占地步，提前纠正了最大的弊端，释放了大部分积怨，引得朝野感激涕零，即位诏的震撼力度便被消解，显得有些重复和零碎。

穆宗即位诏共 30 款，先列举世宗遗诏中已有各项，如善待建言忠臣、处分作恶方士、停止斋醮、清理采买等，更像一份抓落实的具体措施；接下来是例行的大赦、减免之类；至于其他，除了第一款的重订祀典较为显著，都较为具体细碎。比起世宗即位诏 80 款刀刀砍向要害，刀刀见血，不惟总数减少过半，震撼度和影响力亦远远不如。

我们曾为世宗沉迷斋醮、褊狭任气而惋叹，对嘉靖中晚期的官场腐败也充满愤慨，然对照此两份即位诏书，便可见出嘉靖一朝不容忽视的进步：皇亲国戚的权势被限制，王府有了管理条例，皇店皇庄基本被清理，百姓的利益受到重视；裁革军政冒滥人等，自初政时一举斥除约 18 万人，举凡传升、乞升、投充、奏带、跟用诸端积弊，大致被廓清；内宦的气焰大大收敛，从提督厂卫司礼监太监到内府各监局总管，基本上能循规蹈矩，不光不敢干政，甚至于不太敢参与政事……我们还可以为世宗拉出一个长长的成绩单，能做到这些，也不容易。

朝中尽人皆知徐阶对裕王素来恭谨照料，为请立皇太子一事几乎获罪，但他毕竟不是裕邸故旧，未曾亲身感受裕邸中人那种持续多年的困惑、压抑及惊惶。以徐阶之缜密周详，不会想不到这一点，也早早就开始对裕邸侍从之臣示好。

思虑更深的应说还是裕王的父皇。晚年的世宗虽不与儿子见面，却也始终不忘儿子的教育，始终关心着皇位的传承。他很在意裕邸的文学侍从班子，精心为选配辅导和内侍人等，且陆续让他们担任起重要职务：

高拱，嘉靖二十年进士，选庶吉士，授翰林院编修，裕王出府时为侍讲，累迁侍讲学士、太常卿、礼部左侍郎、吏部左侍郎、礼部尚书，四十五年三月入内阁；

陈以勤，与高拱同年，同选庶吉士，同入翰林院，同时授裕邸侍讲，历官侍读学士、太常卿、礼部侍郎，四十五年五月改吏部左侍郎兼翰林学士掌詹事府事；

张居正，嘉靖二十六年进士，选庶吉士，授翰林院编修，任裕邸侍讲，四十四年六月充《承天大志》副总裁，次年四月迁翰林侍读学士掌院事；

殷士儋，与张居正同年进士，同选庶吉士，同入翰林院，四十一年以检讨任裕邸侍讲，这年十一月升为司经局洗马兼翰林院侍讲。

这四位是裕邸旧臣，也是明嘉万间的杰出人物，全部成为内阁大学士，有三位做到首辅。其在嘉靖时就踏上快车道，就中有先天资质的基础，但世宗的有意培养，严嵩、徐阶等人的援引器重，应也起了重要作用。尤其是徐阶，自担任首辅后，一直注重作养士气、识拔人才，对裕王敬重有加，对裕邸旧臣大是优容。嘉靖一朝共出现13位首辅，只有杨廷和、杨一清和徐阶真正有宰辅气象。三人都善于处理危急复杂局面，但若论能上结君心，下挽民意，从容自立，徐阶当是第一人。

隆庆改元，徐阶仍是内阁首辅。然一朝天子一朝臣，几乎是封建王朝的铁律，此际也不会例外。

## 四、新朝的第一届内阁

大行皇帝龙驭宾天，新政即告开始：

犯颜抗谏的海瑞被释放出狱。

以邪术蛊惑先帝的方士王金、申世文、陶世恩、陶仿、刘文彬等被打入诏狱，舆论认为世宗死于服用王金等人的丹药，徐阶命逮治拷讯，皆定为死罪。

以诤谏获罪而死的朝臣得到追赠、谕祭和恤录，而活着的诤臣樊深、吴时来等33人被召还原职，以次推用。

西苑的大高玄殿、圆明阁、玉熙宫等斋醮殿阁亭台，一律撤去扁额。廷议起初要“尽毁诸修建斋醮宫殿”，穆宗采纳礼部提议，先去扁额……

所有这些，都是在“遵遗诏”的旗帜下进行的。对嘉靖间各种弊端最清楚的莫过徐阶。就在先帝驾崩、新帝即位的十几天间隙中，徐阶已然闪电出手，开始了全面治理，旧的弊政正一项项被清理革除，而新的争端却从内阁中嚣然而起，原因也是由于遗诏。

没能参预起草遗诏的高拱与郭朴，心中有着一种被忽视和被愚弄的愤激，矛头所指自然便是徐阶，行事诡秘而又占尽风光的徐阶。郭朴宣称："徐公谤先帝，可斩也！"[1]高拱倚仗为裕邸旧臣，亦处处与徐阶为难。当时科道官多为徐阶平反起复者，不满高拱的跋扈，不满其对徐阶的挑衅，便上疏弹劾高拱。

内阁这时已有六人，除首辅徐阶及李春芳、高拱、郭朴外，又增加了陈以勤、张居正，皆旧时裕邸侍讲。一日阁臣会食（即在内阁办公时一同进餐），高拱突然对徐阶说：我曾半夜难以入睡，几次拔剑而起，怒不可遏。先帝在时您写青词谗媚，一旦驾崩便加以背叛。而今又纠结科道官，必欲赶走新帝旧日的心腹大臣，是何用心？

同座一惊，又不便插言，面面相觑。

徐阶从容进餐，过了好一会儿才说：你错了。科道人多口多，我如何能一一结交？又如何能使之攻你？况且如果我能结交，你又为何不能？我并非背叛先帝，而是想为先帝收人心，使恩典出自先帝而已。你说我曾以青词诱先帝，固然是我的罪过。但公莫非忘了在礼部时所为。先帝密札问我，说高拱上疏，请求效力于斋事，问可否准许。这道密札如今尚在呢。

高拱面红耳赤，说不出话来。

新朝的第一届内阁，纷争又起。

---

① 《明史》卷二一三，徐阶传。

# 主要参考书目


[明]朱元璋:《皇明祖训》,四库存目丛书,影明洪武礼部刻本。

《明实录》,台湾“中央研究院”史语所校本。

《大明恭穆献皇帝实录》(一名“睿庙圣政实录”),藏天津图书馆。

《明史》,中华书局1974年版。

[明]谈迁:《国榷》,上海古籍出版社2008年版,影清抄本。

[明]顾鼎臣“奉敕更润”《赐号太和先生像赞》,藏国家图书馆。

[明]朱国祯:《皇明大事记》,四库禁毁书丛刊,影明刻本。

[明]陈建:《皇明通纪》,中华书局2008年版。

[明]邓士龙:《国朝典故》,北京大学出版社1993年版。

[明]范守己:《皇明肃皇外史》。

[明]支大伦:《皇明永陵编年信史》。

[明]王世贞:《嘉靖以来内阁首辅传》。

[明]焦竑《国朝献征录》,上海书店1987年版。

[明]张雨:《边政考》,中国西北文献丛书,影明嘉靖刻本。

[清]谷应泰:《明史纪事本末》,中华书局1977年版。

[清]夏燮:《明通鉴》,中华书局2009年版。

[明]李东阳纂、申时行重修:《大明会典》,明万历刊本。

[明]徐学聚:《国朝典汇》,四库存目丛书,影明天启刻本。

[明]沈德符:《万历野获编》,文化艺术出版社1998年版。
[明]朱国祯:《涌幢小品》,文化艺术出版社1998年版。
[明]郎瑛:《七修类稿》,文化艺术出版社1998年版。
[明]余继登:《典故纪闻》,中华书局1981年版。
[明]何良俊:《四友斋丛说》,中华书局1959年版。
[明]刘侗、于奕正:《帝京景物略》,北京古籍出版社1980年版。
[明]雷礼:《国朝列卿记》,明代传记丛刊本。
[明]过庭训:《本朝分省人物考》,续修四库全书,影明天启刻本。
[明]陈子龙等辑:《明经世文编》,中华书局1962年版。
[清]龙文彬:《明会要》,中华书局1956年版。
[清]黄宗羲:《明儒学案》,中华书局1985年版。
[清]黄宗羲:《明文海》,中华书局1987年版。
[明]王守仁:《王阳明全集》,上海古籍出版社1992年版。
[明]杨一清:《杨一清集》,中华书局2001年版。
[明]杨廷和:《杨文忠三录》,文渊阁四库全书本。
[明]蒋冕:《湘皋集》,四库存目丛书,影明嘉靖刻本。
[明]毛纪:《密勿稿》,续修四库全书,影明嘉靖刻本。
《鳌峰类稿》,四库存目丛书,影明嘉靖刻本。
[明]毛澄:《三江遗稿》,四库存目丛书,影旧钞本。
[明]何孟春:《何燕泉诗集》,四库存目丛书,影明嘉靖刻本。
[明]张孚敬:《太师张文忠公集》,四库存目丛书,影明万历刻本。
[明]桂萼:《文襄公奏议》,四库存目丛书,影明嘉靖刻本。
[明]霍韬:《渭厓文集》,四库存目丛书,影明万历刻本。

[明]李时:《南城召对》,天一阁藏本。

[明]夏言:《南宫奏稿》,文渊阁四库全书本。

《桂州先生奏议二十卷外集一卷》,四库存目丛书,影明忠礼书院刻本。

《桂洲诗集》,续修四库全书,影明嘉靖刻本。

[明]顾鼎臣:《顾文康公文集》,四库存目丛书,影明万历刻本。

[明]王廷相:《王氏家藏集》,四库存目丛书,影明嘉靖刻本。

[明]严嵩:《南宫奏议》,续修四库全书,影明嘉靖刻本。

[明]严嵩:《钤山堂集四十卷附录一卷》,续修四库全书,影明嘉靖刻本。

[明]陆深:《俨山集》,四库全书本。

《圣驾南巡日录一卷大驾北还录一卷》,涵芬楼本。

[明]曾铣:《复河套议》,四库存目丛书,影明万历刻本。

[明]郑晓:《郑端简公奏议》,续修四库全书,影明隆庆刻本。

[明]海瑞:《海瑞集》,中华书局 1962 年版。

[明]高拱:《高文襄公集》,四库存目丛书,影万历刻本。

[明]李春芳:《李文定公贻安堂集》,四库存目丛书,影明万历刻本。

[明]王世贞:《弇州山人四部稿选》,四库存目丛书,影明万历刻本。

[明]李日华:《味水轩日记》,上海远东出版社 1996 年版。

(嘉靖)《承天大志》,藏北京图书馆。

(嘉靖)《兴都志》,藏上海图书馆。

(乾隆)《钟祥县志》,中国地方志集成"湖北府县志辑"第

38册。

(同治)《钟祥县志》,中国地方志集成"湖北府县志辑"第39册。

[清]于敏中等:《日下旧闻考》,北京古籍出版社1981年版。

邓之诚:《骨董琐记全编》,北京出版社1996年版。

缪振鹏:《明朝三帝秘录》,作家出版社2010年版。

吴晗:《吴晗全集》,中国人民大学出版社2009年版。

高阳:《明朝的皇帝》,广西师范大学出版社2006年版。

林延清:《嘉靖皇帝大传》,辽宁教育出版社1993年版。

胡凡:《嘉靖传》,人民出版社2004年版。

方志远:《大明嘉靖往事》,现代教育出版社2010年版。

单士元:《明北京宫苑图考》,紫禁城出版社2009年版。

王其渠:《明代内阁制度史》,中华书局1989年版。

郭培贵:《明代科举史事编年考证》,科学出版社2008年版。

赵克生:《明代国家礼制与社会生活》,中华书局2012年版。

孟凡人:《明代宫廷建筑史》,紫禁城出版社2010年版。

赵中男:《明代宫廷典制史》,紫禁城出版社2010年版。

陈时龙:《明代中晚期讲学运动》,复旦大学出版社2007年版。

胡吉勋:《"大礼议"与明廷人事变局》,社会科学文献出版社2007年版。

何孝荣:《明代北京佛教寺院修建研究》,南开大学出版社2007年版。

陈宝良:《明代社会生活史》,中国社会科学出版社2004

年版。

王春瑜、杜婉言:《明朝宦官》,陕西人民出版社 2007 年版。

常建华:《明代宗族研究》,上海人民出版社 2005 年版。

吴艳红:《明代充军研究》,社会科学文献出版社 2003 年版。

彭勇:《明代班军制度研究》,中国民族大学出版社 2006 年版。

原瑞琴:《大明会典研究》,中国社会科学出版社 2009 年版。

刘毅:《明代帝王陵墓制度研究》,人民出版社 2006 年版。

杨启樵:《明清皇室与方术》,上海世纪出版集团 2010 年版。

廖峰:《嘉靖阁臣顾鼎臣研究》,巴蜀书社 2012 年版。

李斌:《话说显陵》,中国文化出版社 2008 年版。

周红梅:《明显陵探微》,中国素质教育出版社 2011 年版。

# 初版后记

还是在十余年前，我在母校中央戏剧学院文学系攻读中国戏曲史专业，导师祝肇年先生帮我选定的论文题目为“李开先与《宝剑记》”。李氏举嘉靖八年进士，历吏部文选司郎中、提督四夷馆太常寺少卿，于嘉靖二十年(1541)因“九庙灾”被罢归乡里。为理清其罢官之谜，我拣阅了《明世宗实录》。其时并未想到日后会给世宗作传，唯从那纷纭丛杂的史料中，能感受到他在生活上的萧索和精神上的孤寂。

这次写明世宗的传记，我尽可能多地阅读相关史籍和笔记文牍，但我仍说不清楚其孤寂之情的根因何在。

是他自遥远的兴藩带来？是他从高旷的道宇中觅得？是他太缺少人世间的亲情？还是他对生命价值和生存意义作了太多太累的思考？

世宗皇帝是一个生性严谨的人。他与其堂兄、追欢逐乐的武宗之根本区别，不在于他的聪明英察，而在于他的责任心和认真态度。他实在说不上迷恋皇位(这由其继统之初和即位之后的数次想避位可证)，却又以一禀质素弱之躯，担荷着山河社稷，驾驭着千疮百孔的帝国之舟，几近半个世纪。

溺信道教，妄求长生，是世宗之政的大弊，也是历史学家对他批评最多的地方。但从那袅袅醮烟和悠漾邈远的道情中，世宗领悟的还有什么？通过青藤纸上华美诚笃的斋词，世宗向上天诸神倾诉的又是什么？

世宗似乎对九重禁闼的大内、对至高无上的乾清宫有一种深心的恐惧，自宫婢之变后搬离，就再不回这个凶险沉闷的所在。他选择了草木清华的西苑，称所居为“尧斋”，为“闻雷轩”，又自拟一号曰“天池钓叟”。当值的词臣都为皇上这一雅号精心赋诗，最称圣意的却是李春芳所作，有句曰：

拱极众星为玉饵

悬空新月作银钩

高天远空，取意尖新。然略加思忖，这又是一种多么清寂的意境！

作传者往往会对传主满怀同情，这种同情甚至会影响到作者的史识和用笔，想要做到客观是很难的。笔者亦然。写作过程中，不少学界朋友都提出过很好的意见，笔者据以作了一些修改。因此说这部不成熟的作品中，也凝集着出版社有关人员和朋友们的心血。

至于书中疏谬和错讹之处，或不能免，诚请各位方家和读者指正。

是为跋。

卜　键

一九九五年暑中于京华新惠里居舍

# 后　　记

1993年岁末，笔者尚在中国艺术研究院红楼梦所工作，应约与几位同事合写“明朝十六帝”传记，领的任务即明世宗。其时各种形式的攒书已开始流行，我也很快将10万字的小册子完成。交稿后意犹未尽，觉得这个皇帝很有个性，觉得还有许多地方没写到，便接着查阅文献，扩展成一部30万字的《嘉靖皇帝传》，先后由团结出版社和台北知书坊出版社印行。

忽忽近二十年逝去，其间我的工作岗位多有变动，任职出版社、报社、对外文化交流，也曾短时间回所主事，而奉调国家清史编纂委员会，则是在两年前。由文入史，满眼生疏，少不得又要开始一番苦读，也缘此接触一个新领域，结交一些新朋友。去年冬月，人民出版社陈鹏鸣兄建议将此传修订再版，并愿意亲任责编。我很感动，很快着手修改订补，当初写作匆忙粗率，此际则大吃苦头，历一年半有余，总算定稿。准确说来，这是一部基本上重新写过的书。

二十年前第一次就这个题目写作，便被传主的一生所深深吸引，不是因其丰功伟业（实际上他也的确为国家黎民做了不少实事），而在其性情。他的纯孝、聪察、严厉峻急，他对边疆战事的关注，对懈怠嬉玩的痛恨，对权奸和贪腐的惩处，共构成鲜明的性格特征。毋庸讳言，妄求长生、热衷祥瑞、沉湎于斋醮烧炼之事，贯穿明世宗的大部分岁月，但他仍然能不失其政，也不减其正，认真承担着一国之主的职责。惟那时急于成书，择朝政大端述之,对于世宗的父母姐妹、早期的生活与读书,对于他的性格养成、爱恨情仇,关注甚少。

二十年后再加修订,我试图更多了解传主的生命过程和生存状态,以更细致的笔墨去描摹其精神世界。我曾专程去湖北钟祥的兴王府调查,也多次到故宫、永陵和大裕山踏访寻觅,试图拼接那些零碎的历史映像,还原一个真实的朱厚熜。就在明显陵高峻坚固的外垣上,一些砖侧清晰可见各州府的标记,甚至有某某官监制、某某工匠的名字,让人联想一个皇帝的孝思能有多大威力;而站在文华门之下,对面的内阁大堂、西南不远处的协和门(即嘉靖初所称左顺门)都在眼底,亦可想象当年那场血腥廷杖,想象群臣的激愤哭喊和世宗的震怒……正如《红楼梦》中那些婆子都曾是千娇百媚的女儿,大多数历史人物也都有过美好青春,而史著中的重大事件也无不是曾经鲜活丰富的现实。我把重心放在对这一切的追寻上,以摹写朱厚熜一生的丰富与复杂,剔理他在决策大政时的思维脉络,探讨诸如斋醮、青词之类秕政的根因。而在那近半个世纪的岁月中,实在发生了太多重大事件,出现了太多重要人物,难以一一深入研述,只能留待日后了。

在收集资料和写作过程中,得到故宫博物院、国家图书馆、人民出版社、明十三陵管理处、明显陵管理处的支持,得到文化部赵雯司长、湖北省文物局沈海宁局长、国图善本部赵前研究员的帮助,我现在的同事如朱诚如先生、刘文鹏教授、张鸿广、孔祥文、赫晓琳、穆蕾、张建斌、高子其等为本书做了不少事情,人民出版社于青副总编辑和陈鹏鸣主任、《新华文摘》尹选波编审在出版过程中多有勘误订正,在此谨致谢忱!

一年多的业余时光很多都用在这部书稿上,很充实,很辛苦,也有很多难忘记忆:诚如先生是故宫老院长,两次亲自陪我往宫内考察，烈日曝晒，他和周苏琴、任万平两位女士引领我奔走于宫室台阁之间，汗水滴滴；鸿广陪我往显陵调查，又遇到暴雨，李斌处长、周红梅研究员等都是周身湿透，而红梅女士更将多年搜集的稀见文献无保留提供，让我深受感动。妻子悦苓始终给予关心鼓励，为核校全稿，提出了很多好的意见。我的致谢可能还有遗漏。至于书中仍可能存在的错讹，当然只属于作者自己，敬请读者指正。

是为记。

卜　键

2012 年 12 月 31 日

于北京海淀“西山在望阁”

责任编辑:尹选波　陈鹏鸣
封面制作:徐　晖
责任校对:史　伟　周　昕

**图书在版编目(CIP)数据**

明世宗传/卜键 著. -北京:人民出版社,2013.1(2021.4 重印)
(中国历代帝王传记)
ISBN 978-7-01-011636-5

Ⅰ.①明…　Ⅱ.①卜…　Ⅲ.①明世宗(1507~1566)-传记
Ⅳ.①K827=48

中国版本图书馆 CIP 数据核字(2012)第 319675 号

**明世宗传**

MING SHIZONG ZHUAN

卜　键　著

人民出版社 出版发行
(100706　北京市东城区隆福寺街 99 号)

北京新华印刷有限公司印刷　新华书店经销

2013 年 1 月第 1 版　2021 年 4 月北京第 2 次印刷
开本:850 毫米×1168 毫米 1/32　印张:18.125　插页:4
字数:440 千字

ISBN 978-7-01-011636-5　定价:76.00 元

邮购地址 100706　北京市东城区隆福寺街 99 号
人民东方图书销售中心　电话 (010)65250042　65289539